古代歷史文化研究輯刊

六 編

王明蓀 主編

第 16 冊

中古史學觀念史（上）

雷家驥 著

國家圖書館出版品預行編目資料

中古史學觀念史（上）／雷家驥 著 -- 初版 -- 新北市：花木
蘭文化出版社，2011〔民 100〕
序 8+ 目 2+256 面：19×26 公分
（古代歷史文化研究輯刊 六編；第 16 冊）
ISBN：978-986-254-610-9（精裝）
1. 史學史　2. 中國
618　　　　　　　　　　　　　　　　100015464

ISBN-978-986-254-610-9

9 789862 546109

古代歷史文化研究輯刊
六　編　第十六冊　　　　　　ISBN：978-986-254-610-9

中古史學觀念史（上）

作　　者　雷家驥
主　　編　王明蓀
總 編 輯　杜潔祥
出　　版　花木蘭文化出版社
發 行 所　花木蘭文化出版社
發 行 人　高小娟
聯絡地址　新北市永和區中正路五九五號七樓
　　　　　電話：02-2923-1455／傳眞：02-2923-1452
網　　址　http://www.huamulan.tw 信箱 sut81518@gmail.com
印　　刷　普羅文化出版廣告事業
初　　版　2011 年 9 月
定　　價　六編 25 冊（精裝）新台幣 40,000 元

中古史學觀念史（上）

雷家驥　著

作者簡介

雷家驥，祖籍廣東順德，民國六十八年獲得中華民國教育部頒文學博士。先後在中國文化大學、東吳大學、中正大學歷史系所專任教授，也曾在兩岸著名大學兼任教席或短期講座。現任中正大學歷史系專任教授、《中國中古史研究》創刊人兼總編輯。發表過期刊論文六十餘篇、會議論文十餘篇、專書九本，新近主編完成《嘉義縣志》十三冊。

提　要

　　本書是國際學界首部系統性研究中國中古時期史學思想觀念及其發展史的專著，舉凡此時期主流史學觀念之形成、內容、發展以及影響，大率都已予以深入探討，獲得學界高度好評。「中國高等教育改革與發展網」可惜作者不再持續研究到當代，而稱許作者「走出了一條新的史學史研究路徑，但他本人似乎并沒有覺察到這條路徑在史學史研究取向探索上的歷史貢獻」。實則作者表示術業有專精，且人類的學問由累積而成，最後匯成大道不必成功在我，若本書確實有貢獻於「新的史學史研究路徑」，則日後必有繼起超越者。

序

　　今日臺灣出版的歷史著作頗不少，專談史學的則不多見，寫史學觀念史的幾乎看不到。蓋著述思想觀念方面的史作，不但要熟研當代有關各種史料加以融匯貫通，而且還要在史學思想理論方面有精深的體認和理解。

　　雷家驥學棣最近撰成《中古史學觀念史》，都五十多萬字。囑余爲其作序，而且說：「此稿係爲吾師七十大壽而作。」爲余壽，愧不敢當，但余至爲驚其在行政教學百忙中有此成績表現，甚是難得，竟也毫無考慮，即行承諾。

　　余與著者相處已二十有餘年，他給余最深刻的一次印象是在余講中國文化史堂上，講到周代封建五等爵時，余半玩笑的說：「公就是公公，伯就是伯伯，子男就是兒子一輩。」……時五十八年秋，他入校不久，一下課，即到講台前，問其出處，余說：「沒有人說過，想當然耳！」他卻認眞作了一番研究。試思：周人以姬姓統治天下，派到外面藩屏王室的諸侯，當然不外這種親屬關係的人，血緣關係內的稱呼轉用爲行政爵位上的名號，也是很自然的事。侯與血緣無關，但有偵候的意思，古王畿外方五百里有侯服，封派在外之公、伯、子、男等皆負有偵察防衛之責任，因有諸侯之號。及封諸侯、大會諸侯等方式。從此，我們就成爲忘年朋友，無話不談。他在師大卒業後，相繼在新亞、文化獲得碩士、博士學位，任教文化、淡江等校，三年時間，教授論文通過，轉教東吳，並兼史學系主任，二十餘年來，我們始終保持聯繫，彼此默默關懷，殷殷期盼，相親如家人。

　　余爲人疏頑，爲學也只求得大義，教學最怕細說經過，寫文最疾無病呻吟，《中古史學觀念史》是一部談思想理論方面的著作，現在就從史學觀念上

的幾點問題提出談談。

我國雖然是歷史著述的大國，但是歷史教育不甚發達。國人一向就小看歷史，以為歷史和其他科門一般，內容也是那麼狹窄，甚至從事歷史研究者也這樣認為，人類文明的早期，只有一種無所不記的紀錄，如我國古代左史記言、右史記事的情形，我們今日稱之為歷史。這種歷史包含了人類所有的一切，這一切又組合成為歷史，但在這一切中無一種能超越歷史，因為歷史的特性永遠會隨著他物而同時出現。因此，歷史就自然成為一切的總源頭。最早的六經就是由此整理而出，後來，政治、經濟、社會、天文、地理乃至科學、哲學等等的建立，無不從這個源頭分別獨立出來。中外都不例外。同時，這些獨立出來的發展過程，必須歷史為其詳盡的記述、細微的解說；最後，這些獨立出來發展的果實，不論成敗得失……又被歷史綜合整理，濃縮成為歷史。任何一種都不例外。政治、經濟、文化、天文、地理等等又分別成了歷史篇章節目內容的建構材料。從前所說，沒有歷史為源頭，為其記述、解說，為其綜合整理，就沒有他們的存在，所以世上沒有無歷史的學說，沒有無歷史的國家，也沒有無歷史的人類，沒有歷史，就沒有一切！從這裡，就可見歷史包含量之廣闊，作用之鉅大，不是其他學科所可比量的。司馬遷特別提出天、人、古、今四個字，為歷史定下萬世不可改的範圍。小說裡有所謂乾坤袋，也可以對歷史無所不包的廣大作一補充的說明。可是，實際上，歷史的進行，並沒有停止，而且繼續在擴大，乾坤袋、天、人、古、今二者在這方面沒有交代出來。要找出這個答案，就要明瞭歷史與非歷史的臨界處。這臨界處就是現在這一瞬間，現在這一瞬間是未來與過去的分界線，過去是歷史的同義詞。因為現在瞬間一過去，就落到天人古今範圍內，納入乾坤袋中，印在歷史版面上，永遠出不來也永遠不會改變，瞬間現在不停在進行，歷史也不停的緊隨著這瞬間現在前進，歷史也就不斷的擴大。現在這一瞬間就說明了歷史的前進和擴大。

世人也常把歷史視為古老過去的故事，幾乎與陳舊二字沒有分別，甚至史家們自身也不例外，殊不知歷史有其積極性，而且是常以嶄新面目出現。不是其他任何科門所可望及的，前面提到過，瞬間現在過去，天地間的一切事事物物，無不隨之而逝，而留其痕跡於歷史版面上，而且絲毫不能動搖改變，我們都知道：現在這一瞬間的過去，是緊隨著下一個現在瞬間進行的，也就是歷史緊隨著現在瞬間進行的。以往用文字記載很難把這些過往事物捉

捕到，今日可以借助攝影、錄音等工具，當下就能完善錄攝下來，過去，乃現在瞬間不斷演進積累編鋪而來，歷史在這種情況下，實際是相等詞，亦即是說，歷史是這瞬間現在的過去一筆一筆的寫成，原始未開化的時代是自然捉筆，開化以後就再加人爲的技術，還有一點不同的，過去的瞬間現在永遠已經過去，無法改變，也永不能改變，是靜態的，而當下現在瞬間的過去，卻是在停而未停上而來的與下一個現在瞬間的過去緊密聯繫而進行的，是動態的，過去的歷史是這一動態所起作用帶著向未來邁進的。司馬遷所謂究天人通古今的「際」和「變」就在這裡，進一步說，就是在當下天人的關係裡觀察自古以來最眞實的變體、變象，前面說過，在文字記載時代雖很多，不能辦到，今日可以錄影錄音攝製，不是空談。歷史是依著時間演進的，其他科門則可不必，所以歷史事實的呈現，必然趕在其他科門的前面，也充分表現歷史積極作用，同時歷史更能眞實的呈現在吾人面前。歷史雖然是從古老的遠方來的，卻不是古老頑固的，所以說，歷史不僅是所有學科中最古老的，更是最前進的，也是最現代的，因爲現代就是它抱著去的，憑此我們能說歷史是古老、陳舊的，而不對其更下功夫細細深深的加以探究？

著者說：「歷史與天——今謂之宇宙——同生共起。」又說：「自人類出，歷史乃以人爲重。」略加補充說，人就成爲歷史的主人。這也是歷史上的一個很重要觀念。很多人都不注意，史家也不例外，我們先從事實上來說明，人本來就是歷史的主人，然後從思想上精神上說明，人如何自覺是歷史的主人，人自覺成爲歷史主人之後，所有一切作爲，與不自覺者有何相異之處。

我們通常把歷史分爲廣義、狹義二種，廣義，指存在於自然間的一切事事物物的歷史；狹義，則專指人類的歷史。從浮面層次看，這種說法確是不錯；但我們若進一步考察，現今之所謂歷史無不是人參與其間加以觀察、研究、敘述而展現出來的，無人參與其間，有歷史的，也等於沒有。如太空中必然會發生許許多多事故，它的演變經過，因爲人不知道，也就和沒有發生的情形一樣，當然也就沒有我們所說歷史了。不過，只要我們人理解其有歷史存在，不管其眞否，它的歷史都是被承認的，如著者所說：「歷史與天同生共起」，宇宙何時有，歷史就在何時出現，因爲人如此理解，它的歷史也就爲此被承認，可見現有之一切歷史，無所謂廣義狹義，皆是人爲之主。雖然是一種主觀認識，卻是客觀事實。這個事實早就存在，只是無人提出而已。這只是我個人根據事實所作的一種主體性的說法。人若自認是歷史的主人，還

必須在思想上觀念上有很大的突破。

歷史的主人，簡單的說，就是在歷史之流裡能夠自己作得主的人；再解釋一下，就是要能掌著歷史前進的舵駛向人類和平幸福的大同世界。能夠在歷史中作得主的人，一定是自覺的人，自覺到人自身的至高價值和人性的尊嚴。上古稱天地人為三才，人為萬物之靈。可見我們的先人早已將人的地位提昇與天地平齊，同時認為人在萬物中是最靈最優秀的。都可為人的最高品質和人性的尊嚴作最佳的說明。人是自然的一部分，自然所有，人一定具有；自然所能，人一定也能。若自然間真有神，人也一定能修成神，或許稱呼有點不同，如中國所稱的聖人、賢人，印度所稱的佛、菩薩，孟子認為在聖之上有神，所謂「聖而不可知之之謂神」，莊子更在神人之上提出天人，佛也是超神的，至少是神的最高級（這裡要注意的，以上所提到的賢人、聖人、神人、天人、佛、菩薩都是人修成的，只有「真有神」、「超神」、「是神」的「神」是自然有的神）。雖然人人不能作到這種至高的境界，但人有高尚的本質，只要人能自覺，自覺是人，頂天立地的人，萬物之靈的人就足夠作歷史的主人了。然而這是經過漫長歲月從經驗中磨鍊、環境中領悟，才能作到的。

人類的原始時代，一切籠罩在神的觀念之下，天地間任何一件東西，不論有形或無形，都可能把它神化，因此，歷史的神話時代就出現：天神、地神、日神、月神、雷神、電神、風神、雨神、山神、川神，乃至神石、神木、神洞等等。後來這種神的觀念逐漸轉化，玄虛的、難解釋的，轉化為宗教信仰；實體的、可分辨的，對人生活有幫助的，逐漸形成唯物思想，神能降禍福，物能決定人的生存，是一種新興民族長成過程中最易感受到的必然現象。在這種情況下，若是宗教統治嚴格，唯物思想的勢力強大，這種神至高至上的觀念、物最重要的思想，必然長期延續下去，直到自覺那天為止；若是從原始以來，崇神的觀念就很弱，物質重要性也不強，就容易對人性尊嚴產生自覺，這種情形受其地理背景和經濟條件的關係也很大。前者可以歐洲中古歷史發展加以說明；後者可以中國情形為實例。

歐洲歷史，雖起自希臘經羅馬到現在日耳曼人、斯拉夫人等所建國家，但其民族、文化皆各不同，不能與我國歷史發展相比。我國雖有改朝換代，邊族也不斷侵入，但華夏民族這一系統及其所發展出的特有文化仍繼續不斷在本土開花結果發展著，也是今日世界任何國家不能相比的，所以提到中歐

今日的問題，在歐洲，只能從日耳曼人攻滅羅馬這段時間開始，因為這又是歐洲一個新興民族的開始，少數拉丁人已發生不了作用。當日耳曼人興起的初期，是一個多神教的階段，後來逐漸被消滅，只有耶穌教一教獨盛。在其嚴厲的治下，人都成了神的僕人。等到教內腐化，宗教改革興起，對教的信念動搖，再繼以工業革命，馬克斯的唯物學說提出，共產宣言發表，神權更形沒落，而唯物的共產主義由歐洲風行於世界，從歐洲歷史發展來說，這是一種必然的趨勢，從中國文化的演進來看，這完全是一種逆流，但中國終被這逆流吞蝕了。中國沒有被消滅，還是不幸中之大幸。到現在，歐洲這兩種勢力都相繼衰落，但在學術界、思想界乃至整個社會，仍然籠罩在這兩種勢力之中，人文思想並不能很純淨的表現出來，茲舉「民主」為例。民主的推行，是歐美人最感驕傲的事，它能展現人類歷史發展的大方向，也是非常適合人群需要的一種政治體制。但民主的真諦，不就是選民的選票多少，而是人民真正能自主。在自由平等的原則下，行使其所以為人的權利，人間彼此都能保持人性尊嚴，和諧相處，竭誠合作，選賢與能，共謀群體福利，才能符合民主最低的標準。若是不顧人性尊嚴，認為人的一切，都是造物主所賜，政府官吏就職還要向上帝宣誓，民眾普遍都是神的信徒，民主如真是這樣，還不如就說是神主為佳，因為這樣名實才相符。至於唯物思想的情形，照樣的普遍盛行更是事實，因為資本主義者與共產主義者同樣是崇尚物質的，所不同的：一行集權；一張民主旗號而已。事實上，歐洲人經過一千多年宗教的薰染，信神已經成為習慣；從事工商業的民族，金錢物質的交換和運用，也是生活的全部。要想其在短期內完全將其生活習慣改變，是大不易的事。在這裡，也可看出歷史對於文化發展是有其相當大的約束力，強求不得的。

中國歷史的發展與歐洲的情形不同，人本思想萌芽甚早，唐虞時，即有「人心惟危，道心惟微」的「人」「道」觀念的提出，而且說「惟精惟一，允執厥中」。此「中」更是人道觀念表現的重心。五倫教化也在這時開始推行。人道觀念的提出，中的發見與運用，倫常關係的提倡與建立，正表現人的覺醒，人性尊嚴，人的崇高價值。商代有「鬼神同視」的記載。在玄虛的陰冥面，過去都是神保護著人；現在死去的祖先亦能照顧其子孫。也就是說，逝去祖先將來會取代神的地位保護自己的子子孫孫，這點可以從後來周的立國作說明。周人大行封建，親親賢賢，周公又制禮作樂，全在著重人自身的一

切活動作爲，因爲在神力的統治下，一切有神的保護，只要聽神的吩咐，就可進行解決所有的事務，現在人要自己照顧自己，就必須有一套周詳辦法來維繫人際間的種種關係，社會才能安定，政治才能清明，大家生活才能幸福。禮是一種規範，它會根據人的親疏、長幼、貴賤、高下等等身份、地位，井然有序的表現在各人的語言行爲上，各方面自會顯得有秩序、有作爲。樂是用來調劑人間生活的，也是激發人的性靈，提高人的品質和樂趣的。雖然這時王猶稱天子，也祭祀天地，可是對人事國家政治毫不起實際作用，人自爲治的建構到此可以說完全確立。周東遷，王室衰，諸侯興，霸者起，進入諸子百家爭鳴的春秋戰國時代，孔、孟倡仁義，行王道；老、莊尚無爲，重自然；墨子倡兼愛，主非攻；楊朱的爲我；韓非的法治；鄒衍的陰陽五行⋯⋯這許許多多的主張，都是探索有關實際的人生問題，積極謀求究竟解決之道，無一如歐洲中世紀求助神力救人濟世者。此可見中、歐歷史文化發展有其根本相異之處。

由唐、虞、夏、商、周到春秋戰國，在許多聖賢哲人的倡導和力行下，人性的尊嚴普遍受到重視，人的最高品質充分得到實證，所謂「萬物皆備於我」、「人爲萬物之靈」、「人人可以爲堯舜」⋯⋯直探索到「人性本善」，爲人本思想建樹完整體系，更爲人爲主的歷史寫下精神和實質並重的平天下典範。隱隱成爲中國立國精神的主軸，千年萬世不改，所說平天下典範，就是本著「內聖」「外王」的一貫精神，要人爲學、作人而至齊家、治國以達到人類和平幸福的大同理想境地。將歷史發展的進程畫分爲據亂世、昇平世和太平世。昇平即小康之世；太平即大同之世。然後照前述順序作進一步的解說和規定。在個人，要修身；在家，要父義、母慈、兄友弟恭、子孝；治國：民爲貴，社稷次之，君爲輕，所以君要行仁政；對世界：重和平、行王道、尚大同。忠、孝、仁、義、信、禮等等，則爲一般人言語、行爲、作事的依據。人是歷史的主人，最爲重要，所以「由天子以至於庶人，一是皆以修身爲本」。身如何修法？除開《大學》裡所說的以外，孔子孟子等人提到的都很多，「志於道、據於德、依於仁、遊於藝」，是比較完善的說法。孔子自述其一生爲學作人的過程：「吾十有五而志於學，三十而立，四十而不惑，五十而知天命，六十而耳順，七十而從心所欲，不踰矩。」孟子亦說：「吾善養吾浩然之氣，其爲氣也，至大至剛。」這是他們的親身經驗，大概由常人修持以達到孟子所說善人、⋯⋯大人、聖人乃至神人應有可能。不過，不是有心人

是難作到的。修身目的亦在與人相處：能夠作到「己立立人，己達達人」、「人溺己溺，人飢己飢」則最佳，否則，亦要守住「己所不欲，勿施於人」這個原則。一個國家的人民能如上所述，則其前景的美好是不難想知的。自兩漢以後，這種情景就被無知自私的君臣所扭曲得幾乎面目全非，到現代被所謂新人物視傳統包袱丟得光光的，快要成一片空白！真使人感慨不已！但是人終有自覺的一天，時間會證明，歷史將會告訴我們的。

著者嘗對余說：「老師，我超過了你。」余聽了，反而高興。他的真誠自信，使人感動！超過一個教書匠很容易，希望更能超過這世界上所有史學界的人，那時，余的喜悅、光榮就更無法形容了。為中華文化著想，為人類和平禱祝，今日極需要有貫通古今，和合中外，綱紀人天，發明真理的大成就的人！人，每個人，可以為堯舜！可以成聖、成神！學人就很平常了。這就作為序言。

中華民國七十九年八月　朱際鎰

第一章　序　論

　　中國有史久矣，其有史學則晚，先有此事而後有此學，斯乃學術緣起之常。歷史、史書與史學，人往往混一而不易明辨。孟子謂「王者之跡息而詩亡，詩亡然後《春秋》作。晉之《乘》，楚之《檮杌》，魯之《春秋》，一也。其事則齊桓、晉文，其文則史，孔子曰：『其義則丘竊取之矣。』」斯則對歷史、史書與史學三者，關係顯已有所理解。

　　歷史與天——今謂之宇宙——同生共起，原未以人爲主；自人類出，歷史乃以人爲重，於是人在過去特定時空所施行之事，遂爲世人所謂之歷史，即齊桓、晉文是也，亦即司馬遷所謂之「故事」。

　　歷史初無文載，而有口傳語說，初民此史學形式，至春秋戰國日潛，然猶有《國語》、瞽者，可以考見。口傳說史之所以亡，蓋因文字發明而書籍興起。秉筆之官古稱爲史，其所記行事設施，乃今謂之歷史者也。及所記日積漸備，編而爲書，此即所謂經籍，後之所以知古，遂有確實有形之憑藉，於是詩亡而書作矣，孟子之言乃可解。七世紀中期唐修《五代史志》(即今《隋書》諸志)，其〈經籍志序〉述論經籍緣起，言之頗備，殆即引伸變化孟子之說以成，隱然有經籍皆史說之意。

　　史官所記行事設施，其文則史，是則三墳五典、八索九丘、百國春秋等經籍者，亦即史書。史官記何行事，記何設施，憑何如此記錄，爲何有此書法；既積備矣，如何分類編策，爲何如此分類？雖爲之至簡，而思想觀念、方法創意豈能無於其中？其義則孔子竊取之矣，此之謂也。近人或謂先秦無史學，眞的史學，應該從司馬遷作《史記》以後說起。甚矣，其人之拘今繩古，無得於史義也。

抽象言之，歷史乃時空之流變，而人物行施隨之以變，故史公特重述論「古今之變」。史公所開創的史學，確與先秦有大差異，但決非於傳統史學無所因藉，平地突起者。史公對先秦史著，頗分散述論之，自此以降，如荀悅、杜預等，更是發揚古者國史策書之常——包括史學精神理念、史料方法等——的功臣，於是促成二體競爭，古史與今史二分確立，是則史學有「古今之變」，至晚七世紀已然大明。〔註1〕據此而言，謂古、今史學不同可，謂古代無所謂史學則不可。論述先秦古史學，非本書主旨所在；而秦漢迄今，史公所創新之史學，主宰史壇凡二千年，故自史公「新史學」始。

所謂古、今史學，即先秦上古史學與馬、班以後的中古史學是也，其間差異多方，若必一言以蔽之，則以記錄性與論述性為分野。《尚書》、《春秋》，所謂記言、記事之史，蓋記錄史學之代表。由此以降，漸趨論述性，爰及三傳，以至《太史公》而成熟。史公主宰二千年，其間亦非不能再分期者：史公之論述史學尚有諸子遺風，其書命名即可知之，由此經班固、陳壽等以降，則漸趨向於敘述性。

故史公以後，史學蓋亦可分為中古史學與近古史學，即論述史學與敘述史學是也，而劉知幾為其轉捩點。史學包括事、文與義，遲至孟子而倡言之，至史公而登峰造極。論述史學之所以以論述為特色，蓋因文有情而事有理也，若此義不明，則必流於文尚美而事尚實。文尚美之流弊，已有劉知幾之長嘆深論，惜其仍亦不免拘時。至於事須尚實，原為史學之核心，揚雄、班彪之徒，推崇《史記》文直事核，蓋為此也；而筆者論馬、班史學之境界則曰「實錄」，論其方法則曰「實證」，蓋亦本於此。史公〈報任少卿書〉，自云「網羅天下放失舊聞，考之行事，稽其成敗興壞之理，凡百三十篇；亦欲以究天人之際，通古今之變，成一家之言」，本此建立其新史學。是則此種學術之成立，必須經此廣搜史料、考證事實、稽論道理之三段法，始克善之。事需稽理究通以為一家之言，故特色在其論述性，而又不失其實證與實錄，下章將深論之。

史公云亡，此旨日息，史官史家，日漸沉耽於網羅史料，考實行事，然後屬辭敘述，編纂成書，此即敘述史學。劉知幾承此風氣潮流，批評總結，以成學理，影響於後。彼於《史通·人物》論云：

> 子長著《史記》也，馳騖窮古今，上下數千載。至如皋陶、伊尹、

〔註1〕請詳本書第十章三、四、五節。

傳說、仲山甫之流，並列經誥，名存子史，功烈尤顯，事跡居多，盡各採而編之，以爲列傳之始，而斷以夷、齊居首，何齟齬之甚乎？既而孟堅勒成《漢書》，牢籠一代，至於人倫大事，亦云備矣。〔註2〕

中國史學恆與政教結合，以彰其經世致用。雖如此，亦不必將相大臣，必然重於隱士小民也；而知人論世，也無庸汲汲乎求備。此義《史記》多方申論之，而〈伯夷列傳〉所示之史學意義，更複雜而豐富，夾論夾述凡千餘字，其敘夷、齊行事者什二三而已。知幾以陶、尹等居將相有功烈，史料事跡較多，故論史公首傳夷、齊爲齟齬；即就表彰政教、發揚功用而言，知幾尙知史公何以推崇許由、務光「義至高」，其歷史價值與意義上於吳太伯及夷、齊之理由乎？知幾所以有此議此蔽，蓋本世俗現實眼光出發作選擇，本完備主義以牢籠一代大事而已，於是王朝將相，必然史料富事跡多，搜集考證皆易進行，並便於編纂成書也。〔註3〕

　　敘述史學之表現，常有蕪穢煩冗之弊，知幾於《史通》亦一再批評之，但終無以救其弊，大體知幾知其然而未知其所以然故也。蓋敘述史學諸史官史家，所實踐者乃史公新史學之前二段，而忽略或捨棄其三段法之終極程序步驟。就此言之，章學誠謂「劉知幾得史法而不得史意」，或雖過份，但並非無道理。至於又謂「劉言史法，吾言史意；劉議館局纂修，吾議一家著述」，雖不盡然，要之大體有此分別。〔註4〕知幾史學批評，奠定敘述史學理念方法，此下史家多奉而爲之，遂有由網羅史料、考之行事再下降的趨勢，乃至有崇拜事實，以及於崇拜史料之傾向。於是，史學目標與性質，先由著書立說如《太史公書》及《漢書》，浸浸然變爲記典制、述故事矣，「書」由是變而爲「史」，《五代史》、《宋史》的命名法，遂於知幾身後出現。及其再降者，更有以上天下地網羅史料爲職志，以考據事實爲目標，非書非史，如蠶食終日，雖偶吐絲而不能連結成繭焉。至於臚列史料，聚編成書者，斯可謂勤矣，然於史學宗旨，相去日遠，更無庸論之。要之，劉知幾承論述性之新

〔註2〕　《史通通釋》（以下或簡稱《史通》），卷八，臺北：里仁書局，民國 69 年 9 月，頁 238。

〔註3〕　劉知幾此方面的理念及史學之完備主義，請詳本書第九章一、二節，第十章第五節與末章。

〔註4〕　詳《文史通義》之〈家書二〉、〈家書六〉（外篇三，頁 365、369），與〈和州志隅自序〉（方志略例一，頁 398），臺北：華世出版社，民國 69 年 9 月初版。

史學，日漸走向敘述性的趨勢，樹立其理念方法，終定大勢，是以筆者下限止於此。

※　　　　　　※　　　　　　※

　　孔子以前，有史官而無史家。孔子以後，官、家並作，而諸子學說，多少與史學有關。劉知幾謂「洎夫子修《春秋》，記二百年行事，三傳並作，史道勃興」，〔註5〕此特就家學傳統言耳。蓋孔子所學，本乎王官，王官史學，在西元前213年（始皇三十四年）焚於一旦，後司馬遷作《太史公》，官書僅剩《秦記》。秦於列國以暴虐落後稱，其國史蓋亦然，史公所謂「不載日月，其文略，不具」是也。列國官史之所以被燒，史公謂其書于秦「刺譏」「尤甚」云。〔註6〕由是官學不明，待荀悅、杜預、干寶以後，始能重證古者國史策書之常。

　　諸侯史記有「刺譏」也者，蓋謂其史書有理念義法，不為被書當事人的理念意識所接受及能接受。史公一再述論孔子作《春秋》，於〈十二諸侯年表序〉，推孟子所謂「孔子成《春秋》，而亂臣賊子懼」之旨，謂其「為有刺譏、褒諱、挹損之文辭，不可書見也」。《春秋》有此史學理念之表現，蓋與孔子約文辭，制義法，備王道，浹人事之宗旨有關，〔註7〕其承於史官之學而下興史家之道，蓋亦由此。是則先秦史官與史家之修講歷史，必有所學，而其中亦必有所理據思想，不待辯明。

　　本書論述史公以來，至於知幾止，對其間學理思想、觀念意識之影響於史學發展及特色者，頗詳言之。孔門史道，至漢已有變為「空言」「空論」之勢，下章析引史公思想已頗論之矣。然而史公、知幾之學術，向以「實錄」被推及自許，與孔子損諱之一面略異，是則其學理觀念之所承，殆有直繼於先孔之史官者，「在齊太史簡，在晉董狐筆」蓋其明例。

　　董狐筆於孔子出生前五十六年（西元前607年，魯宣公二年），其咎實先起於晉靈公。趙盾被靈公攻殺不果，遂有逃亡，而趙穿殺其君於桃園，盾未出山遂復還。《左氏春秋》該年述其事云：

　　　　大史書曰：「趙盾弒其君。」以示於朝。宣子（盾）曰：「不然。」

〔註5〕詳同註2。

〔註6〕參《史記‧六國年表序》，卷十五，臺北：臺灣東華書局，民國57年10月影三版，頁199上～下。

〔註7〕引文詳《史記》，卷十四，頁161上～下。本書下章對此另有詳論。

　　對曰：「子爲正卿，亡不越竟，反不討賊，非子而誰？」宣子曰：「嗚
　　呼，『我之懷矣，自詒伊慼』，其我之謂矣！」

　　孔子曰：「董狐，古之良史也，書法不隱。趙宣子，古之良大夫也，
　　爲法受惡。惜也，越竟乃免。」

此事件於春秋時代之政教意義姑不論，就史學而言，頗有可討論者。

　　首先，君死兵變，太史不得不書，此爲《左氏春秋》昭公二十年孔子所
示，而君子韙之的「守道不如守官」的原則。史官有其職守，故不得不舉職，
舉職書事則必須及時而宣示之，此即本書下文所稱之及時主義，漢以後之起
居注，北魏之制左右史，北周柳虯之論，唐初朱子奢、褚遂良之言，建制言
論，其背後所蘊之思想學理皆源於此。〔註8〕

　　及時記錄而宣示之，並非遂令殘君賊臣感覺可懼之充份條件，其條件在
史官必須「書法不隱」。記錄有定法理據，此即「書法」。就弒君而言，其事
則靈公、趙穿，其文則趙盾弒君，是則其義何在？孔子同意董狐所據法理根
據及價值判斷，論責任所歸，而斷以「春秋責帥」。史官必須依據法理，獨立
判斷，以使史學能經世致用，此即孔子推董狐爲良史之義。

　　所謂「不隱」也者，乃就撰史者的基本態度而言，牽涉後世史德之思想
理論。然而董狐與齊太史略不同，董狐之「不隱」未必就是「直書」，也非「婉」
筆，如劉知幾等所論者。董狐所記，表示了史官不能抹殺隱諱事實之要旨，
至於此事實如何判斷確認，則爲另一回事。後者爲確認事實與正名主義問題，
前者爲守職舉筆的職守原則與道德自覺之問題，而並包含傳眞之史才問題。
要言之，即董狐依法理而對此事判斷正名，並舉職不隱，如實記之。由求眞
而傳眞，由確認事實而稽明義理，董狐在實踐此古史學之精神原則與思想學
術，及至孔子，則在半個世紀後，表揚此古史學。

　　「古之良史」所示如此，「古之良大夫爲法受惡」，尊重史官職守又如此，
是孔子慨嘆於「今」之史官與大夫焉，史學有古今之變，於此亦可知。

　　孔子四歲時，「在齊太史簡」發生（西元前548年，魯襄公二十五年）。
齊莊公被弒於崔杼邸，事實明顯，不需史官據理考論而判斷確立之，故太史
書「崔杼弒其君」，是及時舉職，「直書」其事。此據實直書問題原本單純，
不如董狐複雜，蓋二史皆守職而記事——董狐「如實」書之，齊太史「據實」

〔註8〕詳參本書第八章第三節，第十一章第四節。

記之，於此略不同矣。在史學意義及理論上，如實書事牽及求真傳真諸思想方法問題，而據實記事則僅及存真問題。不過，崔杼為此殺太史，其弟嗣書又殺之，其弟又書乃舍之；南史氏聞太史盡死，執簡以往；聞既書矣而還。此後續發展，於是內含嚴肅之史學精神理念，有大造於後世史家，意義轉居董狐之上，請略論之。

首先，齊國史官之表現，乃「守道不如守官」的充份表現，可以無疑。董狐判斷牽涉才學識，且其研思過程為續發性，是以所書若觸趙盾怒而死，乃是咎由自取或求仁得仁。此四史則不然，齊太史在最直接情況下記事，卻付出生命之代價。典型在目前，其兩弟、南史復不畏死而嗣書前赴，此即職守意識之際，人格道德亦已內自覺而擴充之——安於仁而行，雖死不悔——乃史德的極致表現，文天祥先頌「在齊太史簡」，劉知幾常南、董連稱而南在董前，其故在此。

其次，此思想意識的內自覺而充足，乃為保證歷史信實性之基本，亦即關係史學成立之第一原則——歷史必須是真的事實。蓋述故事而不足徵即流為小說，論義理而不本乎事實則流為空言，而史學之成立，在其所論述為真實——即所述為真相之事，所論為真理之義。或謂中國人過份相信歷史，其義當由此中尋找。四史官殆非好名嘩眾者，其所以赴死，乃班彪所謂「殺史見極，平易正直」也，〔註9〕由此可證史德之極則及見史學之極致，蓋真之可存然後乃可信，據可信之真而後始能講求傳真之道。

復次，古、今史官環境際遇不同，即促成史學思想精神及其行為之變。孔子對此四史未見推崇致意，而表揚於董狐之筆，蓋忧於今之環境而有禍患意識耶？史公謂《春秋》「為有所刺譏、襃諱、挹損之文辭，不可書見」，班固引伸謂「據行事，仍人道，因興以立功，就敗以成罰，……有所襃諱貶損，不可書見，口授弟子。……《春秋》所貶損大人當世君臣，有威權勢力，其事實皆形於傳，是以隱其書而不宣，所以免時難也。」〔註10〕史學之有隱諱，乃孔子時代之悲劇，孔子不免染此風而傳之後世。為親者隱、為賢者諱，所謂對國家親賢抱溫情與敬意，實大傷於上述的第一原則，反令親賢之人格行為有可疑，而真相真理不可盡信。此義孟子初言之，王充繼論之，而至劉知幾

〔註9〕班彪言見《後漢書》本傳，卷四十上，臺北：鼎文書局新校標點本，頁1327。

〔註10〕班固之言或本於劉向、歆父子，詳《漢書·藝文志·春秋序》，卷三十，頁1715；版本同上註。

疑古惑經，論直書曲筆，終能返於實錄之要旨，以建立史學批評。

　　相對而言，孔子所闡揚之董狐筆，經孟子之倡揭，乃成所謂春秋褒貶精神，蔚爲影響中國史學最大之一的主義和學派。然而古之良史依義法、據職守而記，不可妄書的情況，自家學史道興起以後而鮮復睹。孔子表揚史學之經世致用，孟子倡述而成史學功用論，此下史家不免蒙受影響，而有偏於主觀及求用的傾向，一者趨向徒託空言而離事言理，另者各是其理而藉事伸論，遂使史學有喪失獨立自立，淪爲政教工具之弊，漢儒謂孔子爲漢制一王大法，此其例也，故有司馬遷之興。

　　班固云：「自劉向、揚雄，博極群書，皆稱遷有良史之材，服其善敘事理，辨而不華，質而不俚；其文直，其事核；不虛美，不隱惡；故謂之實錄。」〔註11〕按善敘質辨，蓋指其論述史學之傳眞而言，董狐乃如實傳眞的例子。文直事核，蓋謂據實直書以存眞，齊太史等乃其典範。至於不虛美、不隱惡，則關係史德，董、齊諸史皆與有焉。據此特徵，故謂史公之史學精神理念，殆有直繼於先秦，乃至先孔之官學者。

　　余論述史公以後、知幾以前，史學思想觀念與史學發展，蓋由此出發。至於所謂史觀也者，乃指廣義言，凡精神意識、思想觀念諸心靈活動者皆屬之；雖下潛意識，如能從其言行推考以知者，亦在論究之列。若乃文獻罕闕或難徵，不便成章節者，則在相關處論述及之而已。

※　　　　※　　　　※

　　余欲研究之範圍斷限既如上述，探索之層次取向又復如此，則面臨者遂以史料方法爲先。

　　史之能成爲學術，然後始有史學。「史學」一名的確立，始於四世紀初期之石勒，百餘年後宋文帝繼之而立史學，〔註12〕於是梁陳以降，乃置撰修史著之「學士」焉。史成學而後有專門之學士，既有專門學者，於是至唐乃有一史、三史諸科。馬、班以後，其書與五經相匹亞，推爲正史，而師法相傳，代有研治者，〔註13〕至此六、七世紀，乃成學術大國。

〔註11〕詳《漢書・司馬遷傳贊》，卷六十二，頁2738。

〔註12〕據《晉書・石勒載記》（版本同註9），謂勒設經學、律學、史學、門臣四祭酒，其時約在四世紀十年代，較宋文帝於五世紀三十年代立玄、史、文、儒四學爲早。

〔註13〕詳《五代史志・經籍二・正史序》，參《隋書》（版本同註9），卷三十三，頁957。

　　魏晉六朝以《史》、《漢》爲「正史」而傳習之，當時所謂正史也者，猶今所謂標準典範也。適二世紀以降，「靈、獻之世，天下大亂，史官失其常守；博達之士，愍其廢絕，各絕所聞，以備遺亡。是後群才景慕，作者甚眾」，〔註14〕是則由研習《史》、《漢》，而至擴充爲獨立學部，契機可知。

　　史學雖至六、七世紀獨立成部，蔚爲大國，而以馬、班史學爲正，學者至今則之。然而，自馬、班以降，國史鮮將史家彙類爲傳，如〈儒林〉、〈循吏〉等，至於獨立單行成書，以論述史學發展者，更未曾睹。及劉勰雕文，〈史傳〉始見專篇，知幾通史，由〈史官建置〉而〈古今正史〉，於是史學之史乃有具體。前此以往，史學專門研究大體闕如，至近世始漸漸而盛，佳者間出；然如本書取向，系統以作解釋者，大概尚少。

　　國人忽略史學，史家復未講究之，以成專門之業，由是史料往往隨代散失，上述漢、魏以降甚眾之作者，爲劉知幾所論述者已少，遑論當今。中國史家，完成其名著之後，復自述其思想方法、構意體例者蓋少，於其序論、敘傳述及者亦不多，若如〈太史公自序〉、劉知幾《史通‧自敘》者，更如鳳毛。是則研究中古史家及其思想方法，史料之難蓋可知。

　　中古史家身名與著作俱滅，不能自傳於後者，所在多有。著作倖存，而能自表其思想方法於敘傳之中，散述其構意理據於篇章之內，如太史公之著書者復極鮮。於是，研究之進行，除有著作迄今可閱者外，不得不以管窺知——正史或他書轉引其原著片斷，據此以窺見其史學，推論其思想；或假途以進——據正史或他書之論述其人其書以推論焉。逐讀原著爲直接論證，則管窺者遂爲不完全直接法，必須極盡分析證據之能事而始克善之。至於假途，必爲間接以知，是以首重批判，而後分析較論，以印證其言。

　　古者史學言、事合一，章學誠論之已審。史家若對其書其學有所言，推言以見思，由思而論學，則是直接易爲之捷徑。可惜史家此類言論向爲少見，而其他方面之文詞則多。不過若能由彼以綜其思想人格，由彼推此，亦將有所得，否則流於斷章取義、武斷偏失。至於由他人之言，可以略證其時代思潮，由此而論其思想人格，能如是者則必將更週延。若能據片言以作起點，從大處推小，由他方及此，是則不得不講究綜合、分析、比較諸法。

　　試以此下篇章所論班固爲例。班固於《漢書‧司馬遷傳》，批評史公「是非頗繆於聖人，論大道則先黃老而後六經……」云云，是論史公價值思想有

偏失也。觀桓譚反圖讖之言論，幾以謬聖非經爲光武所殺，則知班固觀點，不僅單受其父言行所影響。桓譚之言及其後果，足徵光武、明、章之世，官方政教力量干預主導下，是何種時代思潮。班固曾有被告「私改作國史」，下獄幾死之前例，何敢拂逆此官方思想意識？於是，復順明帝之旨作〈典引〉，批評史公及其書，謂「微文刺譏，貶損當世，非誼士也」，較司馬相如雖無行，而至死稱頌漢武功德的「忠臣之效」遠遜，伏下《史記》蒙受「謗書」之名的理據。是則班固思想觀念中，司馬遷於教於政皆失，價值系統顛倒，史觀史法俱有問題，而其自己的思想亦因之明顯。

班固既有此認識，故於〈典引〉之賦，力頌漢德「唐哉皇哉！皇哉唐哉」。此賦頗見班固順從官方思想意識，及有刻意阿諛取容之嫌。事實上，班固本其時代流行思想學術及家學，未必有僞，故同賦亦批評其通家友好之前輩，謂「揚雄美新（王莽），典而亡實」；加上生於「明章之治」，參與驅逐匈奴之役，於大時代中孕生國家主義、本朝意識，可以理解。《漢書·敘傳》申論五帝三代之盛──揚名後世，冠德百王──必藉於典謨，煥乎有文。在此諸思想認識交集之下，故其力評史公撰史，將本朝「編於百王之末，廁於秦、項之列」爲極不當，於是欲突出漢朝，使單獨爲書。其所作〈兩都賦〉，強調當今論者但知古事，講論經典而已，而其志所在，則爲「究漢德之所由」。據此諸言詞，可以表見班固思想史觀實前後一貫，非純爲取容作僞之徒，而中國之有斷代爲史，與此大有關係。傅玄批評「班固《漢書》，論國體，則飾主闕而抑忠臣……」云云，據之以檢論《漢書》的價值系統、史觀特色則可，若謂其人格思想卑下則不可。蓋就史學史言，班固若非如此，則決無後世遵行之馬、班史學，也絕難有此下官方正史之發展，及正史所表達之政教意識也。後世正史或其他史著，史觀思想同於班固者多，同於史公者少，寧不值得由此深思耶？

推言以見思論學，較直接易爲，至於由事以推其思想學術，則較爲不易。特殊情況外，凡人必然有思想，而思想或將落實於行事作爲，故論行爲以推思想，乃是逆推之法，且易隱晦失準。孔子曰：「始，吾於人也，聽其言而信其行；今，吾於人也，聽其言而觀其行。」言行能相印證，則易使歷史確定，否則解釋常所不穩。如有劉秀才者，移書責史官韓愈，「教勉以所宜務」，意謂應振筆直書云，是則韓愈居史官而舉職未直，其行事可見。韓愈何以如此？據其〈答劉秀才論史書〉，知其有濃厚之史禍意識，故一者懼直書褒

貶以惹禍，一者不敢草草屬文，有鄉愿苟且，因循求去之意。余初讀其文，期期然不敢苟同，後讀柳宗元〈與韓愈論史官書〉，遂是柳而非韓，撰文以論史德。〔註15〕然而，迄今十年，余所論史德或未後悔自非，要之對韓愈則頗有歷史之同情。容或韓、柳行為及其所思，在史學理論上有高下之別，要之，其人以其行事展現其思想，忠於其觀念，則可見而可憫，較言行不符者遠勝。劉知幾高倡「直書」而屬斥「曲筆」，至喻以「寧為蘭摧玉折，不作瓦礫長存」，標南、董為典範，有鼓吹史德理論，黽勉史家隨時作烈士之意。〔註16〕及其受挫史館，卻引身自退，著作《史通》。或許知幾有史公〈報任少卿書〉，所謂「死有重於泰山，或輕於鴻毛」，故隱忍苟活，「恨私心有所不盡，鄙末世而文采不表於後也」之旨，然而察其後行事及所以免官，似又不盡然。是知子玄的思想理論，對一般史家史官或其自己而言，頗窒滯難行，有內不足而不能一貫者。由此以推，前述史公、班固謂孔子作《春秋》，而使之不可書見，以免時難的行事若真，則知孔子已思及此義，亦有史禍意識焉。相對者，史公〈自序〉述其禍患意識，推崇漢君臣大夫之業，而《史記》卻一再論述漢君臣之過惡，致有專篇論平準，特章評封禪，則其史須直書不隱、中正評論的實錄史學思想，豈是口倡學理者所能篤切彰明耶？

古人謂人生三不朽，立德立功，皆行事也，立言亦事在其中，是以古人常以行事表彰其思想理念。〈太史公自序〉引孔子言，所謂「吾欲載之於空言，不如見之於行事之深切著明也」，其義在此。由事以論義，由行以推思，常為研究思想史的要徑，但需審慎為之，始能有效。否則，以中國史家自述其思想之少，則史學思想史殆無由進路與進行焉。

余所論史料方法既如是，則知余之主據，乃兩《唐書》以前諸正史，人人而皆可讀之書。至於總集、別集、諸子、類書、經傳、政典，以及近人論著，俱在搜討之列；反而當世考古出土，則鮮少引用。非不欲追新愛奇，網羅一切，蓋以研究史學思想，不必如此，行文之時，國禁未開，不能如此。復加精力所限，則此書之有疏略，概可想見；不過略人之所詳，於通論性著作乃屬合理。

或有人勸余用引得等以速其功，然依上述所論史料方法，決不可能為之，

〔註15〕拙文〈中國史家的史德修養及其根源〉，發表於《華學月刊》一一四期，臺北：
　　　　文化大學，民國 70 年 6 月。
〔註16〕詳《史通》，卷七〈直書〉、〈曲筆〉兩篇。

蓋史料零星廣佈，索而未必可得；縱有助手佐之，悉其構想計畫，讀之亦未必知孰可引而孰可用，抄錄網羅遂不免有吞舟漏網之虞。是則若不能一手一足之烈，則決不能善養其功力，尤以讀正史爲然。無功力或淺之，則學問必不能深，世間學問決無唾手可得者，如此速成之得，雖得奚以爲？

　　隔於所限，余所網羅，未盡天下放失舊聞，但對余之所欲論著，文獻概略稱足。史料不在多而在足，猶如兵貴精而不貴多也。據充足之文獻史料，考事稽理，厥以獨斷爲尚，而不以博雅泛知爲能。是書容或有疏略未週、主觀偏失之處，然愼思明辨以至獨斷之間，蓋已盡其天而不敢先存益以人，其失者乃力有未逮耳，此非好學深思，心知其意，固難爲淺見寡聞道也。

※　　　　　※　　　　　※

　　此書之成，乃集結余近八年所爲文，前後凡十六篇，〔註17〕都約五十萬字，重行調整處理，修改刪補，融冶以成。其間若有牴牾，或不可免。其所以遽即集結出版者，蓋有由焉。

　　首文發表之時，適吾師朱劍一際鎰教授七秩榮慶暨榮休。先生清守儒雅，意氣軒昂，善爲人師。余入大學，始受啓發，諄諄然善誘之，靄靄然善撫之，或漫步論學，或促膝議道，使不能自已，尤以思想觀念之開導激盪爲多，於是學問竟爲何事，日漸以明。

　　先生導論史學，兼及教法，而專治魏晉六朝。其研治講論，不尙細節煩瑣，不貴訓詁考據，而能從其大體，亦以是論文較少刊見。學不爲人，人不知而不慍，吾師所謂古之學者是也。先生能動人者，尤在其人格精神：其志存中國，意在中華，溫良儉讓，節操自持，欲畢生爲頂天立地之男兒。余論學相處日久，但感即之也溫，仰之彌高，思之油然，嚮慕不已！故決意陸續鑽研漢唐史觀與史學，發而爲文，俟後集結成書以上壽。

〔註17〕此十六篇文章之前十二篇，皆在《華學月刊》發表，由一三六期（民國72年4月）～一三九期、一四三期～一四六期、一四八期～一五一期，末期出版於民國73年7月，自後該月刊停刊。民國74年3月，余出席中興大學歷史系主辦之中西史學史研討會，發表〈四至七世紀「以史制君」觀念對官修制度的影響〉一文（見該會出版之論文集，臺南：久洋出版社，民國75年1月初版）。民國75年8月，余在東吳大學《東吳文史學報》第五號，發表〈漢唐之間二體論與古今正史之爭〉。民國76年6月，於臺灣師大《歷史學報》十五期，發表〈唐初官修史著的基本觀念與意識〉。復於民國78年3月，在《東吳文史學報》第七號，發表〈唐前期國史官修體制的演變〉，都爲十六篇。

　　研究數年，常得《華學月刊》主編鄧景衡姊鼓勵，復常蒙國科會獎助，信心益增，而治學益勤。三年前余承乏東吳歷史系主任，始覺力分。前年龔鵬程兄以其論文略備，邀請出版。余以〈唐前期國史官修體制的演變〉一文，近可完成發表，則此書內容斷限頗已完整，復以朱師七秩晉七，慶誕將至，遂即整齊爲十二章，蓋無以爲壽，而顏以獻壽云爾。是爲序論，以論其意。

第二章　司馬遷的「新史學」及其觀念意識

一、「新史學」的意義

　　《五代史志》、《史通》等書，均將司馬遷以降的中國史籍劃分爲古史與今史，就體裁而言，前者蓋指編年體，後者蓋指紀傳體。事實上，體裁之異，其背後實有觀念意識乃至研究方法之變動以作支撐，否則古代史學自司馬遷以迄汲冢發掘，其間沉滯約三個半世紀，雖有荀悅撰《漢紀》而無以挽狂瀾，此事實難以理釋。反過來看，所謂「今史」也者，在當時實即相當於今日之所謂「現代史學」或「新史學」。這種史學有別於「古代史學」或「舊史學」，由司馬遷開創，好事者繼起，然後由班固改創，陳壽遵承，乃至東漢政府取之以爲國史修撰的新體，民間、官方，風起繼作，於是得以橫掃史壇，驅逐古史而取得「正史」的地位。從開創以至繼起改創，實際上已得視爲一種學術運動。這種新史學運動因何觀念意識以開創發展，憑何條件而獲得史學上幾乎定於一尊的地位，並使史學得以成爲傳統學術的大宗？此誠值得深思求解者。

　　新史學運動從開創至奠定，實非朝夕可蹴之事。司馬遷在西元前一世紀前期撰《史記》而卒後，「好事者亦頗著述，然多鄙淺，不足相繼」。這些「好事者」事實上包括了大儒劉向、劉歆、揚雄，甚至班彪和班固在內，積此許多繼起努力的經驗，然後始有西元第一世紀中期的班固改創。班固改創之功得東漢政府認可及採法，遂爲以後的政府及民間史家所遵行，殆四史

（《太史公》、《漢書》、《東觀漢記》及《三國志》）完成，新史學始得實際的奠定。兩晉以降，「自是世有著述，皆擬班、馬，以爲正史，作者尤廣，一代之史至數十家；唯《史記》、《漢書》，師法相傳，並有解釋」，〔註1〕洶洶乎其盛矣。

　　據上所述，新史學運動三百餘年間實可分爲兩期，由司馬遷以至班彪爲前期，是開創模倣之期，由班固以至陳壽爲後期，是改創奠定之期。此運動不但使新史學的紀傳體著作得以奠定及幾乎獨尊，抑且其觀念意識更帶動了兩晉以降史學其他方面的發展。推本溯源，不禁要問：司馬遷爲何開創此一新學術？它是如何被開創的？關於這問題，日人內藤虎次郎就學術上的統一趨勢提出解釋，比較偏重了時代環境的刺激與司馬遷的反應之關係。〔註2〕誠然，「刺激──反應」的理論可以用之於解釋此問題，但是司馬遷主觀的創意也不能忽略，故下文即由此入手以專作探討。

二、司馬遷透過其父所表達的意念

　　讀〈太史公自序〉，知司馬談對其子的撰述《史記》具有甚大的啓發影響。這些啓發影響，奠定了司馬遷的歷史觀念與意識，而與司馬談的論六家要旨和遺囑有關。因此，司馬遷特別將此兩段言論記述了出來。〔註3〕

　　司馬談論六家要旨，其動機是因爲「愍學者之不達其意而師悖」，因而他要對此六家作一反省批判，以啓示當代及後世學者。在他的思想中，陰陽、儒、墨、名、法五家各有優劣，而推崇道家，這已是眾所皆知的事。然而，照他的觀念推下去，此六家皆「務爲治者也」，只不過是「一致而百慮，同歸而殊塗」罷了，是則推崇道家即無異表示道家融合了諸家優點，而最能爲治的了。司馬談此一看法，後人或誤以爲司馬遷的觀念，遂從揚雄、班彪之徒

〔註1〕引文據《五代史志・經籍二・正史序》，參見《隋書》，卷三十三，頁956～957。

〔註2〕內藤認爲周秦之際諸子百家蜂起馳說，然而漢朝一統以後，各種思想亦有統一的必要，司馬遷的《史記》乃是思想及記錄統一的結果。並且，他雖然重視司馬遷的使命感及道統意識，然而他也同樣重視了司馬遷對環境遭遇的不滿反應，他注重外鑠的動機多於內在的創意。請參其著《支那史學史》，日本東京：弘文堂株式會社，昭和三十六年十一月十五日三版，頁124～129。

〔註3〕以下所引論六家要旨及其遺囑，均見於《史記》，卷一三〇〈太史公自序〉，臺北：臺灣東華書局，民國57年10月影三版。

始，批判他「是非頗繆於聖人，論大道則先黃老而後六經」。因此而為司馬遷辯護者亦已多，姑勿論之，要之在這裡值得根究的，乃是司馬談在何種意識下而有此論著？解答這個問題誠非易事，必須與其遺囑作比較，庶可得之。他的遺囑對本文的論證有大用，茲錄之如下：

> 太史公（司馬談）執遷手而泣曰：「余先，周室之太史也，自上世常顯功名於虞夏，典天官事。後世中衰，絕於予乎？汝復為太史，則續吾祖矣！
>
> 今天子接千歲之統，封泰山，而余不得從行，是命也夫！命也夫！余死，汝必為太史。為太史，無忘吾所欲論著矣！且夫孝，始於事親，中於事君，終於立身；揚名於後世，以顯父母，此孝之大者。夫天下稱誦周公，言其能論歌文、武之德，宣周、召之風，達太王、王季之思慮，爰及公劉，以尊后稷也。
>
> 幽、厲之後，王道缺，禮樂衰，孔子修舊起廢，論《詩》《書》，作《春秋》，則學者至今則之。自獲麟以來，四百有餘歲，而諸侯相兼，史記放絕。今漢興，海內一統，明主、賢君，忠臣、死義之士，余為太史而弗論載，廢天下之史文，余甚懼焉！汝其念哉！」

司馬談論著六家要旨背後的精神意識，可由他評論周公和孔子的言語中發掘。他稱誦周公，實由「孝之大者」為出發點。《孝經》云：「立身行道，揚名於後世，以顯父母，孝之終也。」周公能立身及行道，並從而論歌宣達其祖考之德風，使自己揚名於後世，而祖考亦因之以顯。他論著六家要旨，遺命其子「無忘吾所欲論著」，基本上即由大孝揚名的成名不朽意識出發，亦即孔子所謂的「君子疾沒世而名不顯」之意識。

其次，周公行王道、宣德風以後，至孔子之世，已然王道缺、禮樂衰。孔子繼起修舊起廢，即修禮樂而起王道之謂，表示孔子已經得到王道，而透過六藝承傳下來。在司馬談的意念中，孔子的文化事業，是一種傳達大道，承前啟後的大事業，向上繼承傳統，向下開展生命，開創文化新生機。他所論著的六家，實即自獲麟以來、四百有餘歲的戰亂之世的學術發展。司馬談既認為學者不達六家的要旨，各習師說而惑於所見，因而「愍」之，是則表示他自以為已會通其道，有整齊及啟發當世和後世學術文化的意識。就此點而言，他是與孔子修《禮》《樂》、論《詩》《書》、作《春秋》的意識相通的；只是孔子當時的學術在六藝，而司馬談此時的「務為治者」的學術已不侷限

於此，而爲六家罷了。換句話說，他所以論著六家要旨，另一種意識即爲綜合前代文化以啓來者的承傳意識；這種意識在其心目中，尤具「集大成以傳道」的心態。

行文至此，在這裡又有一個值得思考的問題：司馬談既是尊崇道家的人，何以他又向其子推崇周公和孔子？這個問題比前一問題更不易解答。最直覺的答案乃是：漢武帝此時獨尊儒術，罷黜百家，所以他因應時代的趨勢而改變。然而這個答案對睿智而有主見者如司馬談，似是不甚適合的，司馬遷也未明確表示其父有此學術思想上的重大改變。也就是說，司馬遷並無表示其父因時代思潮的改變而改變其學術，更未表示其父晚年乃至死前對儒家有發自內心深刻的覺悟，因而改變了其向之所學。所以，此問題只得從司馬談對孔子與儒家所持的認識及評價方面入手求解答。

司馬談批判云：「儒者博而寡要，勞而少功，是以其事難盡從。然其序君臣父子之禮，列夫婦長幼之別，不可易也。」亦即承認儒家的倫理教化功能，而批評其學術範圍的博大與學習過程的勞苦；而且因其博而寡要、勞而少功，故判定「其事難盡從」。如何博而寡要、勞而少功？他稍後跟著解釋說：「夫儒者以六藝爲法。六藝經傳以千萬數，累世不能通其學，當年不能究其禮，故日博而寡要，勞而少功。」他對儒家的全部批判如此。在此值得注意的是，他對六藝所代表的儒家，本質上並無反對、排斥及輕視之意，對開創六藝的孔子也無意非難。這表示了他絕不是一個黨同伐異、抱殘守缺的門戶狹隘者；相反的，他實爲一個心胸開闊，能夠兼容並蓄的人。他的學術胸襟對其子影響甚大，因而司馬遷爲此竟被揚雄、班彪之徒所批評。

司馬談推崇道家而不排斥儒術及其他四家，而且對儒家也有所表揚，這種兼容並蓄、論而不排的胸襟氣度，絕不似孟子的排楊朱而尊孔子。對他本身而言，此即使他能夠進一步的認識孔子，並能客觀地評論孔子的歷史地位和評價其文化成就的意義；對其子而言，司馬遷之所以能重新認識儒家，以繼承孔子的學術文化事業自居，實即承受了其父的影響和啓示。因此，儘管司馬談推崇道家，但他卻不勉勵其子效法黃帝、老子。相反的，儒家所推崇的兩位聖人——周公和孔子——在歷史上的地位和文化上的意義，顯然爲司馬談所肯定，並用以激勵其子之繼起，此誠司馬談極具歷史意識的表現。

司馬談遺囑中尚有一種極強烈的歷史意識，可以上通於晉董狐及齊太史，此即職守意識及由此續發衍生出來的身繫歷史文化存續的自覺意識。他

意識到四百餘年來戰亂之局，已使史記放絕，天下歷史文化已至不絕如縷的境地。太史是史官，論載史文乃其職責所在，若不論載而使之廢絕，實為史官失職。〔註4〕他本來即有整齊各家學術的高尚志向，又意識到自己在此關鍵時代而身為史官，歷史文化的存續即繫之於自己一身，因而正是自己當仁不讓的時刻。對他來說，似乎整齊各家學術固為一種使命，然而他身居史官，在此緊要時刻必須要使史官舉職，以存續天下的史文，此使命較前者更為重要，而且也涵蓋了前者。明顯的，這種強烈而沉重的身繫歷史文化之存續的使命意識，並不是每一個史官都能有此自覺。正惟司馬談有此自覺，所以才感覺到己之將死，而史文論載弗能完成，是以內心甚懼焉。在此困懼情況之下，遂切囑其子「為太史，無忘吾所欲論著矣」，「汝其念哉」！

　　假若大學者皆有法外心傳，司馬談的言論，實即為中國傳統大史家的心傳，影響其子之開創史學極大。總括來說，司馬談的心傳，主要是一些主觀自覺的歷史觀與意識，包括了：第一，史官（史家）的職責為保存歷史文化，歷史文化之存續與否即端繫於此，因而史官（史家）不能失職，不能迴避，須當仁不讓。第二，歷史的撰著不僅只是「述往事」，「述往事」僅是史官（史家）的職責；而優秀的史官（史家），其美德和功能即在能進一步的「論」，透過論述以究明道理，提供給人類。第三，這種整齊學術、論載史文的事業，是一種本身即足以使作者得以立身揚名的事業，是追求不朽生命的立言事業；透過撰史以追求成名不朽，是值得鼓勵的，有理想的史家應該具有此意識。第四，透過這種學術，史家能夠經世行道（請閱後述）。除此四點之外，司馬談在此兩段言論之中，即表達了一個大學者必須胸襟開闊、兼容並蓄的器識；他不因道家的清靜無為而忘記了周公、孔子的人文化成，也不因道家的絕聖棄智而忽視了明賢忠義。

　　上述即司馬談切囑司馬遷無忘的「吾所欲論著」。所謂「吾所欲論著」，蓋兼指所欲論何，與所欲以何（觀念意識）作論著，及所欲論著的目的三者而言。司馬遷自述其當時的表現，說「遷俯首流涕曰：『小子不敏，請悉論先人所次舊聞，弗敢闕！』」單就這句誓詞而言，司馬遷無異已答允了繼承其父的事業。這個事業即論著前人所次的史文，而為其父可能此時尚未開始進行

〔註4〕漢代太史主要是掌天文星曆之官，東漢的太史是不參與修史的。然而西漢初期的太史職掌是否如此，論說紛紜，請容後論；起碼司馬談本人及其子，皆有此種職守所在的意識。

者，所謂「而弗論載，廢天下之史文」是也。

司馬遷既敍述了其父欲論著的觀念意識，並答允了繼承其父所欲論著的學術事業，是則上述的觀念意識，對司馬遷來說，應當是瞭解體會得最親切不過的了。至於他是否完全接受而擴充之？誠值進一步的加以檢討。

先就上述的第一點觀念意識來看，司馬遷之撰《史記》，確是以之作爲根本意識。〈自序〉謂父卒三歲而遷爲太史公，身爲史官，遂開始紬史記石室金匱之書。後雖被刑而改官中書令，不在其位，但仍云當代史事不能宣布，有司之過也；聲言「且余嘗掌其官，〔註5〕廢明聖盛德不載，滅功臣、世家、賢大夫之業不述，墮先人所言，罪莫大焉」！是則司馬遷已由職守意識延伸爲身繫歷史文化之存續的使命意識。因而他在〈自序〉末段的〈自序子序〉中強調：歷史文化的發展，至周而廢弛，秦朝撥去古文、焚滅詩書，使圖籍散亂，文化遭劫。俟漢興，而始文學彬彬稍進，詩書往往間出，百年之間，天下遺文古事靡不集於太史公。太史公因「先人嘗掌斯事」而顯，當此關鍵又「父子相續纂其職」，無論從存續歷史文化、繼承先業、盡忠職守等任何角度看，皆對此無可迴避而應當仁不讓，是以連稱「至於余乎！欽念哉！欽念哉！」其意識於此可見。當此意識充塞於內心之時，雖受極刑下辱，亦仍能支持其隱忍偷生。司馬遷在其〈報任少卿書〉對此即有解釋，表示他所以忍辱苟活，「事未易一二爲俗人言也」。「人固有一死，死有重於泰山，或輕於鴻毛，用之所趨異也」。他用其生命追求一種更高的目的；歷史文化存續承傳的完成，顯然是其中最高者之一，也是他所謂「恨私心有所不盡」者之一點，而且是其中最重要的一點私心。〔註6〕

上述的第二點及第四點觀念意識，須留待下節討論《春秋》一同觀察，始能更爲清晰。若單就其誓詞所謂「請悉論先人所次舊聞」之「論」字看，顯然表示司馬遷對此是認同的。

至於第三點，有值得注意者，即歷史著作並非每一部皆能成爲歷史上的名著。不能成爲歷史上之名著的史著，表示其著者無以安身立命於其著作之內，藉其著作成其一家之言，獲其不朽的生命。換句話說，歷史著作本身並

〔註5〕班固在《漢書·司馬遷傳》收錄此序，但此處卻將原文改爲「且余掌其官」，不但忽略了時間性，抑且表示班固對司馬遷的意識似亦有所不明也。參《漢書》，卷六十二，臺北：鼎文書局，民國61年11月再版，頁2719。

〔註6〕該書爲班固錄入《漢書》，卷六十二〈司馬遷傳〉，以下引用此書即據此，不再贅註。

不必定能使其著者成名不朽，但是高層次的優秀史著則能因之而使其著者完成其不朽的生命，揚名聲於後世。世之俗史多矣，他們在當時或即湮沒無聞，遑論揚名於後世了。司馬談黽勉其子，不是鼓勵他為此類俗史，而是指示他從事一個能「立身」、揚大名的事業。由於撰述歷史是其家的世業，又是他們父子職守之所在，而且更重要的是，全面整理歷史文化以究明人類大道，史學較其他經子集諸學術更易為功，所以才切囑司馬遷要論載天下之史文。是則史家是否能由立言而立身，此即關繫他是否能不朽而揚名，而與上述第一、二、四點觀念意識具有密切的關係。司馬遷聲言其受辱不死，是為了要完成歷史文化的承傳工作，並從而追求「成一家之言」，正是此三點觀念意識的充分表現。也就是說，他具有強烈的揚名不朽的意識，他相信及希望其著作能達到此目的，尤其受刑之後，此意識更為深切強烈。他自我反省云：

> 太史公遭李陵之禍，幽於縲紲，乃喟然而歎曰：「是余之罪也夫！？身毀不用矣！」退而深惟曰：「夫詩書隱約者，欲遂其志之思也。昔西伯拘羑里，演《周易》；孔子阨陳蔡，作《春秋》；……大抵賢聖發憤之所為作也，此人皆意有所鬱結，不得通其道也。」

李陵之禍是否司馬遷之罪，他後來在〈報任少卿書〉中已有解答。無罪而受困辱，司馬遷經深切的反省，遂自比於西伯、孔子、屈原、左丘明、孫子、呂不韋和韓非諸賢聖。諸賢聖遭時阨，無罪而受困辱，遂忍受挫辱而發憤著書，目的是為了解其鬱結，思通其道於世。所謂「通其道」，當指欲透過其著作以成其一家之言，達至立身揚名之意。〈報任少卿書〉中，他即重述此諸賢聖之例，其前明言「古者富貴而名摩滅，不可勝記。唯俶儻非常之人稱焉」。換句話說，唯有俶儻非常之人如諸賢聖，不論他們是否富貴，或蒙受何種挫辱，皆能有所為，伸其不朽的生命，以揚名於後世。司馬遷深思所得，謂「詩書隱約者，欲遂其志之思也」；「其志之思」蓋即在此，當然也包含了對時代遭遇的不滿。由此而論，司馬遷對成名意識的體會領悟，雖因其父而得啟示，但卻較其父尤為深刻。

另外，司馬遷尚有為其父所未強調的兩種看法，而對史學影響甚大者。

第一，〈自序〉表明了他的歷史人物選擇標準，即能列入其史著的列傳人物，皆為「扶義俶儻，不令己失時，立功名於天下」者，豪傑突出之士世間不少，他們或能成立功名於當代，卻未必能揚名於後世。他們中，許多人需要依靠史家之筆，始能求得較長久的生命，司馬遷首先提出這樣的選擇標準，

似即因爲其父遺命要他論載「明主、賢君、忠臣、死義之士」的觀念而來，而且在意義上似較其父更爲擴充開闊。不論如何，他們父子此選擇標準之背後，實際上即含有「君子成人之美」，和人物批判的意識觀念，尤其《史記》特意開創紀傳體的方式以論載人物，此較編年形式更能完整的凸出他人之美，而使其人生命與青史長垂。如此一來，司馬遷遂使其史著發揮了極大的經世致用功能，讀史者由此獲得許多經驗和鑑誡，也希望有朝一日能得名列青史，留取丹心照汗青。許多豪傑之士爲了名列青史而發憤，也爲了能名列青史而竟至加壓力於史家；官方亦利用之以推行官方意識的政治教化，甚至爲了獨占此有利的工具，而將國史修撰權收歸中央。在政治教化力量干預之下，司馬遷也是第一個蒙受官方與偏狹的經學家之批評的人。這種干預長期發展下去，遂使史學變質爲所謂的「帝王家譜」或「道德教科書」。此外，對治史者而言，則在兩方面發生了重大的影響：人物選擇必將追究到史家的價值觀念和史識，而使史家有動輒得咎之感。再者，史家在外界壓力之下，又必須面臨史德的嚴重考驗。因此，獨立自主的史家及其著作，如司馬遷及其《史記》者，竟在中國史學史上變成鳳毛麟角的明星之一。至於大多數的史官及史家，大都懷有史禍的憂患意識，其上焉者或藉撰史以發揮官方的政教意識而猶未忘記史之爲義，下焉者或竟至只「述故事」而不「論」人世，使正史成爲「名人錄」或「錄鬼簿」。總而言之，司馬遷的《史記》，將成名意識擴大而複雜化了。他自己以《史記》而成名不朽，並以此顯其父母及先世；又推而廣之，欲使經其選擇過的人物能夠與青史長存，而這些人不一定是其父所說的明賢忠義之人物，因其所涵蓋的範圍更大故也。如此結果，遂對以後的史家、史著及一般人，均產生了觀念意識上的複雜影響，導致了史學的變化。史學獲得官方及民間的重視，其學術地位竟超越了子集而僅次於經，此誠爲重要因素之一。

第二，〈報任少卿書〉云：「所以隱忍苟活，函糞土之中而不辭者，恨私心有所不盡，鄙沒世而文采不表於後也。」這是司馬遷的成名意識由史學延伸至文學，橫跨文、史兩種學術之意。劉知幾云：「史之爲務，必藉於文。」〔註7〕實深得傳統史學的眞旨，推敲司馬遷之言，並無史離文而獨存，文、史是兩種對立學術之意。孔子云：「其事則齊桓、晉文，其文則史。」是則就史

〔註7〕 參《史通通釋‧敘事》，卷六，臺北：里仁書局，民國69年9月20日版，頁180；以下或簡稱《史通》。

學來說，文、史實爲一體，只是內容與表達之分別罷了，也就是質與文之異。嚴格地就史學理論來看，卓越的史家是文、質俱重的，這是史才表現之一。但是，其原則必須是文不能脫離質，否則即不成其史著，相對的，質或可脫離文（指文采）。徒以撰史、論史知名而文采不表於後的史家，爲數亦不少；不過若就史家四長的標準看，這些人終究不能完美而有所缺憾。司馬遷並沒有系統的史學理論著作，他在這裡強調了文采，而其《史記》亦以文采擅大名，是即他已由實踐表示了史才的理論。從史學史看，左丘明是首先實踐此理論的人，司馬遷不但繼承之，抑且特別強調了它，遂發生了重大影響。魏晉以降，文學與史學孰重？孰能使人成名？遂成爲一些人思考的問題。經此思考，使不少文采風流、文筆優美之士，紛紛參加了操筆撰史的陣容，導至史學爲之一變，而有劉知幾、章學誠的「自古文士多，史才少」的感嘆和反省。要之，司馬遷的「鄙沒世而文采不表於後」乃是其父所無的觀念，對中國史學具有影響。究其根源，實源自其成名意識及對史學性質和方法的認識。

三、司馬遷透過論孔子作《春秋》所表達的意念

　　司馬遷爲太史令五年，與壼遂完成《太初曆》，爲武帝所採用。〈自序〉云：「天歷始改，建於明堂，諸神受紀。」這是漢朝當時一件最重大之事。天官之學，司馬遷認爲乃其原始的家學，當周宣王時失其守，而始爲司馬氏。至司馬談時重究舊業，學天官於唐都。《史記・天官書》云：「昔之傳天數者，高辛之前重黎，於唐虞羲和，……夫自漢之爲天數者，星則唐都，氣則王朔，占歲則魏鮮。……爲天數者必通三、五，終始古今，深觀時變，察其精粗，則天官備矣。」〔註8〕是則司馬遷之完成《太初曆》，使漢朝改正朔，易服飾，不但有所師承，而且自許由此而究得天之運數，至今已該當新運。〔註9〕同書太史公又云：「夫天運三十歲一小變，百年中變，五百載大

〔註8〕引文見《史記》，卷二十七，頁420上～422上。
〔註9〕《史記》，卷二十六〈歷書〉，太史公謂蓋自黃帝考定星曆，其間曾有曆數失序，漸至今上（漢武帝）「招致方士唐都，分其天部；而巴落下閎運算轉歷，然後日辰之度，與夏正同。乃改元，更官號，封泰山，因詔……以（元封）七年爲太初元年」。司馬遷以「太史公曰」來論述古今歷數的變化問題，而止於唐都、落下閎的劃分運算，使漢改正朔、明歷運；其前並云：「王者易姓受命，必慎始初，改正朔，易服飾，推本天元，順承厥意。」是則表明唐都等

變，三大變一紀，三紀而大備，此其大數也。」天運之數五百年一大變，此種觀念先秦已然存在，例如史記周太史儋見秦獻公曰：「始秦與周合而離，離五百歲而復合；合七十歲，而霸王者出焉。」〔註10〕是則司馬談遺囑謂自獲麟以來四百有餘歲，今漢興如何如何，表示語有深意焉；司馬遷記其此言，亦有深意焉。是以司馬遷在敘述其父遺囑，爲太史而開始研究，作成《太初曆》以改定正朔後，慨然云：

> 太史公曰：「先人有言：『自周公卒，五百歲而有孔子；孔子卒後，至於今五百歲。有能紹明世，正易傳，繼春秋，本詩、書、禮、樂之際。』意在斯乎!? 意在斯乎!? 小子何敢讓焉！」

所謂「先人」，當與前面誓詞之「先人」同義，蓋指前人而言。孟子「言必堯舜」，〔註11〕司馬遷對他極爲推崇，記堯、舜、禹事多採其言，或有人謂「尊孟子亦自司馬遷始」。〔註12〕司馬遷讀《孟子》而大加推崇採信，則他必讀過該書最末一段語錄。孟子曰：

> 由堯、舜至於湯，五百有餘歲，若禹、皋陶則見而知之，若湯則聞而知之。由湯至於文王，五百有餘歲，若伊尹、萊朱則見而知之，若文王則聞而知之，由文王至於孔子，五百有餘歲，若太公望、散宜生則見而知之，若孔子則聞而知之。由孔子而來，至於今，百有

天官之學，可以終始古今，深觀時變者，並由此而推得漢之歷數天運。司馬遷的天官之學似本諸其父，其父學自唐都；然〈天官書〉末段又頗論述望氣、候歲諸事，則司馬遷顯然也曾參考王朔和魏鮮之說也。其心目中，《太初曆》頒行的意義，由此可知，蓋其所謂「究天人之際」歟？

〔註10〕 見〈老莊申韓列傳・老子傳〉，卷六十三，頁 678 上。此事又見載於〈封禪書〉，但將「七十歲」改爲「十七年」耳（卷二十八，頁 429 下），〈周本紀〉同此（卷四，頁 47 下）。《索隱》、《正義》、《集解》對此有不同解釋。同書〈秦本紀〉則謂「合七十七歲而霸王出」（卷五，頁 62）。霸王指秦孝公抑始皇，甚至或指楚霸王抑漢武帝？皆難斷定。要之周、秦分離五百歲而當復合之運，此可斷知者。

〔註11〕 孟子「言必堯舜」，語出其同時代的滕文公（〈滕文公上〉，卷三，頁 64）。孟子也曾對齊王曰：「我非堯舜之道，不敢以陳於王前。」（〈公孫丑下〉，卷二，頁 52）下引《論》、《孟》等，均據朱子注《四書集注》，臺北：世界書局，民國 59 年 9 月十三版。

〔註12〕《史記・孟荀列傳》開始即以「太史公曰」凸出「余讀孟子書」，慨論其義利之辨。其敘五帝多採孟子之言，爲尊孟的第一人，請參趙翼《陔餘叢考・史記三》及〈史記五〉兩條，卷五，臺北：世界書局，民國 59 年 6 月三版，頁 2、4。

餘歲；去聖人之世，若此其未遠也，近聖人之居，若此其甚也，然
而無有乎爾，則亦無有乎爾！〔註13〕

　　是則五百歲必有聖人興，後聖繼前聖，聞道而特起，此一觀念在儒家即
由孟子提出，隱然有預期孔子以後五百歲，當有聞知其道而繼起者。司馬遷
所謂「先人有言」，蓋指此言也。他自述開始研究，以至改正天歷、諸神受紀
之際，突然冒出此「先人有言」，意思究竟何在？《索隱》注謂：「言且當述
先人之成業，何敢自嫌值五百歲而讓之也。」〔註14〕然而，司馬遷欲述先人
已完成的業績，原本即與五百歲當有聖人興、聞道而繼起的意識觀念無關，
當時虞卿、張蒼、董仲舒諸人，亦莫不有所述作，豈皆畏忌當期運，而一一
事先聲明其述作之旨與此無干耶？是則此段文字表面是避忌之辭，實則特別
標明此意識觀念以暗自比喻；其情況約略與其父遺囑引《孝經》「立身行道，
揚名於後世」以勉喻其子，而司馬遷則特將「行道」二字刪去之旨相當，所
謂「夫詩書隱約者，欲遂其志之思也」。

　　這裡應注意的是，司馬遷隱然以繼周公、孔子自居，有聖人當期運之意
識，因而才引起壺遂的兩次質問。就此精神意識而言，顯然司馬遷父子所學
各異趣。其父雖然推崇周公和孔子，也有仰慕孔子整理文化以求道承道的意
思，但卻認為儒術「博而寡要，勞而少功」，不如道家之「因陰陽之大順，采
儒、墨之善，撮名、法之要」，能綜合各家之長。然而，司馬遷既以繼承孔子
自許，則孔子聖人的文化事業無異即道統之所在，故他強調有能繼起者，必
是正本五藝，繼《春秋》意旨，而紹明世道者。他認為其所開創的學術，整
個價值系統將歸本於此，因而在答壺遂第一問時，不但凸出了《春秋》之所
以能紹明世道的問題，抑且兼論了六藝要旨之所在，無異已系統的批判了其
父所推崇之學，表示並不完全接受其父所欲論著的意向。

　　壺遂是司馬遷的同事，是他所推崇的長者。〔註15〕他似乎因司馬遷提及
上述的當期運意識，故向司馬遷提出了兩個尖銳而敏感的問題。以司馬遷與
他的關係，壺遂之問當不至於心懷惡意，然而卻正好成為司馬遷澄清一些問
題的好機會，是以〈自序〉中不憚繁冗地作了敘述。這兩個問題其實是相關

〔註13〕參〈盡心下〉，卷七，頁218～219。
〔註14〕《索隱》注此段之意思，蓋據《漢書・司馬遷傳》顏師古注。但顏注曰：「言
　　　　當述成先人之業」云云，與此「當述先人之成業」，應稍有意思上的不同，但
　　　　兩者似皆可。
〔註15〕參《史記・韓長孺列傳》太史公曰部份，卷一〇八，頁917下。

的，尤其關繫了經、史之分別及史學的重要構成問題。

壺遂的第一問是個簡單而又複雜的問題，他是這樣發問的：「昔孔子何爲而作《春秋》哉？」其答案幾乎自孟子以來，人皆知曉；司馬遷對此即多次提到過了，但其〈自序〉所回答的方式則饒有深意。他首先論孔子作《春秋》的背景、意識及其目的，其次提出《春秋》的性質和方法，接著扼論六藝要旨，及由功用論的角度強調《春秋》一書，最後給予結論。正惟其答案如此，所以壺遂的第二問就如此發問：「孔子之時，上無明君，下不得任用，故作《春秋》，垂空文以斷禮義，當一王之法。今夫子上遇明天子，下得守職，萬事既具，咸各序其宜；夫子所論，欲以何明？」尋壺遂的私下之意，乃是比較了司馬遷撰《史記》和孔子作《春秋》的背景、意識和目的，並因而由此起意發問。司馬遷第二次回答，首先強調孔子作《春秋》的目的和方法；其次聲言此時爲聖明時代，其著作的背景和目的略與孔子不同；接著他又強調了其撰述的意識所在；最後論斷其撰述之目的、對象、性質和方法，俱與孔子作《春秋》不同。經、史之分野，及史學何以成其史學，即可見於此，容稍分析於後。

司馬遷答壺遂第一問的開始云：

> 余聞董生曰：「周道衰廢，孔子爲司寇，諸侯害之，大夫壅之。孔子知言之不用，道之不行也，是非二百四十二年之中，以爲天下儀表——貶天子，退諸侯，討大夫，以達王事而已矣。」

這種答法，無異表示了孟子所謂五百歲去聖久遠，後聖繼起者則「聞而知之」的意思。司馬遷敘孔子作《春秋》的背景、意識和目的，其實不必借用聞自董仲舒之言，因爲他對此非常瞭解，例如〈孔子世家〉述此事云：

> （魯哀公春狩獲麟後）子曰：「弗乎！弗乎！君子病歿世而名不稱焉；吾道不行矣，吾何以自見於後世哉！」乃因史記，作《春秋》，上至隱公，下訖哀公十四年，十二公。據魯、親周、故殷，運之三代，約其文辭而指博：故吳、楚之君自稱王，而《春秋》貶之曰「子」；踐土之會實召周天子，而《春秋》諱之曰「天王狩於河陽」。推此類以繩當世。

> 貶損之義，後有王者舉而開之，《春秋》之義行，則天下亂臣賊子懼焉。孔子在位聽訟，文辭有可與人共者，弗獨有也。至於爲《春秋》，筆則筆，削則削，子夏之徒不能贊一辭。弟子受《春秋》，孔子曰：

「後世知丘者以《春秋》，而罪丘者亦以《春秋》。」〔註16〕

司馬遷如此下筆，《公羊傳》外，實有另一段資料來源。《孟子・滕文公下》云：

> 公都子曰：「外人皆稱夫子好辯，敢問何也？」孟子曰：「予豈好辯哉，予不得已也！天下之生久矣，一治一亂：當堯舜之時，……堯舜既沒，聖人之道衰；……周公相武王，……天下大悅。……世衰道微，邪說暴行有作，臣弒其君者有之，子弒其父者有之。

> 孔子懼，作《春秋》。《春秋》，天子之事也，是故孔子曰：『知我者其惟《春秋》乎！?罪我者其惟《春秋》乎！？』……昔者禹抑洪水而天下平，周公兼夷狄、驅猛獸，而百姓寧，孔子成《春秋》，而亂臣賊子懼。……我亦欲正人心，……以承三聖者；豈好辯哉，……。」
>
> 〔註17〕

是則司馬遷因孟子而特敘五百歲期運，又因孟子而述孔子承道統以作《春秋》之旨及其功用，然而此處之答，卻引董仲舒之言以示「聞而知之」者，正足以見其發憤承道、隱約遂志之思。同時，據此以答壺遂，即可知孔子見世衰道微，遭受壅害，而思發憤以行道，欲聲名及其道能通於後世，即其作《春秋》的意識所在。他透過是非褒貶的方法，以求「為天下儀表」，「以達王事」，此為作《春秋》的目的。是非褒貶之目的既在此，故答第二問時，司馬遷遂辯言「《春秋》采善貶惡，推三代之德，襃周室，非獨刺譏而已」。他作此答時的態度是「唯唯否否」的，應是暗示其作《史記》並不排除運用此表揚和刺譏兩種方法的可能，甚至有繼承孔子作《春秋》之目的的可能。

其次，司馬遷明顯的指出《春秋》一書的對象和性質——是一部道義哲理的批判性之書，他答壺遂說：

> 子曰：「我欲載之空言，不如見之於行事之深切著明也。夫《春秋》，上明三王之道，下辨人事之紀，別嫌疑，明是非，定猶豫，善善惡惡，賢賢賤不肖，存亡國，繼絕世，補敝起廢，王道之大者也。……《春秋》辯是非，故長於治人。……《春秋》以道義。撥亂世，反之正，莫近於《春秋》。……（君父臣子）不通於《春秋》之義者，必蒙首惡之名，……必陷篡弒之誅、死罪之名；其實皆以

〔註16〕見《史記》，卷四十七，頁608下～609下。
〔註17〕詳《孟子》，卷三，頁89～92。

為善，為之不知其義，被之空言而不敢辭。……故《春秋》者，禮
義之大宗也。……

是則司馬遷已清晰的指明：就學術的對象而言，《春秋》實以發明人類的道德
行為為主，所謂明王道，辨人事，禮義之大宗也。就其性質而言，「《春秋》
以道義」之意，實指此書為理論批判性之書，是壺遂所謂孔子作《春秋》，「垂
空文以斷禮義，當一王之法」的「空文」也。就其功用言，則是能存亡繼絕，
撥亂反正，而「長於治人」。從上述觀念看，司馬遷所謂「君（將《史記》）
比之於《春秋》，謬矣」，其旨可豁然而通。換句話說，司馬遷否認《春秋》
的對象、性質與其所創的新史學相同，因為《春秋》是批判性的和理論性的
學術。他特別引述孔子之言，亦即表示《春秋》一書，其實是假借歷史事件
以發明其「空言」之書罷了。這個意思與孟子的說法是相通的，也就是〈孔
子世家〉所說的，孔子為了行道揚名，而「因史記，作《春秋》」。〈十二諸侯
年表序〉具有更清楚的說明：

周道缺，……孔子明王道，干七十餘君莫能用，故西觀周室，論史
記舊聞，興於魯，而次《春秋》：上記隱，下至哀之獲麟；約其辭文，
去其煩重，以制義法。王道備，人事浹。七十子之徒口受其傳指，
為有所刺譏、褒諱、挹損之文辭，不可書見也。魯君子左丘明懼弟
子人人異端，各安其意失其真，故因孔子史記，具論其語，成《左
氏春秋》。〔註18〕

據此，則知司馬遷認為《春秋》是一部批判性的義理之書，是假借歷史
形式以論著的。正惟《春秋》的對象和性質是如此，所以此書才只能口受而
不能刊見；也正惟它的目的不在「述故事」而是道義法，故受者才會因各有
體認而至異端之出現，導至左丘明作《左氏春秋》，欲以統一及端正孔子的真
旨。就此而言，《史記》確實不能比之於《春秋》的。

司馬遷透過回答壺遂的第一問，不但解答了「孔子何為而作《春秋》」，
抑且解釋了「孔子如何而作《春秋》」，及「《春秋》究竟為何種學術」諸問題，
其目的是用以作為澄清第二問的基礎。當壺遂詢以「夫子所論，欲以何明」
之時，司馬遷答得「唯唯否否」，避重就輕的隱約態度顯然是值得深究的。第
二問似乎主要是就撰述之動機、意識和目的的方面發問的，司馬遷的回答，
故意超出了所問的範圍。

〔註18〕詳《史記》，卷十四，頁161上～下。

　　司馬遷認為傳統而正當的撰著意圖和方法，不僅只是偏於刺譏而已，尚且有表揚的一面，表示其著作的意圖和方法，並不違反此傳統。然而他強調了漢興以來的聖明，實為當時避忌之故，與敘述其父遺囑而強調漢德的意識是相通的。《史記》對漢朝不滿，對其君臣進行「貶天子，退諸侯，討大夫」的批判工作，其例所在甚多；他自己也聲明，漢興以來將相名臣，他的處理態度是「賢者記其治，不賢者彰其事」，〔註19〕也就是記善彰惡之意。就此而言，司馬遷並不否認他具有批判的意圖，只是在此不便明言。不過，司馬遷避此而張彼，他強調其撰述的意識動機，在當今聖明而不布聞，是有司之過，「且余嘗掌其官，廢明聖盛德不載，滅功臣、世家、賢大夫之業不述，墮先人所言，罪莫大焉」──亦即前述的立孝、職守，以至自覺身繫歷史文化存續的史家基本意識。易言之，司馬遷自認撰《史記》的背景和意識，與孔子作《春秋》不盡相同（表面的陳述是不同），雖也採用批判的方法，但其目的不是欲「垂空文以斷禮義，當一王之法」，而是由天下史文的存廢方面出發。正惟其出發點在此，所以他結論說：「余所謂述故事，整齊其世傳，非所謂作也；而君比之於《春秋》，謬矣。」

　　「述故事，整齊其世傳」，此即經、史之分野所在。史學的對象是「故事」──人類在以往發生過的事實，它與經學的對象「義法」──人類道德行為的禮義法則──顯然不同。因而，「《春秋》以道義」和「《史記》述故事」，其差異實在不言而喻；以今日學術分類言之，一者屬哲學，或者是將哲學落實於歷史的歷史哲學，一者則是道地的史學。

　　兩種學術對象的差異既在此，則前述司馬遷指出《春秋》的性質是思辨性的（明王道、辨人事），是批判性的，其方法則主要是反省與褒貶；至於其開創的史學則不僅如是而已，它實是敘述性的和推論性的，因而他在〈自序子序〉云：「罔羅天下放失舊聞，王跡所興，原始察終，見盛觀衰，論考之行事，略推三代，錄秦漢，上記軒轅，下至于茲。」表示史學是搜集史料，將事迹放回歷史發展的序列中加以比較觀察，對人物行事加以考證推論，而最後以記錄敘述的方法表現出來的一種學術。考、論、述等方法上的字眼，《史記》各篇章中常有強調，不必贅舉。就研究進行而言，史學是考和論──考證和推論──的學術，就其完成的形式而言，它是述──敘述或論述──的學術；無論如何，其特性是建立在史料證據的研究上面。史學入手始於「罔

〔註19〕參《史記‧自序》的〈漢興以來將相名臣年表子序〉，卷一三○，頁1059下。

羅天下放失舊聞」，此與傅斯年所謂的「上窮碧落下黃泉，動手動腳找東西」
有同工之妙。但是史學並非就是史料學，因此，所謂「述往事，整齊其世傳」，
其意思即謂循循有序恰如其實地記敘以往發生過的事實，將事件放回歷史序
列中加以整理整齊。〔註20〕「述往事」三字，他在〈自序〉及〈報任少卿書〉
曾三次強調過，具有尊重及遵循既往事實的客觀性而加以說明的意思，下一
句則隱含辨明真相、重建歷史的意義。

　　順著司馬遷此意旨，則有另外兩個問題可以獲得進一步的理解：此即他
不否認運用了批判方法，和他批判《春秋》是「空言」。關於第一個問題，前
者已引述他對漢興以來將相名臣的態度，是「賢者記其治，不賢者彰其事」。
治之與事，其實為一，全句表示他尊重客觀的歷史事實加以記載說明，賢者
恰如其實的記載其事跡，不賢者亦如實地表明其事，此正如班氏推崇《史記》
「不虛美，不隱惡」，是一部「實錄」的意思所在。透過記述事實而讓事實說
話；事實擺明，則善惡自見，此為司馬遷進行批判的方法所在，顯然也不能
「比之於《春秋》」，因為關係到作者是否蓄意批判。

　　第二個問題可由第一個問題得到理解，即「空言」乃是相對於「實錄」
而言。作《春秋》，是由於「欲載之空言，不如見之於行事之深切著明也」，
亦即孔子先已據道義，然後才「落實」到事實層次上發揮。先有主觀的思
想，然後才控制事實加以表現，此與「述故事」的原則完全不同，《史記》當
然不能「比之於《春秋》」。也就是說，太史公的史學性質是就事論事、因事
明理，而他認為孔子的《春秋》主體是義法，表現形式則屬史學，是以義繩
事、借史明經的。在形式上他不否認《春秋》是一種史記，故前述〈孔子世
家〉說左丘明「因孔子史記，具論其語，成《左氏春秋》」；然而實質上是
「《春秋》以道義」，是一種哲理性的書。哲理的重要方法是反省思辨，相對
於史學而言，比較上屬於「空言」。司馬遷回答壺遂第一問時，除了孔子自謂
「空言」之外，尚論說君臣父子不通於《春秋》之義者必陷於罪惡，這些人

　〔註20〕《說文》：「述，循，行也。」段注：「釋詁：諝、遵、率，循也。引伸為撫循，
　　　　　為循循有序。」是則「述故事」，當指遵循既往事實而有系統地記錄說明之意。
　　　　　例如〈孟荀列傳〉謂孟子「序詩書，述仲尼之意，作《孟子》七篇」，當即指
　　　　　遵循孔子意旨而有系統的說明。「述」之為義，應具有遵循事實的客觀性而加
　　　　　以說明的意思，1830 年代，蘭克（Ranke）為反對說教性的歷史，提出史家
　　　　　的任務是「僅在說明事實的真相」（Simply to show how it really was），意義當
　　　　　與相通。

「其實皆以爲善，爲之不知其義，被之空言而不敢辭」。這裡說的「空言」，《集解》引張晏曰：「趙盾不知討賊而不敢辭其罪也。」筆者在〈序論〉即已引述此例，此實爲以義繩事、借史明經之例。趙盾未弒君而卻「因法受惡」，事非其實，史官卻如此記述，不是「空言」，則難道是「實錄」不成？竊思司馬遷一再指《春秋》是「空言」或「空文」，其詞之運用似無貶義，只是用以分別《春秋》與《史記》性質之不同，一屬義理性質，一屬事實層次罷了。據此，則附帶使另一問題得到了理解，此即〈報任少卿書〉中，司馬遷曾說：「及如左丘明無目，孫子斷足，終不可用，退論書策以舒其憤，思垂空文以自見。」《孫子兵法》和《左氏春秋》何以竟是「空文」？《孫子兵法》是一部軍事哲學之書，其理猶可明。〔註21〕至於《左氏春秋》，今人視其性質同於《史記》，皆爲史學著作，何以亦成了「空文」？推司馬遷之意，孔子「因史記，作《春秋》」，其實「《春秋》以道義」，是說教之書。左丘明「因孔子史記，具論其語，成《左氏春秋》」，其性質實爲以事釋義，以史傳經的傳經之作。傳經是傳闡孔子《春秋》經的意旨，其目的本在於此，不意竟然發展成偉大的史著，則是始料非及。〔註22〕《左氏春秋》被漢人視爲傳經之作，故就對象和性質而言，當與司馬遷的新史學有所不同，絕非他無識到不知此書爲史著也。蓋從史學角度言，人文變化，必從事跡史實中研求，故必經搜羅史料、考證推論的程序而始克爲之，此亦爲史學的獨立自主性所在，與借史闡釋某家學說者大不相同。《春秋》既是哲理說教之書，所以是「空文」；《左氏春秋》目的在傳經，其對象是以史實解釋義法，最終的追求在闡明《春秋》的哲理，故實質上是一部註釋教義哲理之書，因而它也是一部註釋「空文」之「空文」。由此可知，司馬遷答壺遂之問，一再認定《春秋》是「空文」，其意旨實即在劃分《史記》與《春秋》兩種學術的分野，明辨經、史之

〔註21〕《史記‧自序》的〈律書子序〉即云：「《司馬法》所從來尚矣，太公、孫、吳、王子，能紹而明之，切近世，極人變。」也就是說《司馬法》及其系統的兵法，皆是窮究變化的書。〈孫吳列傳〉對此無評論。〈司馬穰苴列傳‧太史公曰〉，即盛稱「余讀司馬兵法，閎廓深遠，雖三代征伐，未能竟其『義』」云云（卷六十四，頁662～682），表示司馬遷確認司馬、孫、吳諸兵法，乃是窮究戰爭變化的理論性之書，屬軍事哲學範疇，而非戰術性的手冊。由此而言，據此觀念而視之爲「空文」，不算爲過也。

〔註22〕徐復觀先生所撰〈原史——由宗教通向人文的史學的成立〉一文，即已論述了這個問題。該文收入杜維運等主編的《中國史學史論文選集》三，該論點請參頁43～47，臺北：華世出版社，民國69年3月初版。

差異也。

壼遂與司馬遷的問答，司馬遷截至此而止，撰史和傳道原是兩回事，撰史與說教今日看來顯然不相同，然而司馬遷在此卻一再論述道統和《春秋》諸問題，若非其邏輯思考發生了問題，則必然是另有一番深意。看他答得「唯唯否否」的態度，看他後來隱約「欲遂其志之思」的反省，看他發憤「思通其道」的比喻，看他「述往事，思來者」的期望，筆者有理由相信他的撰述自有深意，「未易一二爲俗人言也」。這種深意，當寄在當期運，繼往開來的雄心豪氣之上，寄在包括學術開創和人格不朽的生命之上。司馬遷苟若缺乏了這種深意，以下兩千年的史學，當難有開創新局之望。綜其問答，可用一表以釐澄其所開創的新學術，與舊史學或經學之差異所在，〔註23〕而以下二千年史學，主要即承襲其創始而發展：

	春　　秋	史　　記
創作背景	世道衰廢，作者受壅害。	史文遭浩劫，作者有鬱結。
意識動機	行道救世。	大孝、成名不朽及天下史文存續在己諸意識情結，及其他。
創作目的	道義法，欲以達王事，爲天下儀表。	述故事，整齊世傳；開創新學術。
學術對象	義法──道德行爲的法則。	故事──過去已發生的事實。
學術性質	反省和批判的思辯之學。	推論和敘述的實證之學。
學術方法	據史記是非褒貶。	搜羅史料，考明真相，推論真理，而寓是非褒貶於其間。

總而言之，司馬遷在「思通其道」雖隱約其辭，但孔子「修舊起廢，論詩書，作春秋，則學者至今則之」的綜合以往學術下開新局的精神，與司馬遷的「略以拾遺補藝，成一家之言；厥協六經異傳，整齊百家雜語」之精神是相通的，他所以不敢讓焉之旨在此，於〈自序〉詳論孔子及六藝之旨亦在此。至於他的新學術，目的、對象、性質和方法均與《春秋》不盡相同（體裁暫不論），此自是他的創始，就史學史角度看應是「作」而非「述」。他聲言「余所謂述故事，……非所謂作也」，其當時的心態應與孔子說「述而不

────────────

〔註23〕經學之所以爲舊史學，論者已多，錢賓四師對此頗有拙述。值得注意的是，錢師認爲經學離史學自樹一幟，乃東漢馬鄭班蔡之流所造成，看法與本文不同。詳其〈經學與史學〉一文，頁120～125，收入同上註所引論文集一。

作，信而好古，竊比於我老彭」時是相同的，既作之矣，復謙遜之，〈報任少卿書〉所謂「僕竊不遜，……誠已著此書」，即此之謂也。

四、太史公新史學本身的目的及其他問題

　　前面對司馬遷撰述《史記》的目的，已頗有論述。不過，《史記》之完成，除了滿足司馬遷本人的意旨之外，作爲新學術本身，是否即有足以支持其自主存在之憑藉與目的？〈自序〉最後云：「略以拾遺補藝，成一家之言，厥協六經異傳，整齊百家雜語。藏之名山，副在京師，俟後世聖人君子。」《集解》云：「遷言以所撰取協於經、異傳、百家之說耳，謙不敢比經藝也。」甚是。各家所述的歷史問題需要論考整齊，其學術體系、發展、影響及地位亦需給予評價，這種統一重建的目的，原本就是順著其父「所欲論著」的意旨而來，執此以言，司馬遷賦予《史記》之學術目的，是要它成爲一部天下史文之匯宗，集諸子百家說法而折衷統一之，俾能作最後取則依歸的學術。司馬談遺囑謂孔子修六藝，「學者至今則之」。司馬遷爲孔子作世家，傳末伸其景仰之心，推崇地說：「孔子布衣，傳十餘世，學者宗之，自天子、王、侯，中國言六藝者，折中於夫子。可謂至聖矣！」〔註24〕天下言六藝者折中於孔子，《史記》成，則天下言古今歷史文化者，將取則於司馬遷，斯所以始有「俟後世聖人君子」的期望。

　　欲其學術爲後世學者取則，此固爲《史記》本身的目的之一，但前面引言的「成一家之言」之句，實亦蘊含了另一種學術目的。這句話的意義，〈報任少卿書〉即有說明云：

> 僕竊不遜，近自託於無能之辭，網羅天下放失舊聞，考之行事，稽其成敗興壞之理，凡百三十篇——亦欲以究天人之際，通古今之變，成一家之言。

這段話易爲今語，意即：我透過劣拙的文字敘述以重建歷史，其方法歷程，爲全面搜集史料，對事實進行考證，研究及解釋它的發展趨勢和因果關係，完成此一百三十篇的《太史公》書，我也希望透過此書，究極天人的關係，通徹古今的變化，建立自己一家之言。

　　由於末三句話常爲人所引用和解說，意見亦頗紛紜，故不憚在此全段加

〔註24〕參〈孔子世家・太史公曰〉卷四十七，頁610上～下。

以意譯，俾便討論。

　　前面論及司馬遷雖也進行價值判斷的工作，但他主要的意圖不在撰著一部說教性歷史書。他希望透過事實的探索研究，完成一部就事論事的實錄性史著，因而他注意到孔子作《春秋》和序《書傳》有性質上和方法上的不同。他認爲孔子序《書傳》，實爲編次古代文化史料的工作，是後人能「疏通知遠」的基礎，故在〈孔子世家〉引述孔子之言說：「夏禮，吾能言之，杞不足徵也。殷禮，吾能言之，宋不足徵也。足則吾能徵之矣。」〔註25〕此言源出《論語・八佾篇》，而刪「文獻不足故也」一句。文獻即屬史料，言必有據、論必列證，這是實證主義的意見，史學必須建立在史料研究的基礎上，從而進行考論。司馬遷取法於孔子序《書傳》而加以擴充發揚，至於《春秋》則主要是繼承其某些精神意識而已，此實「正易傳，繼春秋，本詩、書、禮、樂之際」的最佳說明之例。歷史是實際發生過的，是人類眞實的經驗，正惟其眞，是以這種學術才有價值和意義。齊太史兄弟捨生衛眞，其價值和意義亦須由此看；司馬遷文直事核，頗被譏爲「謗書」，也須由此衡量才可論定。

　　據史料，考之行事，事核矣，然而司馬遷並不滿足於此；他尚要進一步據行事「稽其成敗興壞之理」。《春秋》以「道義」是說教，《史記》以「稽理」則不然，他是要研究行事的發展趨勢和因果關係，計較其道理，而加以解釋說明，這是重建歷史的重要步驟，是大史學家的義務與美德也。卡爾（E. H. Carr）云：「歷史研究也者，乃原因之研究者也。」（The study of history is a study of causes）。卡爾之所謂「究因」，即相當於司馬遷之所謂「稽理」。他同時指出：原因決定了史家對歷史發展變化的解釋，而相對的，解釋也決定了史家對原因的選擇和序列；史家之所以立身成名，乃因其研求所得的原因所造成。〔註26〕司馬遷欲實踐其父「立身，揚名於後世」的遺囑，非如此甚難達到。事實上，司馬遷一再強調「成一家之言」，當亦正正指此而言。

　　柯令吾（R. G. Collingwood）評論十九世紀以來一般的實證主義史家，認爲他們僅滿足於事實的精嚴考證，以求探出及確認他們所注意的事實。他認爲實證史學應有兩個階段，此即考之行事（Ascertaining of facts）和稽其道理

〔註25〕見《史記》，卷四十七，頁 607 下。
〔註26〕參見 Edward H. Carr, *What is History*, ch.IV, "Causation in History", pp. 81~102，臺北：狀元出版社，民國 68 年 1 月 1 日發行版。

（Discovery of laws），顧前忽後，則不免專門瑣碎。〔註27〕然而，實證史學在傳統中國，早在西元前二世紀的司馬遷，即有意完全實踐此兩階段，並以其實際的著作將此理論表現出來。他透過搜證、考事、稽理以重建歷史，並最後申明欲以此系列程序去「究天人之際，通古今之變」。這兩句話的意思，不論如何解，基本上當指探究自然環境與人類的關係，〔註28〕和通徹古今行事的因果變化之意，也隱含西方史學所謂稽理——發現人類發展變化的法則——之意。〔註29〕究通此二者，必須依照此研究系列程序不可。稽理的對象是天人之際和古今之變，將此稽得之理提出解釋說明，此即成一家之言。蓋史家因求得因果關係從而解釋說明之，始能立身揚名之故。由此可知，司馬遷創述其《史記》，實希望並相信此種新學術具有重建歷史、發明人類生活原理法則的功能，從而提出一家之言，使其生命與之永垂不朽。究、通、成三者俱為司馬遷賦予《史記》的希望，也是他賦予此新學術本身需要及能夠達到的目的。此三目的之間比較來說，究天人及通古今實為成家言的手段，而「成一家之言」則是總目的或目的之目的也。

　　《史記》內容中，敘述人與自然環境的關係之處甚多，此即應是他進行「究天人之際」；至於敘述古今之變，則不遑贅矣。「天人之際」應是一種橫的關係，「古今之變」則應是縱的。也就是說，《史記》內容涵蓋了人的縱橫關係，是總體而全程的。研究人類總體而全程的關係變化，自非簡捷的編年體可以勝任，必另創新體不可。《史記》「繼《春秋》」，是師其意而非盡師其法，「本《詩、《書》、《禮》、《樂》之際」實亦表示了他不拘限於僅採《春秋》

〔註27〕　參見 R. G. Collingwood, *The Idea of History*, part III, §9, "Positivism", pp. 126~133，臺北：樂天出版社，民國59年11月10日第一版。

〔註28〕　徐復觀先生對「究天人之際」頗有新解，他認為天是指非理性及歷史偶然性，人指理性及歷史必然性；又據《說文解字》「際，壁會也」原意，引伸解之為界隙，謂「究天人之際」，是指「劃分天與人的交界線」，不是指司馬遷之師董仲舒的天人感應說。從而他認為「史公之所謂天，實有同於命運之命」，認為史公對此否定或起碼懷疑云云。然而，鄙意天之為義，先秦以來即甚廣泛，姑不論「究天人之際」是指劃分天人界線，抑或研究天人交會，基本上指瞭解自然環境與人類的關係，應無可疑，若將天狹解為命，謂司馬遷意欲將非理性的命運劃分清楚或否定之、懷疑之，則徐文末段又承認司馬遷「懷有道德地因果報應觀念」，是否嫌自相矛盾？而且，《史記・天官書》敘述天變與人事的關係，又作何解？是則徐先生之說未可輕易定論也。詳參其〈論史記〉一文，頁88～95、173～175，該文收入文集同註22。

〔註29〕　稽理原指計較道理。探究原因為計較道理必須的步驟，發現法則實為稽理的目標及結果，筆者故在此用此二字來翻譯卡爾和柯令吾之言。

編年體裁，欲會人文文化而冶於一也，此爲司馬遷的氣魄和識見的表現。另一個頗有意思的問題是，或有人認爲司馬遷繼承父志，亦繼承了其父未竟之業，頗意《史記》創始之功，其父亦與焉，將其父子相繼類比於班氏父子。關於此問題，需知西元 98 年（天漢三年）司馬遷遭李陵之禍時，〈報任少卿書〉自我強調《史記》「草創未就，適會此禍，惜其不成，是以就刑而無怨」云，所以，我們應該瞭解：

第一，沒有證據顯示司馬談生前即已進行同於《史記》一般的史學創作，論六家要旨不能對此證明些甚麼。

第二，沒有證據顯示司馬談對此新學術，有如同其子上述般全盤的思想意識和創意魄力。他對其子之影響啓示，僅限於前文所作的分析。

第三，司馬談遺囑所提及的撰述對象，主要是漢興以來，或者可推至「自獲麟以來，四百有餘歲」的史文而已；而《史記》的斷限實在不止此，是「上記軒轅，下至於茲」兩千餘年的長限，而且其格局規模未聞爲司馬談所開創和指示。

據此，則司馬氏父子承傳之際，其究竟如何，是不難明白的。司馬遷所開創的新學術，其結構體裁如此的易知，其思想意識如彼之隱約，必俟來者繼起，否則不易發明其旨，昌大其學。司馬遷一再強調「思來者」，「俟後世聖人君子」，意在斯乎？意在斯乎？關於此問題，請容論之於下章。論者或謂《史記》之特質，在作「百王大法」，余存其疑焉。〔註30〕

〔註30〕詳阮芝生〈《史記》的特質〉，《中國學報》，1990 年 3 月，頁 63〜71。

第三章　新史學的發展（上）
——天意史觀與新史學的關係

一、天意史觀歷史哲學的展開

　　中國先民之天、上帝、皇天上帝等觀念，似很早即已流行普遍，往往指人格化的最高主宰，含有宗教色彩。最早可知的文字——甲骨文——內即常提到此類字眼。這類人格化之天或上帝，又常與政權的興廢具有密切關係，是一種政權天授（或神授）的觀念信仰。孔子之「性與天道不可得而聞」，將政權的興廢問題導向理性的人文層次作討論，然而他所編次的經典，亦不刪削這類觀念，《詩》、《書》之中保留甚多，表示他的「不可得而聞」並不意謂他的信或不信也。

　　古代的歷史偏重於政教史，所謂「國之大事，在祀與戎」，是則政權的興廢無異即代表了歷史的推進發展。司馬遷開創紀傳體的新史學，特立「本紀」此一體例，而〈本紀〉之中，有名無實的最高統治者（如漢惠帝及繼承他的兩少帝）未必能列入此系統，有實無名者（如項羽）則未必不能列入，最足以發揮這種觀念。如此，則歷史的推移基本上表現於政權的興廢，政權的興廢基本上取決於天意，是則史家研究歷史的推動力量諸問題，勢必觸及天意的探究，產生歷史的形上學。司馬遷欲以歷史研究「究天人之際」，重要的指向之一即在此。

　　政權的興廢屬於人事的問題，人事為何能及如何能與天意發生關係？人類如何能夠瞭解天意？這在宗教信仰上不致產生問題的，在學術研究上卻不

如是，必須形成一套理論和方法，始克能進行天人之際的研究。筆者在探叩此問題之前，需要聲明的是：我們不應用現代的科學觀念去苛求古人，而應運用歷史的體驗去加以瞭解，否則不啻緣木求魚而已。

假如以《詩經·商頌》的〈玄鳥篇〉和〈大雅〉的〈皇矣篇〉，分別代表殷、周兩代政權興起的觀念，則可以看到下列諸問題：第一，殷、周兩族的先民共同認為人間之上有一個「人格天」——上帝。祂主宰人間政權的選擇，具有無上的權威。第二，祂透過語言或其他符號將建立政權的天命傳達於祂所屬意的人，而承受者亦能瞭解此天意。第三，承受者必須努力發憤，累積德業，始克能獲得上帝的垂青選擇，也必須如此才能完成天意及保持上帝的眷顧；否則，未得天命者將不會得此天命，既得者亦終將喪失之。〔註1〕據此，上天對人間政權具有充分自主的決定權，但祂往往以努力積德與否作為選擇的標準，因而人間的主觀努力也是導致天意改變的力量。換句話說，政權的轉移、歷史的推動，大體上不是天意或人事任何一方面所單獨專決的，而是在兩者一致的情況下發生。不過，雖在此前提之下，最後決定仍以天意為主，這種理念，姑名之為「天人推移說」。

孔子罕言天道，而強調人文化成。儒家若以他為準，則儒學的特色不待贅言。稍後的墨子倡言「兼愛」，而將「兼愛」的價值根源繫之於「天志」，透過「尚同」以連繫天人之際。他在孔子所罕言的問題上立說發揮，創立了一套形上價值的權威主義，實質上是擷取上述殷周或更前的先民之「天人推移說」轉變而成。墨子說：「今天下之士君子，皆明於天子之正天下，而不明於天正（天子）也。是故古者聖人明以此說人曰：『天子有善，天能賞之。天子有過，天能罰之。』」此即下必須上同於天的權威論，是先民觀念的理論化，也正是漢儒用天制君的思想所本。〔註2〕

〔註1〕〈玄鳥〉的大意謂商是天命玄鳥所降生，擁有殷土。上帝授命武湯經營天下。湯受命努力，遂能成功，上天亦降福於其邦。這是殷人頌祭武丁之詞。〈皇矣〉乃周人歌頌祖先之作，大意謂上帝君臨赫赫，監觀四方以求民瘼。因夏、殷二國政治不良，故西顧尋求可以委託天命者，選擇了周。周之先王奮鬥創業，遂得成為萬邦之方、下民之王。這類篇什載述此觀念者甚多，不贅。〈玄鳥〉見《毛詩》，卷二十，頁162下～163上：〈皇矣〉見卷十六，頁119上，上海商務印書館，四部叢刊初編景宋本。

〔註2〕參《墨子·天志下》，卷七，頁11B；中華書局四部備要據畢氏校本。《墨子》書如〈尚同〉、〈天志〉等篇，往往暢言人君必須順天志，否則天必致降災咎懲罰之觀念。後起的陰陽家大約近此，漢儒的申天屈君及災異論，亦可由此

　　墨子之說過份偏重了權威主義及功利主義，孟子一方面爲了闢墨，一方面爲了補充儒家這方面理論體系，因而透過政權的禪讓說加以提出。論漢代儒學者通常認定漢儒摘取了陰陽家言，而於墨、孟二子的理論系統之影響較不注意，故筆者在此不憚贅引孟子下列兩段談話，以備後文論證的基礎。孟子解釋堯、舜政權轉移如下：

　　　萬章曰：「堯以天下與舜，有諸？」

　　　孟子曰：「否，天子不能以天下與人。」

　　　「然則舜有天下也，孰與之。」

　　　曰：「天與之。」

　　　「天與者，諄諄然命之乎？」

　　　曰：「否，天不言，以行與事示之而已矣。」

　　　曰：「以行與示之者，如之何？」

　　　曰：「天子能薦人於天，不能使天與之天下。……昔者堯薦舜於天，而天受之；暴之於民，而民受之。故曰：『天不言，以行與事示之而已矣。』」

　　　曰：「敢問薦之於天而天受之，暴之於民而民受之，如何？」

　　　曰：「使之主祭而百神享之，是天受之。使之主事而事治，百姓安之，是民受之也。天與之，人與之，故曰：『天子不能以天下與人。』舜相堯二十有八載，非人之所能爲也，天也。堯崩，三年之喪畢，舜避堯之子於南河之南。天下諸侯朝覲者，不之堯之子，而之舜；訟獄者不之堯之子，而之舜；謳歌者不謳歌堯之子，而謳歌舜。故曰『天也』。夫然後之中國，踐天子位焉。而居堯之宮，逼堯之子，是篡也，非天與也。〈泰誓〉曰：『天視自我民視，天聽自我民聽。』此之謂也。」〔註3〕

孟子與萬章另一段談話，再度發揮了此說於堯——舜——禹禪讓之局，但其重點則在論禹傳子之局：

　　　萬章問曰：「人有言：『至於禹而德衰，不傳於賢而傳於子。』有諸？」

　　　孟子曰：「否，不然也。天與賢則與賢，天與子則與子。昔者舜薦禹

尋得思想之泉源。
〔註3〕參《孟子·萬章上》，卷五，頁132～134。

於天，十有七年，舜崩。三年之喪畢，禹避舜之子於陽城，天下之
民從之。……禹薦益於天，七年，禹崩。三年之喪畢，……朝覲、
訟獄者不之益而之啓，曰：『吾君之子也。』謳歌者不謳歌益而謳歌
啓，曰：『吾君之子也。』丹朱之不肖，舜之子亦不肖。舜之相堯，
禹之相舜也，歷多年，施澤於民久。啓賢，能敬承繼禹之道。益之
相禹也，歷年少，施澤於民未久。舜、禹、益相去久遠，其子之賢、
不肖，皆天也，非人之所能爲也。莫之爲而爲者，天也；莫之致而
至者，命也。匹夫而有天下者，德必若舜、禹，而又有天子薦之者，
故仲尼不有天下。繼世以有天下，天之所廢，必若桀、紂者也，故
益、伊尹、周公不有天下。……」〔註4〕

據此兩段談話，孟子的理論可得而推知：第一，政權的轉移，決定權在於天，
傳賢或傳子，天子不可得而私相授受。第二，天意有充份的自主自由，不可
強邀天命，舜相堯、禹相舜、益相禹的時間久暫和積德大小，皆出於天意的
安排，非人力之所能爲也；天子之子的賢或不肖、能否繼道得天，亦如此。
也就是說，人事由天意安排，人的行事只是順承天命而實踐完成之而已；天
命是預定的。第三，天意不以語言形式表示，而以行與事表示出來，也就是
透過百神和人民的反應作表示，是啓示性的。第四，上天選擇政權的承繼人
有一定的標準：這個人必須是經長期的努力積德而有效果者，而且須得前任
天子的推薦，即在「人與之」的前提下，天亦「與之」。或者，他是承受天命
而積大德者的賢子孫。對後一種標準來說，天意顧念他們的先人而屬意於他
們，其間雖有大功德如益、伊尹、周公者，亦不會改變天意，這是天意的一
種崇功報德的溫情，除非繼世子孫不肖如桀、紂，天意始會廢之而另作選擇。
違反這種天意的選擇，雖有大德者若舜，皆不能踐天子之位，否則即是逼宮
逆取之篡也。

　　孟子的理論，顯然已傾向天意的自主權威觀念，有濃厚的命定，及人的

〔註4〕 同上註引書，頁 134～136。又：孟子在此章只論及繼世如桀、紂者始會爲天
　　　　所廢，不再詳論其他。但他曾與齊宣王論湯放桀及武王伐紂之事，認爲二者
　　　　乃殘賊的一夫，湯、武誅一夫而非弒君云云（參見〈梁惠王下〉，卷一，頁26）。
　　　　無異表示上天屬意於湯、武，與逆天而取之篡不同。孟子曾指責「桀、紂之
　　　　失天下也，失其民也。失其民者，失其心也」云云（詳〈離婁上〉，卷四，頁
　　　　101～102）。此說符合他所謂上天暴之於民，視民之受弗受，以作爲天意決定
　　　　取捨的依據之說法相吻合。由此觀之，堯、舜、禹、啓、湯、武之崛起，皆
　　　　賢德者承受天命也。

行事爲了實踐此天命的意識。儘管如此，他仍然緊守天人一致始克成事的觀念，因而他也並未完全抹殺人的主觀努力，甚至也未完全否定人有逆天而行的可能。其理論無異倡言人事有常道常則，此與天有關。故欲知天則先須知人，知常則先須知變；要究天人之際，則須從歷史人事的變化入手。

陰陽家創始於孟子同時而稍後的鄒衍。作〈終始〉、〈大聖〉、〈主運〉諸篇，初起即使王公大人懼然顧化於其術。鄒衍齊人，其術盛於燕齊。燕齊之俗，信仰天主、地主、兵主、陰主、陽主、月主、日主、四時主八神，是則其人相信天地四時、日月陰陽，乃至戰爭，皆各有所主。〔註5〕若謂學術必植根於風俗，則齊風應值得重視。神仙方術之士盛於燕齊，陰陽家亦興起於此環境。司馬談評論陰陽之術，特重其機祥時歷之說。〔註6〕劉向、歆父子等條類學術，以爲「陰陽家者流，蓋出於羲和之官。敬順昊天，歷象日月星辰，敬授民時，此其所長也。及拘者爲之，則牽於禁忌，泥於小數，舍人事而任鬼神。」至於論述「兵陰陽」，則重視其順時勢、因五勝、假鬼神之術。又認爲鄒衍五勝說下開五行家，傾向吉凶之術。〔註7〕陰陽家是否出於羲和之官姑不論，但其講論天文時歷、鬼神五勝等，應與齊俗有關，實應留意。劉向評論鄒衍的學術特色云：「鄒衍所言五德終始，天地廣大，其書言天事，故曰『談天衍』。」〔註8〕

鄒衍之術乃是天事的學術，基礎建於天文時歷的研究上，由此引伸出五勝說及鬼神怪迂之談。司馬遷爲他作傳，對此即有扼論：

> 騶（鄒）衍睹有國者益淫侈，不能尚德若大雅，整之於身，施及黎庶矣，乃深觀陰陽消息，而作怪迂之變，〈終始〉、〈大聖〉之篇十餘萬言。其語閎大不經，必先驗小物，推而大之，至於無垠，先序今以上至黃帝，學者所共術；大并世盛衰，因載其機祥度制，推而遠之，至天地未生、窈冥不可考而原也。……稱引天地剖判以來，五德轉移，治各有宜，而符應若茲。……其術皆此類也。然要其歸，

〔註5〕詳《史記‧封禪書》，卷二十八，頁430上～下。

〔註6〕談之評論見《史記‧太史公自序》，卷一三〇，頁1055上～下。

〔註7〕參《漢書‧藝文志‧陰陽家序》（卷三十，頁1734～1735），〈兵陰陽序〉（同卷，頁1760），〈五行序〉（同卷，頁1769）。

〔註8〕語出《別錄》，見《後漢書‧西域列傳‧論曰》注，卷八十八，頁2934。按：鄒衍之說迂大，其後繼者鄒奭則文具難施，齊人頌之曰「談天衍，雕龍奭」，參《史記‧孟荀列傳‧荀卿傳》，卷七十四，頁742下。

必止乎仁義、節儉、君臣、上下、六親之施。……騶衍其言雖不軌，

儻亦有牛鼎之意乎？〔註9〕

先不論司馬遷對騶衍學術的總批判，要之，他認為騶衍的學術，其出發點在
匡正世道，有經世致用的意識，有意運用此學說以吸引及嚇阻王公大人。就
此而言，他與墨、孟二子，尤其與墨子是接近的。由於他談怪迂之變，當時
即能產生使王公大人懼然顧化和尊重禮敬的效果，此則顯為墨、孟二子所不
能及，也是這種學說所以興起的內在因素。

其次，騶衍之學顯然是一種宇宙論，而且又是將人事形而上之於天的玄
學式歷史全體論，因而司馬遷特別注意他的方法。司馬遷認為其學大體上是
一種推論的學問，但他的推論是建在一個已驗證的前提之上。這個驗證的前
提則以小物、近事為對象，以其驗證的結果充作全稱假設，並用以廣泛的推
論大物和遠事，以至於天地萬物之未生。司馬遷之意，似乎判斷其學術的方
法以觀察法為主，他的驗證亦透過觀察法進行，至其推論則完全建立在觀察
驗證法的基礎之上，有運用了演繹法和類比法的傾向。問題的關鍵如今在：
第一，所驗證的事物顯然是近事小物，應是個別性的和特殊性的，其驗證結
果是否可以當作全稱假設——普遍的定律或原則？第二，驗證事物是否僅靠
觀察法就能得到正確的結果？上述兩個問題的答案若肯定，則騶衍的學術就
可以成立，否則即相反。司馬遷對騶衍的建立學說頗具歷史的同情，但最終
的批判卻判定是「不經」和「不軌」。所謂「不經」，蓋謂不合常理而類乎荒
誕也；所謂「不軌」，蓋謂不循法度也。前述司馬遷振興實證史實，其治學的
精神、態度與方法的講究，於此可見一斑。相對的，騶衍所創的陰陽家，其
學說與方法實在大有疑問。

姑勿論陰陽家之學在司馬遷眼中為何物，要之騶衍的學說當時實已震動
視聽，成為顯學，諸侯公卿尊禮之惟恐不及。荀子稍後至齊為老師，其學顯
然與二騶（衍與奭）已格格不入，最後遂離齊之楚，「嫉濁世之政，亡國亂君
相屬，不遂大道，而營於巫祝，信機祥」，成為他「推儒、墨道德之行事興壞，
序列著數萬言」的原因之一。〔註10〕荀子為批判騶子、莊子等而推論儒墨，
引入墨學的權威主義以建立學說，適足以助長漢儒這方面思想的發展。

騶衍學說最為人所重者乃五勝說——五行相剋、從所不勝的學說，也就

〔註 9〕 參《史記‧孟荀列傳‧騶衍傳》，卷七十四，頁 741 上～742 上。

〔註10〕 同上註之〈荀卿傳〉。

是前引司馬遷所謂的「稱引天地剖判以來，五德轉移，治各有宜，而符應若茲」的系統學說。其說就史學上來看，屬於一種循環論、預定論和動力論，目的在探究本體世界的變動，而將人文的變動世界，與自然的變動世界揉合為一。理論上，這種學說將政權的轉移和歷史的變動之最終力量，歸諸於天。天有意志和規則，政權是否要興廢由天之意志作決定，至於其興廢則依一定的天之規則來進行──此即符應若茲和五行運轉的理論所本。探求天之意志即是探究歷史變動的終極原因和動力的發生，探究天之規律即是探究歷史變動的方向、軌跡和型態。《呂氏春秋‧應同篇》下有如下的陳述，應為陰陽家之說：

> 凡帝王者之將興，天必先見祥乎下民。黃帝之時，天先見大螾大螻，黃帝曰「土氣勝」；土氣勝，故其色尚黃，其事則土。……禹曰「木氣勝」，……湯曰「金氣勝」，……文王曰「火氣勝」，……代火者必將水。天且先見水氣勝。水氣勝，故其尚黑，其事則水。水氣至而不知數備，將徙於土。〔註11〕

這段陳述表示天之運行規則依土、木、金、火、水五德相剋而循環，人間的政權及隨此政權而興的文化制度皆因應而運作，故謂「五德轉移，治各有宜」。五德運行的方式既定，故政權及歷史文化推移的方向、軌跡和型態亦可推知，連未來的繼起者亦已預定而可推知。至於何時易德改行，此則為天意所決，承受此德而將興者，天必先啟示以機祥（機祥即吉凶的先兆之意），人間可得而預卜之也。運至而不知數備（改正朔、易服色等即表示承運數而設備），應合天意，則其運將順轉至下一德。

《呂氏春秋》，呂不韋所作也。由此可知秦王政二十六年（前221年）統一中國，建立帝制的同時，遂「推終始五德之傳，以為周得火德，秦代周德，從所不勝，方今水德之始」，因而改年易色，數以六為紀，實行戾急之法的真正原因和理論根據了。〔註12〕蓋非如此，不能合五德之數，應上天之命也。始皇之作為，是懍然顧化於陰陽的學說，此時尚未與儒家有關。

漢繼大亂焚書之後，至文帝（前180～157年）時，儒士始稍出。丞相張蒼曾為秦之御史，主柱下方者而善律歷，推五德之運，以為漢當水德之時，

〔註11〕參《呂氏春秋集釋》，卷十三，臺北：世界書局，民國55年2月再版，頁7～8。

〔註12〕參《史記‧秦始皇本紀》，卷六，頁75上；〈封禪書〉卷二十八，頁430上。

仍用秦之《顓頊曆》，尚黑色如故。後，魯人公孫臣上書陳述終始五德之傳，主張漢屬土德，黃龍見即其符應，當改正朔，易服色云云。事下張蒼。張蒼以爲非是而罷之。漢德屬土之說，賈誼（前200～168年）在此之前已提出。〔註13〕

賈誼二十餘歲遷調中央，不久即率先向文帝提出漢屬土德之說，「以爲漢興至孝文二十餘年，天下和洽而固，當改正朔，易服色，法制度，定官名，興禮樂；乃悉草具其事儀法，色尚黃，數用五，爲官名，悉更秦之法。」此即代表歷史文化隨政權轉移而改變，承運數而更張設備也。當時文帝即位未久，謙讓未遑改創，而賈誼尋亦爲周勃、灌嬰等大臣所排出。〔註14〕張蒼出身灌嬰系統，繼嬰拜相，而公孫臣之說則與賈誼同，故水德、土德之爭，或許另外牽涉到派系利益之爭，致令賈誼、公孫臣一派遭遇兩次失敗，需至董仲舒時，元老耆宿盡去而始得伸張耶？

值得注意的是，漢儒研究五經，實際就是研究古代的歷史文化之學，其專《春秋》經者，尤爲偏近研究歷史學。漢儒的性格，賈誼開始即以混和諸家而冶之爲儒的姿態出現，董仲舒繼起，而使之融冶成定型。二子皆治《春秋》，而一主《左傳》，一專《公羊》，其人皆雜有陰陽五行思想，並以之從事歷史的研究。是以司馬遷創興新史學，其背景可知也。

賈誼對陰陽五行的完整認識今不可考，但讀其〈服鳥賦〉，知其人對異物機祥頗加採信，且識占卜圖讖之學，思想上對自然本體頗持老莊陰陽諸思想。該賦頗論萬物變化的情況，雖疑「安有常則」，但其意識實欲透過「陰陽」、「消息」，以推究變化之「常則」也。〔註15〕他在著名的〈治安策〉中，即透過歷史變動的瞭解，提出一些常則化的意見——如論古今封建，而言「故疏者必危，親者必亂，已然之效也」，以警惕文帝。又據漢初史實，提出「臣竊跡前

〔註13〕據《史記》，卷八十四〈屈原賈生列傳〉及《漢書》，卷四十八〈賈誼傳〉，賈誼十八歲即已學問知名，李斯的弟子吳公時爲河南守，召至門下（誼爲洛陽人）。及吳公爲廷尉（據《漢書》，卷十九下〈百官公卿表〉，吳公爲廷尉時爲文帝元年至三年，西元前179～177年），薦他「頗通諸子百家之書」，遂召入爲博士，歲中轉太中大夫，遂向文帝論土德。此時丞相爲周勃，太尉爲灌嬰，皆爲排斥賈誼之元老公卿。張蒼在文帝四年始繼灌嬰爲丞相，十三年而公孫臣始上書（見同上註〈封禪書〉，頁434上），故晚於誼。

〔註14〕引文見同上註所引《史記》本傳，頁792下。

〔註15〕同註13所引之《史》、《漢》賈誼本傳均載此賦，這是他見不祥之服鳥飛入其舍，遂自傷以爲壽不長而作。

事，大抵強者先反」；「欲天下之治安，莫若眾建諸侯而少其力」等等，皆有
發明原理之意。在此策內，他自述「臣謹稽之天地，驗之往古，按之當今之
務」；亦即表示他研求常則的方式，是探究天地變化的關係，以研究史實作為
證驗的手段，並取其結果以印證當世之務。因而他解釋政權的轉移，認為關
鍵在人主之所積，人主之所積則在其取舍；積禮則民和，積刑則民怨，人民
由此而生哀樂，而「哀樂之感，禍福之應也」。這是孟子的天意暴之於民以試
驗之，和陰陽家禍福災異觀念之融合，而賈誼則強調這種原理已得史實的印
證，是「明效大驗」者，並建議文帝云：「人主胡不引殷、周、秦事以觀之也？」
〔註16〕此正是由歷史人事的變化，始得根究天人之際的明確表示。

　　必須留意的是賈誼和張蒼均治《左氏春秋》，誼為《左氏傳》訓故，下傳
甚盛，西元前一世紀以降，諸言左氏學者多由此脈而出，〔註17〕故賈誼蔚為
大師。《左氏春秋》已記有五祀、五正之事，並有「火勝金」、「水勝火」之說。
〔註18〕賈、張二人之倡五行，實則另有儒家經典作根據，只是陰陽家其言詳
而悚動，二人取之以補左氏之不足耶？然而同治一學，同探一說，何以張蒼
則主水，而賈誼則主土，產生矛盾齟齬？據賈誼自述的為學方式，顯然問題
出在稽天及驗古之上。今日視之，推究這種天意、人事而論證其關係，顯然
是荒誕之事；不過自漢儒視之，此正為問題之所由起，亟須努力解決，紛紛
研究而未遑者也。在經生而言，此為現實上的重大問題；在新史家而言，此
又兼為歷史之重大問題矣。

二、從董仲舒至司馬遷的究天人之際

　　賈誼、公孫臣與張蒼之土、水之爭後不久，景帝時又發生轅固生與黃生
論湯武受命與否之爭。黃生認為「湯武非受命，乃弒也」。轅固生是齊詩大師，

〔註16〕〈治安策〉《史記》不錄，參《漢書》本傳，卷四十八，頁3230～2258。
〔註17〕詳《漢書・儒林傳》，卷八十八，頁3620。又戴君仁對此有詳考，參其〈賈誼
　　　　春秋左氏承傳考〉，收入戴君仁等《春秋三傳研究論集》，臺北：黎明文化事
　　　　業公司，民國70年元月初版，頁165～183。該文某些論證，如《左氏》是否
　　　　傳經，左丘明之姓名等，似仍未恰，但與此處無關，故不論。
〔註18〕五祀即秦漢之祀五帝，五正即木金火水土五正也，分見《春秋經傳集解》，卷
　　　　二十六，昭公二十九年及三十一年，卷二十九，哀公九年條。疑古派疑《左
　　　　傳》曾經劉向、歆父子纂改，但劉氏父子倡五行相生說，《左傳》所示乃相剋
　　　　說，是則此非劉氏父子所改，似可無疑。

力爭湯武得人心，誅虐亂之桀紂而立，認爲「非受命爲何」？由此推論至「高帝代秦即天子之位，非邪」諸問題上。景帝同意黃生嚴上下之分的理論，認爲君雖無道猶爲君，臣雖聖賢猶爲臣，故評議之云：「言學者無言湯武受命，不爲愚！」是後學者莫敢明受命放殺者。〔註 19〕此即孔、孟，尤其孟子的這方面學說，不但當時不爲諸侯所採，抑且後世統治者亦厭惡之也。事實上，高帝之得天下，據他罵時時稱引《詩》《書》前說於他的陸賈云：「迺公居馬上而得之，安事《詩》《書》！」〔註 20〕乃是赤裸裸的「打天下」觀念也，正不必轅固生代他粉飾。

轅固生之論湯武及秦皇，實際上是沿賈誼〈治安策〉之論而發展。賈誼只論殷、秦之廢，認爲國祚久暫基於人主之所積，一方面既承認君尊臣卑的理論，〔註 21〕一方面又代文帝設想，提供鞏固政權的政策和制度，因而始得文帝的重視。再者，賈誼爲文帝談論鬼神，致令文帝夜半前席，聳然顧化。此與轅固生之純執孔孟以論說顯然不同，故其效果亦大異。賈誼非純儒，實雜陰陽、老莊、方士之說，混圖讖、占卜、鬼神之術者，其言陰陽鬼神，實有前述司馬遷論鄒衍具牛鼎之意。董仲舒對賈誼的道術似有心得，因而對著既好神仙方術、又不喜儒家樸學的漢武帝，〔註 22〕遂將之發揮得淋漓盡致。

仲舒是景帝時博士，《公羊春秋》大師。他倡論陰陽災異主要在武帝之時，尤以建元元年（前 141 年）冬十月的〈天人三策〉最爲關鍵——是儒學或竟爲中國學術發展史上的里程碑。在學術內容上，自此遂將經學扭曲爲災異學，且有神秘的宗教化傾向，謂之將儒家塑造成儒教（漢代儒學），似也非過份之辭。〔註 23〕在學術發展上，仲舒對論三策的立即結果，就是造成該年罷黜百家、獨尊儒術；四年之後復設置五經博士，對此下學術思想的發展，固不待贅言。

〔註 19〕參《史記‧儒林列傳‧轅固生傳》，卷一二一，頁 998 上～下。
〔註 20〕參《史記‧酈生陸賈列傳》，卷九十七，頁 862。
〔註 21〕賈誼謂「人主之尊譬如堂，群臣如陛，眾庶如地。……高者難攀，卑者易陵，理勢然也。」詳《漢書》本傳，卷四十八，頁 2254。
〔註 22〕漢代尚書大師倪（兒）寬，師承歐陽生及孔安國，是伏生的再傳弟子。但伏生、歐陽生之學似未雜以陰陽災異，孔安國更不待言，倪寬下開歐陽及大、小夏侯之學，即帶陰陽災異的色彩。武帝初見他時，說：「吾始以《尚書》爲樸學，弗好；及聞寬說，可觀！」乃從寬問學。參《漢書‧儒林傳》，卷八十八，頁 3603。
〔註 23〕郭湛波的《中國中古思想史》第八至十四諸篇對此有詳論，其中第九篇專論董仲舒。香港：龍門書店，1967 年 12 月初版。

　　仲舒在〈天人三策〉中，主要是借史學（春秋）入手，以發揮其陰陽災異之說。第一策開始即謂：「臣謹案《春秋》之中，視前世已行之事（即史實），以觀天人相與之際（當即孟子所謂天與之、人與之的應合說），甚可畏也！」以震攝武帝。此語的意義，實際上是確立了：第一，《春秋》是一部推究天人相與之際的書。第二，《春秋》所載負的史實包含了天人關係的道理。第三，研讀《春秋》即可以瞭解天人的關係，不必僅由天文星歷、陰陽消息之觀察而始得入手。就方法論，他是跨越孟、鄒、賈三子，而下開此下諸漢儒者。就性質論，他不啻已將經典定性為神秘的預言和占卜之書。故第三策又云：「孔子作《春秋》，上揆之天道，下質諸人情，參之於古，考之於今。故《春秋》之所譏，災害之所加也；《春秋》之所惡，怪異之所施也。書邦家之過，兼災異之變，……乃與天地流通而往來相應，此亦言天之一端也。」〔註24〕

　　他在第一策暢談政權天授，天因民之反應而發出符應災異，天道之大者在陰陽，而王者須承天意以從事，乃至人性論、更化論諸說。實為調和孟、荀，融合鄒子的綜合思想。第二策因上策而來，高論受命改制之餘，而將問題切實落到改革禮樂、教育、吏治諸項目上。第三策因前二策而再發揮，延伸至宇宙論，論及天人感應、天人合一、絕對真理諸觀念矣。

　　單就〈天人三策〉，未見即見仲舒的天意史觀、歷史哲學的全部體系，欲睹其詳，需兼從其大著《春秋繁露》入手。

　　仲舒認為天之規律是五行運轉。五行循環的方式有二，即相生與相勝（尅），與先前之僅有相尅關係不同。〔註25〕五行各代表一種政權的型態之外，尚可與四時（加上季夏配土即為五時）、五味、五音，乃至人體的官能相配，表示他有意用此宇宙法則來解釋本體世界（包括人文與自然）的一切現象。五行從何而來？他認為「天地之氣合而為一，分為陰陽，判為四時，列為五行」，而人則與天、地、陰、陽及五行，合而為十。〔註26〕天由一而分為陰陽五行，乃至於人，故〈天人三策〉之第二策，力言「人受命於天，固超然異於群生，……此人之所以貴也」；又云人「得天之靈，貴於物也」；其言行「所以動天地也」。這是從唯物論發展至唯心論，奠定了人所以能與天感應、兼且能通察陰陽五行的理論基礎。《漢書·五行志》將古今行事災異歸類於某

〔註24〕〈天人三策〉收入《漢書》本傳，卷五十六，頁2495～2523。

〔註25〕詳《春秋繁露》，卷十三〈五行相勝〉及卷十〈五行對〉。版同註1影武英殿聚珍本。

〔註26〕參《春秋繁露》，卷十三〈五行相生〉及卷十七〈天地陰陽〉。

某德（行），認爲某德（行）發生問題乃是反應了某類行事的不當，據仲舒的理論，此固爲當然可知可證者也。

仲舒認爲王者受命，「必有非人力所能致而自至者」，故須應天而更化改制（〈天人三策〉第一策）。改制亦即改革文化風俗，而非改道也，其目的與意義在針對前代而救弊扶衰。道之大原出於天，天不變，道亦不變，所變者乃因「道之失」而產生的流弊而已，亦即制度之衰亂而已，因而需要更改。制度的特性爲文、質互變，而以忠、敬、文三種型態循環傳遞。〈天人三策〉之第三策云：

> ……王者有改制之名，亡變道之實。然夏上忠、殷上敬、周上文者，所繼之救，當用此也。孔子曰：「殷因於夏禮，所損益可知也；周因於殷禮，所損益可知也；其或繼周者，雖百世可知也。」此言百王之用，以此三者矣。夏因於虞，而獨不言所損益者，其道如一而所上同也。……是以禹繼舜，舜繼堯，三聖相受而守一道，亡救弊之政也。故不言其所損益也。

> 繇是觀之，繼治世者其道同，繼亂世者其道變。今漢繼大亂之後，若宜少損周之文致，用夏之忠者。

此「三統說」可說是另一種歷史型態循環律，揉合儒學與陰陽家的「治各有宜」說而成，〔註27〕其體系是仲舒所獨創者。三統除忠、敬、文之外，又可以黑、白、赤及天、地、人而代表之。仲舒之公羊學特重「春王正月」的大義解釋，以爲「春秋之文，求王道之端，得之於正」；「正者，王之所爲也，其意曰上承天之所爲，而下以正其所爲，正王道之端云爾」。是以三統又稱三正。《春秋繁露》卷七〈三代改制質文〉云：

> 三正以黑統初，……斗建寅；……正白統者，……斗建丑；……正赤統者（斗建子），……古之王者受命而王，改制稱號，正月、服色定，然後郊告天地群神，……然後感應一。……三代改正，必以三統。

是則三統說顯然是較純粹的文化制度之歷史型態循環律，與五行說的政權轉

〔註27〕「五德轉移，治各有宜」乃司馬遷介述鄒衍學說之語，前已提及。至於其詳細內容，嚴安的上書武帝似乎可作代表。其書云：「臣聞鄒子（行）曰：『政教文質者，所以云救也。當時則用，過則舍之，有易則易之，故守一而不變者，未睹治之至也。』」（參《漢書》本傳，卷六十四下，頁2809～2810）這種說法顯然爲三統說之本，而仲舒取孔子之言以飾之而已。

移之歷史發展循環律頗不同（五行說亦講歷史的型態），假如說五行是天之規則平面的循環，其關係是具互相吸引（相生）或排斥（相剋）的作用者，則三統似乎表示人為文化在時序上的縱貫循環，具有互相補救的作用。兩種循環以縱橫交互的關係，遂構成了歷史推動的方向、軌跡、型態等整個架構。司馬遷後來在《史記》卷二十七〈天官書〉中，一再強調「為國者必貴三五」、「為天數者必通三五」，蓋亦兼指此三統五行相包而言歟？

　　更值得注意的是，這個三五相包的常則既被視為歷史的發展定律，故歷史的發展應是交互循環的，有週期性而可預測的。仲舒在〈三代改制質文〉內又云：「天子命無常，唯命是德慶，故春秋應天作新王之事，時王黑統，正魯尚黑，黜夏，親周，故宋……。」同書卷六〈符瑞篇〉又云：「有非力之所能致而自致者，西狩獲麟，受命之符是也。然後託乎《春秋》，正不正之間，而明改制之義，一統乎天下，而加憂於天下之憂也；務除天下所患，而欲上以通五帝，下極三王，以通百王之道，而隨天之終始。」這似乎正是附會孟子謂孔子為天子之事而作《春秋》、《春秋》之功能，及「知我者其惟《春秋》乎」的說法，而將之據此定律解釋為孔子受命為新王，得黑統以王魯，託《春秋》之作以行王者之事也；孟子所謂孔子有德而無天子之薦，故不能有天下，據此被解釋成孔子雖無天下，但為素王也。如此，則〈天人三策〉之第二策謂「孔子作《春秋》，先正王而繫萬事，見素王之文焉」；又謂「故《春秋》受命所先制者，改正朔，易服色，所以應天也。」至此可得而解矣。

　　這個定律對漢儒研究歷史，實際上產生了兩種預測的效果：第一種是預測（前瞻）未來，此即仲舒所謂漢繼周大亂，應少損周的文致而用夏之忠。對他來說，依照三統運行律固當如是也。而且，孔子得黑統而為素王，其實朱真為王，託《春秋》行一王大法，遂被解釋成「孔子為漢制法說」。因為夏得黑統尚忠，繼周者──漢──當由黑統之忠再循環故也。司馬遷後來引用此說，解釋「三王之道若循環，終而復始（黑統、忠統）」，秦繼周而不復此統，仍持之以「文」，因而敗亡云云。〔註28〕其〈自序〉則聲言漢始用《太初曆》，諸神受紀云云，蓋此曆建正以寅，符合黑統之故。能夠順天創曆，難怪強調聲明，撰史之精神因之大振。附帶的，班固撰《漢書》，亦因此說法而擯秦朝為閏位。至於依照五行運轉，則王莽、曹丕、孫權等皆能預知其政權的屬性和類型，此又不在話下了。

〔註28〕詳《史記‧漢高祖本紀‧太史公曰》，卷八，頁122下。

　　第二種是預測（回顧）過去，此即劉向、歆以降，漢儒依照五行說解釋並添補黃帝以至夏禹之間的政權，乃至黃帝以前之政權，形成上古史的所謂「層累創造說」，也成爲王莽代漢的理論根據了。因爲五行的運轉週期不會中空，中空者當可發現而補上，與元素週期表可預測未知的元素，然後加以研究發現，將之補填於表中的方式相類似也。〔註29〕

　　這個三五相包循環無異是自然的定律，也就是天之規律。人間的政權及歷史文化的演變，據理論必然承順著此規律而發展。問題在：現行的一德何時氣數盡而終止？繼起的一德何時繼起？由誰人受命繼之？根究此問題則不得不追究至天之意志。這方面理論的展開有幾個關鍵，而最基本即爲天人之互相感應——天意和人情能「流通而往來相應」——此一大原則上。大原則明，則以下的關鍵隨之能成立：

　　第一，政權的興廢、歷史的推移，有一定的始終關係，而其最後決定權在天而不在人。孔子作《春秋》，以歷史研究發明此道理，此即「春秋之法」，亦即上天之意。據《春秋繁露》卷一〈玉杯篇〉云：「《春秋》之法，以人隨君，以君隨天。……故屈民而伸君，屈君而伸天，《春秋》之大義也。」值得注意者，天有無上權威而對人有絕對支配權，原出墨學的系統，仲舒此「春秋義法說」將之加於孔子，賦予《春秋》此一史著有伸天的作用，無異表示了某些人具有與天感應而伸之的能力。照仲舒之意，諸經中主要是《春秋》才有此可能（他經後來亦給經生賦予了這種能力），遂奠定了漢朝經學，尤其是《春秋》的性格。

　　第二，〈天人三策〉之第三策中，仲舒提出「政權漸變說」認爲天人之應具有漸微、漸滅、漸明、漸昌的關係。這種關係是由於人主的言論行事之感應而生，他們有時順天爲善，有時暴逆爲惡，故天意因之漸明漸微，而使之漸昌漸滅也。也就是天雖屈人伸君、屈君伸天，但仍以君主之言行及人民的視聽作爲天意變動的根據。仲舒與孟子不同之處，是孟子認爲天以人民的視聽爲其視聽，天所表示的行與事亦即人民的行與事；而仲舒則認爲天所表示的行事雖是因於人民的反應，但卻是透過符瑞和災異的方式垂示。故第一策云：「臣聞天之所大奉、使之爲王者，必有非人力所能致而自至者，此受命之

〔註29〕司馬遷因證據不足，故神農以前不述，述五帝之間亦疏略。劉氏父子以降，對此作了完整的補充，使伏羲氏以至夏禹之間，有了一個符合五行說的完整系列。其間的附會添加，試比較《史記·五帝本紀》及《漢書·律曆志》即可知之，下文有表可參考。

－48－

符也。天下之人同心歸之，若歸父母，故天瑞應誠而至。……廢德教而任刑罰，刑罰不中則邪氣生；〔註30〕邪氣積於下，怨惡畜於上，上下不和，則陰陽繆盭而妖孽生矣。此災異所緣而起也。」這種說法，仲舒無異攝自陰陽家的學說，使孟學添加一層神秘的色彩。

善惡皆因漸積，才能使天垂意象，使符瑞或災異屢現，人始得以觀察此陰陽消息。符瑞乃天意透過陰陽消息表示的嘉慰，災異則是譴告，且有輕重之異。國家失道而天示災，不知不改則示異，又不知不改，遂懲以殃咎。〔註31〕天意並非冷酷無情，動輒懲之以咎的，只要不是大無道之世，天皆扶持而安全之；人君只要勉強學問和行道，知變而改，則得全安（詳〈天人三策〉的首段）。這又是引伸法家刑賞二柄之說也。然則下民如何知道此災異代表何種天意，此即涉及天意史觀哲學系統的方法論層次，是第三個關鍵問題，而又必須回到第一關鍵作討論者。

「春秋義法說」奠定研究天人之際的根本，表示孔子作《春秋》之目的在發明天人關係，因此對策一開始，仲舒即強調「臣謹案《春秋》之中，視前世已行之事，以觀天人相與之際，甚可畏也」云云。何以「甚可畏」？他在第三策解釋云：「孔子作《春秋》，上揆之天道，下質諸人情，參之於古，考之於今。故《春秋》之所譏，災害之所加也；《春秋》之所惡，怪異之所施也。」《春秋》原為褒貶說教之書，但仲舒認為《春秋》所貶，其實代表了天意的譴懲──伸天意。是則同理可推，有類似《春秋》所貶之事發生者，亦即表示了相同的天意，如何不「甚可畏」耶？《春秋》對史實的研究和批判，既被視為天人關係的定理，則是今後之災異遂得用類比法以求得其結論，天意的真旨因而可得瞭解。仲舒以降，許多人對此不認為是假說，而是真理，確實可行的方法，災異學遂風靡一時，幾使儒家成為了儒教，《春秋》或其他儒家經典遂成了歷史預測性和啟示性的聖經。於是研究歷史也就有了

〔註30〕同策下文即論「道之大者在陰陽。陽為德，陰為刑」，陰以助陽，天意任聽不任刑云云。主張人君須承此天意而從事。故此處謂廢德任刑，其意即指人君逆天而為也。又：前面提及漸微漸明之說，也是就積惡積善而因應產生，非每事皆使天有反應，此不可不明。

〔註31〕《春秋繁露》，卷八〈必仁且知篇〉云：「天地物，有不常之變者，謂之『異』；小者謂之『災』。『災』常先至，而『異』乃隨之。災者，天之譴也；異者，天之威也。譴之而不知，乃畏之以威。……國家之失乃始萌芽，而天出災害以譴告之；譴告之而不知變，乃見怪異以驚駭之；驚駭之尚不知畏恐，其殃咎乃至。……謹按災異以見天意，天意有欲也，有所不欲也。……」

解釋眞理發明定律的可能，discovery of laws 在經史思想中，也就不再是夢想虛幻。

《禮記》卷十五〈經解〉云：「屬辭比事，《春秋》教也。故……《春秋》之失亂。……屬辭比事而不亂，則深於《春秋》者也。」〔註32〕依照董仲舒以降漢儒之意，「屬辭比事」也者，「同比」也——同類相比之類比法也。難怪仲舒云：「《春秋》之道，舉往以明來，是故天下有物，視春秋所舉與同比者，精微眇以存其意，通倫類以貫其理，天地之變，國家之事，粲然皆見，亡所疑矣」，正指此而言。〔註33〕

仲舒與劉向、歆等用此法推論天意之例，《漢書·五行志》俯拾即是。此處所引仲舒「同比」之言，正是推論遼東高廟災，而使他幾乎招致殺身之禍一案中的名句。試以此事件爲例，以概漢儒推災異之法，並見玄學式歷史解釋方法之謬。

武帝建元六年二月乙未，遼東高廟災。四月壬子，高園便殿火。武帝素服五日以答天譴。〔註34〕仲舒居家推說其意，大意如下：

因爲：《春秋》記載魯哀公時兩觀、宮社一再災。此皆是不當立的建築物，上天毀之，表示時機已屆，示意哀公用孔子除去亂臣季氏。

今象：（1）高廟、高園先後災。

（2）高廟不當居遼東，高園不當居陵旁，於禮亦不當立，與魯所災同。

因此：天災表示天子當誅貴近的諸侯大臣，以承天意。

這種推論之能成立，是因爲仲舒肯定《春秋》所載的史實可用作全稱假設，而認爲類比法是精確有效的方法。亦即春秋記載 A 事發生，必定表示了天的 B 意，後世有類似 A 之事 A^1 發生，則 A^1 亦表示 B 的天意，國家必須順應此天意而行事。漢儒推災異即常如此。甚至稍後武帝命仲舒的弟子呂步舒持此義以治淮南獄，形成漢代特殊的春秋斷獄現象。

不過，單就這件推災事件論，仲舒草稿未上，爲主父偃所竊取而奏之。武帝召視諸儒，呂步舒當時不知是其師所作，以爲下愚。武帝遂下仲舒於獄，

〔註32〕 此爲論六經要旨之辭，參《禮記》，卷十五，上海商務印書館，四部叢刊初編景宋本，頁 147 下。

〔註33〕 語詳《漢書·五行志》，卷二十七上，頁 1331～1332。

〔註34〕 本問題概況見《漢書·五行志》，卷二十七上，頁 1331～1333。但此志記高廟災時間與〈武帝紀〉異，今據後者（見卷六，頁 159）。

當死。稍後才赦免之。司馬遷對其師此事件有記載，末了即寫了此畫龍點睛之語：「於是董仲舒『竟』不敢復言災異！」〔註35〕這裡用一「竟」字表示了司馬遷此一實證史學大師，對此占卜式的災異學性質及其方法，已下了相當有意義的批判。

司馬遷以史學爲職志，但對賈誼和董仲舒之災異學方法似乎未盡以爲然。除了直述「仲舒竟不敢復言災異」，已表示了他對災異學的意見外，下列問題尚可有助於瞭解司馬遷的意思：

第一，〈太史公自序〉及〈孔子世家〉中，司馬遷一再申明了《春秋》成書的目的、對象、性質及方法諸問題，表示了孔子作《春秋》，是本著人文精神和理性主義、批判主義而作，《春秋》是一部講論人類道德行爲規範之書，是說教性之書。這就無異否定了董仲舒的「春秋義法說」，推翻了《春秋》的神秘性。〈自序〉記述他與壺遂的第一問答，以大篇幅討論《春秋》其書，內容絕未牽涉到神秘層次及災異問題；更重要的是，他的回答開章明義即引述董先生之解釋孔子作《春秋》的動機意識和《春秋》功用論，而竟不引述此處所論董仲舒的意見——這些意見是漢儒奉爲綸音圭臬者，是則司馬遷的意旨可知矣。

第二，〈治安策〉及〈天人三策〉，爲漢儒乃至後世儒者，認爲是鴻文大論，而司馬遷竟不引述。司馬遷引錄文章多矣，其中亦不乏談論陰陽災異者，如賈誼的〈服鳥賦〉即其例，何以竟捨此取彼？目能睹纖毫而不能見輿薪耶？若否，則必有其理。竊意此兩大鴻文的提出，主要在討論政治社會之問題，而同時涉及歷史變動的探究，然而其理論已延衍至神秘形上的層次，脫離了史學的人文、經驗、實證之範疇，司馬遷以爲事涉可疑，故不錄取歟？試看他錄用賈誼的〈過秦論〉以解釋秦之興亡，其意可推而知之。

另外，陰陽五行之學出於鄒衍，而司馬遷在〈孟荀列傳〉即對之作了兩種直接的批評：就學術本身而言，他批評鄒衍之術是「怪迂之變」，「其語閎大不經」；鄒奭「亦頗采騶衍之術以紀文」，然而「奭也文具難施」。就學術的應用而言，他認爲鄒衍之學，固以嚇懼王公大人爲主，也不抹殺他可能有牛鼎之意；然而鄒奭以下，多拾鄒衍遺業以干世主，淪至巫祝機祥的境地矣。

〔註35〕班固在《漢書・仲舒傳》謂呂步舒評此推論爲「大愚」，又謂「仲舒遂不敢復言災異」，用辭皆不及史遷。遷文見《史記・儒林列傳》，卷一二一，頁 999下。

司馬遷對陰陽家的批判，無異已間接的批判了賈、董二子。班固生於不但災異學流行，而且讖緯學大盛之世。他追錄〈治安策〉及〈天人三策〉，實際上有此必要，蓋需溯此類學術的淵源也。但是，他尚能瞭解司馬遷之旨，並順此以批判仲舒以降諸災異、讖緯學大師。他說：

> 幽贊神明，通合天人之道者，莫著乎《易》、《春秋》，然子贛猶云「夫子之文章可得而聞，夫子之言性與天道不可得而聞」已矣。漢興，推陰陽、言災異者，孝武時有董仲舒、夏侯始昌，昭、宣則眭孟、夏侯勝，元、成則京房、翼奉、劉向、谷永，哀、平則李尋、田終術，此皆納說時君著明者也。察其所言，仿佛一端，假經設誼，依托象類，或不免乎「億則屢中」。仲舒下吏，夏侯囚執，眭孟誅戮，李尋流放，此學者之大戒也。〔註36〕

班固在此即直指諸子假經學以言陰陽災異，為干世主之明例，並直接點破這種學術多是猜臆之學而已。是以顏師古注云：「言仲舒等億度，所言既多，故時有中者耳，非必道術皆通明也。」

司馬遷和班固皆欲究天人之際，但災異學的本身理論及其所用的方法，終究與以懷疑論、經驗論、實證論作為基礎的史學，不能合流，故馬、班和陳壽等史學大師多不取之。

三、天意史觀對通史形成的影響

司馬遷誠欲究天人之際矣，但又捨棄從災異學入手研究，則究竟以何術究之？所究的結果又如何？其與通史的創造有何關係？此皆關係新史學的大問題所在。欲瞭解這些問題，下列的前提實需先作瞭解：

第一，陰陽五行學說以及儒倡言的政權天授說，在司馬遷當時而論，不但既是歷史大問題，也是現實的問題，第一流人物如前面所提賈誼諸子對此皆言之鑿鑿，故他不可能不受時代的影響也。世界的形成與變化，當時認為基於某些客觀而永恆的原理以運作，則這些原理的探求，以及它們和人類的關係；或者是否確有這些原理，它們是否確與人類存著某些關係？此亦治史者所不可逃避的課題也。

第二，探究這類問題，災異學的方法論既不可能成立，則只能從陰陽家

〔註36〕《漢書・眭兩夏侯京翼李傳・贊曰》，卷七十五，頁3194～3195。

的觀察陰陽消息最基本的方法──羲和之官的天文學入手，這是司馬遷的家學所在，亦可駕輕就熟。另外，天文層次研究之外，孟子所假定的人民行事乃天意表示的人文層次，亦不失爲可試之途，且更符合史學的性質。亦即稽天與驗古、證今，仍是可行的方向也，只是需基於懷疑、經驗、實驗之上，以作研究而已。

第三，政權與歷史文化的發展，既被視爲依循天之規律不斷運作，則從人類有證可稽的歷史以來，以至司馬遷的當世，其發展應是持續的、循環的，可以用作驗證這些關係的。以前的歷史記載，不過只述數十百年的史實而已，實不能滿足這種需要，是則勢須下大魄力，從人類歷史文化的開始作研究的起點，此爲通史之所由生也。

第四，先有一些理念法則，用以套合於歷史的發展，以作玄學式的全體論解釋，實爲不經不軌之途徑，司馬遷既知此弊，遂採用實證形式的個體論作出發。每一種事件制度的變化，每一個政權的興滅，每一個個人的行事，皆盡量作個體研究而解析之，將各個體研究通透，遂亦能進而瞭解歷史的全體。這種觀念應是支持司馬遷開創本紀、書、表、列傳此新體裁，以容納其個別研究，進而綜合此個別研究的原因。否則新史學特色所在之新體裁緣何創始，即不可得而知了。

另外，討論司馬遷這方面的研究，又有兩個問題需加注意，此即：自班固以來即謂《史記》有十篇缺佚，僅有錄無書。據張晏列舉，此十篇中恰好缺了〈禮〉、〈樂〉、〈兵〉三篇和〈日者〉、〈龜策〉二列傳，此五篇對天人之際的研究實甚重要者也。其次，近代今文經學家和疑古派，皆指責劉歆纂改《左傳》及《史記》，以爲王莽纂漢的理論舖路。〔註37〕按今本《史記》，確有西元前一世紀以後的人竄入的成份，例如〈司馬相如列傳‧太史公曰〉引述揚雄語等是也。因此，引述《史記》誠麻煩之事。今論其事，先從稽天著手。

據〈太史公自序〉，司馬談學天官於唐都，受易於楊何，而論陰陽家云：「夫陰陽、四時、八位、十二度、二十四節，各有教令，順之者昌，逆之者不死則亡，未必然也！故曰：『使人拘而多畏』。夫春生、夏長、秋收、冬

〔註37〕顧頡剛著《秦漢的方士與儒生》一書，其中第十四、十五、十六章，對此有扼要顯淺的說明。該書原名《漢代學術史略》，1954 年修訂後改今名，香港：古典文學出版社。

藏，此天道之大經也，弗順則無以爲天下綱紀。故曰：『四時之大順，不可失也』。」司馬談是贊同封禪的人，但也論陰陽家，顯然以天文（古代將氣象等地文之學亦劃入天文）、歷法之學作基本，承認自然有其運行的法則——天道之大經，但否定順昌逆死之說。天之規律和人文變化的關係，他顯然本於理性的瞭解。

筆者對天文、歷法之學向無深究，然而讀《史記》〈歷〉、〈天官〉、〈封禪〉三書，蓋知司馬遷有下述的觀念：其一，他認爲天文有分部，各有所主，而與人間行事息息相關，甚至有必然的關係。他雖然批評許多推究天變的圖籍和解說雜碎不可法，但他自己卻也進行此方面的推究，自戰國以降且言之鑿鑿矣。根據他的理念，人事的變化乃天文變化——天意變動之象——的反應，「未有不先形見而應隨之者」，因而史書所記天變及人事，遂可得而推考。亦即可得而推天變以考行事，考行事以推天變也。〔註38〕

其二，他認爲天文與地文是對應的，即「天則有日月，地則有陰陽；天則有五星，地則有五行」。這種關係自初民以來，即爲世主「仰則觀象於天，俯則法類於地」所發現。〔註39〕日月星辰的變化是時度——歷——的變化，陰陽五行是氣運——數——的變化，而因於歷。自「黃帝考定星歷，建立五行」以來，堯、舜、禹皆據歷數而相禪。歷時則數至，歷終則數盡。夏、商、周三代各正其歷以定朔，是爲三正；「蓋三王之正若循環，窮則反本」。降至戰國，「獨有鄒衍明於五德之傳」，發明數的循環。司馬遷之意，政權轉移、歷史推展，實依歷與數的交互循環而發生者，所以「王者易姓受命（數至），必愼始初（歷始）。改正朔，易服色，推本天元，順承厥意」。〔註40〕元者，始也，天元即天律之始。天之規律，三（正）五（德）相包而循環，此即董仲舒學說的翻版；所不同者，司馬遷將之建在天文歷法的觀察研究之上，以自然法則的形式展開，而不由災異論入手罷了。

其三，〈天官書〉開章即以中宮星部述起，謂「天極星（即北極星）其一明者，太一常居也」；其北斗七星之「斗爲帝車，運於中央，臨制四鄉，分陰陽，建四時，均五行，移節度，定諸紀，皆繫於斗」。書末〈太史公曰〉則謂水土金木塡（土）五星助天行德，爲「天之五佐」，而以黑赤白蒼（青）黃五

〔註38〕詳《史記》，卷二十七〈天官書〉。
〔註39〕同上註引書〈太史公曰〉，頁420上。
〔註40〕關於歷數諸說，詳《史記》，卷二十六〈曆書〉。

帝配之。是則五帝非最尊之帝，五星非最貴之星。據其說，五帝佐承上帝（太一）主宰分部，五星環繞天極而運行罷了。五星依某種力量——相吸或相斥——運行，此天體力學的問題，實即代表五帝佐命太一以相代——相生或相剋——的天文反應。〈封禪書〉追究的，就是上帝與五帝，上帝與人，五帝與人，及百神之間諸關係。在這裡，司馬遷剔破了神仙巫祠的虛妄，方士「采儒術以文之」的詐僞，但對上帝與人關係之建立，五帝與人關係的學說，其可能性均未置疑。

司馬遷稽天所得既然如此，因而他肯定了封禪——受命告天——的意義，認爲「自古受命帝王，曷嘗不封禪？蓋有無其應而用事者矣，未有睹符瑞見，而不臻乎泰山者也」。〔註41〕亦即表示歷史動力的根源在天意。根據其研究，漢承天命而王，這時天之規律，依三統循環則至於寅，故欲正其統則不能以秦的十月爲歲首，而應與夏正同以正月爲歲首。這是他參與《太初曆》製作，依唐都等天文學家之研究而推得。又依五行循環鄒衍的理論，漢之氣運爲土德，色尚黃，此亦賈誼與公孫臣之說也。無論如何，司馬遷根據天文研究將漢之天曆定於寅，根據黃龍見的符瑞原理，將天數定於土，固可無疑。西元前 104 年，武帝據此改易，對司馬遷實有極大的鼓舞作用，故〈太史公自序〉即一再提起。

不過，若依三統循環以推天曆，夏——殷——周——漢已是一個循環，即寅（正月）——丑（十二月）——子（十一月）——寅是也，如此則置秦之十月於何地？因而他不得不懷疑秦始皇不得封禪之說，謂秦爲「無其德而用事者邪？」〔註42〕漢依天曆以繼周，遂下開漢儒將秦排出正統而爲閏的說法。然而，依五行循環，漢以土氣勝秦水，故天數爲土，實不繼周之火，是則此矛盾司馬遷無法解決也。復次，五行說本之於鄒衍。鄒衍依此論帝德，首即謂黃帝以「土氣勝」，下來即禹以「木氣勝」，湯以「金氣勝」，文王以「火氣勝」。故漢以土勝，恰亦周而復始也。依此而推，夏禹之前只有一個黃帝，其間更無堯、舜、禹之禪讓；而禹實直接黃帝之運，堯與舜皆屬於黃帝之土德歟？〔註43〕是則司馬遷勢所不能避免窮源溯本，必須作通史的研究也。此

〔註41〕此爲《史記》，卷二十八〈封禪書〉的開端辭，見頁 427 上。

〔註42〕始皇封禪後十三年而亡，儒生、百姓恨其政，皆謠言始皇不得封禪，史遷疑此有可能。詳同上註引書，頁 431 上。

〔註43〕黃帝——夏——殷——周——秦——漢的系統，參同上註引書，頁 430 上。又註 11 所引《呂氏春秋》即本此說。

謂稽天所得，需落實於驗古證今，否則必步鄒衍空言的後塵。

歷史文化的發展，雖說前後有因革，但實際上既有因革者即有不同，所謂「五帝不同樂，三代各異禮」是也，根據上述理論的解釋，歷史文化的改易，是由於受命的政權不同；政權不同則由於天之規律的運轉——時歷不同、運數有異之故。因此欲要探究天之運轉和印證文化的改易，其關鍵即在政權的轉移，此即歷史發展的根本所在，爲了推本而記，故司馬遷在新體裁中特創「本紀」。《呂氏春秋》分爲四時十二紀以記事，《集釋》卷十二〈序意篇〉云：「凡十二紀者，所以紀治亂存亡也，所以知壽夭吉凶也；上揆之天，下驗之地，中審之人。若此，則是非可不可，無所遁矣。」《史記》十二本紀蓋亦本此意，所以〈太史公自序〉說：「王迹所興，原始察終，見盛觀衰，論考之行事，略推三代，錄秦漢，上記軒轅，下至於茲，著十二本紀。」或怪責《史記》之本紀非盡錄帝王者，蓋忽略了司馬遷此史觀之故也。至於八「書」即文化制度所在，他更聲言究此以「略協古今之變」，謂「禮樂損益，律歷改易，兵權、山川、鬼神，天人之際，承敝通變，作八書」云云。其旨可知。

然則何以自黃帝始？這需從若干方面看：首先，諸子學說多託言黃帝，陰陽家即其中之一。其次，黃帝「法天則地」（見〈自序〉），「考定星歷，建立五行」，欲驗證五行說，當自黃帝始。〔註44〕而且，先秦諸國史，淵源似乎多可溯祖於黃帝，較有徵可稽。《史記》卷一〈五帝本紀・太史公曰〉，即對史實的可信性提出意見，不必贅言。另外，司馬遷記述自黃帝始，實蘊含了他的實證史學精神。例如他論述社會經濟，認爲「自高辛氏之前尚矣，靡得而記云，故書道唐、虞之際，詩述殷、周之世，……物盛則衰，時極而轉，一質一文，終始之變也」。〔註45〕又謂「夫神農以前，吾不知已。至若詩、書所述虞、夏以來，……俗之漸民久矣」云云。〔註46〕凡此數因，故司馬遷遂云：「卒述陶、唐以來，至於麟止，自黃帝始。」（〈自序〉），如此命辭遣句，

〔註44〕 始皇三十四年焚書，史官非《秦記》皆燒之，但焚燒各國史並不意謂已根絕各國的歷史意識，夏、殷即杞、宋，皆可溯祖黃帝，秦出於顓頊亦然。其後汲冢出土、而爲司馬遷所未閱的《竹書紀年》，蓋晉、魏之史，可上溯至三代夏殷周。國史所載如此，即他書如《世本》等亦始自黃帝。是則秦雖燒書，史未盡滅，第史料證據大量喪失而已。
〔註45〕 參《史記・平準書》，卷三十，頁 453 上。
〔註46〕 參《史記・貨殖列傳》，卷一二九，頁 1045 上。

其旨可知。

　　據〈五帝本紀〉，黃帝崛起於神農氏世衰之時。他「脩德振兵，治五氣」等，開創其政權。政權的創建，一在脩德征伐，為諸侯所尊；一在能治五行、推歷數、修封禪等，「有土德之瑞」，故號黃帝。表示黃帝乃順天（天意和天律）應民而起，是天意、人事一致的情況下創建。「自黃帝至舜禹皆同姓，而異其國號，以章明德。」是則顓頊、嚳、堯、舜、禹，皆同出一家族，前三帝相繼，後三帝相禪而已。堯、舜、禹禪讓說大體本於孟子，皆有薦天受命之說。不過，據司馬遷之意，五帝同姓，雖薦天受命，國號改易，但他們繼承黃帝土德之數未嘗有改，即〈太史公自序・五帝本紀子序〉所謂「維昔黃帝，法天則地，四聖遵序，各成法度」是也。因此，夏、殷、周、秦本紀，即依鄒衍五行說以推，不必說明其政權以何德而王。

　　需要注意的是，司馬遷取五行說，主要在用以解釋政權的屬性和文化制度的型態。他並非事先已推知運期，以解釋政權的興亡和久暫，對於這方面的問題，他態度顯得甚為謹慎，所以不致流為先設的、機械的命定觀。另外，五行之轉取決於天意，天意之決定與表示，則因於人民的行事，人民的行事則視天子及其統治階層的行事而反應。是以司馬遷論述歷史的發展，不是由先知天意以解釋政權，再依據政權的施行以解釋人民的活動；而是相反的，他據統治者的行事以瞭解其對人民所造成的影響，然後再由人民承此影響所產生的行事反應，對政權的興亡久暫（天意之決定）加以理解及說明。換句話說，他據人文化成的實際情形以論政權，從而進一步推天意。所謂「王跡所興，原始察終，見盛觀衰，論考之行事」者，當即此意。例如他援引三統說評人文化成對政權的關係說：

　　　　夏之政忠。忠之敝，小人以野，故殷人承之以敬。敬之敝，小人以
　　　　鬼，故周人承之以文。文之敝，小人以僿，故救僿莫若以忠。三王之
　　　　道若循環，周而復始。周、秦之間可謂文敝矣，秦政不改，反酷刑
　　　　法，豈不繆乎？故漢興，承敝易變，使人不倦，得天統矣。〔註47〕

忠、敬、文與野、鬼、僿也者，人文化成的精神之綜合表現而已，是由於統治者及人民的行事而發生者，而政權的興亡關鍵在此。是則忠而至野、敬而至鬼、文而至僿，則政權所寄之天命亦以漸去；反之野以變敬、鬼而變文、僿而變忠，則天命即來而政權興。秦承文致之敝而不變易，反而益加推行酷

〔註47〕詳《史記・太史公曰》，卷八，頁122下。

法統治,故天命尋至而速去。漢則變易,使人民安居,故天命遂在。關於天命所在,司馬遷於《史記》卷十六〈秦楚之際月表〉頗論之:

> 太史公讀秦、楚之際,曰:「初作難,發於陳涉。虐戾滅秦,自項氏(羽)。撥亂誅暴,平定海內,卒踐帝祚,成於漢家。五年之間,號令三嬗,自生民以來,未始有受命若斯之亟也!

> 昔虞、夏之興,積善累功數十年,德洽百姓,攝行政事,考之於天,然後在位。湯、武之王,乃由契、后稷修仁行義十餘年,不期而會孟津八百諸侯,猶以為未可,其後乃放弒。秦起襄公,……百有餘載,至始皇乃能並冠帶之倫。以德若彼,用力如此,蓋一統若斯之難也!

> 秦既稱帝,……無尺土之封,墮壞名城,銷鋒鏑,鉏豪傑,維萬世之安。然王跡之興,起於閭巷,合從討伐,軼於三代;鄉秦之禁,適足以資賢者,為驅除難耳!故憤發其所為天下雄,安在無土不王?此乃傳之所謂大聖乎!?豈非天哉!非大聖孰能當此受命而帝者乎!」

是則其意蓋謂虞、夏、殷、周各長期積德,秦則長期蓄力,人民悅樂及臣服,然後始得天命。三代天命之去以漸,是由於其人文化成的精神出現流弊之故,而湯、武認為夏、殷天命尚未全去,不敢遽加放弒,待桀、紂昏亂暴虐滋甚,「自絕於天」,始敢承天而起。〔註48〕秦得天下,承周文致的大弊而更益以刑法,使人民離怨,是天命遽去的原因,運短祚暫即為此。項羽亦以虐戾,〔註49〕故天命不在斯。漢除秦苛法,與民休息,「使人不倦」,故雖無土亦能受命而帝也。

由此可知,司馬遷因欲探究天意——包括意志及規律——以研求歷史的動力和永恆的真理,遂假借實際的歷史發展入手作研究,而不從虛構空言的思辨,又因為了考察全部的天意問題,遂下大魄力以從事通史的研究。他作形上探究的途徑不是由上而下,而是由下而上,因而特重人文的總體發展,

---

〔註48〕 詳參《史記・殷本紀》,卷三,頁28下~29下;〈周本紀〉,卷四,頁36下~38下。

〔註49〕 《史記》批評項羽虐戾之言散見諸篇,即由各別研究證實其如此也。卷七〈項羽本紀・太史公曰〉,稱其起隴畝而位不終,亦頗指責其虐戾,詳頁106上。

創立「書」、「傳」等體例以容納其個體各別研究的成果，目的在透過此而進
窺各政權實際行事的效果反應，據此考論而瞭解政權的興衰實際情況之下，
遂得以窺見數千年政權轉移的脈絡，以驗證天意所在及其運行，創立「本
紀」以究明此天人之際。因此，司馬遷所開創的通史體新史學，實由形上的
玄學探求出發，亦不免帶有此類色彩。但他特重的基本層次不在此，而在人
類的經驗行事，所以新史學的特色仍不失其人文的、經驗的和實證的，甚至
「表」、「書」、「列傳」之部份，神秘的玄學色彩多被洗淨。〔註50〕較諸鄒、
董二子之虛妄，漢代許多經師的怪誕，司馬遷及其新史學顯然極為突出，如
迷霧中之明燈也。《史記》雖記述歷史上不少的災異、圖讖、候緯、占卜諸
事，但多為傳述當時有此現象的記載和說法，如始皇獲「亡秦者胡」、劉邦斬
白蛇等，皆不能代表司馬遷信此為真，只能表示他知道有此事而已。劉知幾
論之云：

> ……夫論成敗者，固當以人事為主。必推命而言，則其理悖矣。……
> 夫推命而論興滅，委運而忘褒貶，以之垂誡，不其惑乎？自茲以後，
> 作者著述，往往而然，……可謂與子長同病者也。〔註51〕

知幾確能指出國史毛病之然者，但未知其所以然者也。他生長於第八世紀，
災異圖讖之學已大衰，目睹武則天偽造符讖的妄詐，故申此論耶？未知他若
生於司馬遷之世，是否猶有此見也？又《史記》載此類事，豈皆盡信之耶？
評史而不能知人，知人而不能論世，缺乏歷史同情與想像，夐夐乎難矣哉。
要之，同為探究天人之際，司馬遷卻於經、子之學外，別闢一新學而為之，
著眼於古今之變，入手於論考行事、稽其因果關係之理，此乃史學所以能自
具特色以成立，為中國學術發展史的重要關鍵也。

〔註50〕 少數「列傳」在推究行事的因果關係，最終無可解釋的情況下，史遷頗歸因
　　　　為天命及陰德報應，如〈魏世家〉之解釋不用信陵君，〈留侯世家〉之不能解
　　　　釋張良可怪之事，〈陳丞相世家〉之傳述陳平的預言，〈伯夷列傳〉之報應觀，
　　　　乃至〈韓世家〉、〈絳侯世家〉、〈白起列傳〉、〈蒙恬列傳〉、〈淮陰侯列傳〉等
　　　　等，皆見此類觀念。不過，史遷對此類天命、報應之說，是頗加懷疑的，並
　　　　未全信，由此而可見其理性的一面。
〔註51〕 參《史通通釋・雜說上》，卷十六，頁462～463。知幾在此頗用假設語氣以作
　　　　責難，如胡亥（或謂「亡秦者胡」之應）若才如桓、文是否必亡等。問題在
　　　　胡亥實際上才不如桓、文，有無此讖皆亡，記載此讖者，乃表示當時有此一
　　　　事而已。像這樣的假設顯然是不當的，史遷也未認為此讖就是注定胡亥必亡，
　　　　〈秦始皇本紀・太史公曰〉可徵。

四、天意史觀的發展與斷代史的關係

自董仲舒而後，以陰陽災異說經已不限於《春秋》，漸至普及其他經傳。漢儒對經術的認識，可透過西元前一世紀中期翼奉之言作瞭解。奉為齊詩學者。齊詩由轅固發源，下傳夏侯始昌、后蒼，以至翼奉、匡衡及蕭望之而大盛。翼奉雖承自轅固——夏侯始昌——后蒼，但亦好律曆陰陽之占。元帝因水災地震而求直言，奉奏封事云：

> 臣聞之於師（后蒼）曰：「天地設位，懸日月，布星辰，分陰陽，定四時，列五行，以視聖人，名之曰『道』。聖人見『道』，然後知王治之象。故畫州土，建君臣，立律曆，陳成敗，以視賢者，名之曰『經』。然後知人道之務，則《詩》、《書》、《易》、《春秋》、《禮》、《樂》是也。《易》有陰陽，《詩》有五際，《春秋》有災異，皆列始終，推得失，考天心，以言王道之安危。」〔註52〕

就此而論，諸經雖然各有專門，但其所追求的目的與所由的途徑，大體相同；即使司馬遷別闢一途，但他本《詩》、《書》、《禮》、《樂》之際以追究天人之際，與此亦無大異。由此觀之，謂經、史同源而協合，蓋亦未大謬。只是經生說經日益玄妙怪誕，竟至淪入讖諱偽詐之術，乃至如王莽時「爭為符命封侯，其不為者相戲曰：『獨無天帝除書乎？』」〔註53〕斯則大弊矣。偏向實證論的史學，勢將不得不與經學分行。然而，經學乃是顯學，自董仲舒始，漢儒之「新經學」即在思想觀念上重大影響「新史學」。司馬遷之開創新史學，並以通史作為研究範疇，前已述之；至於仲舒以後，則更發展出一些新說法，對現實的政治社會發生了重大的影響，直接或間接促成斷代史的產生。試略析論如下：

前述的夏侯始昌是轅固諸弟子中最明《齊詩》者，但他學通五經，《齊詩》而外亦兼專《尚書》和明於陰陽。其《尚書》之學源自家學，出於濟南伏生——張生之系統，以授族子夏侯勝。夏侯勝別從伏生——歐陽生——倪寬——蕭卿系統學得倪寬之學。〔註54〕倪寬與司馬遷等共定《太初曆》，所言

〔註52〕 參《漢書‧翼奉傳》，卷七十五，頁3167～3178。

〔註53〕 參《漢書‧王莽傳》始建國二年（西元10年）冬十二月條，卷九十九中，頁4122。

〔註54〕 詳《漢書‧夏侯始昌傳》（卷七十五，頁3154）；〈夏侯勝傳〉（同卷，頁3155～3159）；〈儒林傳〉（卷八十八，頁3603～3604）。

封禪符瑞諸事最爲武帝信重。他略晚於董仲舒，是將《尚書》之樸學轉變爲災異學的關鍵性人物，下開歐陽、大小夏侯之學者。〔註55〕夏侯勝承此二系，以說災異震動於昭、宣之世，所本即主要爲受自始昌的《尚書》及《洪範五行傳》。《尚書》論洪範五行，實爲仲舒《春秋》傳災異之外的另一大系，對劉向、歆父子影響極大。

　　夏侯勝族弟建，師事勝而又採獲歐陽氏學，遂得專門名家，世稱小夏侯學。小夏侯學傳於張山拊。山拊弟子遂蔓衍成鄭（寬中）、張（無故）、秦（恭）、假（倉）及李氏（尋）諸學。〔註56〕李尋並不僅守師法，獨好洪範災異，又學天文月令陰陽。成帝時以爲漢家有中衰阨會之象，以說輔政將軍王根，頗爲王根所敬重。當時，齊人甘忠可詐造《天官曆》及《包元太平經》，言「漢家逢天地之大終，當更受命於天」，又謂「天帝使眞人赤精子下教我此道」云云。劉向奏其「假鬼神罔上惑眾」，忠可遂下獄病死，其徒夏賀良等亦論罪。但賀良等稍後復私以相教，其說頗與李尋相合。因此，哀帝即位後不久——建平二年（西元前 5 年）——賀良等經由李尋之助，再度提出赤精子之讖，悚動天子視聽。天子爲了「漢國再獲受命之符」，故改元「太初元將」，自號「陳聖劉太平皇帝」，以應天意。月餘後，其事因無徵而罷，哀帝追悔，誅賀良等，李尋亦被流放。〔註57〕姑無論此事件如何，要之，漢朝中阨而當再受命之說，自茲即對政治產生重大影響。《尚書》之大、小夏侯氏學這兩種發展，實宜留意，蓋前者提供了五行學說的另一個思考基礎，後者則對王莽篡漢及光武中興的理論根據發生了啓示性的和指導性的作用，爲班固撰《漢書》欲以究明的對象之一。

　　李尋和甘忠可、夏賀良師徒等人，利用書經及道經製造了中衰、更受命之氣氛，這時另又興起一種漢有三七之阨說。此說初出於學《春秋》的路溫舒。他是昭、宣時人，約晚司馬遷一輩，所習似爲《公羊春秋》，而又從祖父受曆數天文，以爲「漢厄三七之間」，上封以預戒。〔註58〕稍後京房以治《易》崛起，明言《春秋》所記二百四十二年災異，於今（元帝時）盡備，使天子

〔註55〕參《漢書・兒（倪）寬傳》（卷五十八，頁 2628～2633）及本文註22。
〔註56〕夏侯建學自夏侯勝，卻與後者異風相敵。其另一系統的歐陽氏學，則由兒寬傳出。詳同註54〈夏侯勝傳〉（頁 3159）及〈儒林傳〉（頁 3605）。
〔註57〕詳《漢書・李尋傳》，卷七十五，頁 3179～3194；及〈哀帝紀〉建平二年六月與八月條，卷十一，頁 340。
〔註58〕參《漢書・路溫舒傳》，卷五十一，頁 2367～2372。

亦爲之覺得世道已極亂。〔註59〕又稍後之成帝時，谷永繼起；他雖博學五經，實最擅長天官和京氏易，故與京房一樣善言災異。谷永陰託於輔政將軍王鳳，厚結王氏家族，是以敢大膽議論而不致和京房般遇殺身之禍。西元前 15 年（成帝永始二年），有黑龍見於東萊。帝以問永，永之對答，首即明言爲同姓之象，可能有同姓見成帝無子嗣，而欲乘機舉兵崛起。同時，他亦指責成帝云：「漢興九世，百九十餘載，繼體之主七，皆承天順道，遵先祖法度，或以中興，或以治安。至於陛下，獨違道縱欲，……無繼嗣之福，有危亡之憂，積失君道，不合天意，亦已多矣！」基於天子失天意、有同姓欲崛起之解釋，他又於西元前 12 年（元延元年），借災異尤多而進一步奏對，力言國家「不私一姓，明天下乃天下之天下，非一人之天下也」，若失道妄行，逆天暴物，則上天震怒、五星失序，以致災異屢降；此時猶不改悟，則上天必將「更命有德」云云，甚至本路溫舒的預言和京氏易說：

> 夫去惡奪弱，遷命賢聖，天地之常經，百王之所同也。加以功德有厚薄，期質有修短，時世有中季，天道有盛衰：陛下承八世之功業，當陽數之標季，涉三七之節紀，遭〈无妄〉之卦運，直百六之災阸，三難異科，雜然同會。建始元年（西元前 32 年，成帝第一個年號）以來二十載間，群災大異，交錯鋒起，多於《春秋》所書。……內則爲深宮後庭，將有驕臣悍妾、醉酒狂悖卒起之敗；……外則爲諸夏下土，將有樊並、蘇令、陳勝、項梁奮臂之禍。……下有其萌，然後變見於上，可不致慎！〔註60〕

京房將漢政說成極亂，李尋及甘忠可遂有漢室中阸再受命的解釋；谷永則順此而又援入路溫舒的預言，提出三七阸運、无妄之災將至說。是則西元前一世紀後半期，經春秋家、京氏易、小夏侯尚書及方士等聯手，已舖下王莽在三七二百一十年代漢，〔註61〕以至光武更受命中興的歷史解釋。班固評論路

〔註59〕京房治《易》，師事焦延壽，而與尚書令五鹿充宗的易學相非難，故其所言災異盡備，目的在攀倒梁丘易之充宗耳，詳《漢書·京房傳》，卷七十五，頁 3160～3167。又同書〈儒林傳〉，劉向論析易學系統，認爲京氏學實非易學的主流派，實爲異端特起者，詳卷八十八，頁 3601～3602。

〔註60〕此處所言谷永行事及言論，詳《漢書》本傳，卷八十五，頁 3443～3473。

〔註61〕〈路溫舒傳〉注引張晏曰：「三七，二百一十歲也。自漢初至哀帝元年，二百一年也；至平帝崩，二百一十一年也。」（見卷五十一，頁 2372）筆者按：漢高祖正式稱帝在西元前 202 年，王莽代漢在西元 9 年，合爲二一一年，正是三七之數滿的時間。

溫舒及谷永之預言，認爲是見有此預言，「及王莽簒位，欲章代漢之符，著其語焉」。〔註62〕然而何以有此預言？果眞路、谷二人推得天意，天意在此歟？又何以漢有再受命之說，指光武而言歟？此皆棘手之玄言，爲班固所欲究明者。

　　除此而外，春秋經學派的發展更値得注意。路氏之說引起京氏易學者的引用，其說不過只是別子而已，宗子所在，蓋以董仲舒及劉向、歆爲主。

　　仲舒以後，本師說而發揮之特出者，莫如吾丘壽王及睦弘。壽王奉詔從仲舒受《春秋》，史稱其高材通明。西元前 113 年（武帝元鼎四年）十月，武帝東幸汾陰，立后土祠；同年六月，遂得寶鼎於后土祠旁（按：是時仍因秦曆，以十月爲歲首）。群臣賀得周鼎，壽王獨以爲非。召對時，他解釋云：「今漢自高祖繼周，亦昭德顯行，……至於陛下，……功德愈盛，天瑞並至，珍祥畢見。昔秦始皇親出鼎於彭城而不能得，天祚有德而寶鼎自出，此天之所以與漢，乃漢寶，非周寶也。」〔註63〕按：依董子三統說推，秦正十月固不能列於三正之內，故司馬遷遂因此而疑秦朝爲「無其德而用事者」。壽王可說是司馬遷的師兄弟，遷之所疑者，壽王則肯定之。秦不得天命、漢繼周後，此即後來爲班固所本。

　　睦弘字孟，從嬴公受《春秋》，是仲舒再傳弟子。〔註64〕西元前 78 年（昭帝元鳳三年），泰山萊蕪山南有大石自立，是時昌邑有枯社林臥復生，上林苑亦有斷柳臥地而自立生，蟲食其葉以成文字，謂「公孫病已立」云云。睦孟推《春秋》之意，以爲：「石、柳皆陰類，下民之象；泰山者，岱宗之嶽，王者易姓告代之處。今大石自立，僵柳復起，非人力所爲，此當有從匹夫爲天子者。枯社木復生，故廢家公孫氏當復興者也。」他之解說，遂爲新莽、東漢之際的公孫述所引用，是班氏父子所究心者之一。其次，睦孟當時亦不知此當復興之新天子何在，遂進一步解釋云：「先師董仲舒有言，雖有繼體守文之君，不害聖人之受命。漢家堯後，有傳國之運。漢帝宜誰差天下，求索賢

〔註62〕見同上註所引路氏傳頁碼。

〔註63〕詳《漢書・吾丘壽王傳》，卷六十四上，頁 2794～2798。

〔註64〕據《漢書》，卷八十八〈儒林傳〉，仲舒弟子守學而不失師法者，以嬴公爲最。嬴公爲昭帝諫大夫，授孟卿及睦孟，孟卿授疏廣而成《疏氏春秋》。睦孟弟子百餘人，以嚴彭祖及顏安樂爲最，遂成《公羊春秋》顏、嚴之學，顏氏又下開泠（豐）、任（公）之學，是則睦孟實繼仲舒，而爲《公羊春秋》之主流派也。

人，禪以帝位，而退自封百里，如殷、周二王後，以承天命。」〔註65〕眭孟的解釋，是推《公羊春秋》及本三統說而來，爲第一個提出漢室出於堯後及漢家有禪讓命運的人，對王莽乃至曹丕之受漢禪啓示甚鉅。

夏、殷、周爲三統相終始，漢繼周，其前二統即爲殷與周。自仲舒春秋公羊學派和倪寬所傳尚書（今文）學派以降，〔註66〕至梅應兼學《尚書》和《春秋》（穀梁），其說乃定。梅應認爲商湯世絕，三統不通；如此而「絕三統，滅天道」，必將引起「善惡之報，各如其事」，如「今成湯不祀，殷人亡後，陛下繼嗣久微（成帝無子嗣當時爲大問題），殆爲此也。」由是朝廷在西元前8年（綏和元年、成帝崩前一年），決定以孔子之後紹繼殷統，使殷、周、漢之三統不通。不過，當時推證此事者，不全據小夏侯及公羊學，而以《左氏》、《穀梁》、《世本》、《禮記》互相證明。〔註67〕穀、左二學，乃當時新興之學，前者以劉向爲大師，後者以劉歆爲宗主；二人爲當時學術重鎮，曾先後闢破甘忠可、夏賀良及李尋之漢室中阨和再受命說者。

論政治立場，劉向和梅應均治《穀梁》而反王氏家族者，劉歆則治《左傳》而親王莽者，前者爲學意圖尊本以鞏固漢室，後者則意圖托古改制以示更化，竟成王莽之篡。不論如何視之，劉向、歆父子的學術表現，固不甘心於敷陳前儒諸說，而皆欲別創宗風者。

劉向（西元前80～9年）口言黃帝、堯、舜、禹、湯、文、武、周公、仲尼之道，以儒學爲主而兼及諸家，其學實與董仲舒、劉歆一般，皆足以代表漢代學術的風格——雜家爲底、匯宗儒術者也。劉向頗好鬼神、陰陽家之說，遂開闢神仙史研究的新方向，著《列仙傳》。又因家學而好黃老，著《列士傳》，下開高士隱逸歷史之研究。他又倡論道統，遂撰《列女傳》等，振興道德批判之風。究其史學上的影響，自此至唐初，固不下於司馬遷及班固，

〔註65〕此書爲其友人所奏上。時霍光秉政，惡之，下其獄，以「祆言惑眾、大逆不道」罪殺之，詳《漢書》本傳，卷七十五，頁3153～3154。
〔註66〕兒寬傳《尚書》而始談陰陽五行，前面已述。他論五行而以漢爲土，因之與司馬遷等共定《太初曆》，爲漢制正朔。另外，他又論三統之制，認爲殷、周三統已絕而不序，請考四時、順陰陽，定制復紹二統（詳《漢書・律曆志上》，卷二十一上，頁974～975）。小夏侯尚書繼承此說，至翼奉的同門師兄弟匡衡時，認爲漢只存周後而未存殷，三統尚未通，建議求孔子後以繼商湯。當時以爲其語不經，遂寢（詳《漢書・梅應傳》，卷六十七，頁2926～2927）。
〔註67〕詳同上註〈梅應傳〉。

而大於劉歆、揚雄、班彪諸人。〔註68〕關於劉向、歆對天意史觀哲學的發明，大體上言之，皆能確定仲舒的學術地位及其春秋類比法。他們運用這種方法，較仲舒似有過之而無不及。劉向究天意、推災異、論天人之際，所以能超越董仲舒者，在其擅長天文之學，故常「夜觀星宿，或不寢達旦」；亦即他由司馬遷究天之途入手，以印證史實，是以敢肯定「天之去就，豈不昭昭然哉」。〔註69〕基於此，劉向遂能類列災異，推翻仲舒之五行相剋說，而另倡相生說。他推五行之另一源，亦頗來自前述之夏侯尚書學派。其方法及五行說影響劉歆甚大。劉歆治古文，尊《左傳》，對災異所示天意之解釋雖不同於其父，但相生說則無以過之。班固論五行研究的脈絡云：

> 孝武時，夏侯始昌通五經，善推五行傳，以傳族子夏侯勝，下及許
>
> 商，皆以教所賢弟子。其傳與劉向同。唯劉歆傳獨異。〔註70〕

董仲舒而外，夏侯始昌是推五行的另一系統，前已述之。劉向之時，夏侯勝的弟子周堪及蕭望之共同輔助新立的元帝。二人引用劉向及金敞──班彪的外祖，持共同的反外戚政治立場，關係極密切。周堪的弟子許商，撰《五行論曆》，別創大夏侯許氏學，聲勢極大，故劉向不得不受大夏侯尚書的影響。〔註71〕劉向的《洪範五行傳論》一書，殆即承受此影響而自創的成果，不但下啓劉歆，抑且對與劉家關係密切的班氏父子，影響亦大。班固撰《漢書》，特重論五行之此系統，至於為之專立〈五行志〉──為諸志中之最大篇幅者──以論記其事，並述此學之系統云：

> 《易》曰：「天垂象，見吉凶，聖人象之；河出圖，洛出書，聖人則

〔註68〕劉向、歆父子的行事和學術，請詳《漢書》，卷三十六〈楚元王傳〉；錢賓四先生撰《漢劉向、歆父子年譜》，多有發明，臺灣商務印書館，民國69年。

〔註69〕詳同上註之傳，頁1963～1966。

〔註70〕引文參《漢書·五行志》，卷二十七中之上，頁1353。按：卷三十六〈楚元王傳〉云：「向見《尚書·洪範》，箕子為武王陳五行陰陽休咎之應。向乃集上古以來，歷春秋、六國至秦漢，符瑞、災異之記；推迹行事，連傳禍福，著其占驗，此類相從，各有條目，凡十一篇，號曰《洪範五行傳論》。」（詳見頁1949～1950）是則劉向本尚書學入手推論，而非本春秋公羊學者，其書應名《洪範五行傳論》。〈藝文志〉將之歸入尚書類，甚是；但名其書為《五行傳記》，應誤。（見卷三十，頁1705）

〔註71〕望之本學齊詩，與翼奉、匡衡同事后倉，后倉亦曾從夏侯始昌學，望之則又從夏侯勝學，則周、蕭亦得視為夏侯尚書學之系統。詳參《漢書》，卷七十八〈蕭望之傳〉，卷八十八〈儒林傳〉后倉及周堪兩條；四人的政治立場則詳〈蕭望之傳〉及〈楚元王傳〉。

之。」劉歆以爲慮（伏）義氏繼天而王，受《河圖》，則而畫之，八卦是也。禹治洪水，賜《雒書》，法而陳之，〈洪範〉是也。聖人行其道而寶其眞。……

昔殷道弛，文王演《周易》；周道微，孔子述《春秋》。則「乾坤」之陰陽，效「洪範」之咎徵，天人之道，粲然著矣！漢興，……董仲舒治《公羊春秋》，始推陰陽，爲儒者宗。宣、元之後，劉向治《穀梁春秋》，數其禍福，傳（或作傅）以「洪範」，與仲舒錯。至向子歆，治《左氏傳》，其春秋意亦已乖矣，言五行傳又頗不同。

是以攬仲舒，別向、歆，傳載眭孟、夏侯勝、京房、谷永、李尋之徒所陳行事，訖於王莽，舉十二世，以傳《春秋》，著於篇。〔註72〕

五行說原爲陰陽家及五行家所言者，董仲舒援之入《公羊春秋》，至劉向始正式確立其經學上的源頭，將其脈系繫之於《尙書》，而仍從春秋史學作爲論證的根本。此所以班固推崇「劉氏《洪範論》發明大傳，著天人之應」也。〔註73〕劉向、歆之推五行、論災異，散見於《漢書》諸志，尤其〈律曆〉、〈郊祀〉、〈五行〉三志，班固大體本劉氏父子之說而採摘最多者。班固與司馬遷相似之處，在對西漢諸子之言陰陽災異，頗從理性的思考而不之全信；他聲言諸子「納說時君」而有政治目的，又謂其術「不免乎億則屢中」云云，前已述之。然而對三五相包循環說，卻未始不信也。

班固批評第一個推論漢屬土德的賈誼，說「其術固已疏矣」，〔註74〕亦即據劉氏父子之說而作推翻者也。《漢書》卷二十五下〈郊祀志〉云：

漢興之初，庶事草創，……而張蒼據水德，公孫臣、賈誼更以爲土德，卒不能明。……太初改制，而兒寬、司馬遷等猶從臣、誼之言。……

劉向父子以爲「帝出於『震』，故包（伏）義氏始受木德。……自神農、黃帝下歷唐、虞、三代，而漢得火焉。故高祖始起，神母夜號，著赤帝之符，旗章遂赤，自得天統矣。昔共工氏以水德間於木火，與秦同運，非其次序，故皆不永。」由是言之，祖宗之制，蓋有自

〔註72〕 參《漢書·五行志》，卷二十七上，頁1315～1317。
〔註73〕 參《楚元王傳·贊曰》，《漢書》，卷三十六，頁1972～1973。
〔註74〕 參《漢書·賈誼傳·贊曰》，卷四十八，頁2265。

然之應，順時宜矣。

在〈律曆志〉中，論「曆數」部份，又從討論秦水、漢土論起，至推崇劉向的《五紀論》，與劉歆的《三統曆》及《譜》，主張劉歆推法密要，故採述其說。同意劉歆之對「三五相包」解釋和「五行自青始」說。〔註75〕

據此，則劉氏父子發明五行相生的原理，以之與三統相包而交互循環，擯斥共工與秦於正式的統行之外矣。這種學說，性質及方法與陰陽家無以大異，第由當時人的眼光看，相剋及漢屬土說乃是儒家援用陰陽家之說；而劉氏之說則是較為純粹之儒術，即認為五行說本由《易經》及《尚書》引出，是相生關係，而與陰陽家不同。也可以說，劉氏父子所發明的儒家五行說，比較重視落實於歷史印證的層次，以春秋史實作為類比推論的基礎，且由《公羊》而《穀梁》，乃至止於更具史學性質的《左傳》。

天意史觀發展至此階段，則先前所熟習的今文經自難以作為發明的基礎，因而遂經劉歆之手，依托於古文之學。蓋古文經多未普及，尚可依托假借之故也。要假借古文經而立說，則須建立古文經的權威性。劉歆及其後提倡古文經者，尤其《左傳》，皆站在史料及解釋的權威性——即《左傳》為左丘明撰，有魯史作根本，接近孔子而得其真意，為研究《春秋》的第一手史料——上立論。這種第一手史料及第一手解釋之說，古文經學者找到了一個最有力的支持者——司馬遷。他們認為此實證史學宗師，在論述古史時，多徵引《左傳》之說，於《公》、《穀》則較少。〔註76〕就學術角度來說，劉歆的意見是堅強的，這是因為他兼為史學家，是補續《史記》的諸好事者之一的緣故。以《史記》證明古文經的權威性，實為極有效的途徑，因而班固在《漢書・儒林傳》，亦特別提出上古史部份，「遷書載〈堯典〉、〈禹貢〉、〈洪範〉、〈微子〉、〈金縢〉諸篇，多古文說。」〔註77〕由此，《史記》與古文經建立了密切關係，並由此而與新的天意史觀哲學、斷代史學發生了關係。

就上古史部份而言，《史記》也提及伏羲、神農諸說，但基於實證的關係，卻自黃帝述起，建立〈五帝本紀〉。司馬遷並未絕對的否定伏羲以降、神農以前的歷史，只是因證據不足，諸子言之怪誕，故不論述而已。劉歆借此

〔註75〕 參《漢書》，卷二十一上，頁 979～986。

〔註76〕 關於此論點，可詳《漢書》，卷三十六〈楚元王傳〉所載劉歆〈讓太常博士書〉，及《後漢書》，卷三十六〈范升列傳〉與〈陳元列傳〉。

〔註77〕 詳《漢書》，卷八十八，頁 3607。

空隙，利用了〈五帝本紀〉的基本架構，塑造了新的天人之際上古系統。《漢書》卷二十一下〈律曆志・世經〉，大體即本其說；他的假設有三：第一，歷史文化（以政權為準）以伏羲氏始，伏羲氏繼天而王，以木德開始。第二，歷史文化的發展軌跡是呼應五行相生作運轉，至漢則繼周，屬火德。第三，有些一度貌似取得政權者，但其政權只是五行運轉之閏餘，是正統的配襯，以便過渡至下一個正統。〔註78〕據此說，可列出一個新的天人之際週期表，並填滿其空位如下：

運序及閏位	人　間　政　權　呼　應　之　運　序		
木	(1)太皥伏羲氏	(6)帝嚳高辛氏	(11)周
閏餘	(1')共工氏	(6')帝摯	(11')秦
火	(1)炎帝神農氏	(7)帝堯陶唐氏	(12)漢
土	(1)黃帝軒轅氏	(8)帝舜有虞氏	
金	(1)少皥金天氏	(9)伯禹夏后氏	
水	(1)顓頊高陽氏	(10)殷	

此週期表實為非常大膽的、唯心的假設。但是，以劉歆的天份和功力、王莽的政治意識、古文經未普及昌明，乃至劉歆的學術地位，居然使之成立了（他對為何如此排列實有解釋）。非但班固因之認為上古史研究已大明備，不再從事研究，而劃斷代為史；抑且二千年來，亦幾已成確定之論。

對於班固來說，司馬遷因文獻不足而略述上古史，劉歆則據後出的文獻補足上古系統，在無新證之下，上古實在已無法研究；而且劉歆相生說另成系統，並據以發明古史系統，不易推翻也。因而他的著眼點遂落在當代一德之研究上面。當代研究最大的問題在：第一，秦為何非天意而不繼周？漢為何承天而繼周？漢之德運屬土耶，屬火耶？第二，王莽一度建政，改革制度文化，是否應屬一德？若是，則據此週期表，其或繼漢者，雖百世可知也，當屬土德，若否，則王莽政權安置何所？光武中興依何天意？有何意義？凡此諸問題，皆足以使班固作當代研究，「潛精積思二十餘年」的了。〔註79〕

班固的研究，有數事值得注意：第一，班固撰《漢書》的同時，又奉詔修撰〈世祖（光武）本紀〉，及功臣、平林、新市、公孫述事，作成列傳、載

〔註78〕參《漢書》，卷二十一下，頁 1011～1024。
〔註79〕范曄之語。見《後漢書・班彪列傳》，卷四十上，頁 1334。

記二十八篇。〔註80〕這是《東觀漢記》的開始，也是班固作最當代的研究。他論載西、東漢之間的群雄，必然接觸到天命之去就之事（當時群雄亦頗托言天命所在者），而他撰《漢書》目的既在包舉有漢一代，則必亦論及此事，而一併作探究。第二，班固自有家學淵源，是以班彪的思想實須留意。第三，劉歆之說當時是顯學，他設定劉氏屬火的證據何在？與現實政治關係何在？此亦為班固不得不注意者。

首先由漢屬火德而言，劉向即謂「漢帝本系，出自唐帝；降及於周，在秦作劉」。劉氏出於唐堯，此說五經家皆無以論證，獨《左傳》有明文。劉歆提倡《左傳》動機之一即在此，而西元 75 年（章帝建初元年），班固的同僚──傳授劉歆左氏學而自成賈氏顯學的賈逵，亦堅持此說。〔註81〕亦即是說，眭孟及劉向發明漢為堯後（司馬遷《史記》所不言者），堯屬火，故漢即應屬火，此證據五經家所不能明，而劉歆卻發現《左傳》有此明文，可證其父之說（不論是否歆之偽造）。是則要將《左傳》權威化，則需建立古文經的地位；要建立其學術地位，則需假借《史記》的權威。《史記》明載黃帝為土德，軒轅氏既稱黃帝，土尚黃，此固不能改者。《史記》並未明言三代屬性，三代以還，乃本陰陽家及賈誼說以推得者，此則可加改動矣。另外，除《史記》載黃帝屬土不能改者外，《左傳》謂漢為堯後，俱屬火德亦不能改動，這是兩個基準。劉歆即在黃帝之土與漢室之火之間，上下其手而作成上述古史週期系統。這個據古文經所產生的系統，尋即為王莽所認同。劉歆以古文建立學說，王莽因之而托古改制，此為班固所甚清楚者。〔註82〕劉歆之能成為新莽的國師，司馬遷之後為新莽封為「史通子」，除了學術因素之外，應尚有此政治因

〔註80〕詳同上註。
〔註81〕劉向頌高祖本系，參《漢書·高帝紀·贊曰》所引，卷一下，頁81～82。賈逵乃賈誼九世孫，其父徽，從劉歆受《左傳》，傳之其子，遂成左傳賈氏學，章帝好古學，建初元年召之入講，使發《左傳》大義長於二傳者，逵於是具條奏之。其中即力言《左傳》與圖讖合，「五經家皆無以證圖讖、明劉氏為堯後者，而《左氏》獨有明文」；堯屬火德，故漢亦德火，否則五經家言不能發揮此事，「如令堯不得為火，則漢不得為赤矣」云云。詳《後漢書》本傳，卷三十六，頁1237。至於《左傳》的所謂「明文」，據疑古派的意見，是指劉歆在《左傳》插入陶唐氏後裔劉累，為夏王孔甲養龍之說等三段史料，詳同註37顧書，頁92～93。秦龍氏之記載見《春秋經傳集解》昭公二十九年條，卷二十六，頁229上～下。
〔註82〕劉歆以古文經幫助王莽托古改制，《漢書·食貨志》即有明述，詳卷二十四下，頁1179。

素也。漢爲堯後屬火，王莽因之，遂自謂王氏爲舜後，屬土。據劉氏父子新說，土爲火所生；據眭孟之說，「漢家堯後，有傳國之運」；併此前漢室中陁之說、三七之阨說等，王莽由是大捧劉歆之古文經學，而終成假禪而篡之局。關於此現實政治的問題，班固在〈王莽傳〉實已作了說明。

其次，光武帝一者相信圖讖災異之說，一者又假借劉歆、王莽所發起的理論，於是乘勢推波，立神道以設教，借圖讖以成事，於西元 25 年（建武元年）即位告天，祝詞中即引讖記以表明「皇天大命，不可稽留」。翌年，或基於長安的殘破（殘破並非不可重建），或基於翼奉的遷都更始說，〔註83〕遂建都洛陽，「始正火德，色尙赤」。〔註84〕劉向、歆父子的新說，前爲新朝所採用，後爲東漢所正式承認，而此段歷史，正是班固執筆所書者。尋光武帝承認劉氏新說，不推翻仇敵建政的理論根據者，一爲利用他們已製造好的意識型態，一爲確立前漢爲火德，東漢因之，表示火德未嘗亡滅失運，相對的表示新莽未嘗得運——無其德而用事者——而興起也，爲排斥新莽於閏餘舖好了理論根據，以子之矛攻子之盾而已。光武爲厭惡反圖讖論的皇帝。反圖讖的理性主義者，或有幾遭逼害者。〔註85〕殷鑒不遠，官方之意識及學術斯在，班固豈敢不論火德而擯莽，由此史觀出發而作研究耶？

王莽之末，群雄並起，各稱說天命，傅會西漢諸子之災異說，以圖自立。當此之時，天命之去就未易明也。《漢書》卷一○○上〈敘傳〉，特別自敘其班氏先世與劉向、歆及揚雄之歷史關係，繼而說明班彪的性格與思想，實則表示班彪爲人學揚雄，而論五行學說則宗劉氏父子，蓋有淵源也。隗囂割據隴域，問班彪興運所在？班彪答以劉氏復興，而囂謂其說疏矣。彪因而著〈王命論〉，暢論漢高祖之興起有五，主張應天順民、符瑞並起，天授大命而非人力之說；又云：「劉氏承堯之祚，氏族之世，著乎《春秋》（當指《左傳》）。唐據火德，而漢紹之。始起沛澤，則神母夜號，以章赤帝之符。」是則此政權天命說，中興再受命說，劉氏堯後屬火德說，固爲班彪所信仰，而爲其子

〔註83〕翼奉曾建議元帝「因天變而徙都，所謂與天下更始者也」。詳《漢書》本傳，卷七十五，頁 3175～3177。

〔註84〕詳《後漢書》，卷一上〈光武帝紀〉，建武二年以前諸記載。

〔註85〕當時著名的大學者如桓譚（見《後漢書》本傳，卷二十八上，頁 961）、鄭興（同書卷三十六，頁 1223）、尹敏（同書卷七十九上，頁 2558）、薛漢（同書卷七十九下，頁 2573）等，皆以類似「非聖無法」（指反圖讖）的罪名幾或獲罪或重懲。

所瞭解者，而主源則本於劉向、歆父子。由此言之，班固相信此類說法，以此作爲撰述《漢書》的指導，一者蓋由於官方意識所限，另一者則本其家學及當時顯學之影響啓示也。

筆者讀班固早年的一篇大文——〈兩都賦〉，注意到其內發揮的「王莽作逆，漢祚中缺」，而莽使民亡神絕，人民「號而上愬」，導致上帝降命光武，令其「天地革命」，更造文化制度之觀念。這個觀念亦即承認群雄競爭之中，光武獨得曆數，正式興行火德，爲眞命天子。又讀其爲述漢德而作的〈典引〉，知其主張漢爲堯後，受命「承三季之荒末」；高祖、光武二聖「時至氣動，乃龍見淵躍」，「蓋以膺當天之正統，受克讓之歸運，蓄炎上之烈精，蘊孔佐之弘陳。」〔註86〕此皆可從前述西漢諸子，尋得其思想的淵源者也。班固創作《漢書》斷代之史，正爲根究這些觀念而來，其〈兩都賦〉特別強調云：

> 今論者但知誦虞、夏之書，詠殷、周之詩，講義、文之《易》，論孔氏之《春秋》，罕能精古今之清濁，究漢德之所由。唯子頗識舊典，又徒馳騁乎末流；溫故知新已難，而知德者鮮矣！

此賦雖假賓主酬答的型式以成，但索玩文意，蓋亦班固之自況。這段文字表達的，正是班固批評經生但知讀經說傳，卻對當代一德的興衰，了無所識——所謂知古而不通今也。而他所欲努力的方向，於此則已聲言要「究漢德之所由」矣。

《漢書》下限，至東漢中興初期而止，實際上並未嚴格地止於「王莽之誅」。這個原因主要是因爲統治者自認漢室未嘗亡也。光武帝〈與公孫述書〉暢論圖讖天命，聲言「吾自繼祖而興，不稱受命」，即足以代表。〔註87〕班固據歷史研究，亦同意此說，故〈王莽傳〉指莽乘時竊位，不過只是「非命之運」，「餘分閏位」而已。梅應三統說將秦擯出正統之列，即已提供給他一個良好的先例及理論基礎。然而漢室何以中缺、中微？其後又何以中興？天意究竟如何？此正班固研究重點之一。

至於上限，〈志〉之部份往往自上古述起者，實爲他要透過歷史文化的發展，追究天之規律運轉的軌程所在，與前述司馬遷特撰〈書〉、〈表〉的原因

〔註86〕前賦見《後漢書‧班彪列傳》，卷四十上，頁 1335、卷四十下，頁 1373。後賦見下卷，頁 1375～1385。

〔註87〕詳嚴校《全後漢文》，卷二，頁 8A～B。

相當也。值得注意的是，依據班固的解釋，周享祚八百餘年，「數極德盡」，「用天年終」。海內虛位無主三十餘年，造成漢因「勢」「受命」而興。〔註88〕所謂「受命」者，即天意的決定；所謂「勢」，當指木（周）生火（漢）之力也。漢非直接剋周，蓋周用天年漸終而生火之意也。所以《漢書‧敘傳》認為「漢紹堯運，以建帝業」，對司馬遷將之「編於百王之末，廁於秦、項之列」，頗有批評。他自謂斷漢為書，「綜其行事，旁貫五經，上下洽通，為春秋考」者，實即謂欲透過經術所論上述等各種說法，以及綜合一代行事史實，以作通徹的考論而已，目的在驗證漢德火行之所由。前引他綜評董仲舒以下諸子災異學為猜臆一段文字中，即申明《春秋》「通合天人之道」，此處之「上下洽通，為春秋考」者，當涵此意，亦即驗古證今，究通天人之際之謂也。論斷代史之所由起，於此不宜不明。是則新史學的創興，若謂是為了迎接天人之際研究的時代新思潮而出現——即新思潮產生新學術，就上述角度而言，亦應可以成立而備一說也。

〔註88〕詳《漢書》，卷十三〈異姓諸侯王表〉及卷十四〈諸侯王表〉。

第四章　新史學的發展（下）
——由實證而實錄：方法論的確立

一、歷史知識眞實的價值

　　八世紀初期，劉知幾撰《史通》，特立〈古今正史篇〉，實爲中國最早而有系統的史學史著作。他論述司馬遷以前的史學發展，由《三墳》、《五典》、《尚書》、《春秋》，以至於陸賈的《楚漢春秋》，其間頗值注意者有兩點：第一，他突出了史學的實證主義精神，援引司馬遷和班固之言，直指堯以前之史多無徵可信，「後來諸子，廣造可說；其語不經，其書非聖」。第二，他對早期的「正史」，並無嚴格的界定，故諸體兼述、經傳齊論，似乎有意將其前面所論的「六家」，籠統地一併劃爲正史，而爲其後來專就「二體」以論《史記》以下諸正史不同，當有矛盾之嫌。〔註1〕

　　本文第二章曾討論司馬遷自述其所開創的新學術，辨明其新史學的目的、對象、性質和方法，乃至指出經、史之分野所在。實證主義是新史學的重要特徵，與今文經的玄想和附會、演繹和類比不同。此特徵不自司馬遷始，但因司馬遷而顯，廣受新史學運動期間諸學者所重視。劉知幾開章即突出此特徵，可謂對史學之所以成立，已具慧眼深識。然而關於第二點，劉知幾曾有論述云：

　　　　當周室微弱，諸侯力爭，孔子應聘不遇，自衛而歸，乃與魯君子左
　　　　丘明觀書於太史氏，因魯史記而作《春秋》：上遵周公遺制，下明將

〔註 1〕 參《史通通釋》，卷十二，頁 329～336。

來之法；自隱及哀，十二公行事。經成，以授弟子。弟子退而異言。丘明恐失其眞，故論本事而爲傳，明夫子不以空言說經也。《春秋》所貶當世君臣，其事實皆形於傳，故隱其書而不宣，所以免時難也。

及末世，口說流行，故有《公羊》、《穀梁》、《鄒》、《夾》之傳。……平帝初，立《左氏》。逮於後漢，儒者數廷毀之。會博士李封卒，遂不復補。和帝元興十一年，鄭興父子奏請重立於學官。至魏、晉，其書漸行，而二傳（《公羊》及《穀梁》）亦廢。〔註2〕

是則劉知幾對孔子作《春秋》與丘明論《左傳》，其說與司馬遷略同，並能明指《春秋》是經，《左氏》爲傳經之傳，且牽入漢代古、今文經的糾紛。不過，司馬遷力言《春秋》及《左傳》是「空文」，與其所開之學術不同，此旨普爲新史學諸子所瞭解，而劉知幾卻似未能理會，事出甚奇。如此，恐知幾另有所措意。知幾尋又論云：

漢獻帝以固書（班固《漢書》）文煩難省，乃召侍中荀悅，依《左氏傳》體，刪爲《漢紀》三十篇。……其言簡要，亦與紀傳並行。〔註3〕

由此推知，知幾特將經學之《春秋》和《左傳》列入正史而論述，實因牽於體裁而捨其性質也。〔註4〕殊不知司馬遷撰《史記》以來，至三世紀末葉汲冢竹書出，紀傳體的新史學獨擅勝場，籠罩史界，而編年體的「古史」，則幾至淪沒無識之者，荀悅之依《左傳》體而刪約《漢書》，其初意不在復興古史。事實上，獻帝和荀悅的基本意思，只是就《漢書》本紀而擴充，將中興以前史事融入其內，因而使前漢史事之脈絡大趨，得以一目瞭然罷了。史稱《漢紀》三十篇「辭約事詳，論辨多美」。〔註5〕前句實在只能解釋爲它是《漢書》本紀的充實篇，事雖詳於《漢書》本紀，但不會詳於《漢書》全書。荀悅本人也自認爲其書乃「抄錄《漢書》，略舉其要，……約集舊書，撮序表志，揔爲帝紀」之作；聲言其書是以省約《漢書》爲務，用之「以副本書，以爲

〔註2〕 同上註，頁333～334。
〔註3〕 同上註，頁339。
〔註4〕 《史通》有〈二體篇〉，專論左傳所代表的編年體和史記所代表的紀傳體，有關知幾的二體論，請參第十章第五節。他在這裡，顯然是爲了論述正史的發展，又遷就了後來的史學分類觀念，故將《春秋》經和《左傳》引入，以明古史淵源，及《漢紀》之所本。
〔註5〕 見《後漢書‧荀淑列傳（悅附）》，卷六，臺北：鼎文書局標點本，頁2062。

要紀」，〔註6〕初無意於與紀傳體的《漢書》並行競輝，如後世的古、今正史之爭。〔註7〕《漢紀》的刪述成書，乃是新史學運動期間最顯著而惟一的編年體裁著作，荀悅在此書中自有其理想與目的，但他的出發點不是因爲重新認識古史而欲復興之，這是可以肯定的。〔註8〕知幾說它「亦與紀傳並行」，乃是執汲冢發現以後的史學發展而言，應未得當時之實。

筆者在此論證劉知幾之言，目的是要澄清新史學運動期間的發展眞貌，以作爲下面討論的基本。這時期的眞正情況是：經學與史學經司馬遷而逐漸分流，《春秋》經傳不被時人完全視爲古代史學的著作，而編年的古史體裁因新史學的籠罩盛行，幾至掩沒不明。相反的，司馬遷撰述《史記》以來，元、成之間（西元前48～7年）有褚少孫的補作以繼起，稍後劉向、歆父子，及馮商、衛衡、揚雄、史岑、梁審、肆仁、晉馮、段肅、金丹、馮衍、韋融、蕭奮、劉恂、班彪等諸好事者又繼起補續，至班固踏著此前人的成績而改創成功，轉引出政府官修、東觀諸臣繼踊《漢書》之舉，一改前此補續對象爲《史記》的趨勢，降至三世紀後期巴蜀學派的陳壽撰成《三國志》而止，新史學於此期間前接後繼，波濤壯闊，不僅紀傳體因而確立，最重要的是新學術即因而大明。

筆者在這裡借用「實證主義」此名詞，並無意完全套用其在西方哲學上所蘊涵的各種意義。筆者的目的，僅在借用此主義的某些主要特徵，用以解釋新史學運動的發展罷了。這些特徵包括了：歷史知識的成立、史家對事實的重視與研究、及其理解的方式。大體上，就歷史事實研究及撰述的效果言之，此即本書所謂的「實錄」，強調歷史研述必須臻此境界諸理念，筆者姑名之爲「實錄主義」；若就其研述方法論而言，此即「實證」，探究此方法之諸種理念原則，則姑名之爲「實證主義」。〈序論〉所論史公的網、考、稽三段法，乃新史學的基本方法，本章由此出發，以論其他。

〔註6〕詳〈漢紀序〉及《漢紀》，卷一之小序，上海商務印書館四部叢刊初編，縮印明刊本，頁3上～下、4上。

〔註7〕請詳第十章三、四節。

〔註8〕《漢紀》全書共七萬二千四百三十二字（王芬部份佔一萬字），他是摹做《春秋》經傳之作，因而除了述災異、典五志之外，斷限也恰爲二百四十二年，與《春秋》經同。關於他的意旨，可詳其《漢記》之序，本文稍後尚有討論。又荀悅在建安三年（西元198年）奉詔刪撰，據其序自述，時任「給事中秘書監」，與劉知幾異；而《後漢書》本傳則謂其「累遷秘書監、侍中」，知幾蓋本此。

　　歷史知識能夠成立，先秦時代大體即有此共識，司馬遷的新史學對此發揮尤鉅，此可由新史學運動期間時人對其評價可知之。

　　司馬遷〈報任少卿書〉成於西元前 91 年（武帝征和二年）左右。據此書所言，《史記》此時固已完成，前後費時約十八年之久，〔註9〕故班固稱說「斯以勤矣」。〔註10〕據桓譚之言，司馬遷書成後出示於東方朔，朔爲之平定，署名爲《太史公》。〔註11〕然而〈太史公自序〉云：「……凡百三十篇，五十二萬六千五百字，《太史公》書序，略以拾遺補藝，成一家之言。……」此書法與其師孔安國的〈尚書序〉相似，表示《史記》原名爲《太史公》，是司馬遷所自取，東方朔爲之署字而已。〔註12〕如此說來，《太史公》書在司馬遷生前

〔註9〕趙翼《二十二史箚記・司馬遷作史年歲》謂任安坐罪下獄在征和二年，此時書已成，前後研撰時間共十八年之久，甚是。但又云「況安死後，遷尚未亡，必更有刪訂改削之功。蓋書之成，凡二十餘年也。」此則未悉何據？（臺北：世界書局，民國 60 年 5 月六版，卷一，頁 1）王國維〈太史公繫年考略〉，謂〈報任少卿書〉成於太始四年（西元前 93 年），鄭鶴聲詳論《史記》，二說俱引，而未論斷之，且所引趙翼言亦多斷章省略（見下引文頁 147）。王說、趙說孰是，終究不明。筆者按：褚少孫補《史記》，於〈田叔列傳〉末，對田叔之子田仁及任安，皆有補述，二人皆史遷之友也。據褚氏之言，田仁和任安皆因征和二年戾太子蠱禍事件下獄死，故趙說爲是，〈報任少卿書〉當在此年左右完成（《史記》，卷一○四，頁 888 上～889 下）。又：王說史遷在元封三年（西元前 108 年）爲太史令，趙說在二年，王說較合。是則由元封三年至征和二年止，《史記》成書起碼歷時十八年。鄭氏之〈太史公司馬遷之史學〉一文，收入杜維運等編《中國史學史論文選集一》，頁 138～212。

〔註10〕《漢書・司馬遷傳・贊曰》，卷六十二，頁 2737。

〔註11〕《史記》原名爲《太史公》，據桓譚（西元前一世紀末～西元後一世紀中期）云是出於東方朔的題署，此爲唐司馬貞《史記索隱》之說。但司馬貞自己即對此懷疑，以爲「太史公」三字恐爲司馬遷尊其父的稱謂，或是遷外孫楊惲對遷的尊稱（參〈太史公自序〉注，卷一三○，頁 1065 下）。然而司馬貞又在〈孝武本紀〉索隱「太史公」一詞，再加論證，以與裴駰的《集解》相對（參卷十二，頁 146 注），是則《史記》原名未能確也。

〔註12〕孔安國傳古文《尚書》，司馬遷從之學，《史記》即多處徵引古文《尚書》。孔安國編訂古文《尚書》而爲之序，其事在戾太子蠱禍之後，與《史記》成書約略同時。其〈尚書序〉略云：「……先君孔子，……討論墳典，斷自唐虞以下，訖於周，……典謨訓誥誓命之文，凡百篇。……及秦始皇滅先王典籍，……漢至龍興，……伏生年過九十，失其本經，口以傳授，裁二十餘篇，以其上古之書，謂之《尚書》。……至魯恭王，……得先人所藏古文虞夏商周之書，……增多伏生二十五篇。（今加編訂）並序凡五十九篇，爲四十六卷。其餘錯亂磨滅，不可復知，悉上送官，藏之書府，以待能者。承詔爲五十九篇作傳，於是研精覃思，博考經籍，採摭群言，以立訓傳，……庶幾有補於將來。書序。序所以爲作者之意，昭然義見，宜相附近。……」（詳嚴可均校輯《全上古三

即已完成，並且曾宣示出來給別人看，是則其後該書有闕佚，殆與司馬遷本人無關，而桑弘羊在《鹽鐵論・毀學篇》稱引「司馬子」之言，亦未表示他是最早閱讀此書者。〔註 13〕但是，司馬遷可能死後不久，其著作中的某些意見，即在震動中國史的鹽鐵論大辯論會議中，為主角之一、握有實權的桑弘羊所稱引，顯示了此書成書之約略同時，即已產生了影響力，為他人所重視。〔註 14〕

不過，桑弘羊絕不是最早接受《太史公》書的影響力者，最早對《太史公》書產生強烈的反應者，也不是東方朔，而應是漢武帝。裴駰《集解》引衛宏《漢舊儀》注曰：「司馬遷作〈景帝本紀〉，極言其短及武帝過。武帝怒而削去之。後坐舉李陵，陵降匈奴，故下遷蠶室，有怨言，下獄死。」司馬遷如何死，容後論，要之衛宏乃東、西漢之間的古文經學家，所撰《漢書舊儀》四篇，目的在記載西京雜事，似出於記述國史異聞以備國史採用的意識，其言未可盡信。〔註 15〕《太史公》書有闕佚，自西元前一世紀中期褚少孫補

代秦漢三國六朝文》的《全漢文》，卷十三，頁 6A～7B；以下引此書，將用簡稱《嚴校全×文》。日本・京都：中文出版社，1972 年 7 月初版）。古文《尚書》諸篇各有序，此序實為總序，與正文所引〈太史公自序〉此段〈子序〉意義相當。司馬遷「為《太史公》書序」，此序略以用作甚麼用意，其書法正與孔安國為訓傳「書序。序所以為作者之意」相類似。是以司馬遷之文，宜作「為《太史公》。書序，略以……」，不宜斷句為「《太史公書》序，略以……」。是則司馬遷早已自稱其書為《太史公》，後人稱之為《太史公書》或《太史公記》，猶之如司馬遷在〈孟荀列傳〉稱「余讀《孟子書》」也。古人常以姓名或官職名書，《漢書・藝文志》多有證據。該志即云：「《太史公》百三十篇」，「馮商所續《太史公》七篇」（見卷三十，頁 1714～1715 並注）。班彪弟子王充，在其《論衡》一書中，一再聲稱「班叔皮續《太史公》書」（臺北：世界書局，民國 44 年 11 月臺一版）表示《史記》原名實為《太史公》，而為司馬遷自己所命名。

〔註 13〕　《史記》十篇有錄無書，世多疑之，甚者有人懷疑其書尚未完成即遷已逝世。據本文所引證，則此說殆不得真。司馬遷卒年不詳，或謂武帝末，或謂昭帝初。至於桑弘羊在始元六年（前 81 年）──昭帝即位七年──的財經大辯論中，引司馬遷的說法云：「司馬子言：『天下穰穰，皆為利往。』」徐復觀先生認為是《史記》在史公死後已開始流行」云云（參〈論史記〉，頁 118 並注），可能亦未必得實。蓋該書在司馬遷生前即已宣示也。桑弘羊所引之言，見於《史記・貨殖列傳》，卷一二九，頁 1045 下。

〔註 14〕　《史記》文句在羅布淖爾木簡可見，即約在宣帝以降的西漢，《史記》已為邊吏所知，參陳直《史記新證・匈奴列傳第五十》，收入《史記會注考證》，臺北：洪氏出版社，民國 74 年 9 月，頁 1514。

〔註 15〕　衛宏在《後漢書》有傳，其所撰《漢舊儀》的目的，均詳卷七十九下，頁 2575

續及劉向父子校書以來，即已如此，故《漢書・藝文志》注明其書十篇有錄無書。衛宏之目的，是爲景、武兩本紀的闕佚，備存一說罷了。三世紀前期，大經學家王肅某次與魏明帝談論漢事，其談話如下：

> 帝又問：「司馬遷以受刑之故，內懷隱切，著《史記》非貶孝武，令人切齒！」

> 對曰：「司馬遷記事，不虛美、不隱惡，劉向、揚雄服其善敘事，有良史之才，謂之實錄。漢武帝聞其述《史記》，取孝景及己本紀覽之，於是大怒，削而投之，於今此兩紀有錄無書。後（司馬遷）遭李陵事，遂下遷蠶室。此爲隱切在孝武，而不在於史遷也。」〔註16〕

王肅的意見，一者本於劉向、揚雄及班氏父子的說法，一者即取衛宏的雜說。是則《漢書》作者班固，對此流傳的武帝怒削兩本紀說法，何以在〈司馬遷傳〉竟然不一提？竊意其因可能有三：第一，衛宏之說頗雜亂，其言司馬遷之死尤不便輕信，故以嚴謹的態度以疑則傳疑。第二，他因時諱不便說明。第三，他有意掩飾君主惡。欲究其因，則應從班固評論司馬遷的意見入手，他說：

> 烏呼！以遷之博物洽聞，而不能以知自全；既陷極刑，幽而發憤，書亦信矣。迹其所以自傷悼，小雅巷伯之倫。夫唯大雅「既明且哲，能保其身」，難矣哉！〔註17〕

尋班固之意，實未以衛宏謂司馬遷宮刑之後，復又坐怨言下獄死爲眞實。他只將司馬遷的發憤比作巷伯閹官之遇讒而詩，且譏其不能明哲保身而已。班固對司馬遷的評論，影響來自二源：第一，其父批評司馬遷價值觀念不當，而且是「大敝傷道，所以遇極刑之咎也」。〔註18〕第二，來自漢明帝的意見。此事見於班固所作〈典引〉一文，其序云：

> 臣固言：永平十七年（西元74年），臣與賈逵、傅毅、杜矩、展隆、

〜2576。同卷〈謝該傳〉亦稱孔融在建安間上書力稱「光武中興，……范升、衛宏脩述舊業」（頁2584）。引文見《史記・太史公自序》注，卷一三〇，頁1065。筆者按：引文原作「衛宏漢書舊儀注曰」云云，應是《漢舊儀》之誤。

〔註16〕 見《三國志・王朗傳（子肅附）》，卷十三，臺北：鼎文書局標點本，頁418。
〔註17〕 參《漢書・司馬遷傳》，卷六十二，頁2738。
〔註18〕 引文見《後漢書・班彪列傳》，卷四十上，頁1325。關於班彪的道德批評，下節尚有討論，此不贅評。

郗萌等召詣雲龍門。小黃門趙宣持〈秦始皇帝本紀〉問臣等曰：「太史遷下贊語中，寧有非耶？」

臣對：「此贊賈誼〈過秦篇〉云：『向使子嬰有庸主之才，僅得中佐，秦之社稷未宜絕也。』此言非是。」

即召臣入問：「本聞此論非邪？將見問意開寤邪？」臣具對素聞知狀。詔因曰：「司馬遷著書，成一家之言，揚名後世。至以身陷刑之故，反微文刺譏，貶損當世，非誼士也！司馬相如洿行無節，但有浮華之辭，不周于用。至于疾病而遺忠，主上求取其書，竟得頌述功德，言封禪事，忠臣之效也！至是賢遷遠矣！」〔註19〕

〈典引〉是一篇帶序之賦，全文所述，表示了明帝曾讀《史記》，亦頗知司馬遷其人。他既認為司馬遷因極刑而為刺譏貶損，非義士也，則「常伏刻誦聖論」，捧明帝「雖仲尼之因史見意亦無以加」的班固，又何敢異言？班固在此文力稱漢德「唐哉皇哉！皇哉唐哉！」又順明帝之意再撰〈秦紀論〉，充份表示了他的刻意阿諛取容。〔註20〕也就難怪傅玄批評他「論國體，則飾主闕而抑忠臣。敘世教，則貴取容而賤直節」了。〔註21〕如此可知，班固不提武帝怒削兩本紀之事，上述三種原因均有可能，而以第二和第三種可能性較大，亦即有意取容避忌及飾主之闕也，故他譏嘲司馬遷不能明哲保身，是可以想知的。

　　漢武帝怒削兩本紀，此事件本身固有一定的意義。但是，此事件所蘊涵的意義，最大者不應在政治壓力方面，而應是此事反映了史學的性質及歷史知識之所以能成立和被重視。

　　根據衛宏之言，武帝怒削本紀，是由於〈孝景本紀〉和〈今上（指武帝）

〔註19〕　該文見嚴校《全後漢文》，卷二十六，頁 6A～B。
〔註20〕　引文出自〈典引〉之序及賦辭。〈秦紀論〉見《史記・秦始皇本紀》之末（卷六，頁 89 下～90 下），顯為後人取其說以附之，可證今本《史記》，補續者非僅褚少孫一人而已。該論乃是推衍明帝之意，對賈誼和司馬遷之論秦的興亡加以批評。筆者案：司馬遷徵引賈誼著名的〈過秦論〉以作為其自己的〈太史公曰〉，表示遷甚同誼的意見。但二人批評的對象為二世皇帝而非子嬰，且假設二世能任忠賢而改革舊政，始克有救。明帝則誤會子嬰得中佐則社稷未宜絕，顯示他讀書疏略。班固是研究漢史的大家，居然順此誤會而在此二文申論，則班固的意識心態，可得而推知也。
〔註21〕　參嚴校《全晉文》，卷四十九，頁 8B。關於班固的史學，下文尚有討論，此不贅評。

本紀〉中，司馬遷「極言其短」及過失。筆者認爲，最值得思考注意者，乃是司馬遷之「極言短過」，武帝的反應卻僅止於怒和削之而已；他一方面沒有指責司馬遷「誹謗」，另一方面也沒有因此而即時懲罰他，更重要者他沒有禁毀了《史記》此書。這三種反應，不但表現了武帝的氣量和識見終究非一般君主可比，兼且也表現了司馬遷的著作實是一部「實錄」——是一部客觀論述史實的歷史知識。茲試就此再稍作論述。

　　《史記》不僅景、武兩紀極言二帝的短過而已，全書實對劉邦以來各人物行事及政策得失皆有所批評或不滿。武帝不因此而施加即時懲罰，乃是世所熟知之事。他也沒有禁毀此書。相反的，他對司馬遷的才學表示了肯定的意思，例如任用司馬遷爲中書令；又曾要恃才傲物的東方朔，與司馬遷等人作自我比較，聲言「方今公孫丞相（弘）、兒大夫（寬）、董仲舒、夏侯始昌、司馬相如、……司馬遷之倫，皆辯知閎達，溢于文辭」云云。〔註22〕司馬遷固然習經，也是辭賦高手之一，但他與諸子爭一日之長，用以成名不朽的，卻在他的史學。用「辯知閎達，溢于文辭」來形容其才學識，應是貼切符合之言。以如此才學識來完成一部稱爲「實錄」的《史記》，若加以禁毀，適能益彰其短過而已。漢武帝不此之爲，這種心理和《史記》本身有價值及能自主存在的因素，應皆是重要的原因。

　　前章述及司馬遷處理漢代統治人物的態度，是「賢者記其治，不賢者彰其事」——此即「不虛美、不隱惡」的客觀態度。展示事實，讓事實自己說話，這是史學的特質，是歷史知識所以成立的基本。司馬遷所開創的新學術，正是以重視客觀事實作爲基礎的。他評論孔子、左丘明、孫子等著作屬於「空文」或「空言」，聲言其著只論述這些人物的「行事所施設者」，或竟批評他們「空語無事實」，此皆充份表現了他的傳信傳疑、無徵則闕及就事論事等精神。〔註23〕重視事實、尊重事實，將之研究發明，進而重建歷史，這應是太

〔註22〕　參《漢書・東方朔傳》，卷六十五，頁2863。武帝此言似在《史記》完成以前發問，但亦足參考。又《史記・滑稽列傳》末，諸少孫補述東方朔事，謂時人稱他爲「狂人」，見卷一二六，頁1026下～1027下。

〔註23〕　「空言」、「空文」之說，前章已分析。對於這些學者或思想家們，司馬遷雖或知其義理，也有聲言不知不懂的，如直陳他自己對老子其人不確定，謂其學說「微妙難識」（參〈老莊申韓列傳〉；〈孟荀列傳〉等也表達了類此意思）。他評論莊子「空語無事實」（見〈老莊申韓列傳〉，卷六十三，頁678上～下），聲稱對孫、吳兵法弗論，但「論其行事所施設者」——即行爲的表現及其關係（參〈孫吳列傳〉，卷六十五，頁686下），在在皆表現重視及尊重事實的

史公「述故事」的大原則及真意旨所在。司馬遷縱然運用了豐富的歷史想像和璀瑰的文采，但只要所論述能恰如其實，此則皆得視為史學之正法。事實上，司馬遷浪漫主義的一面，必須由此實證主義的一面加以瞭解，方能得其所創之新學術的全般面貌，理解其書之所以卓越。能明白於此者，方能進而瞭解武帝能怒兩本紀之極言，雖削去之，而不指責司馬遷「誹謗」。

言論之罪，兩漢懲治極嚴，大儒如董仲舒、夏侯始昌、京房、眭弘，乃至司馬遷外孫楊惲等，皆曾以「誹謗」或「妖言」之罪下獄或棄市。忠直敢言，經常批評天子及當權大臣缺點的汲黯，也曾幾蒙誹謗之罪而族誅，司馬遷即曾對此有所記載。〔註 24〕武帝對《史記》既怒之而又削之，卻不指責其作者之「誹謗」，唯一可以解釋的，就是司馬遷述其行事是如此的真實，恰如其實的程度連當事者也無異辭。武帝對司馬遷的容忍，略如對汲黯的容忍，所不同者，則是後者對他的直接批評僅為一時之言論，而前者之載述則將會萬世流傳，因而怒而削之耳。史家若能實述其事，則殺史毀書，適足以益彰其惡，此為「齊太史事件」對後世的啟示。新史學運動前期，最瞭解此意義的似為班彪。班彪續《太史公》書，作後傳數十篇，即聲稱其著作云：「今此後篇，慎覈其事，整齊其文，不為〈世家〉，唯〈紀〉、〈傳〉而已。傳曰：『殺史見極，平易正直，《春秋》之義也。』」〔註 25〕

《史記》在西漢並未被視為「誹謗之書」，不必魏明帝在三個世紀後代漢武帝抱不平。王肅之言，實得史學之真義，其謂「隱切在孝武，而不在史遷也」，更是確論。新史學運動後期，官方注意及干預史學始漸嚴，前先指責司馬遷因受刑而「微文刺譏，貶損當世」即為漢明帝，但也未論斷《史記》為「誹謗」。稍後的章帝時代（西元 75～88 年），《史記》是「實錄」之書，史學是真實的歷史知識，事仍甚明，可從「孔僖、崔駰事件」得知。

孔僖和崔駰同在太學研習《春秋》，因讀吳王夫差時事而興歎，並引伸史傳，至批評武帝過失。鄰房生梁郁密告二人「誹謗先帝，刺譏當世」，遂事下

精神。類此者《史記》諸篇多見之，不必再贅舉。

〔註 24〕《史記·儒林列傳》曾載其師董仲舒的遭遇，〈汲鄭（當時）列傳〉則備記汲黯的為人及行事，稱其賢者。無獨有偶的是董、汲二賢俱疾惡丞相公孫弘的偽詐取容，故均為弘所排擠。武帝得大宛千里馬，作〈天馬之歌〉，汲黯不奉承而批評之，公孫弘竟建議說：「黯誹謗聖制，當族！」事見《史記·樂書》，卷二十四，頁 374 上。

〔註 25〕參《後漢書·班彪列傳》，卷四十上，頁 1327。

有司。崔駰被捕受訊，孔僖恐誅，未被捕前即上書章帝說：

> 臣之愚意以爲：凡言誹謗者，謂實無此事而虛加誣之也。至如孝武
> 皇帝，政之美惡，顯在漢史，坦如日月，是爲直說書傳實事，非虛
> 謗也。夫帝者爲善，則天下之善咸歸焉；其不善，則天下之惡亦萃
> 焉。斯皆有以致之，故不可以誅於人也！
>
> 且陛下即位以來，政教未過而德澤有加，天下所具也，臣等獨何譏
> 刺哉？假使所非實是，則固應悛改；儻其不當，亦宜含容，又何罪
> 焉？……
>
> 臣等受戮，死即死耳！……臣之所以不愛其死，猶敢極言者，誠爲
> 陛下深惜此大業！……齊桓公親揚其先君之惡以爲唱管仲，然後群
> 臣得盡其心。今陛下乃欲以十世之武帝，違諱實事，豈不與桓公異
> 哉？臣恐有司卒然見構，……使後世論者，擅以陛下有所方比，寧
> 可復使子孫追掩之乎？謹詣闕伏待重誅！〔註26〕

這個事件蘊含了若干意義：第一，「實無此事而虛加誣之」才算誹謗，帝
王行事之善惡皆有以致之，不能因掩惡而誅於人。第二，武帝行事的善惡顯
在《史記》（漢史），「書傳實事，非虛謗也」，後世天子不應爲先帝「違諱實
事」。《史記》所書既是「實事」，因而他們「直說書傳實事」，也不能視爲「虛
謗」。第三，章帝若因論史而殺人，無異是興起言論罪或文字獄，爲後世所批
判，子孫也不能掩其過。

值得注意者不僅是《史記》的性質爲「實事」，此義得以大明；抑且新史
學運動諸子的研撰對象多爲其當代史，他們必須重視實證主義的方法，始能
得以生存及持續發展，這是實證主義備受重視，進而使新史學發展爲學術大
宗的原因。相對的，儘管兩漢政府已重視及干預此新學術，但官方仍能尊重
事實及信任此實證學問，不如後世般加以嚴格控制，無異也是新史學生存發
展的良機。待西元 192 年（獻帝初平三年）王允殺董卓及蔡邕，連帶正式宣

〔註26〕崔駰爲崔篆之後，孔僖爲孔子之後，皆是經學世家。兩家有通家之好，駰、
　　　　僖亦爲同學而相友善。他們所謂的「書傳」、「漢史」，應指《史記》而言。因
　　　　崔駰與班固、傅毅齊名，又與班固同在竇憲幕下；孔僖亦因此疏而召入，爲
　　　　蘭臺令史。此時班固的《漢書》正在修撰之中，故二人所讀者，不可能是《漢
　　　　書》也。詳參《後漢書·儒林列傳·孔僖傳》（卷七十九上，頁 2560～2563）
　　　　及〈崔駰列傳〉（卷五十二，頁 1703～1722）。

稱「昔武帝不殺司馬遷，使作謗書，流於後世」，〔註27〕自是即史禍常見，不實之史日多矣。

歷史是一門真實的學問，不是虛言空文；正惟其真實，故歷史知識是確定的、成立的；又由於其目的和對象在發明故事，重建人類的經驗，因而它也是對人類具有大功用的。這些道理漢以來多明之，可從若干事件窺見：

第一，成帝河平間（前 28～25 年），距司馬遷之死約已六十年，東平王劉宇來朝，上疏求諸子及《太史公》書。成帝以問大司馬大將軍領尚書事王鳳。鳳建議云：「《太史公》書有戰國縱橫權譎之謀；漢興之初，謀臣奇策，天官災異，地形阨塞，皆不宜在諸侯王。不可予。」成帝遂依鳳意。〔註28〕河平三年（前 26 年）八月，成帝正式頒令劉向校中秘書，陳農負責求遺書於天下，秦漢以來，全面整理圖書的工作正在展開，故劉宇來朝而求書。王鳳否決求書的意見，正足以表示司馬遷的著作能究天人之際、通古今之變，其重建人類的經驗是如此的真實，這種真實的歷史知識具有如此的功用，而這些功用又是如此的博大而廣泛，不僅限於思想及倫理道德範疇而已。明顯的，王鳳的意思是判斷史學為一種實學，真實而有用，程度達到足以產生政治敏感而應列為國家機密者。官方對《史記》的認識，遂使《史記》成為秘隱之書，民間不能流播的原因；此與官方尊揚《春秋》經，將《公》、《穀》二傳立於官學，民間諸傳亦可自由傳播的鼓勵政策，顯然大不相同。由此亦可見經、史之異，空文和實錄之別矣。

第二，司馬遷死後約一個世紀、新史學運動的中期，光武帝倚用竇融對付隗囂和公孫述，賜之以「《太史公・五宗・外戚世家》，〈魏其侯列傳〉」，建議他閱讀魏其侯竇嬰與王室的關係，使增強其對劉氏政權的向心力。〔註29〕這是將真實的歷史知識作實際的運用之例。

第三，新史學運動確立了史學及歷史知識的地位之後，第四世紀前期，五胡領袖之一的石勒也曾努力吸取此知識。《資治通鑑》記其學習《漢書》之事，可得而窺知不論漢人或胡人皆能重視此知識。《通鑑》云：

　　勒雖不好學，好使諸生讀書而聽之，時以其意論古今得失，聞者莫

〔註27〕詳《後漢書・蔡邕列傳》，卷六十下，頁 2006。

〔註28〕據《漢書・成帝紀》，王鳳薨於陽朔三年（前 22 年），翌年劉宇亦薨。據此以考劉宇入朝，應為河平間。引文參同書〈宣、元六王・東平思王宇傳〉，卷八十，頁 3324～3325。

〔註29〕參《後漢書・竇融列傳》，卷二十三，頁 803。

不悅服。嘗使人讀《漢書》，聞酈食其勸立六國後，驚曰：「此法當
失，何以遂得天下？」及聞留侯諫，乃曰：「賴有此耳！」〔註30〕
是則難怪「史學」一名，創始於石勒矣。〔註31〕

二、馬、班之間實證論的肯定與實錄史學的確定

　　新史學運動的兩大鉅著展示出來的，是史學的對象為事實，是經驗過的
故事；因而歷史知識由於它是人類真實的經驗，故能得以致知致用，其知識
之可以成立，應是無庸置疑的事。在這裡，進一步要根究的，厥為史家雖然
重視事實，但他們何以能理解及發明此事實呢？此即牽涉到人類心靈及方法
層次的問題，與知識論有密切關係。筆者不想在此討論知識論此一大問題，
只欲尋求漢代史學家如何能理解及發明歷史事實而已。

　　人類具有理解歷史的能力，這是歷史知識得以成立的基本。這種能力出
於感官作用抑或理性作用等？此則未可執一而論。孔僖因讀史而論史，石勒
因聽史而論史，此固然因感官的聞見有關，但顯然也與他們信任史家和作理
性認識有關。班彪云：「若《左氏》、《國語》、《世本》、《楚漢春秋》、《太史公》
書，今之所以知古，後之所由觀前，聖人之耳目也。」〔註32〕也就是說，班
彪認為後人能藉著前代史家的耳聞目見所產生的知識，形成其自己的歷史知
識。本書〈序論〉提到于志寧等亦強調了此相同問題，是則實可代表當時史
家們對此的共識。當然，班彪、于志寧等並無意圖否認理性或感情的知識。
從晉董狐、齊太史，以至司馬遷等古代史家或史官，憑著他們的努力，使史
書在世人心目中建立了可觀的可信度。自孔子以來，中國人「信而好古」之
風，顯然與此有關。

　　古代自天子、諸侯，乃或至卿大夫，率多置有史官，動靜必書。東漢安
帝元初五年（西元118年），宗室平望侯劉毅因臨朝的鄧太后多德政，希望史
官及早為之注記，故上書云：「……古之帝王，左右置史；漢之舊典，世有注

〔註30〕詳該書「晉成帝咸和七年春正月」條，卷九十五，頁2982。按：該條尚載石
　　　　勒評論漢高祖、韓信、彭越、光武帝、曹操、司馬懿等人物之行事，亦可見
　　　　其歷史知識之豐富。臺北：宏業書局，民國61年4月標點本，《通鑑》之文，
　　　　蓋據《晉書·石勒載記》。
〔註31〕詳金靜庵，《中國史學史》，臺北：國史研究室修訂本，民國62年10月25日
　　　　臺二版，頁218。
〔註32〕《後漢書》本傳，卷四十上，頁1327。

記。夫道有夷崇，治有進退，若善政不述，細異輒書，是爲堯負洪水大旱之責，而無咸熙假天之美。……宜令史官著《長樂宮注》……。」〔註33〕不論鄧太后政績如何，及早將其行事加以注記，乃是產生及保存第一手史料的必須工作，漢世之起居注，即屬此類工作，統治者和史官向皆對此甚爲重視。由於史官有直書紀實的傳統，史官又因職責而往往能看到直接的檔案文獻。甚至看到當時某些事件的經過，或聽聞事件發生同時或稍後流傳出來的說法，因而使他們的記載具有第一手的可信性。他們對事件的瞭解，在性質上應得列屬親自見聞的，屬於孟子所謂的「見而知之」和「聞而知之」兩種感官作用或其交互作用下的產品，與後世純從「聞而知之」或「推而知之」的情況頗異。中國創有史官制度實是了不起的發明，一代接一代的史官，各將其親見親聞記述下來，即能使人類的歷史文化延緜不斷，而且由於史官基於職務的關係，接觸到許多可靠的證據及證人，甚至他本人即是歷史的證人，所述即是歷史的證據，故能將歷史提昇至極高的可信度。司馬遷記述漢事，不少來自其親見親聞，例如對武帝、董仲舒、衛青、李廣和李陵等等人物的人格及行事，實皆出自聞見。新史學運動諸子如褚少孫、班彪、班固、陳壽等，運用此方式作爲撰述方式之一者，大不乏人，這是中國史籍有可能成爲「實錄」的重要原因之一。

　　史官制度對史著的完成是一種非常有效的制度，尤以當代史的研撰爲然，因爲史官對國家當代所發生的重要事件，往往能親而見之、親而聞之。即使事非親見，但官方各類型的報告，乃至民間的記載或傳說，多能匯集於史官之處，因而亦得算作史官的見聞，如司馬遷紬「金匱石室之書」，東觀史臣會集於此「老氏藏室」，皆能助長史官之見聞。此與希臘時代，西方史家苦於搜訪證人，難於事件限制者不同。〔註34〕概約而言，感官作用所達到的知識，得到了中國史家的積極承認。這種作用是他們理解事實的重要憑藉之一，是構成中國史學特色的要素之一。

　　至此，筆者將試作進一步的追問：史官記言記動固本於親聞親見，但是如此聞見終究有限，他們如何能憑著當時的資料以確定事實？又當代而外，

─────────────

〔註33〕鄧后乃和帝妻，鄧禹之孫，學行俱皆，和帝崩後長期臨朝聽政。執政期間曾有水旱動亂諸事，后皆努力匡救之，爲一代賢后，故劉毅上此書。劉毅則曾在東觀工作，歷史意識頗濃。書奏全文詳《後漢書・皇后紀・和熹鄧皇后》，卷十上，頁 426。

〔註34〕Collingwood, *The Idea of History*, pp.25~28.

他們憑何以知古？如何以知古？

　　首先筆者似應提出一個較特別的問題，此即司馬遷開創其新史學，除了文獻之外，他尚憑藉著一些自然資訊和實物以瞭解事實。所謂自然資訊主要是指自然景觀的形態與變化，屬於「象」的探究，例如觀察山川形勢以解釋事件的發生及人文的發展，觀察天文災異以探究天意的訊息及其與人事的變動關係，此皆為「究天人之際」的問題。這種藉象以理解行事的發生和發展，主要運用的方法乃是觀察法和比較法。司馬遷有此表現，可能與太史掌天文，而其家乃天官世家之事有關。班固的表現仍略帶此色彩，但是他對天文可能並無深究，故其探討「天意與人事」的關係，主要是從文獻研究上入手。由於象的探究超出經驗的範疇，以後的史家遂日益不重視了；但是自然景觀的其他方面，仍然備受歷代史家所重視。

　　所謂以實物理解事實，也就是借用實物的考察，使對事實更能深入瞭解。例如〈孔子世家〉說他「適魯，觀仲尼廟堂、車服、禮器」；〈魏公子列傳〉謂「吾過大梁之墟，求問其所謂夷門」，以瞭解位置；〈屈賈列傳〉謂「余適長沙，觀屈原所自沉淵」；〈蒙恬列傳〉所謂吾適北邊，觀國防建構，而更瞭解秦朝輕用民力等等。所用的方法似以觀察和想像為主，頗有推理的意義和印證的作用。這種方式原對歷史的理解和重建極有幫助，但以後的史家甚少為之，愈來愈倚靠文獻，乃至有完全降為書房及紙上作業的趨勢了。客觀的困難（如值得考察的地方實物太多）、人類的惰性和文獻崇拜的風氣等，皆可能是促成此方式衰退的原因。

　　上述的物與象以外，包括前代史官所記，幾乎一切皆得列屬文與獻的範圍，也就是史家網羅資料的主要對象，是史家理解當代及古代事實的主要憑藉。前章提到司馬遷注意了孔子編次《尚書》的事，引述其名言：「夏禮，吾能言之，杞不足徵也。殷禮，吾能言之，宋不足徵也。文獻不足故也。足則吾能徵之矣。」十二世紀的朱熹，為此句作注說：「徵，證也。文，典籍也。獻，賢也。言二代之禮，我能言之，而二國不足取以為證，以其文獻不足故也；若足，則我能取之以證吾言矣。」〔註35〕也就是說，論述歷史必須講究實際的證據，審訂證據而列舉之，思辨文獻以推論之，斯然後始克有所言。稍後的馬端臨對此解釋頗詳，他說：

　　　　凡敘事，則本之經史而參之以歷代會要，以及百家傳記之書，信而

────────────

〔註35〕見《論語‧八佾》注，卷二，頁15。

有徵者從之，乖異傳疑者不錄，所謂文也。

凡論事，則先取當時臣僚之奏疏，次及近代論儒之評論，以至名流
之燕談，稗官之記錄。凡一話一言，可以訂典故之得失，證史傳之
是非者，則採而錄之，所謂獻也。〔註36〕

朱、馬二子對「文」之解釋皆同，蓋指一切文字之記述也。朱子釋「獻」爲
「賢」，馬氏則釋之爲「言」；言者乃人之所發，賢者乃人之有行者。是則所
謂人而無行則其言不可信，賢者之言始可以作爲證言之意也。文獻充足，然
後始得考證故實；信而有徵，然後行事始得確立。考之行事必藉於文獻，發
明其事則必賴於論證，所以〈太史公自序〉聲稱其「網羅天下放失舊聞」、「論
考之行事」，意旨在此；歷史知識之能夠成立，最重要的基礎亦在此。

古人論成學的工夫有所謂「五段論」，即：博學之、審問之、愼思之、明
辨之、篤行之。果能此道矣，則雖愚必明。〔註37〕對於史學而言，博學即應
包括博搜文獻等事；審問即基於懷疑論，並從而審訂考證也；愼思、明辨，
此則推論、推理之事。關於懷疑論和知識論，孔子論之甚多。筆者注意到他
的其中兩句名言——他說：「生而知之者，上也。學而知之者，次也。困而知
文者，又其次也。困而不學，民斯爲下矣。」（〈季氏〉）又說：「我非生而知
之者，好古，敏以求之者也。」（〈述而〉）是則知識因學而知之，敏於學者即
能善於懷疑推理。前面提到孔安國編次《尚書》並爲之作傳，其從兄孔臧修
書讚他說：「以弟（指安國）博洽溫敏，即善推理。」〔註38〕就講究考證推理
而言，古文經學此研究法，實爲啓示司馬遷開創新史學的重要淵源，〈太史公
自序〉及〈報任少卿書〉一再強調「考」、「論」、「考論」、「推」等字眼，實
皆表達此事而已。搜比史料、考證事實、推論關係之實例，《史記》諸篇可供
舉例者甚多，恐其橫生枝節，喧賓奪主，故不臚述。

總而言之，司馬遷所開創的新史學，顯然是一種困學而知之，經過敏以
求之的學術，其研究並理解事實的主要方式是論證，最後始以「述」的方式
將既已辨明的事實作有系統的綜敘；其所採用的紀傳體，結構形式也是新穎
的。此皆無一不吸引繼起者的注意。事實上，司馬遷對其新學術期盼甚切，〈太

〔註36〕參《文獻通考・自序》，頁考3中～下。
〔註37〕詳《中庸》第二十章，頁19。此章尤強調篤行一段，此句又可見中國論學的
　　　　特色在實踐。
〔註38〕嚴校《全漢文》，孔臧〈與侍中從弟安國書〉，卷十三，頁5B。孔臧習今文學，
　　　　但推崇安國能闕疑和善推理。

史公自序〉及〈報任少卿書〉一再強調「思來者」。顏師古釋此三字云：「令將來人見己志也。」若就此句前後的文意推尋之，顏說誠是。〔註39〕然其〈報任少卿書〉又續云：「僕誠已著此書，藏之名山，傳之其人通邑大都，則僕償前辱之責，雖萬被戮，豈有悔哉！」此即新學術已完成，若能廣爲傳播，流之後世，則前辱已償，斯時雖遭誅戮亦無悔矣。顏師古又釋云：「其人，謂能行其書者。」〔註40〕竊意此句應與〈自序〉末語所謂「藏之名山，副在京師，俟後世聖人君子」合在一起推敲，庶乎可得其真旨。〈自序〉於〈報書〉之前，後者所論乃敷演前者之意。是則「其人」也者，當指「後世聖人君子」，斷非期盼於常俗之人。正本藏之名山而外，副本存在京師（通邑大都），傳之其人，以待後世聖人君子。

　　新學術的始出，當世往往不易一下子接受，故與司馬遷同時並世諸子，他似無寄予厚望之意，最早讀其書者之一的東方朔，對其書評價情況不詳，至於漢武帝則怒而削之矣，〈報任少卿書〉自稱「要之死日，然後是非乃定」，誠然。及至鹽鐵論起，桑弘羊徵引其意見，顯示司馬遷的學問已被注意，起碼其所論人性和經濟發展的關係，已得到一些人的正面肯定。桑弘羊的政敵──霍光──死後（死於宣帝地節二年，西元前68年）兩年，霍氏家族即因被告謀反而夷族。首先聞知而舉發霍氏者，即爲司馬遷的外孫楊惲。惲頗有外祖的俠直之氣，因此其後遂坐誹謗妖言之罪而免，尋又因言論爲宣帝腰斬。班固云：「惲始讀外祖《太史公記》，頗爲《春秋》，以材能稱，好交英俊諸儒，名顯朝廷，擢爲左曹。」是則其學術和性格，與司馬遷及《史記》有密切關係。〔註41〕班固又云：「遷既死後，其書稍出。宣帝時，遷外孫平通侯楊惲祖述其書，遂宣布焉。」〔註42〕所謂宣布，乃遍告於眾之謂。《史記》

〔註39〕此句之前文，乃是解釋西伯、孔子諸賢聖因困阨意鬱而從事著作，以申其志，故顏說甚是（見《漢書·司馬遷傳》注，卷六十二，頁2735、2736）。徐復觀先生謂此三字乃是作者「想到人類將來的命運，……盡到對人類的責任」云云，顯爲過份引申之言（詳其〈論史記〉，頁81～82）。

〔註40〕見同右註〈司馬遷傳〉。

〔註41〕司馬遷的女婿楊敞，出身霍光的大將軍幕府，爲霍光所厚愛，昇遷至九卿、丞相、與霍光共廢昌邑王而立宣帝。楊惲一再因言論惹禍，宣帝似因其父之功，故一直容忍之，最後忍無可忍始殺他。但用今日之眼光看，楊惲的言行，實罪未至於死，只是率性而行，令人惻目難忍而已。連坐其罪的，尚有名臣韋玄成和張敞等人。詳《漢書·楊敞傳（惲附）》，卷六十六，頁2888～2898。

〔註42〕見《漢書·司馬遷傳》，卷六十二，頁2737。

之出不自楊惲始，但楊惲俶儻而交遊闊，其宣告對《史記》的流行應有一定的貢獻。然而此貢獻不必過份誇張，因爲二、三十年後，東平王入朝求《史記》之事，表示其書在社會上猶非廣爲流行的，仍列屬機密隱秘之書；有機會讀之者，主要爲少數入宮侍從之官而已。司馬遷所期待的聖人君子，將待西元前 26 年劉向領校中秘書後，始可能有機會出現。

新史學運動前半期所承受《史記》的特色，實以補續《史記》爲主流。此主流的形成發展，實爲司馬遷及其著作能確立地位的原因，也是其結果，故王莽尋求司馬遷之後，而封之爲「史通子」。〔註43〕這些繼承者肯定了司馬遷的新學術，但比較之下，亦各有所偏重的。例如：褚少孫偏重司馬遷《史記》的文采。劉向則偏重其文采兼及體裁結構，他應是第一個運用此新體裁及敘事方式，脫出補續《史記》的範疇而別闢新領域者，所著《列女傳》——第一部婦女通史——即可作代表。劉向以下，劉歆、揚雄、班彪等，則又對《史記》所表達的價值觀念極爲關注。班彪、班固以降，迄於司馬彪、華嶠、陳壽，則對論證甚爲重視。《史記》的學術整體已有傳人，但所重略有不同，究竟何者最得此新學術的主體？此則應回過來思考其「俟後世聖人君子」一語了。

司馬貞《索隱》云：「此語出《公羊傳》，言夫子制春秋之意，以俟後聖君子；以君子之爲，亦有樂乎此也。」〔註44〕據今文經公羊家此言，則孔子作《春秋》以制義法，實爲祖述堯舜之道，並以之期待後聖君子的樂而繼起，所重的是義法。西元前一世紀後期至西元後一世紀前期，與劉歆、揚雄論學相友的古文家桓譚，在其所著《新論》一書中，對此亦頗有論說。他說：

> 諸儒覩《春秋》之記錄，政治之得失，以立正義；以爲聖人復起，
> 當復作《春秋》也。自通士若太史公亦以爲然。余謂之否。何則？
> 前聖、後聖，未必相襲。夫聖賢所陳，皆同取道德仁義，以爲奇論
> 異文，而俱善可觀者。猶人食皆用魚肉菜茹，以爲生熟異和，而復
> 居美者也。〔註45〕

〔註43〕請詳拙著〈漢書撰者質疑與試釋〉（上），《華學月刊》一二二期，頁 12 上～17 上。

〔註44〕司馬貞之言（見〈太史公自序〉注，《史記》，卷一三〇，頁 1065 下）本自《公羊傳》「哀公十四年」條。

〔註45〕《新論》已佚，嚴可均輯其殘文以存眞，此段嚴氏蓋據《北堂書鈔》未改本及《太平御覽》而輯校（詳嚴校《全後漢文》，卷十四，頁 9B～10A）。中華

是則古文家亦有相同之見，桓譚且謂司馬遷的「俟後世聖人君子」，其意旨亦在此矣。筆者之意，司馬遷確有批判的意旨，其價值觀念亦以儒家爲主系統；然而其《史記》之目的不徒以立義法爲主，其首要方式則極重視論證以發明事實，並從而就事論事，以建立其解釋系統，以及褒貶的基礎。由此思之，桓譚和司馬貞之說，未必即全是。

尋司馬遷之意，其書之撰述目的在「究天人之際，通古今之變，成一家之言」，此即包括了〈自序〉所謂的「略以拾遺補藝，成一家言，厥協六經異傳，整齊百家雜語」。也就是說，他欲考證及綜合各家對歷史文化的說法，使之折衷於其著作。這種可以包含一切歷史文化問題的新學術，固爲司馬遷期望後世聖人君子有好之、樂之以至繼起創作者；但他透過這種新學術的研究而提出的意見，包括以論證方式而得到的解釋與批判，也期望後聖君子的肯定和不能推翻。孟子自以孔子死後，諸侯放恣，處士橫議，故要正人心、距楊墨，自信其論說雖「聖人復起，不易吾言矣」。〔註46〕《中庸》二十八和二十九兩章，論述非天子不議禮，不制度，不考父，引述孔子言杞、宋不足以徵夏、殷二代之禮的句子，並云：「上焉者雖善無徵，無徵不信，不信民弗從。……故君子之道，本諸身，徵諸庶民，考諸三王而不謬，建諸天地而不悖，質諸鬼神而無疑，百世以俟聖人而不惑。……是故君子動而世爲天下道，行而世爲天下法，言而世爲天下則。」〔註47〕顯示歷史文化，需要適當的人，本於質證之法，始能得其真相與眞理，且得而成爲天下萬世所法則，俟聖人復起亦不易其言（一家之言）。是則司馬遷所期待於後世聖人君子者，實應爲其全部學術（包括方法、體裁和學說）之繼承和樂爲也。並且，表示他對其學術抱有定論歷史的豪氣與自信也。

文采與體裁的繼起問題留待後論。要之，如此一部鉅著，盼後聖君子所學者，當爲最基本的實證主義方法和觀念。班彪以前，劉向諸人撰史，大多率爾而作。〔註48〕他們不能以史名家，蓋有以焉。班彪續太史公書，其動機

<hr>

書局據問經堂輯本亦引此段（頁15），中間文句遺落甚多，注云亦據北堂鈔（不是未改本？）。以其遺落多，今據嚴校本。中華書局本乃臺北民國58年2月臺二版。
〔註46〕 詳《孟子・滕文公下》，卷三，頁89～92。
〔註47〕 參《四書集註・中庸》，頁25～27。
〔註48〕 于志寧等評劉向之徒的作品「皆因其志向，率爾而作」。詳《五代史志・經籍二・史・雜傳序》，《隋書》，卷三十三，頁981～982。

與方法，范曄皆有介述：

> 彪既才高而好述作，遂專心史籍之間。武帝時，司馬遷著《史記》，自太初（前 104～101 年）以後，闕而不錄。後，好事者頗或綴集時事，然多鄙俗，不足以踵繼其書。彪乃繼採前史遺事，傍貫異聞，作後傳數十篇，因斟酌而譏正得失。其略論曰：「……太史令司馬遷採《左氏》、《國語》、刪《世本》、《戰國策》，據楚漢列國時事，上自黃帝，下訖獲麟，……凡百三十篇；而十篇缺焉，遷之所記，從漢元至武以絕，則其功也。至於採經摭傳，分散百家之事，甚多疏略，不如其本。務欲以多聞廣載爲功，論議淺而不篤。……然善述序事理，辯而不華，質而不野，文質相稱，蓋良史之才也！……
>
> 今此後篇，慎覈其事，整齊其文，不爲〈世家〉，唯〈紀〉、〈傳〉而已。」〔註 49〕

撇開班彪之論《史記》結構和價值觀念暫不言，據范曄之言，班彪顯然爲新史學的愛好者，雖有志改良此新史學，然大體仍是沿襲補續《史記》的主流。他對司馬遷以後、他自己以前諸補續工作甚爲不滿意。不滿意的主因之一，即爲其著「多鄙俗，不足以踵繼其書」。班固曾云：「自劉向、揚雄，博極群書，皆稱遷有良史材，服其善敘事理，辨而不華，質而不俚，其文直，其事核，不虛美，不隱惡，故謂之實錄。」〔註 50〕是則班彪此方面的評價，蓋承其前輩之見耳。劉向、揚雄的意見，《史記》是一部論證翔實、敘述恰當、批判從實而中允之書。班彪則批評《史記》斷限和範圍太大，司馬遷以一人之精之，而又務多聞廣載，故顯得疏略。

疏略是相對於詳密之詞，班彪補續《史記》，主要是太初以後的部份，又有成書可本，自可易爲功。詳密的內容要有詳密的論證作支持，這是考明及理解事實的必要之道。而且，班彪批評諸好事者著作多鄙俗。朴野固陋之謂鄙，凡庸不雅之謂俗。表示他認爲諸作在論述事實、重建歷史的工作上，水準大體低落也。此皆班彪所以續《太史公》書的動機，也正恰好表示了他重視史實研究及重建的觀念。故其所撰的後傳數十篇，乃是搜集史料，斟酌而譏正得失以成，猶且強調「慎覈其事，整齊其文」云云。覈之爲義是考驗以

〔註 49〕　《漢書·序傳》不提其父撰述之事，今據《後漢書·班彪列傳》，卷四十上，頁 1324～1327。

〔註 50〕　《漢書·司馬遷傳·贊曰》，卷六十二，頁 2738。

求其實；整齊也者，即司馬遷所謂的「整齊其世傳」和「整齊百家雜語」之謂，指的是折衷統一其說法也。由此可知，班彪當是褚少孫以後，比較上最重視事實的考證與推論的史家；也是深得司馬遷新史學所以成立的要旨，並從而發揚之的史家。然而，其子班固「以彪所續前史未詳，乃潛精研思，欲就其業」；〔註51〕只推崇他「學不爲人，博而不俗，言不爲華，述而不作。」〔註52〕換句話說，班固推崇其父博學而有敘述之才，也能就事論事，只是續太史公書則論證未能詳密而已。

這裡需要注意的是，班彪對諸好事者的歷史著作，其評價是「頗或綴集時事，然多鄙俗，不足以踵繼其書」。表示班彪認爲他們搜集史料未豐富，論述事實水準低。因而，班彪的方法是「繼採前史遺書，傍貫異聞」，從而「斟酌而譏正得失」。所謂斟酌，應指度量其可否而去取之的行爲，含有選擇、比較、考證的意思；所謂譏正得失，則當指批判而言。後者容後論，至於前者，顯然在方法上符合實證主義的要求，而與「愼覈其事，整齊其文」的目的相符應。以如此的態度和方法，班固竟評其父的史著爲「未詳」，則班彪的著作必有所未逮者。此外，班固評論前人作品，尙有幾點值得注意：

第一，他認爲「唐虞以前雖有遺文，其語不經，故言黃帝、顓頊之事未可明也」。〔註53〕表示他重視史料的來源及權威性，不認爲所有的文獻皆能用以證明事實，這是他繼承司馬遷的觀念之顯著地方。

第二，他推崇《史記》爲「實錄」，這是來自劉向、揚雄的意見。另外，他又本其父對司馬遷的批評，而意見則略有差異。他說司馬遷撰史有所本，「其言秦漢，詳矣。至於采經摭傳，分散數家之事，甚多疏略，或有抵梧；亦其涉獵者廣博，貫穿經傳，馳騁古今上下數千載間，斯以勤矣」！〔註54〕《史記》疏略而不夠詳密，這是班彪的意見。然而班固一方面承此以批評《史記》，甚至進而批評其父，另一方面則又指出《史記》不但甚多疏略，且或有矛盾之處。班固既引劉、揚二子之言，推崇《史記》「其事核」等，因而「實錄」，是則表示司馬遷考證事實是非常堅實的，故所謂抵梧矛盾，當指推論事實與事實之間的關係或其褒貶批判的意見而言。他瞭解《史記》所以疏略、抵梧的原因，是由於範圍大和斷限長遠。這種同情的體諒，是使他不採用其父譏

〔註51〕《後漢書・班彪列傳》，卷四十上，頁1333。
〔註52〕《漢書・敘傳》，卷一〇〇上，頁4213。
〔註53〕同註50，頁2737。
〔註54〕同上註。

評的態度與命詞──所謂「不如其本」、貪多務失和議論顯淺等；更重要的是，由於有這種體諒，兼而瞭解史學必須精詳綿密，故範圍大而斷限長，實不易處理，此即成爲他斷代爲史的重要原因。

第三，他批評「揚雄〈美新〉，典而亡實」。〔註55〕所謂「亡實」，指無事實根據也，〔註56〕這是無徵不信的觀念。前面第一點提到有徵（文獻）亦未必可信，遑論無徵。關於此觀念的實際發揮，最佳之例莫過他所撰的〈東方朔傳〉。自褚少孫補續《史記》而附東方朔事跡以來，諸好事者對朔即頗多遺事異聞。班固研究其人，旁取劉向、揚雄之言以印證，斷言「世所傳他事皆非也」，謂「後世好事者因取奇言怪語附著之朔，故詳錄焉。」所謂「詳錄」，應指經過精詳綿密的研究後而記錄其事。顏師古注云：「言此傳所以詳錄朔之辭語者，爲俗人多以奇異妄附於朔耳；欲明傳所不記，皆非其實也。而今之爲《漢書》學者，猶更取他書雜說，假合東方朔之事以博異聞，良可歎矣！」〔註57〕事實上，班彪批評諸好事者多鄙俗，此亦可比較褚少孫與班固對東方朔的記述而得知之；而班彪本人取前史遺事和異聞以斟酌，班固評爲「未詳」，似亦可由此略作推想。

班固自述「探撰前記，綴輯所聞，以述《漢書》」；而對其理解事實的方法則甚少提及。〔註58〕觀乎上論，則彷彿可知矣。班彪的弟子王充，深知其父子之撰史，曾爲之評論云：

> 班叔皮（彪字）續《太史公》百篇以上，記事詳悉，義淺理備，觀讀之者以爲甲，而太史公乙。子男孟堅（固字）爲尚書郎，文比叔皮，非徒五百里也，乃夫周召魯衛之謂也！〔註59〕

王充推崇師門似有過份之嫌，而其甲班（彪）乙馬，蓋又與他不明史學的對

〔註55〕「美新」是指揚雄所撰〈劇秦美新篇〉。該文是一篇帶序的辭賦，雄自述欲學司馬相如〈封禪賦〉之歌頌漢休，故撰此賦以歌頌「新德」，詳見嚴校《全漢文》，卷三十五，頁7B～10A。班固的批評見〈典引〉之序（見同註20）。

〔註56〕〈典引〉一文，嚴可均輯自《文選》及《藝文類聚》，原文作「亡實」。《後漢書‧班彪列傳》改作「典而不實」。注云：「體雖典則，而其事虛僞，謂王莽事不實。」（同註51，頁1375）今從嚴校文。

〔註57〕褚少孫附傳見同註22，〈東方朔傳〉亦見同註，此處所引文並注，則在頁2873～2874。

〔註58〕引文見《漢書‧敘傳》，卷一〇〇下，頁4235。

〔註59〕參《論衡‧超奇篇》，頁137。按：《後漢書‧班彪列傳》謂班彪撰後傳數十篇，《史通‧古今正史》作六十五篇，王充卻謂百篇以上，似不宜採信，蓋其言誇也。

象、性質和方法有關。他是愛好「曲意而出，不假於外」的思想家和評論家，比較討厭累牘精詳而「無空中之造」的著作，故推崇孔子、陸賈、董子，而貶抑劉向及司馬遷。〔註60〕依司馬遷的觀念，王充之學屬於「空文」之類而已，實未諳「實錄」的眞旨。王充推崇其師的史學成就如此，而班固卻批評其父未詳如彼，實證主義史學，有待班固力作，然後始克紹明《史記》可知矣。

　　《漢書》成，諸好事者包括班彪之作由是皆湮沒，難怪傅玄稱之爲「實命代奇作」，范曄推崇此書「文贍而事詳」，謂班固有良史之才。〔註61〕值得注意的是，班固根據前記以撰《漢書》，對《史記》相同部份則率多沿襲，或偶作補正而已。趙翼對此論之最當，他說：

> 一代修史，必備眾家記載，兼考互訂，而後筆之於書。……其所不取者，必其記事本不確實，故棄之。而其書或間有流傳，好奇之士，往往轉據以駁正史，此妄人之見也。
>
> 即如班固作《漢書》，距司馬遷不過百餘年，其時著述家豈無別有記載？倘遷有錯誤，固自當據以改正。乃今以《漢書》比對，武帝以前，如〈高祖紀〉及諸王侯年表、諸臣列傳，多與《史記》同，並有全用《史記》文、一字不改者，然後知正史之未可輕議也。
>
> 〔註62〕

趙翼對史料的取材、考證、推論諸問題，意見與顏師古同。班固博覽群書，「潛精積思二十餘年」，〔註63〕可以重撰東方朔等《史記》所無、而爲好事者所有之傳，卻難以搖動《史記》對事實的考論和敍述，此即班彪所謂「遷之所記，從漢元至武以絕，則其功也」，著作水準的高下可知矣。而且，班固之襲《史記》而撰《漢書》，不但代表了兩書的高水準，抑且更是以代表了司馬遷和班固二人的實證作風與效果。史學家靠其思想與證據以理解事實，只要史料充足，論證精嚴，事實即能究明而不移，歷史知識亦能因而成立；依此以推，定論歷史也非不可能追求者也。司馬遷倡此於前，班固以實際行動闡

〔註60〕參同上篇，頁 135。

〔註61〕傅言爲嚴可均輯自《傅子》一書，詳《全晉文》，卷五十，頁 14B。此評亦爲劉知幾所同意，採入《史通》之〈覈才篇〉，范言詳《後漢書·班彪列傳·論曰》，卷四十下，頁 1386。

〔註62〕參《二十二史箚記·史漢不同處》條，卷一，頁 10～11。

〔註63〕見同註 49。

之於後，西元 271 年（晉武帝太始七年，吳主皓建衡三年），吳史官右國史華覈爲救當時另一名史家薛瑩，上疏批評吳諸史官「史才」偏低，並推崇云：「漢時司馬遷、班固，咸命世大才，所撰精妙，與經俱傳！」〔註 64〕史、漢「精妙」，在史學上具有經典性的地位，此爲內行人的推許，固非王充之流可比也。

三、漢、晉之間的實證史學

班固而後，修撰一代全程而總體的歷史者，厥爲東觀史臣。由於受到政治力量的介入，且成於眾手，故《漢記》不爲後人所滿意。第三世紀前期，荀悅「抄錄《漢書》，略舉其要」，「以副舊本」；應奉專研漢代史，曾刪《史記》、《漢書》、《漢記》三史以成其十七卷之《漢事》一書；〔註 65〕稍晚的謝承，則是第一位私家重撰東漢史的人，所撰《後漢書》百餘卷，恐亦據《漢記》以爲本。〔註 66〕他們的著作，多據舊史而刪削或重撰，表示原創性低，論證亦未必精妙，方之馬、班，相去甚遠。另一著名的文化史家──巴蜀學派的宗師譙周，情況似亦與此諸子同。故三世紀後期的名史家司馬彪，對此作了扼要的評論，他說：「漢氏中興，訖于建安，忠臣義士；而時無良史，記述煩雜。」這是他繼起重修東漢史，撰成《續漢書》的原因。〔註 67〕

西元三世紀的史壇，譙周、皇甫謐、韋昭、華覈、薛瑩、王沉等，在史學均有表現，但似不及晚他們一輩的陳壽、司馬彪和華嶠那麼出色。他們的研究範圍或爲古代史，或爲前代史（東漢），或爲當代史（三國），或爲地方史（地方人物志）。前輩史家中，似乎以韋昭的實證主義風格較爲突出。韋昭被華覈推許爲吳之史遷，是一個反圖讖論的理性主義者，所撰《洞紀》一書，斷限由庖犧氏以至於漢獻帝，自稱「昔見世間有古曆注，其所紀載，既多虛無；在書籍者，亦復錯謬。囚（時因與統治者不合而下獄，故自稱爲囚）尋

〔註 64〕華覈本人亦爲新史學運動末期的名史家，其上疏本末詳《三國志・薛綜傳（子瑩附）》，卷五十三，頁 1255～1256。

〔註 65〕應氏乃漢末學術世家，應奉本人爲漢史專家，著作甚豐，詳《後漢書》本傳並注，卷四十八，頁 1606～1615。

〔註 66〕謝承之姊乃吳大帝孫權的夫人，詳《三國志・吳主權謝夫人傳》，卷五十，頁 1196。又《五代史志・正史》類謂其後共有一三〇卷，無帝紀云云，參《隋書》，卷三十三，頁 954。

〔註 67〕詳《晉書・司馬彪傳》，卷八十二，頁 221D。據開明書局鑄版。

按傳記，考合異同，采摭耳目所及，以作《洞紀》」云云。〔註68〕值得注意的是，韋昭傾向實證史學，並不表示他的著作就能完全符合實證史學的要求。當時有一種崇拜文獻的風氣，譙周、皇甫謐等皆不能免，故司馬遷和班固所認爲邈遠不可全信上古史料，他們皆不避採用。要之韋昭的自述，仍足以表示實證史學論考事實的特色。

司馬彪乃晉室子弟，因政治上的失意，遂「由此不交人事而專精學習，故得博覽群籍，終其綴集之務。」他曾撰《九州春秋》，又據地下史料——汲冢《竹書紀年》——辨證譙周的《古史考》。所撰《續漢書》，即爲不滿東觀史臣，乃至譙周諸人的作品，故繼起而作者。他是繼謝承、薛瑩私撰東漢一代完全歷史的第三人，是「討論眾書，綴其所聞，……通綜上下，旁貫庶事」之作。〔註69〕由此可知的是，司馬彪重視第一手史料，並以較嚴密的論證進行其研究工作。故在范曄書成之前，彪書與華嶠書，均被人所推崇，劉知幾尤以爲華嶠書爲「居最」。

華嶠爲華歆之孫，少以才學深博見稱，晉惠帝初，「以嶠博聞多識，屬書典實，有良史之志」，遂轉秘書監。史謂「初，嶠以《漢記》煩穢，慨然有改作之意，會爲臺郎，典官制事，由是得徧觀秘籍，遂就其緒」。其書命名爲《漢後書》，紀、傳部份先成奏上，詔朝臣會議，荀勗、和嶠、張華、王濟「咸以嶠文質事核，有遷、固之規，實錄之風」，於是藏之秘府，稍後又列爲東宮講本。〔註70〕

劉知幾推崇彪、嶠，尤常以華嶠與班固相比。《史通・覆才篇》批評蔡邕

〔註68〕 詳《三國志・韋曜傳》，卷一四六○～一四六四。按：韋曜原名昭，避司馬昭諱而改。引文乃西元273年下獄，在獄中所上自訟表的文字，其中謂《洞紀》只有三卷；《五代史志》將之列入〈雜史〉類，謂有四卷。晉史家臧榮緒好此書，曾撰《續洞紀》一卷。

〔註69〕 參同註67，頁221D～222A。《續漢書》今有輯本，其諸志則補入范曄《後漢書》，二書並行不朽。

〔註70〕 華嶠之書名爲《漢後書》，原計劃撰寫九十七卷。其中〈志〉之部份改名爲〈典〉，凡十卷，未成而卒。嶠中子徹奉命蹟之，亦未竟而卒；少子暢又奉命繼撰，始克告成。五胡亂華後，此書僅存五十餘卷。詳《晉書・華表傳（子嶠附）》，卷四十四，頁130A～B。按《五代史志》謂嶠書之名爲《後漢書》，僅存十七卷（《隋書》，卷三十三，頁954），《舊唐書・經籍志》及《新唐書・藝文志》亦均作《後漢書》，《史通・古今正史》原亦作《後漢書》，浦起龍改爲《漢後書》，以「後漢」爲誤（卷十二，頁342）。諸書以《五代史志》最早出，疑華嶠原名應爲《後漢書》，與其他《後漢書》之名相同，而唐初史臣修晉史，顛倒其字，或後世版本顛倒其字？待考。今暫據本傳之名。

以降的史才，認爲當時治史者多爲文士，有重視文詞、偏記雜說，乃至屈從政治壓力諸弊，聲言「假令其間有術同彪、嶠，才若班、荀，懷獨見之明，負不刊之業，而皆取窘於流俗，見嗤於朋黨。遂乃……無由自陳」云云。〔註 71〕彪、嶠能懷「獨見之明」，是由於他們有「才」有「術」，此當即指他們博搜史料及進而論證，以至達到實錄，提出一家之言之意。〈補注篇〉則批評註釋家重視異聞塗說，不能再作進一步論證以發明事實，聲言「不能探賾彪、嶠，網羅班、馬，方復留情於委巷小說，銳思於流俗短書，可謂勞而無功，費而無當者矣。」〔註 72〕此皆實爲對彪、嶠二子的實證史學作推崇也。

　　陳壽約與彪、嶠同年紀，皆曾在晉初入秘書省著作，〔註 73〕推薦他入內著作者即張華。壽有撰述地方志——《益都耆舊傳》——的經驗；又曾撰《古國志》五十篇，可能與其師譙周的《古史考》及司馬彪的《辨古史考》有關。彪、嶠二子重視第一手史料及證據的推論，此與譙周的重視權威文獻的陳述頗有差異，就此而言，陳壽似分承巴蜀學派與中原史風兩緒，其成果即見於三國史的研撰。巴蜀學派的風格容後再詳，要之陳壽「撰魏、吳、蜀《三國志》，凡六十五篇，時人稱其善敘事，有良史之才。夏侯湛時著《魏書》，見壽所作，便壞己書而罷。張華深善之，謂壽曰：『當以《晉書》相付耳！』其爲時所重如此」。〔註 74〕吳史部份，有韋昭等人的著作爲底本；魏史部份，則有王沉、荀顗、阮籍共撰之《魏書》爲參考。時人認爲王沉等之作，「多爲時諱，未若陳壽之實錄也」。〔註 75〕是則前之魏史不令人滿意，而導至陳壽與夏侯湛各自重修，而湛書則又不及壽書，至自壞其心血之作也。張華亦盛稱華嶠書，但以晉史相託付者則爲陳壽，是又學術自有公論成就自有高下，其事甚明。故《晉書》史臣曰推崇他云：「丘明既沒，班馬迭興；奮鴻筆於西京，騁直詞於東觀。自斯以降，分明競爽，可以繼明先典者，陳壽得之乎！」〔註 76〕

〔註 71〕詳該書卷九，頁 249～251。
〔註 72〕詳同上書卷五，頁 131～133。
〔註 73〕陳壽卒於西元 297 年（惠帝元康七年），年六十五歲。司馬彪卒於惠帝末（290～306），約六十餘歲。華嶠較早卒——293 年——年齡不詳。
〔註 74〕《晉書・陳壽列傳》，卷八十二，頁 221B～C。司馬彪、華嶠、陳壽之作，應以後者最晚出。又《華陽國志》本傳謂張華推崇他「以班固、史遷不足方也」云云。
〔註 75〕參《晉書・王沉列傳》，卷三十九，頁 117B。
〔註 76〕同註 74，頁 223D。

　　筆者無意在此詳析陳壽的觀念及方法，不過上述諸讚詞和推崇行為，即約略可想知此成果背後的實證史風。約一個半世紀後，裴松之為壽書作注，其〈上三國志注表〉即對陳壽的實證史學有畫龍點睛的勾畫，說：

> ……壽書銓敘可觀，事多審正，……然失於在略，時有所脫漏。

> 臣奉旨尋詳，務在周悉；上搜舊聞，傍摭遺逸。按三國雖歷年不遠，而事關漢、晉，首尾所涉，出入百載，注記紛錯，每多舛互。其壽所不載，事宜存錄者，則罔不畢取以補其闕。或同說一事而辭有乖雜，或出事本異，疑不能判，並皆抄內以備異聞。若乃紕繆顯然，言不附理，則隨違矯正以懲其妄。其時事當否，及壽之小失，頗以愚意有所論辯。〔註77〕

首先就史料及其鑑定與選擇來看，陳壽面對的是割據之局，而注記紛錯舛互的情況，真偽是非必待嚴密的考證推論不為功。陳壽經論證後所不取者，而裴松之反罔不畢取之以補其闕，補闕者未必能證陳壽所考論之不實，此則陳壽論證之精妙可知矣。至於史料既紛錯矣，則來源即多不同，不同源之史料記事又常多乖異，松之並取之以備異聞，陳壽竟或至全捨之而不取（如記曹彰、荀彧之死等事），則又相對的顯示了後者的闕疑謹慎。是則松之自詡的「尋詳」、「周悉」，恰如劉知幾所謂的「好事之子，思廣異聞，而才短力微，不能自達，庶憑驥尾，千里絕筆，遂乃掇眾史之異辭，補前書之所闕若裴松之《三國志》是也」。〔註78〕此適好反襯出陳壽的精簡扼要而已，正是《三國志》之優點所在，故後之史家或重撰東漢，或再修兩晉，無人嘗試取代壽書，而使之名列「四史」者，蓋在此也。〔註79〕松之稱贊壽書「事多審正」，斯始得其論證的真相。

　　松之又推崇壽書「銓敘可觀」，即表示陳壽有可觀的組織能力及敘述才華，此正是重建歷史的另一層次問題，也正是劉向、揚雄等所服於司馬遷的

〔註77〕該表上於元嘉六年（西元429年），見《三國志》附錄，頁1471。

〔註78〕詳參《史通・補注》，卷五，頁132。

〔註79〕後世學者或有批評裴注拾遺煩蕪，應是較允之言。或有為松之辯護，認為其注篇帙數倍於壽書，有保存材料之功。實則注之煩蕪與否，和它是否能保存松之自身亦不知日後會亡佚的材料無關。松之作注之時，當不知其所徵引者日後會亡佚，其目的是為國志注釋，保存材料乃意外的收穫而已。二事不同，豈能以意外的收穫，遂遽掩抑其煩蕪之失？前文所引顏師古、劉知幾、趙翼之言，固足證其失矣，強辯固無謂也。關於此問題，略參逯耀東〈裴松之與三國志注研究〉，收入杜維運等《中國史學史論文選集三》，頁235～236。

「善序事理」者。卡爾（E. H. Carr）云：「歷史奠始於史家之銓敍事實，而將之轉變爲史實。」（History begins with the selection and marshalling of facts by historian to become historical facts.）又云：「廣爲史家所接受之信念，乃是歷史在於依因果序列以敍述過去之事件也。」（It was accepeted doc-trine that history consisted in marshalling the events of the past in an orderly sequence of cause and effect.）〔註80〕此語誠然。優秀的史家，他絕不是「不選事而書」的，那只是工於撰注記和實錄的周悉原則而已。〔註81〕陳壽經論證而確認了一些事實，淘汰了不少的疑事，其所選取者則必加以推論因果關係，然後始克作有組織的銓敍。「銓敍可觀」，不過只是其表現出來的結果，而讓人產生的印象罷了。由此言之，陳壽能夠繼明馬、班先典，確立史學須講求實證，於兩晉以降史壇流行文才、玄想之風氣下，無異爲一盞明燈也。

　　新史學運動末期三大家——司馬彪、華嶠、陳壽，皆能出色的發揮實證史學的要旨。他們重視事實、考論事實以發明其眞相，從而推論其關係，再加以敍述重建；儘管水準或有高下，成就或有得失，然於新史學成熟奠定之貢獻，不宜輕視也。

〔註80〕 *What is History*. p.97 & 82.

〔註81〕 劉知幾云：「工爲史者，不選事而書，故言無美惡，盡傳於後。」（《史通‧言語篇》，卷六，頁153）知幾的實際撰史經驗主要在修實錄，故有此言也。

第五章　秦漢正統論的發展及其與史學的關係

一、「正統」的原義及宗統、國統與正統論的內繼理論

　　正統問題，乃中國史學上淵源長遠、支蔓糾纏的大問題之一。自新史學崛起，此問題即廣爲史家所注意思考，並能篤切著明的影響到史學的研究；且隨著中國傳統政治的意識形態發展，愈後則爭辯性愈大。近人饒宗頤及其門人趙令揚，先後各輯述歷代正統之爭論，筆者竊不自揆，私意其所論述猶未允恰；因而事關本文斷限之內者，遂勉力獨立爲專章研述，超出斷限之外者，則容後有機會再加論述。〔註1〕

　　正統觀念不始於習鑿齒。但四世紀中期，習氏鑒於桓溫之事，於史著中特別強調了此觀念，遂使之彰明注目而已。饒宗頤論之云：

> 顧亭林《日知錄》七〈年號當從實書〉條云：「正統之論，始於習鑿齒，不過帝漢而僞魏、吳二國耳。」按習氏著《漢晉春秋》，有晉承漢統之論。……其書只可謂根據正閏觀念，改寫史著，爲後世史學開一新例。然其說不爲人所接受。……至於據王道以論位，別創爲一史，自當以習氏爲先例。若謂正統之論，由其作俑，則恐非事實

〔註1〕饒撰《中國史學上之正統論》，趙撰《關於歷代正統問題之爭論》，二書原在香港出版（前者龍門書店，後者學津出版社），今國內皆有翻印。饒著附錄資料甚豐，筆者行文爲方便計，或逕引用之；其書由國內宗青圖書出版公司翻印，民國68年10月初版。

也。〔註2〕

饒氏之言，值得討論者頗多，最重要者應在：顧炎武誤認正統論彰於習氏而為始於習氏，固非事實，但據正統觀念而別創一史始於習氏，恐亦非事實。拙文前論新史學時代的天意史觀，則不但知正統觀念不始於習氏，抑且據此而改創者亦不始於他。嚴格而論，秦漢以降，據此而改寫史著者，當以班固為始作俑者。其次，所謂「正閏觀念」，據拙文前所論述，應為三五相包說下所產生的觀念；至於顧氏之所謂正、偽，則應為政治意識形態下之觀念，二者所本不同，辨章學術固不當籠統言之。

據此，則有三事可加追究者：第一，習氏正統論的性質為何？有何意義？第二，所謂「正統」，其本義如何？第三，正統之觀念何所始？如何發展？若不究明此三者，論之固無所補益也。

習鑿齒的正統論，今以《晉書》卷八十二所載之「晉承漢統論」表達得較為完整，其意見容後專論之，筆者於此僅略述其性質而已。這篇論說，主旨在申明「推魏繼漢，以晉承魏；比義唐虞，自託純臣」之不當。引用漢高祖乘秦楚之際興起，「超二偽以遠嗣」周的先例，兼批判「吳魏犯順而強，蜀人杖正而弱」；由此反對「虛尊不正之魏」，主張「以晉承漢，功實顯然；正名當事，情體亦厭」。據此，習氏正統論的性質大致可知：

第一，其論說屬於政治及史學的批判論。這種批判主義遠承《春秋》褒貶精神，及先秦墨、名、法諸家觀念，下染魏晉時代形名論之風氣，由此較論名實問題而提出批判，因而也頗具邏輯論的傾向。〔註3〕

第二，這篇論說曾基於曹魏從未統一過天下的事實，因而否認其繼漢的事實，主張「以晉承漢」。如此論說，固是形名論所涉的問題，但卻直指向現實的政治層次。他的論證基點有二，即政治上的「一統」及「繼統」——前者屬空間的統合問題，後者屬時間的傳承問題。是則習氏的正統論，實為揉合「一統」與「繼統」二者的學說，為解決政權的名義及實體諸問題而形成者。

第三，其論說提倡正與不正、正與偽的觀念，接近邏輯上的 True and Not

〔註2〕 詳《中國史學上之正統論》，頁6～7。《日知錄》原文見該書卷二十，頁472～473。

〔註3〕 討論魏晉形名論的文章不少，牟宗三先生就其學術淵源、背景、性質、意義論之較精詳，請參其所著《才性與玄理》一書，特別為其中之第七章〈魏晉名理正名〉。香港：人生出版社，民國59年6月再版。

True 及 True and False 的問題，表面是道德上的褒貶主義問題，而其實是政治上的承認主義問題。他的判斷根據，主要從道德原則及政治事實出發，鮮及三統五行的學術理論。因而，他連曹魏是閏位的可能性也不承認；而閏餘的觀念，則主要因三統五行學說而產生。

因此，習氏正統論的性質，主要是以政治現實的認識和批判爲基礎，涵蓋了春秋史學派的褒貶主義、魏晉盛行的形名論（包括邏輯論）及歷史意識諸問題的一種學說。習鑿齒在這篇文字中暢論正統，但值得注意的是：他並沒有直接引用正閏學說，而且雖論「正」論「統」，卻也未有將「正統」二字連用，其他有關的文獻中，習氏也甚少將此二字連用。饒宗頤著作中，對此彰明正統論的人物竟無專題論述，或許認定彼非正統論之始作俑者故耶？然而前引文雖否認其爲正統論之始作俑者，但卻承認他是據正統論別創一史的先例。論習氏在史學上的正統論地位，當在饒著所述許多人物之上，應無可疑，殆習氏正統論之淵源及開展甚爲複雜，饒氏不遑論之耶？前面提及饒氏認爲習氏據「正閏觀念」改史，此「正閏」實非習氏學說之直接根本，是則饒氏對習氏之認識，容有討論的餘地。

又饒氏該書特撰一〈後記〉，開章即針對趙令揚著作提出批評，特別強調了正統論的始源、德運說之性質及正統問題的重點。他說：

> 趙書⋯⋯且謂正統之論，首倡於鄒衍五德之說，似非其實。因德運說主旨在解釋朝代更替之原理，而正統問題重點在論繼統之正與否。德運乃後人利用鄒說以解釋歷史者，雖王夫之嘗云「正統之論，始於五德」，此謂借德運說以論正統則可，謂鄒衍倡爲正統之論，則不可也。〔註4〕

鄒衍五行說爲歷史全體論解釋的一種學說，余前章已有略述。這種學說固然在解釋歷史的動力及推移的規律，抑且也試圖說明歷史的型態、屬性、變動軌跡及方向諸問題。因此，所謂「德運說主旨在解釋朝代更替之原理」，應爲一個過份簡化的論斷。由於過份簡化，因而使其與正統論的關係，遂變得隱晦不明。尤其既謂後人借之以論正統，則彼必有與正統論相通可借之處，此正是探究正統論緣起時應注意者。假如說德運說未提及正統二字，遂遽認爲與正統論起緣無關，或不是一種正統論；則此說無異與習氏不標明「正統」二字，遂謂無關於正統論，或不提德運五行諸字眼，即謂與德運說無淵源也。

〔註 4〕詳同註 2 書，頁 384。

此烏乎可？至於饒氏謂「正統問題重點在論繼統之正與否」，此亦未全是。蓋「繼統」與「一統」，皆爲重點所在，分屬「統」之時、空二度問題。論至此，則「統」究竟指何？「正統」究又何所指？豈能不略探之。

《說文解字》：「統，紀也。」「紀，別絲也。」是則二字互訓，常合而用之稱爲「統紀」。據段玉裁注，二字雖可通訓，但其於絲之本義，實有所別。注「統」字條說：「《淮南（子）・泰族訓》曰：『繭之性爲絲。然非得女工煮以熱湯，而抽其統紀，則不能成絲。』按：此其本義也，引申爲凡綱紀之稱。」又注「紀」字說：「……別絲者，一絲必有其首別之，是爲紀。眾絲皆得其首，是爲統。統與紀義，互相足也。……引申之爲凡經理之稱。」據此注釋，可知每絲各有管束之首，是爲紀；統不過合指眾絲之首者而已，故統、紀可以通訓也。

若每絲自成一系統，則必有其首末，首即統紀，餘別即本系，此當即「系統」所以連用之意。是則統紀據段注所釋，指的是起首始端而言；雖未必忽視其繼續系屬之所謂餘別，但卻偏重其根本總合之首。絲之首始，是統、紀之本義；統紀約束經理眾絲，顯然爲其引申之義，由此引申爲綱紀、經理之意。由此再引，絲有系統，以至於時間人物，萬事萬物皆得各有其系統，亦即事物皆可尋得其統也。

饒氏之著，首論「統紀之學」，以爲專指紀年之編年史學而言，似本《日知錄》的說法，而據唐宋以後史學觀念蔓衍而成，且對統、紀之本義有所誤解之故。〔註5〕饒氏在該節強調「編年以立統緒，故謂之『統紀之學』」。此即

〔註5〕饒氏該節雜引許多史料以圖說明統紀之學。觀其文，統紀之學寄意於編年史學者，乃唐宋以降的史學觀念耳。其所引漢人連用「統紀」二字，多指綱紀、經理之引申義而言，與段注合。至於單稱爲「紀」，饒氏則似刻意選擇其與時間有關的史料而臚列，進而論斷「紀所以紀年月」。事實上，事物各有統紀，豈止時間而已。歷史最抽象而扼要的意義，應爲「事物在時序上的變化」，故可稱「歷史就是時間」。編年體以時間爲本，但荀悅《漢記》以前，編年史極少以「紀」之名專屬編年之體者。以「某紀」稱呼某時代的編年史著，乃漢魏以降，古史復興以後之事，爲古、今正史之爭下的新現象。饒氏對此，似有粗疏之憾。另外，饒著最令人遺憾之處，乃是大量臚述史料，而乏深入的分析，因而往往不能有效的溯本推源，使問題的系統架構整然彰著。例如此節之中，他參考了說文解字「統，紀也」之說，也參考過段注，但卻未分析段注所言絲之首別之義，因而也就對統、紀之本義及引伸不大明瞭。所以他引用史記「統紀」二字連用時，也就未特別分析出此用法實指綱紀之引伸用法，似有將「統紀」及編年之「紀」混爲一談之意。筆者又何以知饒氏誤解或不明統、紀二

據唐宋以後觀念言。習鑿齒以前不盡如是。事物既各有統緒，則統緒得視事物的實際情況而立。單就新史學言，紀傳體以「本紀」爲統緒，新史學家多以政治史觀爲主（並非說沒有其他史觀），認爲人事的推動變化，以政治爲本，政治則以中央爲根，是則控制最高政權者（個人或家族）實繫萬端人事而爲之統紀，故立「本紀」以述之。然而「本紀」此一體例，自司馬遷起即未必繫年，〈項羽本紀〉是也。其後陳壽《蜀書》先述劉二牧，以究明蜀漢開立之統；《吳書》亦以〈孫破虜、討逆傳〉（孫堅、孫策父子）開首，實同一道理。立統紀而不編年，不知其義者以爲破例不經。實則統紀之原義未必執著於編年，第歷史就是時間，故編年史特別容易碰觸到事物的統緒及時間的變遷此二問題耳，而又在「大一統」觀念之下必須計較之耳。假如中國傳統政治思想不以一統爲大，承認多元眾統亦得同時存在，則此後世之正統論，可能面目全非也。

　　統之爲義略明，是則統將如何始得爲正？據段注前引言，可知甲絲之紀絕非乙絲之紀，甲眾絲之統絕非乙眾絲之統，甲統紀於甲絲是爲正，乙統紀於甲絲是爲不正。《說文》云：「正，是也。從一；一以止。」正是此義。亦即一繭從一個開首，一絲接連一絲，以完成一個系統。甲統爲甲眾絲之開首，與甲眾絲全部成爲一個系統，直至完盡爲止。若將乙統接於甲絲，則乙統即爲不正之統，蓋甲絲之源頭不在乙統也。正統論講源頭之所始，而又論此始之持續繼起，當取意於這裡。以此解釋於政治，不同時代則引入該時代的學說觀念，遂使之愈後愈複雜，蔚成龐大的體系。事實上，政治上之正統論，

字之本義呢？他說：「《淮南子·泰族訓》，記繅絲之事云：『抽其統紀則不成絲』。」按：段注引用不是這樣的，余正文已引，可參考。饒氏豈非誤解段注，造成句讀亦錯誤耶？余讀《淮南子》，卷二十〈泰族訓〉（據臺北：世界書局，民國 63 年 7 月新二版之《諸子集成》第七冊），除段注之「女工」被倒寫爲「工女」外，文意字句應以段注爲是。是則統、紀爲絲之始端綱領，需從繭中尋端搜始以抽出，一條條的絲始克離析得成，何得如饒氏之言，反而「抽其統紀不成絲」耶？是知其不明本義而誤解其文矣。饒氏又續云：「紀訓絲別，見于《說文》。紀即絲耑，是其本義。」按：段注紀字，謂「別絲，各本作絲別」，是則饒氏據本不同於筆者而已，但相信說文不會將紀字作絲耑解者。該書解緒字說：「緒，絲耑也。」是則絲耑實指緒字而非紀字。段注絲耑云：「耑者，草木初生之題也，因爲凡首之稱。抽絲者得緒而可引，引申之凡事皆有緒可續。」是則絲耑可引申爲絲首，與統、紀義同。但饒氏同此以釋紀字，迴避了絲別之義，因而也就不能分析統、紀二字的實際差異。此既不明，於是用紀字以解編年史及紀傳體之「本紀」，而欲尋源溯始，顯然是有問題的。

原取譬於絲之統紀，通常指統一天下而一系相承不絕——開統與繼統的終始關係——而言。習鑿齒於「論費詩諫先主稱尊號」一段中，開宗即明言：「夫創本之君，須大定而後正己；纂統之主，俟速建以係眾心。」〔註6〕猶能掌握此義。至於正統論用於家族或宗族，原義也還是取譬於絲的。例如漢代經學家梅福，以殷統中絕，建議立殷族的孔子，說：「……孔子故殷後也，雖不正統，封其子孫以爲殷後，禮亦宜之。……」〔註7〕孔子一系並非殷湯王室之嫡系，其統紀不當始於湯，故稱之爲「不正統」。他只是基於殷室嫡系至此已「一以止」，恐怕「絕三統」之故，是以作此建議罷了；而三統說也正是正統論的基礎之一。

筆者一再徵引習鑿齒之說，並非有意以其說爲正統論的開始及標準，只是欲辨明一些正統論的基本問題，以利下文之討論罷了。正統論既與政治及學術發展關係極深，下面即就分別疏論之。

漢儒解釋《春秋》，開始即碰到兩大問題——春王正月和隱公即位，兩者皆與正統觀念有關。前者屬政治性的大一統問題；後者除政治意義外，尚兼有社會性的宗法制度意義。茲先述後者。

據禮，傳嫡以長不以賢，至於別子爲祖，繼別爲宗，繼禰者爲小宗，遂由家之關係拓展爲大、小宗枝的宗族關係。開統者既爲祖，而傳其統於嫡系，嫡系子孫則世世繼其統，傳諸百世；相對於大宗而言，小宗由大宗分出傳繼，歷五世則遷，所以尊大嫡系。是則由此而推，依宗法以定身分名分，其名即正；合於傳繼規定，其事則正；嫡系乃本幹，各宗枝奉以爲統之所在，是以世以嫡系爲正統。魯隱公問題的產生，乃是由於名分非嫡系、繼承不居正之故。梅福建議由孔子之後以繼承殷湯，但卻聲明其「不正統」，道理亦在此。由此言之，宗法對一般家族言，是社會安全法；對擁有統治權的家族言，則無異是國家安全法，是國統的重要憑藉。

前引習鑿齒所謂的「創本之君，須大定而後正己；纂統之主，俟速建以係眾心。」一國之統，由創本而傳者與繼體而承者相構成，這是統內之繼，以宗法爲基礎。此國與前一朝代及後一朝代的終始承轉關係，則爲統之外繼，

〔註6〕此論爲裴注所引，松之以爲「鑿齒論議，惟此論最善」，推許備至。按費詩反對劉備稱帝的理由是：「今大敵未克，而先自立，恐人心疑惑。」鑿齒反對費詩意見，以爲非常時期，不當待大定而後正天子之位。正文引語，乃是習氏對正常情況的意見。詳《三國志‧費詩傳》並注，卷四十一，頁1015～1017。

〔註7〕詳《漢書‧梅福傳》，卷六十七，頁2925。

常以五行說、三統說等等理論為基礎。習氏此之言統，實兼兩者而言。

統之內繼既以宗法為基礎，然而春秋以降，由於種種因素，統之內繼已難以堅守此理論原則。因此，「興滅國，繼絕世」，遂成為霸政理想精神之一。秦之遭受儒家批評，因素雖眾，而他以武力使六國滅、繼世絕，六合歸一，大違封建及宗法精神，實為其中一因。不過，嬴政之稱「始皇帝」以示開統，期盼二世、三世……以至萬世，傳之無窮，仍表示了強烈的內繼意識。扶蘇不能繼位，是政治、感情的問題居多，與嫡系內繼的理論關係較少。同理，漢文帝之即位，亦得作如是觀，不能表示劉氏楚人，有捨嫡立庶或兄終弟及之習慣也。漢武帝是第一個獨尊儒術的皇帝，由於發生過戾太子之禍，其繼承人——昭帝——卻也並非以嫡長之子身分得立的。及至宣帝繼承昭帝，追尊本生父為「皇考」，遂發生了繼統問題。在此背景下，立孔子之後以繼殷後的說法，儘管違反宗法，仍能假學術的外衣權宜地表達出來。

西元前 108 年（武帝元封七年），司馬遷與壺遂等上言，建議改正朔、易服色等事，兒寬等議論之，贊成其說，並據「三統說」指出殷、周「二代之統，絕而不序矣。」〔註 8〕遂使武帝搜訪二代之後。結果求得周室之後，而殷室之後卻無。三統絕一而不能通，這是經學與政治上的一個重大問題，降至宣帝入繼大統，追尊本生父為皇考，似有意表示其入繼大統，是以嫡孫身分承繼其皇考（史皇孫）——戾太子——武帝一系，而非繼承其叔祖昭帝。〔註 9〕故《漢書》卷二十五下〈郊祀志〉云：「宣帝即位，由武帝正統興。」此事是秦漢內繼問題的濫觴，遂給予經師一個啟示。匡衡以《詩》著名，宣、元之間被推為經明當世無雙，並因此在西元前 36 年（元帝建昭三年）拜相。曾上書建議說：

> 王者存二王後，所以尊其先王而通三統也。其犯誅絕之罪者絕，而

〔註 8〕詳《漢書・律曆傳》，卷二十一上，頁 974～975。
〔註 9〕按宣帝為戾太子之嫡孫、武帝之嫡曾孫。霍光廢昌邑王，立之以嗣昭帝，實則宣帝乃昭帝的孫輩，不便為其後的，因為宗法上為人後即是為其子。然而霍光大權在握，持議昭帝「毋嗣」，宣帝「可以嗣孝昭皇帝後，奉承祖宗，子萬姓」云，故得立（見《漢書・宣帝紀》元平元年秋七月奏，卷八，頁 238）。宣帝即位初，除追諡戾太子外，至於追尊皇考之事，是在霍光去世、霍氏家族勢力因謀反案毀滅後始為之。《漢書》，卷六十三〈武五子傳・戾太子據〉即載登位初期，有司據宗法申明為人後的意義之奏議，指出他是嗣昭帝以承祖宗，故應依禮「降其父母不得祭」。八年之後追尊本生父為皇考，雖是引用「禮：父為士，子為天子，祭以天子」的原則，迴避了嗣昭帝此一問題，但究其內心，應是為爭本系正統的藉口罷了。

更封他親為始封君，上承其王者之始祖。

《春秋》之義：諸侯不能守其社稷者，絕。今宋國已不守其統而失
國矣，則宜更立殷後為始封君，而上承湯統，非當繼宋之絕侯也，
宜明得殷後而已。

今之故宋，惟求其嫡，久遠不可得。雖得其嫡，嫡之先已絕，不當
得立。《禮記》孔子曰：「丘，殷人也。」先師所共傳。宜以孔子世
為湯後。〔註10〕

元帝以「其語不經」而寢抑不納。但細究匡衡之意，不啻在提出宗法、國統
上的新理論，似有為宣帝之追尊本生父作理論基礎，發揚三統說，尊大孔子
諸意旨。第一，他認為世絕者則其後絕，他親入繼，非繼此絕後之人（如昭
帝），而是繼其所始（即承戾太子而繼武帝）。這個理論，在後代王朝常引起
政治風波。第二，對統治家族而言，國統與宗統是相合的，宗統依宗法世世
嫡系相承，即為國統不綴之所寄。然而不能守社稷則國統絕，得另立始封君
以承接之，此承統的新君，不必一定是原來之嫡系，但需屬同族之人；有時
嫡系子孫既已先失國統，故反而不當得立。這個理論為劉邦雖未必為堯之嫡
系，但得以始君開統，上接堯之統緒，超越百王之列解釋舖好了基礎。新莽、
曹魏等，亦據此上溯承接作為其始祖（如王莽稱其始祖為舜）的先聖帝王。
這種繼承關係其實是遙繼，待西元前 8 年（成帝綏和元年），梅福再度提出及
補充，引「諸侯奪宗，聖庶奪適」，力主孔子「聖人又殷後」，故封其子孫以
為殷後，禮亦宜之，終使漢廷封孔吉。此理論遂正式成之。亦即奪宗奪嫡的
繼承方式，自後在理論上是可能的。

宣帝之子為元帝，元帝之子為成帝。元帝生前寵定陶共王劉康——成帝
異母弟，幾欲立之為太子，賴史丹等勸諫而罷。〔註11〕成帝立，無子，思先
帝意，欲立劉康。惜康已死，遂立其嗣子劉欣為太子，以師丹為太子太傅。
及至成帝崩，劉欣即位，是為哀帝，遂又發生內繼問題。

西元前 7 年——綏和二年，即梅福建議立孔子後為殷後的次年，哀帝甫
即位，因董宏建議，欲加尊其祖母傅氏和生母丁氏，事下有司，大司馬王莽
及左將軍師丹共同執政，共劾董宏「知皇太后至尊之號，天下一統，……註

〔註10〕匡衡實為梅福理論的開創者，可比較《漢書》二人本傳而知之。梅傳之言見
　　　　同註7，頁 2926～2927；匡傳則見卷八十一，頁 3331～3346。
〔註11〕詳《漢書‧史丹傳》，卷八十二，頁 3375～3379。

誤朝廷」。王、師二人的意見，已涉及民無二尊的大一統的觀念；亦即正統不能有二、不能並尊。秦漢內繼正統之爭自此始。董宏雖爲此免官，但傅太后卻因此大怒，要上欲必稱尊號。於是哀帝遂追尊其父爲定陶共皇，傅氏爲共皇太后，丁氏爲共皇后。一些臣子又乘機建議，請去「共皇」二字，表示與元帝妻王太皇太后及成帝妻趙太后（飛燕）同尊。師丹獨持異議，上言斥此爲「不正之禮」，解釋云：

> ……聖王制禮，取法於天地，故尊卑之禮明，則人倫之序下。……尊卑者，所以正天地之位，不可亂也。……欲與太后并，非所以明尊卑、亡二上之義也。……爲人後者爲之子，故爲所後服斬衰三年，而降其父母期，明尊本祖而重正統也。……陛下既繼體先帝，持重大宗，承宗廟天地社稷之祀，義不得復奉定陶共皇祭入其廟。……〔註12〕

值得注意的是，師丹以治《詩》稱著，爲匡衡的弟子，但其在此論正統，則完全堅持宗法的原則，強調爲人後者只能後其所當後，不能後其所親生；亦即表示前者爲正，後者爲不正。宗統和國統的問題，根本所在即在宗法上之正與不正，與武力、政治、道德，乃至是否擁有中原地區或傳國法寶無干。由此以推其師及梅福之說，匡、梅二人確實「不經」也。基於此，所以儘管師丹爲此忤旨罷職，傅氏被尊爲「帝太太后」，丁氏爲「帝太后」，然而平帝即位——西元前 1 年——王莽復政，遂假太皇太后王氏之詔，褒崇師丹，而嚴斥「定陶太后造稱僭號，甚悖義理」，掘去二氏之冢。

又值得注意的是，繼位之君是否正統，在宗法上不但推本於父系，抑且也推本於生母的名分。妻者，齊也。蓋指匹敵於丈夫之位而言。夫之與妻，在宗法上是比尊的，與媵、妾的身份不同。由於妻爲嫡系之所繫，故原則上丈夫只有一妻，皇帝之妻即爲皇后，皇后以外諸妃嬪原則上只是媵妾；她們之子，實非嫡子。宣帝追尊之舉，顯然事在必行的，因爲其祖父戾太子乃武帝和衛皇后的嫡子，其父史皇孫則爲戾太子和史良娣所親生。反過來看，昭武只是武帝之少子，爲弋鉤夫人所生。明顯的是，宣帝可能自覺其本身出於武帝嫡系，爲正統所在，若繼昭帝爲後即是庶系矣，且侄孫繼叔祖爲後亦頗不當。因而，他不但追尊其祖其父，抑且也追尊其祖母和母親爲后，群臣對此也無強烈反對。哀帝的情況不能與之相比。哀帝之父爲成帝異母弟，是元

帝之傅昭儀所生，因此追尊傅、丁二氏，實爲破壞宗法、擾亂正統之舉，毋怪爲王莽、師丹所劾。

至此，筆者留意到一個事件，即西元 3 年（平帝元始三年）爲平帝選后事件。平帝爲哀帝後一任皇帝，爲哀帝從兄弟，成帝另一異母弟——中山孝王興（馮昭儀所生）之子。當初成帝議立太子時，御史大夫、孔子十四世孫、以經學名的孔光，竟違反宗法，而以《尚書・盤庚篇》爲例，力主兄終弟及，立劉興爲後。〔註13〕成帝基於兄弟不相後等原因，不之納。及哀帝崩，王太皇太后徵劉興之子、時年九歲的劉衎以爲成帝之後（注意不是爲哀帝之後），是爲平帝。三年以後，王莽欲立己女爲皇后，以固其權，遂假意采二王及周公、孔子、列侯世家的嫡女，從中選后。有司上眾女名，王氏女多在選中。王莽恐其與己女爭，遂奏請外家勿采。此舉引起庶民、諸生、郎吏以上千餘人守闕上書，公卿大夫亦咸奏，願得莽女爲天下母，最後聽采莽女。王莽此時又建議博選眾女。公卿爭曰：「不宜采諸女以貳正統。」因而遂決定聘莽女爲后。所謂「正統」，當指皇后之位而言，顏師古注謂「言皇后之位當在莽女也」，殆不得其實。因爲王莽最初的建議是這樣的：「皇帝……掖廷媵未充。乃者國家之難，本從亡嗣，配取不正。請考論五經，定取禮，正十二女之義，以廣繼嗣。……」換句話說，王莽連選后也假託古改制方式而爲之，認爲宗法爲國統所在，前朝所娶不正而又無嗣，遂導至國難，故託古以十二女之義，使皇帝因多妻而造成多嫡子，消弭繼承上的危機。博采眾世家之嫡女，目的即在充滿十二之數——即欲立十二后也。群臣則認爲后只有一，與皇帝並尊、爲天下母，而居正宗統之位，故反對莽女之外再選他后以貳之。

爲了莽女選爲后，張竦代陳崇草奏稱頌王莽之功德云：「孝成皇帝命公大司馬，委以國統，孝哀即位，高昌侯董宏希指求美造作二統。公手劾之，以定大綱，建白定陶太后不宜在乘輿幄坐，以明國體。」又云：「定立妃后，有司上名，公女爲首。公深辭讓，迫不得已，然後受詔。父子之親，天性自然；欲其榮貴，甚於爲身。皇后之尊，侔於天子；當時之會，千載希有。然而公惟國家之統，揖大福之恩，事事謙退，動而固辭。」建議太后比照周公而封

〔註13〕孔光在西漢末名位甚重，凡爲御史大夫、丞相各再，壹爲大司徒、太傅、太師，歷三朝，居公輔位前後十七年，是王莽時代四輔之首，班固議評他「持祿保位，被阿諛之譏」。其事詳《漢書・宣、元六王・中山孝王興傳》（卷八十，頁3327～3328）及〈孔光傳〉（卷八一，頁3352～3365）。

賞王莽。〔註 14〕亦即說，此時的普遍觀念是宗統即國統，其是否符合宗法即表示國統的繼承是否正；國體的根本原則是繼承必須以正，不但繼承父系本幹之正，抑且母系亦須正而不貳，始克爲正——因爲皇后亦爲「國家之統」所寄也。

國統爲國家之統，而以宗統爲依歸，亦以之定正與不正；原則上統無二系，以一爲大，紀無兩接，以所繼爲尊。此觀念與匡衡、梅福一脈的看法，差異頗大，但自西漢末以降則是日益明顯的，故稍後張竦又爲劉嘉作奏頌莽，稱「建平、元壽之間（哀帝年號，西元前 6～1 年），大統幾絕」，賴莽聖德扶振，而得存亡續廢。〔註 15〕《漢書》卷九十九下〈王莽傳・贊曰〉亦謂「遭漢中微，國統三絕」（當指成、哀，哀、平，平、孺子嬰之間），故王莽得「成篡盜之禍」。所謂大統、國統，實指宗統而言罷了，即元、成以降，嫡系的大宗三次中斷也。

據此，東漢諸主多殤夭無嗣，導致太后臨朝、外戚掌政之局屢見，群臣或聲言國統中絕，或聲言繼位之君非正統，其理可知。如光武、明、章、和四帝之後，殤帝以和帝少子，甫生百餘日而立，二歲即崩。《東觀漢記》領銜史官劉珍，在其〈殤帝敘〉中，即聲言「孝殤襁褓承統，寢疾不豫，天命早崩，國祚中絕」云云。〔註 16〕所謂承統及國祚中絕，皆指宗統之正嫡系中斷而言。及至鄧太后與鄧騭「思繼嗣之統」，共立年甫十三、和帝異母弟清河王慶之子以嗣和帝，此即安帝。由於劉慶是廢太子，故其子入繼，尚不能算非正統。安帝原立其子劉保（李氏生）爲太子，後受讒而廢之爲濟陰王。安帝崩，閻后與閻顯另立章帝曾孫北鄉侯懿爲帝，是爲少帝。少帝甫立八個月而崩，閻氏等戒嚴，欲另徵諸王之子而立，宦官孫程等十九人兵變，迎立濟陰王，是爲順帝，改葬少帝以王禮。後以災異數見，帝召問公卿，咸以葬北鄉侯以王禮爲致災之因。當時儒宗，有「五經從橫周宣光」之稱的周舉，卻公然宣稱云：「北鄉侯本非正統，姦臣所立，……皇天不祐，大命夭昏，……災眚之來，弗由此也。」〔註 17〕內繼系統有正與不正之分，經此一代儒宗提出

〔註 14〕事詳《漢書・王莽傳上》，卷九十九上，頁 4051～4064。

〔註 15〕文詳上傳，頁 4082～4086。

〔註 16〕嚴校《全後漢文》，卷五十六，頁 3A。

〔註 17〕按《後漢書》，卷六〈順帝紀〉，帝母李氏爲閻后所害，當爲不得立的原因之一。北鄉侯之立乃閻氏家族及江京等人之力，姦臣蓋指此輩而言，周氏六世以經學知名，以其當時名望而責以「非正統」及「姦臣」，影響當不小。詳同

而爭論，使之公開化、正式化，實爲正統論內繼觀念的重要發展。此事發生於西元 136 年（永和元年），它展示了內繼的國統也有正統之爭，非先帝之子則非正統等觀念，而且亦表示了政治上的不承認主義——本朝人臣否定其君，及正統論的道德主義——姦臣所立者可得不承認之，此皆對陳壽、習鑿齒等有重大影響者。

從師丹至周舉，這一個半世紀之間，是正統論發展的早期關鍵時代，創統、內繼、外繼、遙繼諸觀念皆有開創性的發展。單從內繼觀念看，其理論的內容，起碼在史學上觸發了一些反應：如班固故意不爲惠帝的兩少帝、昌邑王及孺子嬰立本紀，雖說有《史記》爲前例，但以其人纂非正統而又未嘗續國統，恐也是原因之一。依後世史家之意見，這些人即應爲之立廢帝本紀，或如陳壽般明書某王、某公本紀也。范曄《後漢書》亦有此例，如前述的少帝（北鄉侯）即是。內繼理論既牽涉后妃，皇后之尊侔於天子，故張衡建議以元后繫年立紀取代王莽之事在前，《東觀漢記》陸續爲皇后立專傳以居於列傳之首在後。遂使陳壽《三國志》取法《漢記》之例，三書各以后妃緊隨皇帝，成爲歷代正史典例；而華嶠《漢後書》則率先變通張衡之論，特爲皇后立本紀，爲范曄《後漢書》所效法。繼統人選所在的諸王子，反倒等閒視之。再如爲了爭正統之問題，梁太后、梁冀等援立桓帝，爲之追尊桓帝祖父母爲孝穆皇及后，父爲孝崇皇；竇太后、竇武援立靈帝，爲之追尊其祖爲孝元皇及后，父爲孝仁皇，恐也是爲了杜絕以後紛爭而著想。桓帝後來果在元嘉元年（西元 151 年），令東觀史臣修穆、崇二皇之傳記。〔註18〕

正統的內繼觀念影響史學體例如此，史學上的體例確定後，復又對政治社會產生影響，起碼名分上的正統爭將會形成政治危機，因而引起魏朝的檢討和強烈反應。西元 222 年——黃初三年九月，魏文帝頒下〈禁婦人與政詔〉，命令說：「夫婦人與政，亂之本也。自今以後，群臣不得奏事太后；后族之家，不得當輔政之任，又不得橫受茅土之爵。以此詔傳後世，若有違背，天下共

書〈周舉列傳〉，卷六十一，頁 2023～2031。

〔註18〕 桓、靈二帝皆系出章帝子河間王開一脈，追尊之事可詳《後漢書·開傳》，卷五十五，頁 1808～1810。又修穆、崇二皇傳記，見《史通通釋》，卷十二〈古今正史〉，原文作「復令……邊韶、……崔寔、朱穆、曹壽雜作孝穆、崇二皇及順烈皇后傳。」按「順烈皇后傳」無疑爲列傳，但二皇是紀抑傳，則未能確定。原注云：「『孝穆』五字，傳寫訛脫，當作『獻穆、孝崇二皇后』。」此其大錯。因爲孝穆皇即劉開，孝崇皇即劉翼，爲桓帝的祖父與生父也。「二皇」兩字之下或可能脫一「紀」字，或可能無脫而爲傳。

誅之！」〔註19〕這是懲於東漢母后、外戚之禍的禁防措施。此措施與禁防諸侯王政策配合，遂使君主絕緣於內外親戚的扶助，導至魏朝孤立而亡。〔註20〕外戚之所以能弄權是由於母后，母后之掌權則是由於其位居正統、尊與天子侔，且繼統之際可得而任意也。此背後的觀念意識不可不知。爲了國家的安全，溯此而進一步的措施，必然指向入繼之君建立二統的現象，故文帝又頒〈傍枝入嗣不得加尊父母詔〉說：

> ……禮：不以父母辭王父命。漢氏諸侯之入，皆受天子之命胤于宗也，而猶顧其私親，僭擬天命，豈所謂爲人後之義哉！後代若諸侯入嗣者，皆不得追加其私考爲皇、妣爲后也。敢有佞媚妖惑之人，欲悅時主，繆建非義之事，以亂正統者，此股肱大臣所當禽誅也！其著乎甲令，書之金策，藏諸宗廟，副乎三府；尚書、中書，亦當各藏一通。〔註21〕

此詔無異爲了維持一統的純潔性與尊嚴，杜絕內繼的正統爭執之可能，因此隆而重之，以永制形式禁懲「以亂正統者」。這是正統之爭，中國最早立法禁制防預者。七年之後，魏明帝直指前述漢事，重申文帝之詔，再立法以屬禁「干正統」者，詔云：

> 禮：王后無嗣，擇建支子以繼大宗，則當篡正統而奉公義，何得復顧私親哉！漢宣繼昭帝後，加悼考以皇號；哀帝以外藩援立，而董宏等稱引亡秦，惑誤時朝，既尊恭皇，立廟京都，又寵藩妾，使比長信，敘昭穆於前殿，并四位於東宮，僭差無度，人神弗祐。……自是之後，相踵行之。……
>
> 其令公卿有司，深以前世行事爲戒！後嗣萬一有由諸侯入奉大統，則當明爲人後之義。敢爲佞邪導諛時君，妄建非正之號以干正統，謂考爲皇，稱妣爲后；則股肱大臣，誅之無赦！其書之金策，藏之宗廟，著於令典。〔註22〕

〔註19〕見《三國志・文帝紀》，卷二，頁80。

〔註20〕關於禁防諸侯政策及實況，拙著〈曹植贈白馬王彪詩並序箋證〉略有疏解，見香港新亞研究所《新亞學報》第十二卷，1977年8月1日，頁337～404。

〔註21〕此詔不見〈文帝紀〉，嚴校《全三國文》輯自《通典》，見卷五，頁6B～7A。此詔頒發時間不詳，嚴氏列於〈禁婦人與政詔〉之後，按文帝此時逐漸推行猜防政策，或爲此數年間陸續頒發者之一也。

〔註22〕詳《三國志・明帝紀》太和三年秋七月，卷三，頁96。

以史爲鑒，這是史學的經世功能而影響世道人心者。魏二主剔述漢朝史事，以法令推行此類禁防政策，令後世君臣皆遵守，影響是甚大的。陳壽不以劉備爲篡正統，或可於此推尋而得解釋。

　　事實上，魏二主以法令、引宗法定立國統之正，只是兩漢以來此種觀念原則的強調而已，只反映了當時此種觀念原則的確定及普遍，與夫防微杜漸的心理。茲舉兩例以況之：第一，漢末董卓立獻帝而挾之西遷，關東兵起，袁紹等欲廢獻帝，另立大司馬劉虞。理由是「少帝（指獻帝）制於姦臣，天下無所歸心。虞，宗室知名，民之望也」。甚至假借符讖謂虞當代立。「虞以國有正統，非人臣所宜言，固辭不許，乃欲圖奔匈奴以自絕。紹等乃止」。〔註23〕天下大亂，群雄競起，而劉虞因「國有正統」故拒爲天子，所謂「正統」者，指獻帝而言也。獻帝雖爲姦臣所立，天下未歸心，然是靈帝之子，居國統之正也。先帝之子而居正，則宗室子弟實居不正之統，何能爭之。

　　第二，魏文帝幾爲其弟曹植所奪嫡，前述法令即反映了他這方面的恐懼意識。嫡庶之爭在魏晉以降至常見的現象，且時有法令制止而無效者。內繼之宗統，其正與不正，實以宗法爲依歸，宗法則以嫡庶之別爲基石，當時不少文獻討論此事，而杜預特撰〈宗譜〉辯析之。孫吳亦有嫡庶之爭的危機。大帝晚年太子即有不安之議，丞相陸遜上疏爭議說：「太子正統，宜有盤石之固；魯王藩臣，當使寵秩有差。彼此得所，上下獲安。」書三、四上，甚至欲面論嫡庶之分，以匡得失。〔註24〕劉虞事發生在北，陸遜事發生在南，而其觀念意識——堅持宗法以維國統，竟能如此吻合，實可表示了它的確定而普遍。

　　行文至此，本節似可作一小結。蓋正統的問題，不如一般所想像之簡單，實牽涉了開統、繼統兩方面；而繼統方面則又糾纏了內繼、外繼、遙繼諸問題，就內繼問題而言，統之觀念借寓於絲之統紀，而依宗法的理論原則展開。宗法所成立之統即宗統，對王室而言亦即國統，這也是國體所在。在宗法的理論原則上，創本之開統者和繼體之承統者應是一脈（嫡系）相傳的，而且牽涉到妻的問題，因而繼統者之正與不正，最後的檢定厥在宗法。其情既如此，則需知宗法的繼承問題只論正與不正而已，甚少涉及正與僞的政治道德

〔註23〕當時劉虞以大司馬領幽州牧，本身即甚有實力，故韓馥建議他效法當年光武帝。事詳《三國志‧公孫瓚傳》並注引《吳書》，卷八，頁 240～242。
〔註24〕詳《三國志‧陸遜傳》，卷五十八，頁 1354。

觀念，也鮮涉及正與閏的學術觀念。

　　春秋以降，禮崩樂壞，至漢興重振儒學之初，猶呈混亂狀態。即使漢武帝是重振儒學之主，也並不嚴守宗法，以傳嫡爲重；而匡衡、梅福等大儒，亦頗倡權宜之論。他們尊儒而亂儒，正足以造成繼統的危機、引起正統之爭。降至西元前一世紀，儒學已昌，內繼的正統問題始能逐漸回復以宗法爲最後依歸的軌道。統無二系，以一爲大，紀無兩接，以所繼爲尊的觀念，遂逐漸明朗化，至魏則更以法令明文規定之。此依歸原則而外，繼統者或得視爲非正統也。至於內繼的正統之爭，由現實的政治道德問題而影響至史學，其爭端則自西漢宣、元之間始；成、哀之際即已滲入政治因素；至東漢中期則已明顯的波及道德層次了。這種發展，事實上與外繼問題有關，只是正統問題由學術而拓展至政治、道德層面的方面，誠宜研究者加以注意，蓋這是漢儒經世致用的本色所在，而爲陳壽、習鑿齒等正統觀念之背景淵源也。

二、先秦正統論外繼觀念的發展

　　《春秋》經開章云：「元年春王正月。三月，公及邾儀父盟于蔑。」這句話爲後世經學家鑽研甚力，認爲極有微言大義在者。「由武帝正統興」的宣帝，欲修武帝故事，講論六藝群書，徵楚辭大家王褒。褒稱：「《記》云：『共惟《春秋》法五始之要，在乎審己正統而已。』」所謂「五始之要」，即指《春秋》經此句所含五種要旨而言，《漢書・王褒傳》注引顏師古曰：「元者，氣之始。春者，四時之始。王者，受命之始。正月者，政教之始。公即位者，一國之始。是爲五始。」〔註25〕是則五始即五種開首，亦即五個統紀，隱公元年而不書即位，三傳皆謂以其攝也——隱公非嫡子而攝公位之故，也就是表示隱公非正統但仍繫一國之始。上節對宗法上嫡系即正統，頗已述之，茲不復贅。

　　孔子據魯史而修《春秋》，明書「王正月」，姑勿論如何解釋，起碼即能傳達了他的某種政治觀念，而這種觀念可能也是當時的普遍觀念，此即諸侯並非最高的政教動力的始源所在，最高的政教動源——政教之統——由天子出。王化自上而下，政教之統繫於天子，是則《論語・季氏》所謂「天下有

〔註25〕參《漢書》，卷六十四下，頁 2823～2824。

道，則禮樂征伐自天子出；天下無道，則禮樂征伐自諸侯出」，意義甚明。

筆者前面提出，統只是借喻於絲之始，而萬事萬物實亦可借之而各有其統。茲置諸事物之統不論，「王正月」的政治之統，實蘊含了王化只有一統的政治思想，《詩經・小雅・北山》所謂「溥天之下，莫非王土；率土之濱，莫非王臣」者也。漢高祖即位後，見其父如家人父子禮。太公家令說太公曰：「天無二日，土無二王，今高祖雖子，人主也；太公雖父，人臣也，奈何令人主拜人臣？如此則威重不行。」遂使劉邦尊太公爲太上皇。〔註 26〕前文曾引劉向、師丹、王莽等人力持民無二上、天下一統的觀念，適足以反映這種思想觀念源遠流長，並且深入落實至政治社會的層次。

需要注意的是，《詩・小雅・北山》所表達的大一統觀念，是從構成國家三要素之二——土地和人民——的角度上思考的，因而從空間言「天下一統」，實不導源於秦始皇及李斯。〔註 27〕另外，孔子之言亦足以表達一統的王道（政治與道德）、名分、政府等觀念，而劉向、師丹等人則重視了權力方面。這些構成正統論的因素，往往因所執持者不同，而形成正統之爭。

正統之爭的發生條件往往是在同時出現兩個以上政權時產生，天下若只有一個政權，所爭者則常是內繼的正統。內繼理論所涉及的因素較少，常以宗法爲本，故所爭者不及外繼般劇烈而顯著。分析外繼的正統之爭，往往又集中於一統的受命和條件這兩點上；嚴格而言，此二者是互相關連的一個問題。欲對此瞭解，需先回顧古老的國家緣起論及君權天授說。本文第三章第一節，曾略引儒墨諸家對此的理論闡釋，並較詳細的對孟子之「天人推移說」作了分析。「天人推移說」成立的關鍵有三環，即天子受天命而王天下，天意以民意爲依據，民意因統治者的行爲設施而產生。統治者因本身的行爲設施創作了條件而獲得民心，進而獲得上天的垂青受命。是以一個政權是否正統，必須檢視其條件與受命，這是二而一、一而二的問題。

在現實的社會政治裡，天下萬世一系只是理想，所謂天下合久必分、分久必合，實爲一治一亂的常見現象。儒學解釋古代史，認爲堯、舜、禹三聖相禪，殷、周二王則革命，受命皆以正。然而，周天子的「王者大一統」，不久即遭到楚國的率先挑戰，《史記》卷四十〈楚世家〉對此有記述。楚之先祖出自黃帝、顓頊系統，當時遙繼的說法未盛，楚自託曾受命的先聖之後，可

〔註26〕 參《史記・高祖本紀》漢六年，卷八，頁 119 上。
〔註27〕 參前引饒著，頁 3。

得視爲具有戰略意義——尤其在心戰及政戰方面。西元前十二世紀，鬻熊子事周文王，其子孫遂得封於楚蠻，封以子男之田，降至西元前九世紀，「王室微，諸侯或不朝相伐，熊渠甚得江、漢間民和，乃興兵……至於鄂。熊渠曰：『我，蠻夷也，不與中國之號諡。』」乃立其三子俱爲王。是則楚子以諸侯而起，得其統治地之民和，擁有武力，開創了某些條件，然後在理論上表明其獨立的種族和文化，與周室相爭。自此至戰國，楚國最大的缺點爲有爭天下之心，以「觀中國之政」，但又常常自覺一統在周，委屈於「請王室尊吾號」。國家目標的矛盾，遂形成政治及戰略意義上的混亂，亦即天下已有二王，但楚王只是興兵向周王要求政治上的正式承認。這種混亂遂成齊桓、晉文霸政的興起，而楚國的二王並峙之目標不但難以完成，抑且遭到王化披及之區域的共同敵對，視之爲僭越與蠻夷。楚國的發展，觸發了以後正統論外繼理論的幾種學說基礎，此即種族說（中國人抑或蠻夷）、文化說（是否中國文化）、區域說（政權建在中國抑四邊）及受命說的政治承認主義。

　　霸政的口號爲「尊周室，攘夷狄」。尊周室目的在維護周之一統，攘夷狄的意義則較複雜，其中含有不承認夷狄——此不同於中國的民族和文化——有王天下的可能，而且進而斥拒之，仍與維護周之一統有關。由此揆諸吳王、越王，實不適合列於霸王之列。王者大一統，諸楚、吳、越之君既僭稱王，實欲建立二統或多統，與霸政的理想和意識矛盾。競爭者與維護者，意識已強烈至以武力解決的程度，使正統之外，不容有異端存在也。

　　孔子對霸政的評價有褒有貶，他褒揚齊桓公和管仲「不以兵車」而能「一匡天下」，使民免於被髮左衽。這是他站在以武力爲後盾，以和平方式爲手段，而達致建立民族、文化大功德的效果立場上，對二人所作的推崇。朱子注云：「匡，正也。攘夷狄、尊周室，皆所以正天下也。」〔註28〕所謂「一匡天下」，與一統是否正頗有相關，提供了一統如何始得是正——正統條件——的思考方向。然而，霸政同時也產生了某些反效果——周室因敵對政權之爭王，而己身乏力之下始產生霸政；不過霸政的意義是周室僅爲名義上之王，實際操縱政教之動源者卻爲霸主——即政教之統，名在周室，而實在五

────────────

〔註28〕 這段褒語乃筆者撮合孔子對子路的兩次談話而成，俱見於《論語・憲問》並朱注，卷七，頁 97～98。孔子對齊桓和管仲的事業持肯定的態度，給予兼褒功、德的高評，筆者曾因此與人往返辯析。第一篇文章名爲〈孔子究竟怎樣評價管仲——兼論史家評論人物之道〉，載於文化大學《大夏學報》創刊號（1980 年），頁 137～156；《鵝湖月刊》尋即轉載該文，引起連串辯論。

霸。至西元前第七世紀末，晉文公竟召周襄王至河陽，孔子以為諸侯無召王者，遂書王狩河陽。此事件及其書法，遂為後儒鼓吹正名主義的重要依據之一，經、史之學多受其影響。楚子名雖稱王而實則求加尊之承認，意義上是以武力威脅尋求正統天子的承認。五霸名居諸侯，而其實卻是執天下政教之統；意義上是以武力維護正統，而以名歸周室，實操諸己。此名、實的差異，正如孔子所說的「天下無道」之結果。正統論問題牽涉到名實論，應可溯源於此。

孔子的思想意識對孟子有重大的啟示。孟子之時，楚、吳、越之外，齊、魏諸國亦已陸續稱王，這是劃時代的大轉變。在這個時代背景裡，孟子發展了他自己的王、霸之辨及承天受命而王諸理論體系，對後世正統觀念發揮了決定性的影響。

楚、越之稱王，與周室爭，是公開不懼的。五霸則表面尊王，暗中卻將政統操在自己；雖說王室無力，是不得已的客觀形勢，然而最後皆無助周恢復王者權力之心，使之名實相符為一統，斯則不能算是光明正大矣。霸主原為攘除蠻夷的侵併以起，但其假盟會和平的形式，卻以武力作後盾，導至王化之域更多的爭戰，使民塗炭無休止，如此以戰興戰而非以戰止戰，其效果、影響及意義皆須重加檢討。孟子的思路由此出發，提出尊王賤霸的觀念。《孟子》卷一〈梁惠王上〉詳記他與齊宣王論仁政非戰，首段云：

> 齊宣王問曰：「齊桓、晉文之事，可得聞乎？」
>
> 孟子對曰：「仲尼之徒，無道桓、文之事者，是以後世無傳焉，臣未之聞也。無以，則王乎。」
>
> 曰：「德何如則可以王矣？」
>
> 曰：「保民而王，莫之能禦也！」
>
> ……

仲尼之徒何以無道桓、文之事？據孟子順上述觀念發揮，必會提出卷六〈告子下〉所謂的「五霸者，三王之罪人也。……五霸者，摟諸侯以伐諸侯者也。故曰：『五霸者，三王之罪人也。』」之解釋。也就是說，霸政乃更多戰爭的促成者，是王政的違反者。對兩種政治的差異，他又提出「以力假仁者霸，霸必有大國，以德行仁者王，王不待大」；及「以力服人者，非心服也，力不贍也，以德服人者，中心悅而誠服也」之說法（〈公孫丑下〉）。據此，孟子尊王賤霸理論的基礎可知矣。

　　朱子解釋孟子答齊宣王之「王」字，說：「王，謂王天下之道也。」事實
上綜觀此章，孟子之所謂「王」，乃兼指王政的本質、意義及王天下的方式手
段而言。《孟子》全書言「王天下」、「王政」者甚多，涵意廣泛而周全。值得
留意的是，他力倡「王天下」，而較罕論尊周室，似表示承認了周朝一統已陵
替、多王競爭的時代已來臨的客觀歷史發展。然而，多王競爭的客觀事實，
並未逼使孟子承認天下有多統並存；他似乎認為周之一統雖淪喪，但天下仍
以一統為大，第此新的一統不知由何國受命而已。此與戰國時代，諸王雖稱
王號而與周王並尊，但仍不時有獻胙於周天子之類行為發生的背後意識——
一統在周的殘餘意識，顯然頗為脗合的。時代影響了孟子這位歷史哲學家
不僅如此而已，他基於前述的受命學說——天人推移說，鼓勵諸王努力行仁
政（即王政），以邀取民心民意的歸附，使天意選擇他為受命的新王，以達至
重建一統而王天下。亦即說，孟子認為霸政使一統名、實分離，此時已可賤
之而不可復行，可行者乃是重建名實相符的新一統，故同章他對齊宣王力
稱：「王之不王，不為也，非不能也。」這種理論觀念，與孔子有所差異；孔
子頗有意於五霸匡周室而復舊統，並不積極鼓勵諸侯努力王天下建新統以取
代周。

　　孟子的學說，對周秦之際的現實政治及學術思想，顯然有重大影響。上
述的天人推移說、尊王賤霸說、王天下說，荀子事實上也繼其後而提倡。荀
子的弟子李斯從其學帝王之術既成，度楚王不足以王天下而六國皆弱，無可
建功者，乃西入秦說秦王云：

> ……昔者秦穆公之霸，終不東并六國者，何也？諸侯尚眾，周德未
> 衰，故五伯迭興更尊周室。自秦孝公以來，周室卑微，諸侯相兼，
> 關東為六國，秦之乘勝役諸侯，蓋六世矣。今諸侯服秦，譬若郡縣。
> 夫以秦之強，大王之賢，由竈上騷除，足以滅諸侯，成帝業，為天
> 下一統，此萬世之一時也！……〔註29〕

穆公處霸政時代，國策似為主盟爭霸而未必以并諸侯王天下為目的。孝公與
孟子同時。孟子倡賤霸、王天下，則孝公此時有吞六國而王天下之志，將霸
政的國策提升為王政，應是可瞭解的。李斯將秦欲為一統的國策提前至穆公，
似為縱橫家的說辭耳。不過，孝公以後，天下的舊統卑微而六王興，皆各欲
王天下，而秦以此為國家目標已歷數世，則是事實。當時七強所爭者在一統

〔註29〕參《史記·李斯列傳》，卷八十七，頁808上～下。

天下，互相之間未如後世分裂諸政權般，在口頭上、意識形態上爭正統；因而李斯的說辭，亦僅謂一時機已成熟，滅諸侯則可使天下之統歸一，並未提及秦與六王何者為正也。

西元前 221 年——秦王政二十六年，初并天下，頒〈議帝號令〉云：「寡人以眇眇之身，興兵誅暴亂，賴宗廟之靈，六王咸伏其辜，天下大定，……其議帝號！」丞相王綰、廷尉李斯等建議謂「今陛下興義兵，誅殘賊，平定天下，海內為郡縣，法令由一統」，最後議定稱皇帝。〔註30〕前後兩段意見所最宜注意者，第一乃是六王畢、四海一，此即就空間上言一統；海內為郡縣、法令由一統，此即就政教的權力上言一統。而且，周室卑微以後，雖同時出現了諸王，但天下至此始重建一統；六王之統無可貴者，天下以一始為大。此正是孟子以降的政治觀念。蓋王天下為歸於一，言統斯有意義也。

第二，李斯說秦王時，謂秦役服諸侯是以強及賢，議帝號時，秦王自謂其誅暴亂，六王伏辜；李斯等則謂秦王興義兵，誅殘賊。所謂殘賊等名詞，正為孟子思想所在。王天下必須以仁政，行仁政則民心歸一，然後由此邀得天命，撥亂反正為一統，這也正是孟子上述三種學說精義所在。若一以貫之，則無異孟子已提出一套檢討政權是否正的學說。在政治道德上，正其不正以止於正，則一統始能得是正。秦朝君臣之言，正有表示其所一統是正之意，只是未明言之而已。在孟子學說之下，秦朝當然不會說自己以暴易暴，或以力服人也。孟子的思想豈止影響了秦朝政權的自我解釋而已，他同時伏下了以後賈誼、董仲舒、司馬遷等人重新檢討秦朝政權的性質之事，也伏下了劉向、歆父子和班彪、固父子的擯秦繼周，不承認秦之王天下事實而改創史著之舉，甚至觸發了史籍分類學上的正史和霸史之別。分裂政權有能稱一統者，其中何者為正？此漢晉之際的正統問題，於此亦埋下了爭論的伏線。

筆者無意在此獨尊孟子，就政治哲學而言，孟子學說不過只是先秦學派之一，其對現實政治的影響力，未必能遠超荀子或法家等學術。然而，若就歷史哲學言，尤其是一統或正統方面，則其思想觀念顯然是居於指導性地位的。這個地位，事實上也未必由他一人獨佔，與他同時而稍晚的鄒衍，在此問題上應能與他平分秋色。五行說不僅只是解釋朝代更替之原理而已，事實

上它是一種系統的歷史全體論，涉及歷史與政權的型態、屬性、變動軌跡和方向諸問題，就此而言，它已具有被政治家和歷史家所參考引用的價值，何況，鄒衍五行說某些部分，與孟子的君權天授說及王天下必以仁政說頗合符契。他解釋歷史政權的發展上托於天，認爲政治要義必止乎仁義倫理，此在大原則上已與孟子相應，只是於政權的屬性、軌跡等方面，言孟子所不言而已。

秦廷解釋其政權，所面臨的問題是它已重新建立一統，其統的建立符合政治道德的原則，因而他們利用了孟子以降的觀念。然而，另有一些問題，例如秦的一統因何與從何而來？他明顯的以強力兼并天下又作何解釋？其受命與政教設施果眞出於天意及符合天意嗎？類此者勢需令秦廷另求解答，借助鄒衍學說。

《史記・秦始皇本紀》載議帝號的同年，始皇即推五德之傳，「以爲周得火德，秦代周德，從所不勝，方今水德之始」，因而改易正朔、服色、數紀，且依水性深削的特性，推行其苛戾的法治，推行法治是表示其政權的屬性，易正朔等乃其型態，表示上應當運的水德。秦如何符合天意而奉承水運？此需從「代周」的解釋入手。鄒衍五行說是相剋的，周屬火，必爲水所剋；剋者必是力的表現，由此則其兼并天下以力，遂可得而解釋。而且，秦能以力剋周，則顯然是上當天意而符合天律的運行，其正孰逾於此？另外，秦爲水德之始即是水德之統，其統不但來自天意，抑且順天律而代周者，外繼理論注重統之有所傳和有所承，借用五行說以檢視其傳承之際是否得天之正，以作爲正統原則，實由此開始。換句話說，秦廷已重建一統，他們引用孟子的學說來解釋其政權的合理合法尚嫌不足，事實上他們也許自覺不是以仁義起家，興義誅暴的，而是以強力爲之，因而不得不再利用鄒衍學說。當然，他們也許確實相信鄒衍學說，但是他們利用之者，也同時存有開統承天意、繼統依天律，以表示其統正的強烈意識，只是未明言正統二字而已。堯舜相禪、殷周互革，雖委稱承天意而行，但從未有一個完整的法則來規範其是否正，秦廷的創舉，實爲正統問題發展上的里程碑。漢人有所謂「得天統」、「順至正之統」等說法，《史記》亦言之，應是本此而來。蓋統源自天意，得天意斯即得天統；統之變化有天律規範，其秩序不可逆亂卻可得而順，順之則至正，正統與否由乎此也。五行說被視爲檢討正統與否的眞理，誠宜留意。

三、擯秦意識下的五行說與正統論

正統觀念發展至秦的統一，已經出現將各種觀念統制於一種學理法則的趨勢，秦廷的援引鄒衍五行說宣佈其政權的合法與措施的正確，實爲其統制政策之一——將歷史政治的變化發展理論，統一於鄒氏學說。漢朝大體上是繼承秦朝的政策制度的，因而這種官方學說亦繼承了下來，值得注意的是，秦以前與正統論有關的觀念，如文化、種族、區域、仁政諸說，在鄒氏五行說籠罩之下，只有仁政說仍強有力而已，其他頗已轉弱。蓋經春秋、戰國的長期交流發展，文化和種族皆有融合的趨勢，秦、楚皆不可能再意識其不與中國同了，若說秦爲蠻夷種族和文化，則楚集團的劉漢，又何能自外於此？若說秦僻居西陲的關中，則漢又不然耶？是則漢人論正統，很難由文化、種族、區域諸說入手。若說秦與周無血緣關係，則漢與秦亦然也，光武帝和昭烈帝繼統的血緣說，在秦漢之間實亦難以施行。

秦漢之際，君權天授已成爲深入而普遍的信仰，不少例證可資印證。例如司馬遷駁論魏不用信陵君而亡的說法，認爲「余以爲不然。天方令秦平海內，其業未成，魏雖得阿衡之佐，曷益乎」？〔註31〕這是一個大史家，對秦承天命必須統一天下，不能中止，任何人力也不足以扭轉的歷史解釋；也是秦廷當初推五德之傳時，所樂於見到的預期效果。趙高弒二世，引璽而佩之，左右百官莫從，「高自知天弗與，群臣弗許」，乃立子嬰。〔註32〕這是政權在握的野心政客，自感天命不與而不敢稱帝的事例。張良曾判斷「天亡楚」，其後項羽敗，自嘆「天亡我」。蒯通勸韓信反，言及「天與弗取，反受其咎」，信不納；其後韓信爲劉邦言，說他得天下乃「天授，非人力也」，被殺前自悔云：「豈非天哉！」〔註33〕這是軍事家及政治家曾有的信念。陸賈算得上是外交家和史學家，奉使南越，與尉他談高祖興起之速，謂「此非人力，天之所建也」，並高論劉邦「繼五帝三皇之業，統理中國」之義。〔註34〕劉邦只是楚國平民，群臣如此解釋他得天命，相信他亦深信於此。他死前病發，拒醫治療而嫚罵云：「吾以布衣提三尺劍，取天下，此非天命乎！？命乃在天，雖扁鵲

〔註31〕參《史記·魏世家·太史公曰》，卷四十四，頁584下。

〔註32〕參《史記·李斯列傳》，卷八十七，頁816上。

〔註33〕詳《史記·項羽本紀》，卷七，頁104上、105上；〈淮陰侯列傳〉，卷九十二，頁837下、839上～下。

〔註34〕參《史記·酈生、陸賈列傳》，卷九十七，頁862上。

何益！」〔註35〕是又帝王之自信也。故司馬遷在〈高祖本紀〉末，盛稱云：「得天統矣！」又在〈秦楚之際月表〉中，驚嘆秦亡至漢興，「五年之間號令三嬗，自生民以來，未始有受命若斯之亟也」，高祖無積德累善、尺寸之土而王天下，「此乃傳之所謂大聖乎？豈非天哉，豈非天哉！非大聖孰能當此受命而帝者乎」？是皆可證當時的正統觀念，不但是政治和學術上的問題，抑且也是信仰上的問題。

劉邦居馬上而得天下是由於承受了天命，當時已有此說。然而劉邦據何德何能而獲得上天的垂青？這是漢朝君臣及一般知識分子所關心者。孟、鄒之學說皆有歸本於仁義之說，此遂成為漢儒解釋政權興亡的基點。前文曾提及景帝時黃生與轅固生的爭論，轅固生力言湯武誅桀紂而得人心為受命，並舉高帝代秦即天子之位以作論證，其觀念源自孟子之誅一夫說及仁政說，是頗為漢儒所贊同的，儘管景帝嚴上下之分，不喜學者言湯武受命，頗採黃生之說——湯武非受命，乃弒也。然而終究不能援此將劉邦開統解釋成叛亂弒逆。〔註36〕劉邦既不是叛亂弒逆，反而是受天命而王的，則其行為設施必被解釋為居於正。在此前提之下，加上當時人民普遍厭恨於秦的心理，秦廷被解說成暴政殘賊，反秦集團則是興義除暴，亦是順理成章的發展。孟、鄒二子的學說，於此再度發揮了大影響。

據鄒子之說，秦屬水為正統，則漢繼秦水亦當為正統，蓋為張蒼以為水統之屬性、型態尚在，秦開統，漢繼之，水系統未止也。然而此非統的內繼問題，內繼之正與不正取決於宗法，宗法上斷無異姓相繼之理，是則為張蒼說之致命傷也。異姓之統不能內繼，則賈誼、公孫臣據鄒子之說另作解釋，可想而知之。這是秦漢正統之爭所由起。賈誼是「君尊臣卑民如地說」的倡言者，他當然亦意識到君臣上下之分，不過若嚴拘於臣不能弒君，則無異說劉邦是叛亂集團；若謂臣可弒君，則統治者不悅。他是儒者，精於古史，故其思想出路很自然的就傾向於孟子，據時人的觀念，秦與漢若俱為一統而居正，是則秦統的止滅只能解釋為因殘暴而失民心，因而失去天命；相反的，漢則因興義誅暴而獲民心，因而邀得天命，此實為〈過秦論〉和〈治安策〉的精義所在也。〈過秦論〉云：「秦之盛也，繁法嚴刑而天下振；及其衰也，百姓怨望而海內畔矣。故周王序得其道，而千歲不絕；秦本末并失，故不長

〔註35〕參《史記・高祖本紀》十二年二月，卷八，頁121下。
〔註36〕此次爭論詳本書第三章第二節。

久。由此觀之，安危之統，相去遠矣。」據此，賈誼遂提出外繼之說，解釋秦水已消失，漢土剋之而革其命。秦之水德爲正統，剋之者爲土德，漢應屬之，而且必須屬土德始能繼秦爲正統。若漢亦屬水德，則何能解釋秦滅漢興之事實？內繼之正統理論原則，焉能用之於外繼？此爲雖同用鄒子之說以定正統，但所執內繼、外繼不同，斯有此爭也。

漢人是痛恨嬴秦的，知識分子尤惡之，這種情緒於是埋下了否定秦統的伏線。〈過秦論〉又云：「秦王懷貪鄙之心，行自奮之志，不信功臣，不親士民，廢王道，立私權，禁文書而酷刑法，先詐力而後仁義，以暴虐爲天下始。」賈誼如此批評秦之心術不正與設施行爲不正，顯然具有「聞誅一夫紂矣，未聞弒君也」的否認意識或傾向，舖下了漢儒對秦統再爭論的基礎。其後董仲舒對江都易王問，力稱「仲尼之門，五尺之童羞稱五伯，爲其先詐力而後仁義也。苟爲詐而已，故不足稱於大君子之門也。五伯比於他諸侯爲賢，其比三王，猶武夫與美玉也。」〔註37〕這種發揮孟子的尊王賤霸說值得注意，因爲「先詐力而後仁義」乃是霸政，不是比諸王政，故霸主不能比之於王者。賈誼既先痛秦廷「先詐力而後仁義」，據此以推，則秦爲霸政可知。賈誼貶秦於前，仲舒繼起而賤之，司馬遷復引〈過秦論〉以論秦，爲秦政定性。這種發展，已明顯出現了由貶天子以至於否認其王天下的趨勢。及至仲舒弟子吾丘壽王，倡言「今漢自高祖繼周，亦昭德顯行」，〔註38〕則秦被擯斥於正統之序，已成定局。漢興百年之間，由漢統內繼於秦，漢統剋秦外繼，以至擯秦於正統之外而主漢統繼周，此正統之爭，觀念之變，是如此持續而強烈的，而且與孟、鄒二子學說的關係是如此密切的。

在此發展期間，董仲舒及其另一弟子司馬遷，於歷史哲學亦具有舉足輕重的地位，本文第三章已論之。仲舒的反秦論調，〈天人三策〉已從學理中提出。他具有將秦擯出正統之列的強烈意識，其遂行的方式是假孔、孟學說爲基礎，雖不全盤推翻當時顯學的鄒氏五行說，但卻另創一種新說以補充之，俾達其目的。董子學說與正統問題有關者，以天人感應說、更化說和三統說爲最；前二說事實上孟、鄒也有此意，後一說則董所力主，將之成功的融成一體系，這是他也能獲得指導性地位的原因。

由於前文已論之，故於此僅略述其正統觀念而已。董仲舒認爲萬有始

〔註37〕見《漢書・董仲舒傳》，卷五十六，頁 2523～2524。
〔註38〕參本書第三章第四節。

一，所謂「天地之氣合而爲一，分爲陰陽，判爲四時，列爲五行」，而與人合而爲十者是也。天之道貴於一，這是他大一統觀念的形上基礎。天有天之道，王有王之道，「聖人法天而立道」，孔子作《春秋》亦「上揆之天道」（〈天人三策〉之三），天道以一統，則王道亦以一統爲正矣。〈天人三策〉第一策云：

> 臣謹案《春秋》之文，求王道之端，得之於正。正次王，王次春。春者，天之所爲也；正者，王之所爲也。其意曰：「上承天之所爲，而下以正其所爲，正王道之端云爾。」然則王者欲有爲，宜求其端於天。……王者承天意以從事，故任德教而不任刑。……

> 臣謹案《春秋》謂一元之意，一者萬物之所從始也，元者辭之所謂大也；謂一爲元者，視大始而欲正本也。《春秋》深探其本，而反自貴者始。故爲人君者，正心以正朝廷，正朝廷以正百官，正百官以正萬民，正萬民以正四方。四方正，遠近莫敢不壹於正，而亡有邪氣奸其間者。是以陰陽調而風雨時，群生和而萬民殖，……諸福之物，可致之祥，莫不畢至，而王道終矣。〔註39〕

王道由始至終一本於天而始得爲正，落實於施政則爲德教。秦任刑法，亦即不能合於一而本於正也。此由天道、道德、政治及人民、四方幾種角度去界定一統及其是否正者。第三策末云：

> 《春秋》大一統，天地之常經，古今之通誼也。今師異道，人異論，百家殊方，指意不同，是以上亡以持一統：法制數變，下不知守。臣愚以爲諸不在六藝之科、孔子之術者，皆絕其道，勿使並進！邪辟之說滅息，然後統紀可一而法度可明，民知所從矣。

這裡所言的「一統」及「統紀」，即就法制、思想、學術而言。〈太史公自序・孟荀列傳子序〉云：「獵儒墨之遺文，明禮義之統紀。」是亦此意也。王道的表現在政教，王道之端要正則必須上承天之所爲，以一爲本。王者整齊人倫道德，統制思想學術，整合四方萬民，建立一元的政治法制，此皆符合「一」的要旨，和應上天之道，如此，則王者必須擁有至高唯一的權力，以作開始發動之用，此亦與天道合。據仲舒之意，政教權力歸於一，由於開出統緒以統制萬物，這才是其意義，如此才能符合天道而謂之正。然而，秦亦一統天

〔註39〕詳《漢書》本傳，卷五十六，頁2501～2503。按：本節所引董子之言，若第三章第二節已引者，在此不再註明出處，讀者煩參該節。

－125－

下，統制萬物，此而正者孰不可正耶？關於這個問題，仲舒實另有解釋，此即以「天道之大者在陰陽」，陰需助陽始得成歲，故「天之任德不任刑也」，而「王者承天意以從事，故任德教而不任刑」作爲基點出發。

賈誼〈過秦論〉指責秦以詐力并天下，此即其始不正；一天下後復又任刑法而不任德教，此即其終不正，仲舒〈天人三策〉中亦發揮此意，解釋爲秦之始終不合於天道，頗意其不過是衰周之餘贅而已。〈天人三策〉第一策云：

> 道者，所繇適於治之路也，仁義禮樂皆其具也。……夫人君莫不欲安存而惡危亡，然而政亂國亡者甚眾，所任者非其人，而所繇者非其道，是以政日以仆滅也。夫周道衰於幽、厲，非道亡也，幽、厲不繇也。至於宣王，……周道粲然復興，……故治亂廢興在於己，
> 非天降命不可得反，其所操持誖謬，失其統也。

道乃適治之路，操之在己，誖謬則失其統，其觀念誠值注意。第二策又提出古代歷史政治興亡的解釋，謂堯受天命以天下爲憂，得聖賢輔德而教化大行。既禪於舜，受「繼其統業，是以垂拱無爲而天下治」。至於殷紂逆天暴物，殘賊百姓；相反的，紂雖尚在上，而文王在下，卻因順天理物，愛施兆民，故天下歸之。武王行大義，平殘賊；周公文以禮樂，至成、康遂隆。及「至秦則不然」，任刑法，「憎帝王之道」，「非有文德以教訓於（天）下也」，因而滅亡。其說完全本於孟子的仁政說、誅一夫說、天人推移說而來，並含有其興學、更化的主張。在此段解說之中，他又提出了一個結論性的論斷，即：「繇此觀之，帝王之條貫同，然而勞逸異者，所遇之時異也。」

「帝王之條貫」即「帝王之道」。堯開出了帝王之道的統，舜繼之如一，文、武、周公等亦行此道而已，其道出於天，是不變之道。殷紂逆天而亡，是失道而不是道變了；秦承周弊，亦如是而亡。故第三策順此而詳論之，已有意將秦逐出王道正統之外矣。他說：

> 臣聞夫樂而不亂、復而不厭者謂之道。道者萬世亡弊，弊者，道之失也。先王之道必有偏而不起之處，故政有眊而不行，舉其偏者以補其弊而已矣。三王之道所祖不同，非其相反，將以救溢扶衰，所遭之變然也。故孔子曰：「亡爲而治者，其舜虖！」改正朔，易服色，以順天命而已，其餘盡循堯道，何更爲哉！故王者有改制之名，亡變道之實。

然夏上忠，殷上敬，周上文者，所繼之救，當用此也。孔子曰：「殷因於夏禮，所損益可知也；周因於殷禮，所損益可知也；其或繼周者，雖百世可知也。」此言百王之用，以此三者矣。夏因於虞，而獨不言所損益者，其道如一而所上同也。

道之大原出於天，天不變，道亦不變，是以禹繼舜，舜繼堯，三聖相受而守一道，亡救弊之政也，故不言其所損益也。繇是觀之，繼治世者其道同，繼亂世者其道變。今漢繼大亂之後，若宜少損周之文致，用夏之忠者。

這段對策，真是中國思想史上的宏論，他指出的是：第一，王道有失者在於人之失，而不在道本身；繼起的政權應補救其失，但其意義不是變道，而是改制更化。只有繼治世者如堯舜禹三聖相禪，因其道統相同而不需變革。第二，中國歷史文化及帝王之道有一貫之道，其統由堯開出，繼承此道者始為正道正統，此為發揮孔孟所言者，且細論之。由此，前後朝代之間必須有所繼，遂被後人所重視；這是外繼理論的重大發展，往往也被後人誤會為正統問題重點只在論繼統之正與否。王莽必須要安排繼漢，三國相爭繼漢，乃至晉究竟必須要繼漢或繼魏，爭端即基於此。第三，繼治世者固然其道統守一，但繼亂世者則因前代失道而必須更化。更化的文化特質卻只有忠、敬、文三種，曾分由三王救弊時所執。法先王之道則需視其當時所遭之變及歷史演變的序列，適當的順著其中一種以應變。這三種特質不是道的本質，而是歷史文化的特質，更化歷史文化以此為本。這是三統說與更化說之關係所在，本無陰陽學、術數學之意義，而是人文的、文化的。第四，漢所繼之大亂，是周的大亂而非秦，故建議「少損周之文致，用夏之忠者」。無異宣佈三統是循環的，而秦不列於此循環之列，不是正統之序也，這是擯秦論的重要論據，是迴避了鄒衍學說而別創的。

第二策提到「《春秋》受命所先制者，改正朔，易服色，所以應天也」。也就是說，更化改制是應天所必須的行動，其重點即在改正朔和易服色，因而仲舒在《春秋繁露》卷七〈三代改制質文〉中，即提出黑、白、赤三統以代表正色，寅、丑、子以代表正朔，聲稱「三代改制，必以三統」。然而秦之服色尚黑，乃是根據五行說而非三統說；秦以十月朔，更不屬寅（正月）、丑（十二月）、子（十一月）三統之任一統。如是者擯秦於三統之外，理論上已成定局。仲舒於此將天曆算學雜附於忠、敬、文三統，實有終極為了排秦的

意義。秦以十月朔，在寅、丑、子之外，則當然是三統之餘閏。是則後世正統論之所謂正、閏之別，由此發生；正統、霸統之別，則自孟子以至仲舒，觀念大體亦已成熟矣。後者（王霸）純爲政治道德的問題，前者（正閏）則爲歷史人文之說外，兼帶天文曆算之學，是一種命定的歷史型態循環論了，仲舒由擯秦意識，竟帶出了如此的正統論基礎，誠宜留意也。

至此，一統的觀念已明朗，而正統之爭則亦出現了學術根據，一如宗法之於內繼的關係。但是，檢討正統的理論由於愈來愈完備，揉合了孟、鄒、董三子的學說而成所謂的三五相包說，且具有絕對化的傾向。唯其仍有所缺憾，故正統之爭尚未至此止息。持續這種爭議的最重要人物，一是司馬遷，一是劉向、歆父子。

司馬遷承受孟、鄒諸說的啓示而開創新史學及通史，前文已一再贅之矣。筆者曾提及，司馬遷有意取其師說，將十月朔的秦擯出了正統之外，認爲秦政不改周之文敝，反酷刑法，乃是益屬周之餘弊，漢興而糾正之，始眞「得天統矣」。這種解釋，是根據三統說之人文形式——忠、敬、文，及時歷形式——寅、丑、子，綜合而成。然而，三五相包說實際包含了時歷的三統說和運數的五行說，故僅執前者以擯秦，理論上是不充分的。不過司馬遷建議武帝正朔於寅，色當黃，數用五，實數五行說而來，在秦屬水德之統而爲漢土所剋的大前提下，始能成立。據此，則秦統實在運序之內，也實爲正式的天統。是以竊謂「此矛盾司馬遷無法解也」。〔註40〕司馬遷爲了解決此問題，遂根據新史學的精神，別闢他途。

司馬遷在〈伯夷列傳〉提一個問題，他閱堯、舜、禹禪讓之際，那種選任愼重、核試久長而始得成功的傳受，不禁說：「王者大統，傳天下若斯之難也！」〔註41〕王者大統即所謂帝王之道、帝王統業，傳之既難者亦即意味受之繼之亦難也。堯、舜、禹、湯、文、武、周公，一統相承，抑且經數百年始得再傳而授之，斯實難矣。夏、殷、周繼體之主，奉其開統之正而失守，必待王者另受命而興，則其所失不明，斯則繼統者亦難矣。秦因周之失道而興，卻踵繼其文致之失，無以知道統之正而撥亂返正，是則若謂秦統繼之以下，不亦難耶？司馬遷在傳統、繼統的系統上，是否定秦的。然而，他將王者大統之傳（及繼），與大統之一，截然劃分爲二，前引〈秦楚之際月表〉的

〔註40〕參第三章第三節。
〔註41〕參《史記》，卷六十一，頁 671 上。

論調，即據一統的層次而發。他認為虞、夏、殷、周皆以長期積德修仁，然後成事。秦則以百餘載之積力，仍能兼併。「以德若彼，用力如此，蓋一統若斯之難也」！需知正統問題兼具一統和繼統兩方面，前代再失道無道，也不會平白甘心的讓出其政權，是則一天下而統之者必須靠其本身的努力，或以德業，或以功力。這是客觀的事實問題，而新史學正是重視實證、承認事實的學術。由此言之，司馬遷顯有承認秦之一統，在運序上居於正，然而其一統以力不以德，則否認其所繼者正也之意。亦即秦之一統或開統屬運序之正統，其傳統或繼統則在時序上為閏統。這種分開五行、三統兩說而解釋一統與繼統的觀念，姑名之為正統二分說。

　　據此，司馬遷協助武帝修曆而定朔於正月，倡議漢德屬土，色尚黃，數用五，亦即須在承認秦德屬水為正統的大前提下，始能有此舉。此為他將秦列入《史記》本紀的原因之一。當時鼓吹更化改制之說已盛，漢不可能內繼於秦之水德，也不可能以土德躍過秦水而直剋於周之火，故秦勢將不能排出運序正統之外。理論上如此，事實上亦然。不論班氏父子以後，是否有人批評司馬遷是現實主義者，抑或功利主義者，要之他重視了一個事實與理論的問題。他在〈封禪書〉說：

> 自古受命帝王，曷嘗不封禪？蓋有無其應而用事者矣，未有睹符瑞見而不臻乎泰山者也。雖受命而功不至，至矣而德不洽，洽矣而日有不暇給，是以即事用希。……

> 始皇封禪之後十三歲，秦亡。諸儒生疾秦焚詩書，誅僇文學，百姓怨其法，天下畔之，皆讒曰：「始皇上泰山，為暴風雨所擊，不得封禪。」此豈所謂無其德而用事者邪？〔註42〕

司馬遷已注意到秦漢以降人民普遍疾怨秦的意識，這是事實。他又注意了秦以力征天下，功至而德不洽的事實，雖然仍脫不了孟子的王霸之辨和王政說的範疇，但這是事實，因而他解釋秦統，是有一統之功而無繼統之德，承認其「事」，而判定其德不洽，以至不能應天。這種承認事實而撇開主觀論定的精神，是劉氏父子所難瞭解的，是一種史學精神而非純經學意識。需知司馬遷雖在運序上承認秦之一統，但對秦的政治也非承認現實而全無惡評，就如同承認漢德而非對漢諸帝全無惡評一般。他就事論事，從實而書，是實錄精

〔註42〕參《史記》，卷二十八，頁 427 上、431 上。

神的表現；若謂貶秦則可，貶漢則謗，則顯然不懂此旨，而有入主出奴之意識矣，何況，「本紀」一體之創作，目的不僅在「序帝王」而已，其意實具論述掌握一統天下，爲政教動源的主宰之意。秦之曾一統是事實，項羽也曾以力一度號令天下，這就不容抹殺的，俱得列入「本紀」。班固所謂秦滅周後，海內虛位無主三十餘年，形成漢因勢而興之說，無異造成一段歷史的空白，與事實不符，極爲不合理，爲司馬遷所不敢想像。司馬遷此正統二分說，乃是就史學的角度，從理論與事實稽其道理的應有結果，並不妨礙〈太史公自序〉所謂「維我漢繼五帝末流，接三代統業」之旨。

賈誼、董仲舒皆是經、史兩兼的宗師，他們的疾秦意識是非常明顯的，其正統觀念在此引導之下，已逐漸形成擯秦論的理論化。事實上，較他們更早的名歷史政論家陸賈，爲漢高祖解說古今成敗存亡之理，著成《新語》一書時，早已一方面觸發賈、董二子的思路，另一方面又啓示了司馬遷的正統二分說。《史記·酈生陸賈列傳》一者記述了他向尉他解釋高祖興起之速爲「此非人力，天之所建也」，及高祖「繼五帝三皇之業，統理中國」之旨；再者又記述了他與高祖論「馬上得天下」及「馬上治天下」之辯。這就表示了司馬遷對此問題的特別注意。陸賈論管仲相桓公成霸業，至於「權行於海內，化流於諸夏」時云：

> 失道者誅，秉義者顯，舉一事而天下從，出一政而諸侯靡。故聖人執一政以繩百姓，持一檠以等萬民，所以同一治而明一統也。〔註43〕

他並未表示五霸名實俱爲正統，而旨在說明其有一統之實，及一統之政教意義。一統需聖人一政一檠一治，而後始能明也。他又云：

> □□德爲上行，以仁義爲本，故尊於位而無德者黜，……統四海之權，主九州之眾，豈弱於力哉！然功不能自存，威不能自守，非爲貧弱，乃道德不存乎身，仁義不加於天下也。故察於財而昏於道者，眾之所謀也；果於力而寡於義者，兵之所圖也。……〔註44〕

這是指既已一統，而所存守者不合繼統之道而言。他是通論古今成敗，以至秦亡漢興者，雖不專指秦以力亡，實已包涵此意，其意見正是賈、董二子之意見也。陸賈《新語》是司馬遷的重要參考書，遷之正統二分說，淵源

〔註43〕陸賈《新語》，卷下〈懷慮第九〉，中華書局明刻本，民國60年2月臺二版，頁4B～5A。

〔註44〕同上註引書〈本行第十〉，頁6A～7A。

可知。

　　其後劉向父子學說大盛，正統理論改寫而奠定。然而司馬遷此說猶能自成一系，隱然與之相錯並存。例如桓譚《新論》，曾暢論古代政治特質及等級云：

> 三皇以道治，五帝以德化，三王由仁義，五霸用權智。無制令刑罰謂之皇，有制令無刑罰謂之帝，賞善誅惡、諸侯朝事謂之王，興兵約眾盟誓謂之霸。王者，往也，言其惠澤優游，天下歸往也。王者純粹，其德如彼；伯道駁雜，其功如此。俱有天下，而君萬民，垂統子孫，其實一也。〔註45〕

三皇是《史記》所無，而劉氏父子推五行後始大盛定型的新說，五霸則為《史記》所承認其有一統之事而無其名，而不列入本紀者。桓譚曾讀《史記》而頗引其文，則司馬遷之旨，譚實知之。他論王、霸之異在德、功之不同和純、雜之有別，是在理論上進一步發揮也。漢宣帝教訓太子（元帝）云：「漢家自有制度，本以霸、王道雜之，奈何純任德教，用周政乎！?」〔註46〕是則王、霸其實一也，皆得能開統而傳統者，不但是理論問題，抑且是事實問題及政治意識的現實問題也。應劭《風俗通義》承此四分法再申論，其〈五伯篇〉即指出「王道廢而霸業興者也」，伯主乃主盟尊王室而「復續其緒」者。「復續其緒」即續其統，故他給予定義云：「伯者，長也，白也，言其咸建五長，功實明白，或曰霸者，把也，駁也，言把持天子政令，糾率同盟也。」由此遂至將霸政正式附於三五相包的理論，云：

> 蓋三統者，天、地、人之始，道之大綱也，五行者，品物之宗也。
> 道以三興，德以五成，故三皇、五帝、三王、五伯，至道不遠，三五復反，譬若循連環、順鼎耳，窮則反本。〔註47〕

由王霸之辨而疾秦、擯秦，由擯秦而引出正統二分說，由此再回轉至宣帝、桓譚、應劭之言，是則不論政治上及理論上，霸政之能開統及傳統，其說已然存在。即使曹魏為霸業，陳壽列之為正統，並非其來無自也。

〔註45〕詳《新論》，頁 4B～5A；又頁 11A 亦有相似言論。

〔註46〕見《漢書・元帝紀》，卷九，頁 277。

〔註47〕詳《風俗通義・五伯》，卷一，頁 2B～3B。按該卷分為〈三皇〉、〈五帝〉、〈三王〉、〈五伯〉、〈六國〉共五篇，皆引五行說作解釋，即〈六國篇〉亦承認秦乘天意而為漢驅除，是即司馬遷等人的觀念也。中華書局漢魏叢書本，民國58 年 2 月臺二版。

四、新三五相包說下的正統觀念及其與史學的關係

　　董仲舒的三統說舖下了擯秦的理論基礎，其弟子吾丘壽王之漢高祖繼周說，徒孫眭孟之漢當禪退如殷周二王後以承天命說，乃至匡衡、梅福之要求封孔子後以繼殷後通三統說，皆董氏學說的理論發揮和實際應用。他們的說法，可視為疾秦意識下的不完全擯秦論，因為三統為殷、周、漢，則秦必擯出而失其序也。此派與司馬遷一系的差異，在他們似乎較執著帝王之道三統相承而一的論點，也就是較偏向於繼統的角度。至於完全擯秦論，實由劉向、歆父子而創定，揚雄之〈劇秦〉，班彪之〈王命論〉，及其子固之撰《漢書》，則是其繼起的後勁；擯秦於正統之序以外，至此乃成定論。此數子的學說，前文論之已贅，〔註48〕於此僅略述其關係而已。

　　劉氏父子之學，實亦有重大承受於仲舒一派的學說。就其正統觀念言，即可舉其要旨三點以述之：第一，劉向〈諫營昌陵疏〉，謂「王者必通三統，明天命所授者博，非獨一姓也」；又謂孔子嘆曰：「大哉天命！善不可不傳于子孫，……」閱其全疏，乃知其承受董子三統說之論外繼及內繼的觀念也。〔註49〕《漢書》卷二十一上〈律曆志〉詳引劉歆之三五相包說，其中三統部份亦承自此脈。第二，眭孟創「漢家堯後，有傳國之運」說，為霍光以「祅言惑眾、大逆不道」罪所殺。不及半個世紀，劉向亦謂「漢帝本系，出自唐帝；降及於周，在秦作劉。」漢出堯後乃是遙繼觀念之始，其目的主要在申明漢室乃先聖之後，克承堯之火德而復興，為班固《漢書‧敘傳》所謂堯舜之盛，德冠百王，「漢紹堯運，以建帝業」，不應「偏於百王之末，廁於秦、項之列」所由本。亦即尊漢室、屈百王、擯秦項以彰正統之意也。儘管眭孟的目的為勸漢禪退，劉向的目的在尊大本系，劉歆的目的是欲爭取《左傳》的正統及官方地位，班固則欲配合東漢政治意識而正漢擯秦項，其實皆變通眭孟之說而作其行為的論據，終至形成正統論的重要說法之一以及促成《漢書》的創作。此為劉氏父子一系的完全擯秦論，承受不完全擯秦論的理論，而進一步發展之例。第三，《春秋繁露》提出五行有相生及相剋兩特性，前者當時不受重視，至劉氏父子出，始得大盛，終成後世廣為採用的主要正統論原則，實為劉氏父子承受董子學說的最重大者。

〔註48〕請參本書第三章第四節。
〔註49〕該疏詳參《漢書‧楚元王傳》，卷三十六，頁1950～1957。

　　董仲舒一系的漢統繼周及擯秦說法，既以三統說爲理論基礎，而無以推翻當時尚盛行的鄒衍五行相剋說，故形成其不完全的擯秦論調，並由此別成司馬遷一系的正統二分說。劉氏父子若欲完成仲舒所未完成者，欲解決司馬遷所無法解決者，則最有效的途徑，實爲順著五行相生的理路，推翻鄒衍學說，以完成其新的三五相包說。五行相生自木德始，是劉向本董子學說而倡大，爲劉歆所繼踵者。前文提及班固在《漢書》卷三十六〈楚元王傳・贊曰〉，推崇「劉氏（向）《洪範論》的發明大傳，著天人之應」。又在卷二十五下〈郊祀志・贊曰〉批評公孫臣、賈誼、兒寬、司馬遷等人的漢土剋秦水說不當，引劉氏父子之言云：「劉向父子以爲帝出於震，故包羲氏始受木德，其後以母傳子，終而復始，自神農、黃帝下歷唐、虞、三代，而漢得火焉。故高祖始起，神母夜號，著赤帝之符，旗章遂赤，自得天統矣。昔共工氏以水德間於木火，與秦同運，非其次序，故皆不永。」這種說法有幾點必須注意：

　　第一，劉氏父子本陰陽家學說，循董仲舒五行相生之言，假夏侯尚書學推五行，因《易經》之言定五行自木始，因而完成其披著儒家外衣的新五行說。其創始人實爲劉向，而非劉歆；劉歆《世經》所述，實本父說而發揮者。〔註50〕

　　第二，新五行說以母子相生而全盤推翻相剋，起運於木不始於土，故古代帝王之傳統勢須另作適當推排。劉氏父子由伏羲氏繼天以木德王天下始，推至漢而屬火。此既爲劉氏父子之說，則《漢書・律曆志》所引《世經》所排的序列，自非劉歆一人所創舉。這種新排法，內含極其強烈的政治意識，他們借此排列，承認古代帝王之正統與否，鄒衍則似較少利用五行序列否定正統之意。由此角度觀之，謂劉氏五行說是政治上的純粹正統論，也不爲過。他們爲了擯秦，將之打爲「非其次序」，故於周木、漢火間，訂之爲餘贅，給這種政權以閏餘的特別名稱。統、閏之名乃曆法上的名詞，《漢書・律曆志》論曆，有所謂統母、統術、紀術及閏法、統法、統中、閏分、歲閏諸名詞，是則此新五行說爲正統意識，已引入曆數學的學說概念而確立之矣。尤值注意的是，天的規律是一種經道常道，劉氏父子既擯秦而定之爲閏，閏於木、

〔註50〕近代疑古派認爲劉歆助王莽而創此新說，按劉歆似有刻意發揮此新說的意圖，但實本其父說而爲之。劉向是反王氏家族者，其新說之提出，當非爲助王莽者也。理論的應用常因運用的意圖而異，謂歆助莽而成此新說，筆者以爲不可。

火之間，則依既存的常規，木、火之間必閏，否則即秦爲個案特例的非相關事件。爲了解決此問題，他們凡在木、火之間排列了一閏分，此即伏羲、神農之間的共氏，和帝嚳、帝堯之間的帝摯。是則新五行序至漢已第三次轉至火德，其第一循環之神農火，與第二循環的陶唐火，與漢一樣皆曾規律地出現了一個閏餘在其前。班固推崇劉歆推法密要，其此之謂歟？不過，班固後來解釋王莽政權，則碰到了大困擾，因爲新朝屬閏餘是可解釋的，但新朝依序不在木、火之間，是否仍有一個統而爲閏統，則誠爲問題矣。

第三，爲了擯秦而必須將五行依新方式排列，依其排列則漢屬火德。如何確立漢德屬火而排列之？此則必須借用一些已出現的成說以作根據。所謂「神母夜號，著赤帝之符，旗章遂赤」，應是漢興得火之天統最有力證明。其說且出於時人流傳之言，而爲司馬遷探入〈高祖本紀〉者，是則爲最流行而又權威之說也。劉向父子時代，災異、圖讖之學已大興，漢初假神道起事之事被引爲漢德屬火的證據，實易於取信於天下，而司馬遷的新史學由劉向繼起鼓動，蔚成大流者，其背後因素之一可得而明，後來《史記》雖爲學者或皇帝批評，然亦不能公然禁絕之者，其情遂亦易察也。

事實上《史記》的記載是證明漢屬火德的最權威證詞，劉向取此以作主證之外，尚兼取眭孟的「漢家堯後」說以輔之。漢紹堯後、在秦作劉，此說爲劉向所確立，而是《史記》不載者，是則劉向必有所本。劉向爲《穀梁春秋》學者、新史學運動大師、校讎學祖師，博覽群書。《史記》所據重要徵引書之一的《左傳》，劉向事實上亦注意過，其子歆治《左傳》，亦與之論難過。前面述及表彰《左傳》的所謂古文春秋學派，最有力的競爭論據之一即爲漢家堯後、在秦作劉說，在諸經傳中，只有此傳獨有明文記載，是則劉向雖因門戶家法而不肯承認《左傳》，但其劉氏出堯後之說當即本之於此。劉歆及其後繼者之手《左傳》地位，實一如劉向之表彰《史記》，蓋此二書不得肯定，漢家火德紹堯爲後之說，無以成立也，王莽及東漢雖在群儒反對之下，猶定《左傳》以正式地位，蓋亦基於此政治意識。〔註51〕

〔註51〕 顧頡剛同意疑古派的說法，認爲王莽託古改制以成篡，是劉歆助之者。謂劉
歆竄改《左傳》，插入劉氏堯後的記載；又竄改《史記》，插入神母夜號一段。
此說應爲顛倒因果關係之談（詳《秦漢的方士與儒生》，頁90～103）筆者按：
劉邦集團初起，製造赤帝子殺白帝子、神母夜號之說，此爲有意之心戰、政
戰措施而已，其情況類同於陳涉、吳廣起事前，製造魚腹丹書、篝火狐鳴以
作號召耳（詳《史記》，卷四十八〈陳涉世家〉）。司馬遷記載此類荒誕之事，

　　劉向父子利用古籍以確立及鼓吹其新學說，此實爲漢儒託古改制及經世致用的兩大特色表現，是可瞭解的。其實陸賈在漢初，即已指出當時或傳統中國人的心態，他說：「世俗以爲自古而傳之者爲重，以今之作者爲輕，淡於所見，甘於聞，惑於外貌，失於中情。」〔註52〕劉氏父子此學說之中情其實爲陰陽方術之學，但外貌則披以儒衣，世人亦惑以爲儒術。爲了使世人重視其說，故必須利用古籍古說，俾使世人甘而重之。然而《史記》、《左傳》當時尚未大顯於天下，父子引之，則需進一步使其權威化，故劉向倡揚新史學於前，劉歆表彰《左傳》於後，其情可知矣。

　　劉氏父子既因《史記》而確定漢屬火，又因《左傳》而確認漢爲堯後，是以依內繼原理——一姓開統以一德、子孫繼統之德同，則漢紹堯統，堯亦火德也。因而鄒衍以來，仲舒、史遷以降，五帝克承黃帝之土而同屬一德之說，勢必推翻另序而後可。前面所引的劉歆天人之際新週期表，即在黃帝屬土、帝堯與漢屬火此三個確立不移的基準上補充推成，遂爲後代各朝正統之爭屬德問題的主要基礎。而且，自孔子推崇堯云：「大哉！堯之爲君也。巍巍乎！唯天爲大，唯堯則之。蕩蕩乎！民無能名焉。巍巍乎！其有成功也。喚乎！其有文章。」推崇舜、禹云：「巍巍乎！舜、禹之有天下也，而不與焉。」〔註53〕孟子繼之「言必堯、舜」，於是堯、舜乃成儒家最重要的人物，居百王之首。劉氏父子將其宗族託體於堯，是有歷史文化及政治上的意義的。他們不但達到了擯秦、尊漢的政治目的，抑且同時使遙繼、復興之說得以形成了。班彪〈王命論〉所謂「劉氏承堯之祚，氏族之世，著乎《春秋》（《左傳》）。唐據火德，而漢紹之。始起沛澤，則神母夜號，以章赤帝之符」云云，顯然代表了經、史學者完全接受了劉氏父子之新說。據外繼或遙繼的原則，劉邦當然正統；劉秀遙承景帝，亦著火德之圖讖，當然也是正統，故班固〈典引〉頌揚高祖和光武「膺當天之正統」，「蓄炎上烈精」云云。又在《漢書》力稱「漢紹堯運」，則當然必須大漢而不能委屈於百王之末及秦、項之列；復因周

　　未必信之，應是爲了存實而已。《左傳》記載蔘龍氏諸事，蓋亦與《史記》一般，不意後世竟爲劉向父子有意取之而運用也。何況眭孟說漢家堯後在先，亦必有所據，他亦取《左傳》之言，以證其漢應禪退的政治學說耶？眭孟、劉向皆治《春秋》，雖不專攻《左傳》，但孰敢謂他們未曾讀《左傳》？是則竊意劉氏父子利用《史記》、《左傳》的記述以使其新說成立之可能，應大於父子二人已構成新說而依之以竄改《史記》、《左傳》的可能也。

〔註52〕見《新語・術事第二》，卷二，頁4A～B。

〔註53〕見《論語・泰伯》，卷四，頁53～54。

亡、海內無主三十餘年，而漢「伐秦繼周」，是則大漢一德之史，必須獨立而改創也。由此觀之，《漢書》斷代爲史之創作，實爲劉氏父子正統論下，爲漢朝爭尊大、爭正統，以及擯秦意識下的創作也。司馬遷及其繼起的新史家，竟在如此意識、觀念及背景之中，從通史別生出斷代史，蔚成正史典型，是又不可不察。

　　劉氏父子的新三五相包學說，原是具有強烈政治意義的正統論學說，由於時代背景不同，因而較鄒衍和董仲舒更爲強烈。當然，自學術史的角度看，此學說實在也是一種具有豐富想像力而帶玄秘性的純學術。不過，由於創新者在作純理論的研究過程中，始終兼帶教化的經世致用意識，因而此學說尋即廣泛地被接受和應用。劉向生前即處於政治社會動盪之際，死後十三年王莽遂告篡漢，因此爲此新說提供了良好的試驗機會，尤其劉歆在此期間一直領袖儒林，是理論的創新者而兼推行者，則其新說試驗之成功，並成爲後世正統論的基石，關鍵可知。在西、東漢之際混亂的時期中，筆者選擇了王莽、劉秀、隗囂、公孫述爭正統的關係，略作分析。四者對其政權的解釋或許略異，但其大同之處即在援引劉氏父子學說，這與其說已大行，其父子是劉氏宗人，也是儒林宗師的因素有密切的關聯；另外，四者皆利用了當時熾盛的災異學和讖緯學。

　　王莽篡漢的動機和行爲，《漢書‧王莽傳》可說敘述詳備，不在此贅介。茲有所欲瞭解的是，王莽如何爭取其合法正統的地位？本於何理論而爲之？時人之反對者又據何理以反對之？

　　白石丹書、亭中新井諸偽作符瑞以彰天命者姑不說，王莽與劉歆的政教結合，必有借助於歆之身分及學術之處。劉氏父子既以漢室宗人身分，力主漢家堯後、故屬火德，是即承認先聖之統可得中闇數百千年而爲內繼子孫遙繼復興也。而且，漢元帝初元四年（西元前 45 年），王皇后曾祖父王伯之墓門已卒梓柱復生枝葉，劉向素反王氏家族，以爲「王氏貴盛，將代漢家之象」。後王莽篡位，遂自我解釋曰：「初元四年，莽生之歲也，當漢九世火德之后，而有此祥興於高祖考之門。門爲開通，梓猶子也，言王氏當有賢子，開通祖統，起于柱石大臣之位；受命而王之符也。」〔註54〕王莽甫生即有受命之符，所受之命者爲「開通祖統」，是則遙繼理論運用之一也。王莽自認王氏系出帝舜，所繼之祖統即是舜統。新五行說排列堯屬火德而生舜之土德，是則開通

〔註54〕詳《漢書‧五行志》，卷二十七中之下，頁 1412～1413。

舜統即復興土德之謂。又新五行說主母子相生，眭孟引董仲舒言亦云「漢家堯後，有傳國之運」。故王莽〈即眞制書〉云：

> 予以不德，託于皇初祖考黃帝之後，皇始祖考虞帝之苗裔，而太皇太后之末屬。皇天上帝，隆顯大佑，成命統序，符契圖文，金匱策書，神明詔告，屬予以天下兆民。赤帝漢氏高皇帝之靈，承天命傳國；金策之書，予甚祇畏，敢不欽受！

> 以戊辰直定，御王冠，即眞天子位，定有天下之號曰「新」。其改正朔，易服色，變犧牲，殊徽號，異器制；以十二月朔癸酉爲建國元年正月之朔，以雞鳴爲時；服色配德上黃，犧牲應正用白，使節之旄旛皆純黃，其署曰「新使五威節」，以承皇天上帝威命也。〔註55〕

其始祖爲舜，天命其紹舜統序，故翌月即建漢高祖廟爲文祖廟，下制曰：「予之皇始祖考虞帝，受嬗于唐；漢氏初祖唐帝，世有傳國之象，予復親受金策於漢高皇帝之靈。……」〔註56〕是則運用五行相生說和遙繼說，重演天命與歷史，再明顯不過了。

〈即眞制書〉表示了王莽自認屬土德之外，尚且表示了他在三統之中居於白統，故以建丑（十二月）爲朔。其他變革，表示了應天之意。亦即天人符應，不論於三統及五行中，皆合於正統也。附帶注意的是，三統說原有解釋天下非獨一姓所有而爲公的意義，三五相包可視爲有統者輪流王天下的學說。劉歆在王莽專政時創立《三統曆》及《譜》，亦發揮了此觀念。〔註57〕故王莽即眞翌月，高論「帝王之道，相因而通；盛德之祚，百世享祀」，於是大封黃帝以降諸先聖先賢之後。其中殷後宋公孔弘，由於依三統序列而「運次轉移」，故與夏後俱爲恪；而周、漢在三之數內，皆爲賓；如此合虞帝後，則爲五行也。虞、夏、殷、周、漢，三五相包而生。另外，堯有傳國之運，依相生說則堯、舜必以禪讓而傳。然王莽執政初期，所自我製造者並非舜形象，而是周公形象；因爲前者則欲篡位之心，表現得太明顯了。他避開舜

〔註55〕《漢書・王莽傳》初始元年十一月戊辰條，卷九十九上，頁4095～4096。

〔註56〕制書見同上傳，卷九十九中，頁4108並注。按：王莽因哀章獻銅匱金策，而親詣高祖廟拜受「神嬗」者，表示禪位者乃是劉邦之神靈，而非未即位的孺子嬰，此與魏晉以降的情況不同。

〔註57〕《漢書》，卷二十一上〈律曆志〉即特別聲明其文乃引述《三統曆》及《譜》之言，其中即援引「三代各據一統，明三統常合，而迭爲首，登降三統之首，周還五行之道，故三五相包而生」諸句。本文第三章亦頗論之矣。

輔堯之例，假借周公輔成王之事重演於今。但是周公終還政於成王，世所皆知，故王莽於基礎穩固，即眞策孺子嬰爲定安公之時，執其手流涕歔欷曰：「昔周公攝政，終得復子明辟，今予獨迫皇天威命，不得如意！」百僚莫不感動云云。天若迫莽受命，則天意果何在？是則王莽不得不利用漢德中衰、三七之阨諸說，製造成漢已不可輔，孺子嬰非周成王的印象。故又下詔解釋云：

> 予前在大麓，至於攝假，深惟漢氏三七之阨，赤德氣盡，思索廣求，
> 所以輔劉延期之術，靡所不用。以故作金刀之利，幾以濟之。然自
> 孔子作《春秋》以爲後王法，至于哀之十四而一代畢；協之於今，
> 亦哀十四也，赤世計盡，終不可強濟。

> 皇天明威，黃德當興，隆顯大命，屬予以天下。今百姓咸言皇天革
> 漢而立新，廢劉而興王。……〔註58〕

三七之阨乃路溫舒、李尋、甘忠可、夏賀良諸人之預言，由來有自。劉向父子生在末葉，亦曾一再論其衰世；班彪父子其後在《漢書》，自元帝諸論贊，亦一再指出衰世之實。此預言與事實，皆爲王莽自我解釋鋪好了輿論之途。只是王莽非常巧妙的將周公形象轉化爲大舜形象——借舜不迷於大麓而攝假君位之事實，俾其可以不還政。而且又利用《春秋》哀公十四年而畢，附會哀帝以至受禪亦十四年之時間，證明赤世計盡耳。這些把戲，轉來轉去終歸仍是堯舜傳國之局。

其繼統（遙及內繼）的理論已明，據此則合法正統自不必言。爲了表示其一統之實，他同時下詔云：「天無二日，土無二王，百姓不易之道也。漢氏諸侯或稱王，至於四夷亦如之，違於古典，繆於一統。其定諸侯王之號皆爲公，及四夷僭號稱王者皆更爲侯。」〔註59〕此《春秋》大一統精神，表示出來的卻是唯我獨尊意識，對已在刀俎上的漢室子弟當不會產生危機，但對四夷則引發外交國防之問題，此又是王莽始料不及之迂也。〔註60〕

〔註58〕大封先聖賢後及此二解釋，俱見〈王莽傳〉始建國元年正月朔條，卷九十九
　　　　中，頁4100、4105、4108～4109。
〔註59〕同上註引卷，頁4105。
〔註60〕漢對四夷之羈縻措施中，大一統觀念只是作象徵性表示，尤其對匈奴更如此。
　　　　西元前53年——宣帝甘露二年，長期敵對的匈奴單于要求入朝，使君臣一時
　　　　無措。有司討論後許其入朝，但格于大一統精神，要其稱臣再拜，位次諸侯
　　　　王下。宣帝識大體，不納，詔以客禮待之，位在諸侯王上，稱藩臣而不名。

王莽如此刻意使其政權正統化，當然有不少阿諛頌德或信之者，揚雄即為其中顯例。其〈劇秦美新〉云：

> 諸吏中散大夫臣雄稽首再拜，上封事皇帝陛下……臣伏惟陛下以至聖之德，……兼竝神明，配五帝，冠三王，開闢以來，未之聞也！臣誠樂昭著新德，光之罔極。往時司馬相如作〈封禪〉一篇，以彰漢氏之休。臣常有顛眴病，恐一旦先犬馬填溝壑，所懷不章，長恨黃泉；敢竭肝膽，寫腹心，作〈劇秦美新〉一篇……

> 逮至大新受命，上帝還資，后土顧懷，玄符靈契，黃瑞涌出，……必有不可辭讓云爾，于是乃奉若天命。……卓哉煌煌！真天子之表也。……胥殷周之失業，紹唐虞之絕風，……紹少典之苗，著黃虞之裔，帝典闕者已補，王綱弛者以張，炳炳麟麟，豈不懿哉！

王太皇太后死，雄又作〈元后誄〉云：

> ……惟我新室文母聖明皇太后，姓出黃帝，……純德虞帝，……博選大智，新都宰衡。明聖作佐，與圖國艱，以度厄運。……群祥眾瑞，正我黃來；火德將滅，惟后於斯！……皇天眷命黃、虞之孫，歷世運移，屬在聖新；代于漢劉，受祚於天。漢祖受命，赤傳於黃；攝帝受禪，立於真皇。……〔註61〕

揚雄只是眾多諛美者之一，只是以他的儒宗地位及博學宏辭，而撰此「交心」之作，也就難怪班彪鄙視之而責之「襃美偽新、誤惑後眾」之罪矣。揚雄二文一再稱莽為「真天子」、「真皇」，這正是王莽苦心積慮追求之目的——爭取成為正統的真命天子。其後大亂，群雄並起，或有自視為真命天子者如劉秀、公孫述，或有割地保境以待真主者如隗囂、伏湛，〔註62〕是則王莽力能控制天下時，意識形態上已曾取得此地位矣。

　　值得注意的是，新末亂起之時，已有若干臣子膽敢公開討論天命所歸，

　　終使漢、匈相親至王莽止。事詳《漢書・宣帝紀》該年十二月及三年正月條，卷八，頁270～271。

〔註61〕〈劇秦美新〉詳嚴校《全漢文》，卷五十三，頁7B～9A；〈元后誄〉見同書卷五十四，頁9B～10A。

〔註62〕隗囂割據雍州，依違於劉秀及公孫述之間，以觀真主。申屠剛及班彪皆曾勸之歸命劉秀，《後漢書》各本傳載述此事，而彪之〈王命論〉亦為他而發也。當時伏湛為平原太守，亦移書轄區云：「屬縣不得相侵陵，必為立君，非久亂也；且養老育幼，以待真主。」參嚴校《全後漢文》，卷十二，頁2A～B。

拂逆王莽了。例如地皇二年（西元 21 年）王莽問救國方略。公孫祿指責云：
「太史公宗宣典星曆，侯氣變，以凶爲吉，亂天文，誤朝廷。……國師嘉信
公（劉歆）顛倒五經，毀師法，令學士疑惑。宜誅此數子以慰天下！」〔註63〕
此乃借指責新莽政權的兩大理論家，以斥莽詐天文、經術之僞也。隗囂曾仕
新朝，劉歆引爲僚屬。歆死歸鄉，因亂起事，移檄責莽逆天、逆地、逆人三
大罪。其中逆天之大罪爲「詭亂天術，援引史傳」，而推其運祚，〔註64〕亦即
此意。當時，以治《韓詩》、《嚴氏春秋》，兼明天文、曆數的郎顗，也曾仰占
玄象，謂天文示意漢「必再受命，福歸有德。如有順天發策者，必成大功」。
並提倡「井闚天者不可與圖遠」論調，西行長安上書王莽云：

> ……漢歷久長，孔爲赤制，……神器有命，不可虛獲。……上天垂
> 戒，欲悟陛下，令就臣位，轉禍爲福。劉氏享天永命，陛下順節盛
> 衰，取之以天，還之於天，可謂知命矣！若不早圖，是不免於竊位
> 也！……〔註65〕

是則郎顗實洞悉王莽之詐術，以其術而攻其術者也。故王莽雖大怒而治以大
逆之罪，「猶以顗據經讖，難即害之」，乃脅逼其自告精神病。顗自知其術，
一旦承認即可能遇害，是以堅稱「所陳皆天文聖意」。莽終不敢加害之。這是
由天文符瑞、圖讖緯書等方術，直指王莽之僞者。順此理路而發展，故有班
彪之指責劉歆、王莽美新惑眾；而班固撰《漢書》，則直接定論其詐僞矣。固
於〈王莽傳・贊曰〉謂「莽誦六藝以文姦言」，又於〈平帝紀・贊曰〉詳細云：
「孝平之世，政自莽出，褒善顯功，以自尊盛。觀其文辭，亡思不服；休徵
嘉應，頌聲并作。至乎變異見於上，民怨於下，莽亦不能文也。」是就史學
角度，給了王莽強姦天意之肯定，而予其眞命天子的爭取以否定也。

　　王莽之後，群雄起事者頗欲乘機邀天命，以接替王莽遭否定後所留下來
的空白，隗囂、公孫述只是其中之顯著者而已。例如鄧仲況據南陽之場，劉
向之孫劉龔爲其謀主。蘇竟以明易善圖緯知名，運用他與劉歆共事之舊，修
書劉龔云：

> ……世之俗儒末學，醒醉不分，而稽論當世，疑誤視聽。或謂天下
> 迭興，未知誰是，稱兵據土，可圖非冀。或謂聖王未啓，宜觀時變，

〔註63〕詳《漢書・王莽傳》，卷九十九下，頁 4170。
〔註64〕詳《後漢書・隗囂、公孫述列傳》，卷十三，頁 516。
〔註65〕參《後漢書》本傳，卷二十九，頁 1023～1034。

倚強附大，顧望自守。二者之論，豈其然乎？

> 夫孔兵秘經，爲漢赤制，亦包幽室，文隱事明。且火德承堯，雖昧
> 必亮，承積世之作，握無窮之符，王氏雖乘間偷篡，而終嬰大戮，
> 支分體解，宗氏屠滅，非其效歟？皇天所以眷顧踟躕，憂漢子孫者
> 也！論者若不本之於天，參之於聖，猥以師曠雜事（注：雜占之書
> 也），輕自眩惑；說士作書，亂夫大道，焉可信哉？……〔註66〕

據此書，顯示當時政治意識之混亂，而方術圖緯之言的紛披也。蘇竟亦曾臣
事王莽，爲馬援、班彪所並器重者。彪作〈王命論〉以諷隗囂，其旨與竟相
同而伸大之，同時亦摘採郅惲之言，強調復返於漢，「神器有命，不可以智力
求也」而已。然而，他們反莽而擁劉秀，共同的論點在：第一，《春秋》爲劉
漢赤制，孔子之預言，命中之宿定，不可強求覬覦。第二，漢承堯後屬火德，
雖一度中阨，但終能昧而復亮，絕而復興，眞主爲劉秀。第三，王莽非命，
是竊位者、偷篡者。

　　事實上，這些人的言論，與劉秀假圖讖緯候，不待一統而稱火德即位的
宣傳是配合的。天下未統一，則武力之外，必須用輿論爭眞命、爭正統者也。
這種紛爭，不待三國而始。領袖爭正統眞命，臣僚助之鼓吹者或信而勉強爲
之，或不信而勉強爲之，或入主出奴以排斥敵對者，製造優勢的輿論形態，
思想言論的雜亂在此。危害劉秀之嚴重者，厥爲隗囂和公孫述，他們在言論
上反擊劉秀的宣傳，使劉秀不單上與王莽、更始帝、劉盆子爭正統，亦需分
力應付此二人。

　　隗囂割據雍州，先奉劉秀正朔，而後叛之，卻建立隴、蜀（公孫述）、河
西（竇融）之西部同盟。竇融爲文帝外戚，王莽將領，後投更始，割河西以
觀變待眞主。囂使辯士張玄說之云：「更始事業已成，尋復亡滅，此一姓不再
興之效。今即有所主，更相係屬，一旦拘制，自令失柄，後有危殆，雖悔無
及。今豪傑競逐，雌雄未決，當各據土守，與隴、蜀合從，高可爲六國，下
不失尉佗。」這是劉氏不再興論及分裂獨立論的提出，主要在攻擊前述之第
二論點。竇融的智囊團不認爲如此，堅信漢承堯運，歷世延長；皇帝劉秀姓

〔註66〕 其書對當時流行的圖緯天文諸説，皆有駁辯，以明漢火昧而再亮之旨，全文
　　　　詳《後漢書》本傳，卷三十上，頁1041～1046。又按：劉龔其人，范曄正文
　　　　謂是劉歆兄子，李賢注據《漢書》及《三輔決錄》，則謂是劉向曾孫，未詳孰
　　　　是。

號已見於圖書爲眞主；前世博物道術之士如谷永、夏賀良已建明漢有再受命之符云云。融之屬郡太守各有賓客，或同或異，然融終於決定歸漢。〔註67〕類此輿論，實爲意識形態之爭，而牽涉到檢定正統的劉氏父子學說之理論層次。蓋因王莽和光武，皆利用此學說而起也。

更針鋒相對的爭論來自公孫述。述歷仕漢、新，新末乘亂據蜀稱王，後又引符瑞圖讖，於建武元年（西元25年）四月，先於劉秀自立稱帝，國號成家，色尚白，以事前有龍出其府殿，因刻「公孫帝」三字於掌，故年號「龍興」。《後漢書》卷十三〈隗囂、公孫述列傳〉記其事云：

> 述亦好爲符命、鬼神、瑞應之事，妄引讖記。以爲孔子作《春秋》，爲赤制而斷十二公，明漢至平帝十二代，歷數盡也，一姓不得再受命。

> 又引《錄運法》曰：「廢昌帝，立公孫。」《括地象》曰：「帝軒轅受命，公孫氏握。」……五德之運：黃承赤，而白繼黃，金據西方爲白德，而代王氏，得其正序。又自言手文有奇，及得龍興之瑞。數移書中國，冀以感動眾心。帝（光武）患之。

當然，公孫述所好所妄，也就是晚他兩個月稱帝的劉秀之所好所妄。他以此宣傳於中國，光武亦以其說宣傳於中國，此所以劉秀引以爲患者一也。在宣傳內容上，公孫述雖承認孔爲赤制，但卻認定《春秋》記十二公事而畢，漢至平帝亦十二代，故漢德亦終，此爲變王莽之說而駁斥第一論點者。他與隗囂皆認爲一姓不得再受命，此爲駁斥第二論點者。述引圖讖以示天命，其中「廢昌帝，立公孫」，更是眭孟在一世紀前「公孫病己立」，預言「故廢之家公孫氏當復興者」之讖，〔註68〕而且隱然有遙繼黃帝之意。是則表示承受眞命之外，尚引用劉氏學說之遙繼說也，兼且，公孫述聲言承認王莽之土德，而其德則屬金，表示生金繼王，符合外繼之五行相生說。此爲駁斥第三論點者，並從而使王莽、光武、公孫述產生了意識上的三角關係。如此尖銳的攻擊及敏感的關係，行之中國，光武焉能不患耶？焉能不與之爭「正序」耶？故光武數致書與之爭。同傳載光武〈與公孫皇帝書〉云：

> 圖讖言「公孫」，即宣帝也，代漢者當塗高，君豈高之身邪？（注引

〔註67〕詳《後漢書·竇融列傳》，卷二十三，頁798。又按：此之張玄，非東漢末張霸之孫的張玄也。後者附見《後漢書·張霸傳》，卷三十六，頁1244。

〔註68〕詳本文第三章第四節。

《東觀漢記》：光武與述書曰：「承赤者，黃也；姓當塗，其名高
也。」）乃復以掌文爲瑞，王莽何足效乎！？君非吾賊臣亂子，倉卒
時人皆欲爲君事耳，何足數也。……天下神器，不可力爭，宜留三
思！

常璩所記似是另一書，大致同此，但特別聲言「黃帝姓公孫，自以土德王，
君所知也」，以破其欲以金德遙繼土德之說。又謂「吾自繼祖而興，不稱受命」，
以表示其內繼之正。〔註69〕關於劉秀的反擊，公孫述皆不報覆，蓋光武之言
較爲圓融而穩妥也。

　　公孫述與光武帝，皆同時採用劉氏父子新三五相包說，以爭論其正統。
前者承認新莽政權，承認其符合三五相包說的正統要件，從而自謂「代王氏，
得其正序」，爲金德。光武除了分析其引用圖讖之解釋不當，遙繼黃帝之德運
不合之外，實對其採用新五行說、承認新莽事實之事無可如何；因爲其政權
也是採用此說以作理論根據，並大膽地推翻西漢政府屬土德的官方意識理論
者也。如此的唯一出路，就是必須完全否定王莽依新三五相包說所取得的正
統性，由此間接地將公孫述之成家予以否定。打開此路的最有效方法，即在
承認漢承堯火、中闇而亮的說法，亦即遙繼與內繼的綜合運用，以攻破王莽
及公孫述之遙繼說。由是觀之，西元前一世紀以降，檢討外繼正統的決定理
論原則，主要爲劉氏父子的新三五相包說，而輔以遙繼及內繼之觀念也。漢、
新、成三國之爭，實爲此學說觀念之複雜三角關係而已。

　　建武元年（西元25年），劉秀引用符讖以示天命，〈即位告天祝文〉中，
絕無表示「吾自繼祖而興，不稱受命」之意。此語之意，表示漢高祖的內繼
系統未嘗斷絕，故不須再承受另外的天命，這是他即位半年後「始正火德」，
而遭遇公孫述的政戰之後，才正式引用的解釋。這種解釋，自西漢末以至新
莽，盛傳的漢德中衰而復興說，早已爲之鋪下基礎。更始時代（西元23～25
年），擁漢者頗有此說，如馮衍說鮑永云：「皇帝（指更始）以聖德靈威，龍
興鳳舉，……海內大定，繼高祖之休烈，修文、武（當指漢文帝及武帝）之
絕業，社稷復存，炎精更輝，德冠往初，功無與二。天下自以去亡新，就聖
漢，當蒙其福。……」〔註70〕劉秀原爲更始將領，告天時引讖記，目的在與

〔註69〕參《華陽國志》，卷五，頁2A。按：常璩謂公孫述「自以興四方，爲金行也。」
　　　　這是形成述之遙繼與行序互相矛盾，爲光武所乘之處，蓋屬金德則如何遙繼
　　　　黃帝之土德？
〔註70〕詳《後漢書・馮衍列傳》，卷二十八，頁966。又按：鮑永和馮衍時仕更始，

更始此舊君爭火德之代表權，亦爲解釋其叛亂行爲的最急要者。及更始敗亡後，遂襲其原有號召以與異姓群雄爭矣。光武諸臣，遂亦正式奉之，以奠定東漢之正統地位。然而，光武曾告天以示受命，是則所謂「吾自繼祖而興，不稱受命」者即無以自圓其說。對此矛盾，群臣必須變通之。

　　建武中，光武封殷、周公後爲宋公、衞公，表示三統復續，其政權至此完全依新三五相包說而成爲正統了。建武末，東巡議封禪。博士曹充議之，將光武比作殷統未絕而高宗中興，武王因父受命而郊天，指出「漢統中絕，王莽盜位，一民莫非其臣，尺地靡不其有，宗廟不祀十有八年。陛下無十室之資。奮振于匹夫，除殘去賊，興復祖宗」云云。〔註71〕司空張純等又奏云：「臣伏見陛下受中興之命，平海內之亂，修復祖宗。……遵唐帝之典，繼敎武之業，以二月東巡狩，封于岱宗，明中興，勒功勳，復祖統，報天神。……」〔註72〕他們的議論，實可代表天下重歸一統後的東漢官方言論，即表示：王莽是盜位者，是殘賊之人的一夫而非君。其次，天意要炎漢中微而出現亂局，但天意亦復授命光武復興祖統，使之不絕。在此新德完全否定論及漢中衰復興未嘗亡論之下，光武當年所曾受之命，顯然是復興祖統之命。大統原已授予高祖，光武只是受命復興之，而非另受新統之命，故「不稱受命」之說，至此可圓。張純〈除親廟奏〉所謂陛下「興繼祖宗」，「雖實同創革，而名爲中興」，即此旨也。封禪後，張純等所製〈泰山刻石文〉即完全發揮此意。〔註73〕

　　東漢官方爭取得正統的行事設施及理論根據若此，遂提供了史家如班氏父子及以後的范曄等穩定的解釋模式。兩漢書可引述之例尚多，不必再贅。只是尚需一提的是，兩漢之際反王莽的言論，已有認爲漢德澤深於民，能再

　　　　鎭并州。當時劉秀亦爲更始將，未即位，故皇帝者乃指更始帝而言。後更始敗，劉秀北向，馮衍據土堅守不降，是以在東漢仕宦不得意也；亦見馮衍當時效忠更始之志甚決。

〔註71〕全文詳《續漢書・祭祀志》注引東觀書，卷七，頁3164。

〔註72〕張純乃宣帝輔政將軍張安世後，曾仕新朝爲列卿，後降光武，累至司空。其光武繼統祖宗之說，早在建武初即提出，此〈宜封禪奏〉乃強調舊說而已。詳《後漢書》本傳，卷三十五，頁1193～1197。

〔註73〕該文見同註71志，頁3165～3166。按：此次封禪，光武是率同二王之後前往，以作輔祭，所示之意旨甚明。又該文大引各種讖緯以示天意，雖反圖讖者如桓譚，亦曾確認「今聖朝興復祖統，爲人臣主」（參見譚傳〈抑讖重賞疏〉），顯示東漢以神道設敎諸說，雖有理智者反之，但中興復統之說，乃爲定說也。

興而不易遽亡的論調。范曄於《後漢書》亦多次強調之，尤於卷十二末「論曰」言之最明。他說：「……夫能得眾心，則百世不忘矣。觀更始之際，劉氏之遺恩餘烈，英雄豈能抗之哉！然則知高祖、孝文之寬仁，結於人心深矣，……劉氏之再受命，蓋以此乎！……」這種解釋，實較災異圖讖、三統五行諸說，更為接近興亡關鍵的實情，表示孟子的王政說和天人推移說，一直未為人所忘記，而更經得起考驗也。只是當時官方決意以神道設教，故其言論偏重了上述諸說罷了。

　　這裡有另一個問題必須再加論述。班固順著郅惲之謂王莽竊位、蘇竟之謂王莽偷篡的說法，在《漢書・律曆》、〈天文〉、〈五行〉諸志及〈王莽傳〉中，一再稱莽篡國、竊位、盜位，這與完全否定王莽論是略有差異的。因為不論篡、竊、盜、偷，仍指其有國有位而言也。史學是事實之學，這裡就必須注意到史家的態度。就事實來說，無論王莽如何文飾，終歸孺子嬰尚未即位，他不是從漢天子手中得到政權，而是自稱為漢高祖之靈傳給他的，這是再怎樣說也不符合堯舜禪讓必須兩人同世的要件的。漢室衰微，天子之位在懸空狀態下，為一個不應得而竟得之者所取去，此即授人以偷、盜、竊、篡的口實矣。班氏父子認為這種情況的發生，實完全出於天意的安排，非人力所能左右者。〔註74〕於是班固在〈王莽傳・贊曰〉，給予新朝與秦朝同一論定，謂二者「皆炕龍絕氣，非命之運，紫色䵷聲，餘分閏位，聖王之驅除云爾」。這句話的意思，是指新與秦皆為無德而居高位，不屬於天命之運序，而只是間色邪氣，其分屬餘贅，其位為餘閏，為承受天命之有德運者興起前的前奏而已，與司馬遷論秦「無其德而用事者」之意略同。所不同者，司馬遷時對秦尚未有官方定論，他私修《史記》期間也未受官方政治意識的壓力，故就秦用事之實而為之作〈本紀〉；至於班固時，官方對新已有定論，他是在朝廷特許下個人修史的，加上他也頗有迎合官方意識的傾向，因而雖本史學精神，承認王莽有國有位（當然是盜篡的及閏餘的）而用事的事實，卻另外為王莽

〔註74〕　王莽準備篡位時，極少數的臣子敢反對他。丞相翟方進之子翟義，挺身而出，
　　　　　起兵討莽，不久敗亡。班彪評論云：「當王莽之起，蓋乘天威，雖有賁、育，
　　　　　奚益於敵？幾不量力，懷忠憤發，以隕其宗，悲夫！」（《漢書・翟方進傳・
　　　　　司徒掾班彪曰》，卷八十四，頁3441）而〈王莽傳・贊曰〉班固亦分析莽所以
　　　　　起，結論云：「推是言之，亦天時，非人力之致矣。」又班固在《漢書・天文
　　　　　志》、〈五行志〉等，亦頗載王莽篡國前諸天文、災異之變，此皆可證明其父
　　　　　子的看法。

作了一番安排。

至此，又必須回顧新史學在這階段的發展，及班固的家學。班彪補續《史記》而已，他改革新史學的重要之處，在其所謂的糾正《史記》之條例不經，製定「紀」只「序帝王」，餘人皆爲「傳」。這種改革倡議爲班固、陳壽所遵行。班固不敢膽大至承認王莽有帝王之名，但若不從實以記述帝王之實，則漢何以中絕、何以中興，光武如何建立政權，將無從解釋，若引周亡海內虛位無主三十餘年，而高祖因勢而起的前例，實是不符合其當代史的實情的——這個實情當時舉世皆知。不論朝廷在理論上有何主張，卻也不至於在史學上大唯心若此者，由是，班固認王莽有運而只是非命之運，有位而只是餘分閏位，將王莽敘以「本紀」體而名之爲「傳」，附於最末爲餘贅，於前不爲孺子嬰撰「本紀」，諸「本紀」也絕不提孺子嬰。這種安排，既不過分違反官方意識，亦遵從了其父的倡議，且又符合漢室衰微位懸而被盜，以及王莽有一統用事之實情，一舉數得，明、章二帝及臣僚們也無話可說了。究漢德之終始，於斯亦屬完整。

不過，班固此作法，引起後來兩種影響：第一是打破了劉氏父子訂於木、火之間必閏的原則。王莽在火德之中而可閏之，則閏統之出現將可在任何德運之間矣。後世對某一政權不承認即視爲閏，已不受五行相生此部份的原則所規範。第二是後世多爲官修國史。國史發揮正統意識於「本紀」，如此遂使「本紀」成爲史學與政治道德的爭論焦點。張衡指責《漢書》在前（衡建議修元后、更始〈本紀〉，即欲完成漢之未嘗亡系統而已），習鑿齒批評《三國志》於後，皆由所撰「本紀」是否恰當所引起，導致紛爭之形成，而此史學問題政治化的爭執，又加速了國史修撰權收回、官修制度禁密化及國史正史化的發展。即國史稱爲正史，正史需由官修，可溯源於此也。

第六章 政教力量的介入與天意、正統史觀的利用

一、春秋精神與道德批判對漢代史學的影響

　　既云批判，則必然牽涉到另一個問題，此即史家以何種準則或常理而發出批判？這種準則或常理是否有普遍性？它是如何被發現的？關於人類行為準則常理的探究，先秦諸子所言紛紛，但大體皆認為有此存在。孔、孟對此，論之猶力，從人文層次探討人者仁也、義者路也，亦即表示人之所以為人，必有得於為人之理者，此即德。《論》、《孟》二書討論人的問題，其方式是由人的研究入手，從而究明人性及人際所應具有的理法，用以發現人之所以為人。他們大體上不是透過純粹的推理思辨作研究的，而是透過觀察、檢討、體驗及篤行實踐等方法以得之。

　　司馬遷在〈太史公自序〉回答壺遂第一問，即指出了若干的意義：首先，他聲明孔子將其所得的人之理——道義，落實到歷史層次上始能使之深切著明；假若懸空了，則人理的研究發明勢必走上思辨的路線。從董狐、孔子、司馬遷一脈的意見，可知史學不論在新、舊史家的心目中，始終是探究人類的學術，其歸趨更在探究人之所以為人的道理之上。人之所以為人，乃是人具有人之得（德），其行為亦有人之義（道），這是「春秋義法說」形成的基礎。其次，他表明孔子作《春秋》，以是非褒貶為手段，目的在行道——伸張人之道德。這種經世致用的功用主義觀念，遂為春秋史學派所執著，奉為圭臬，成為官方意識及狹義的道德勢力涉入的基礎。再者，人有各種的生

活，有各種的表現，批判這些生活表現必須據其理而落實於禮。禮是道德義法——理——的器具，所謂「道德仁義，非禮不成」（《禮・曲禮》）。司馬遷所謂「《春秋》文成數萬，其指數千，萬物之散聚，皆在《春秋》」，各種權變之善惡當否，皆視其是否通於此「《春秋》之意」、「禮義之旨」而定，故推言「《春秋》者，禮義之大宗也」。

司馬遷這段申論顯然極爲重要，無異是揭櫫了他的《史記》具有某種批判的準則和常理，承認了史學與道德批判的某些關係。就此而論，新史學是與經學相通的。不過，應該進一步瞭解的是，司馬遷的研究方式和目的，是要透過史料證據的搜集鑑訂，進而考論行事，稽其成敗的道理，以致能「究天人之際，通古今之變，成一家之言」。亦即他並不想由純思辨憑空構思入手，據絕對的道德義法作批判。相反的，他欲透過個別的、特殊的實際研究，以究明各個人物、特殊事件的義理所在。因而他爲《史記》首立〈禮書〉，並聲言云：

> 太史公曰：「洋洋美德乎！宰制萬物，役使群衆，豈人力也哉！余至大行禮官，觀三代損益，乃知緣人情而制義，依人性而作儀，其所由來，尚矣！
>
> 人道經緯萬端，規矩無所不貫，誘進以仁義，束縛以刑罰，……所以總一海之內，而整齊萬民也。……」〔註1〕

也就是說，他表明禮義因道德而生，道德因人情、人性而立；人之行爲萬端，故行爲準則（規矩）亦如是。此說承認萬端的變化，可以貫之以禮義道德，但相對的，也無異表示道德也因人道的複雜，可以有萬端的表現。司馬遷的批判基礎爲禮義，禮義的根本繫之於道德，而又將道德的價值歸本於人，而不在天。這是他超越其父推本道家，乃至董仲舒、翼奉等前引的所謂「春秋義法說」及「道」、「經」關係說之所在。正唯如此，因而他瞭解人事各不同，須視其實際行事情況而論，遂有「賢者記其治，不賢者彰其事」，各就事實以作批判的觀念。也正唯如此，他的批判儘管有時極爲直接凌厲，〔註2〕但大體上皆以人性、人情爲本，具有濃厚的人文主義的「人味」，而非以天以理壓人者。這也正是他招至狹義道德家批判的原因之一。

〔註1〕 參《史記》，卷二十三〈禮書〉全文。

〔註2〕 例如〈平津侯主父列傳〉中，即對公孫弘作此類批判，詳《史記》，卷一一二，頁994上～945上。餘例尚多，不贅舉。

　　由此可知，司馬遷實際上一方面繼承了董狐、孔子一脈的道德批判意識，並由此探究道德價值的根本；另一方面則又繼承了齊太史的風格，將萬端行事，各據實而書，使賢、不肖各因之而自見。這是將經學之講求者，融之入史學而使著明的方式，表示經不可離史而空言，史不得脫經而失亂。若說經是人之常道，則經學之旨乃在彰弘此常道，而史學之旨則在究明此常道。孟、荀以後，儒學有將人的價值淵源歸諸於天的趨勢。若人之性情得自天賦，則追究人之常道（準則和常理）即可視同探究天道。常道須由變中探究，而天變則基於人事之變，這種天人變化的關係，當即司馬遷所謂的「天人之際」，蓋如其師董仲舒之名言：「道之大原出於天，天不變，道亦不變。」不變的天與道實難知難言者也，故孔子罕言之。孔子由人的各種行為變化中求道，董子兼由災異變化中探天人之道，實即意謂不知變則不知常，不知人則不知天。司馬遷發明新史學是以人為主，由人之變以通於常，並由此以探究天道、人道的變常所在及其各種關係，因而有紀傳而通觀的史學產生。常道不透過複雜萬端的歷史研究，終不能深切而知之，更遑論彰而弘之矣。因此，孔子之好古，孟子之論史，其意義實為經由古今人事的變化以探求人道也。劉知幾批評司馬遷云：「至太史公著《史記》，始以天子為本紀。考其宗旨，如法《春秋》。……其所書之事也，皆罕言褒諱，事無黜陟，故馬遷所謂整齊故事耳，安得比於《春秋》哉！」〔註3〕知幾之言，可謂知其源而不知其流，執批判之形式而失其真義。也就是說，知幾似未審司馬遷批判之淵源，實分承董狐、齊太史二系也；更不明史學以人事為主，必須就人事而論人事，不虛美、不隱惡，批判即在其中矣之真義也。弘褒暗諱，明加黜陟，實非司馬遷開創史學之全部旨意所在。他欲「究天人之際，通古今之變，成一家之言」，實際上不是想執其一家之所謂道，並以之繩古今人物，作〈古今人表〉也。執一以繩人，透過繩人以弘道，那是衛道之士、狂狷的經學家所為罷了，此在劉向、揚雄、班彪等人，即日漸可見了。這些具有強烈弘道意識，以治經心態而治史者，即本人所稱的春秋史學派。

　　董仲舒建議武帝獨尊儒術，罷黜百家，實與衛道的意識有關。武帝採納之，就意義上看，實是官方承認儒家為道之所在，並以政治力量介入道之提倡、保護及推動，這與孟子以學術衛道的情況大不相同。秦始皇焚書而統制思想，其官方意識所在的官方學術在法家。中國實行帝制以來，首次以政治

〔註3〕參《史通通釋·六家》，卷一，頁8。

力量選擇一家學術，作爲官定學術，以弘倡官方意識者端在此，這是政、教力量的綜合運動。文景之世，崇揚道家而未罷黜諸子，是與秦皇、漢武不同的。筆者無意在此討論那一家能得道，事實上學術思想的盛衰，自與世道環境的推移需要有關；只是筆者需加提出者，乃是戰國以來，諸家學術已有互相激盪、互相吸收影響的情況，這是學術思想趨向融合，而使秦皇、漢武先後有統制政策出現的時代背景。在這種潮流之下，儒之所謂「純」者，亦不免「雜」有各家思想，賈誼、董仲舒以降的漢儒，自亦不能超越於時代環境的影響。是則兩漢之所謂「純儒」，其「純」可知絕非孔孟之「純」，猶如羽毛之白與白雪之白有所不同也。漢儒之純乃是以漢代爲標準而言，他們的風格自不全同於孔孟，也不全同於宋儒。

其次，武帝的統制政策，無異是逼使諸子百家若要進身功名利祿之途，則必須外表文飾以儒術，於是外儒內法、外儒內陰陽、外儒內道之士，兩漢所在皆是矣。大經學家而溯本於孔孟，不雜他家者，世所鮮見，是則漢儒之所謂純者，雜而純也。雜而純的儒家，自因其所雜的成份及其比例而異，因而他們對某些思想學說的解釋也不盡相同，這是班固之批評賈誼爲學疏略，揚雄、班彪之批評司馬遷謬於聖道，劉歆詰難其父向、責備諸儒失道眞，乃至何休嘆鄭玄入室操戈之所由起，價值系統差異之所由生。這種統於儒家而不能專門制於孔學的統而不制情況，不但在經學上引起紛爭，而且由於他們在彰弘常道——經，因而也波及歷史的批判問題。

司馬遷在〈太史公自序〉中，即曾對新史學，以及新史學和經學的關係，作過一番批判，本文第二章已論述過，前述漢武帝對《史記》的反應，事實上即表示他透過行動，對新史學的研究本身及其對象作了一番批判的認識。約半個世紀以後的王鳳，建議成帝婉卻東平王的求書，所持理由也是一種對《史記》研究對象作了批判性認識後的意見。另一值得注意的是，王鳳建議成帝婉卻東平王的答辭是如此的，他說：

> 不許之辭宜曰：「五經，聖人所制，萬事靡不畢載。王（東平）審樂道，傅相皆儒者，旦夕講誦，足以正身虞意。夫小辯破義，小道不通，致遠恐泥，皆不足以留意。諸益於經術者，不愛於王。」〔註4〕

王鳳的意見，無異批判《史記》不能與正經相比，是小辯小道而已。當時東平王除《史記》之外，兼求諸子書，王鳳即認爲「諸子書或反經術，非聖人」。

〔註4〕詳《漢書》，卷八十，頁3325。

是則縱使「反經非聖」一辭，雖非批判《史記》而言，然而《史記》不能列屬官方提倡的學術，意識甚明。

　　略與王鳳執政的同時，新史學運動終究還是波濤壯闊的展開了。劉向主持校書，即常徵引《史記》以作校讎折衷之本，〔註5〕顯示《史記》的研究對象及研究本身，皆已在學術上得到了確認。劉向瞭解新史學，尤重視新史學經世致用的功能，因而他運用了新史學從事創作。《漢書》卷三十六〈楚元王傳〉云：

> 向以為王教由內及外，自近者始，故採取《詩》《書》所載賢妃貞婦
> 興國顯家所法則，及孽嬖亂亡者，序次為《列女傳》，凡八篇，以戒
> 天子；及採傳記行事，著《新序》、《說苑》，凡五十篇，奏之。數上
> 疏言得失，陳法戒。書數十上，以助觀覽，補遺闕。

這裡需要注意的是，《新序》、《說苑》原則上是補《史記》之遺闕的一種著作，因為當時遍天下搜求遺書，交由他主持校讎，使他發現了不少當年司馬遷所未見的資料之故也。〔註6〕這是新史學運動前期的補《史記》之另一型式，與先前褚少孫內補的型式不同。不過，這種《史記》外補的形式，實下開以後諸好事者補《史記》的泉流。

　　其次，二書與《列女傳》的撰述目的，皆以言得失、陳法戒為主，因而不論他是否能客觀的討論人事實際發展之對與錯，要之其趨勢必直指道德判斷的層次，而有強烈的道德批判意味。《列女傳》是《史記》之後，首部獨立的新史學單行傳記作品，得視為婦女通史，與其子劉歆共同完成者。此書即充滿了道德批判的味道，蓋為針對成帝內嬖趙飛燕姊妹、及內寵外戚過盛而作也。他自述云：「臣向與黃門侍郎歆所校《列女傳》，種類相從為七篇，以著禍福榮辱之效，是非得失之分，畫之於屏風四堵。」〔註7〕是則向、歆父子不但將列女依行事的道德分類而敘，抑且畫圖於屏以加強教戒矣。該書據《五代史志‧經籍二‧史‧雜傳》類記載為劉向撰之，其中〈列女傳頌〉一卷，乃劉歆所撰。賢貞者頌之固可，安能孽亂者亦頌之？則「頌」之

〔註5〕嚴校《全漢文》劉向部份，收錄了一些《別錄》的殘句，其中即往往引太史
　　　　公之言，以作鑑訂考證之用。
〔註6〕例如嚴校《全漢文》引《史記‧申韓列傳》索隱一條云：「申子，今民間所有
　　　　上、下二篇，中書六篇皆合。二篇已備，過太史公所記也。」參卷三十八，
　　　　頁6A。
〔註7〕嚴校本據《初學記》及《御覽》而輯，見同上卷，頁4B。

通訟或誦可知矣。即對賢貞者美盛之，對孽亂者訟訴之。余讀《列女傳》見其幾乎每傳皆頌，知其旨蓋在作一批判，班固《漢書》之「贊」、陳壽《三國志》之「評」、范曄《後漢書》之「論」與「贊」，皆倣於此，而與《左傳》之「君子曰」、《史記》之「太史公曰」略異。〔註8〕其後班昭爲此書作注，遂成婦女教化的教科書，踵作《列女傳》者相繼，以致范曄在正史中爲之特立專傳矣。

劉向運用新史學的體裁結構而別闢一途，對以下史學的發展當然有大影響，後世歸類的雜史、雜傳諸類著作，即由此途開出。同時，他將史學披上道德教化的外衣，其影響力亦不亞於前者，而且效果立即產生而壯大。

儒家的學術範疇以人文化成爲主，具有道德教化色彩也是必然之事。漢儒治學，此方面的意義尤重，並將之擴展至一切可以擴展的範疇，即使文學作品如《詩經》，關雎閨怨諸作亦可得解爲忠臣思君慕主也。史學原本即具有經世致用的性質，是則劉向等人將道德教化引入而弘揚之，應是自然的發展，並給予了加強的效果。在這種觀念意識下，史學降爲經學的附庸，應是必然的趨勢。也就是說，前文提及《史記》被劉向父子及班固附列於春秋經類，史學作品的篇帙雖比一些子書多，猶不能獨立成專部，此即非無意之失，而是出於有意的構思。如此分類下的學術觀念，似乎即造成兩漢史著雖有正面的刺激鼓勵而日漸興盛，但不及魏晉南北朝那麼蓬勃的原因。

再者，劉向父子發揮道德教化的意識，主要是利用了歷史研究的對象而已，進一步的發展勢將擴及研究的本身，尤其波及史家本人的思想人格。《漢書》卷八十七下〈揚雄傳〉云：

> 雄見諸子各以其知舛馳，大氐詆訾聖人，即爲怪迂析辯，詭辭以撓世事。雖小辯，終破大道而惑眾，使溺於所聞而不自知其非也；及太史公記六國，歷秦漢，訖麟止，不與聖人同是非，頗謬於經。故人時有問雄者，常用法應之，譔以爲十三卷，象《論語》，號曰《法言》。

揚雄批諸子之言似曾相識，顯然與王鳳所代表的官方意識及言論相合也。不過，王鳳批判《史記》卻未如此苛嚴，揚雄之言，乃是王鳳、劉向父子之外，

〔註8〕 《漢書》本傳言《列女傳》八篇，此言七篇，恐去劉歆〈頌〉一篇而言。該書在隋代已分爲十五卷本，後人疑劉歆是否亦爲作者，據劉向自述，合〈傳〉及〈頌〉而言，應不必疑。

第一個公然指責司馬遷及其著作帶有離經叛道色彩者。雖然他似未指其完全如此，但起碼指其某些地方「反經非聖」也。筆者無意在此為任何人辯護，但必須提出兩個值得思考的問題：第一，人間世事複雜萬端，故任何一家學術思想不可能將之全部包涵壟斷。儒家以外，他家既稱為「諸子」，則諸子自亦不可能合於儒家之所謂聖及經，也不可能要求他們必須合於此。執一而排他，不論是秦之執法排儒，或文景之執黃老而排儒，乃至武帝、揚雄之執儒排他，在學術發展上皆是可嘆可惜之事。這種絕對惟一的觀念意識，勢將造成許多不幸。政治力量的干預史學，已使史家產生憂患意識；而揚雄以其所知的道，挾倫理道德力量指控司馬遷及其《史記》，姑不論指控是否真實而成立，要之皆增加了史家的心理負擔，憂患意識更濃也，如此勢將動搖學術獨立自主的根本。

第二，前面提及漢儒之純者，實為雜有他家思想意識。是則諸儒自可各自融成一家之言，伸張一家之說，不必一定要排他立己；因為道以辯明，而非以排他而明者也。揚雄是以聖人自任的狹義衛道之士。道之詮釋。雖同屬儒家，其言未必盡同，故理論上揚雄所持亦未必即為正道。董仲舒言堯、舜、禹、湯、周公、仲尼；司馬遷，乃至其崇尚道家的父親司馬談亦何嘗不言？但董仲舒雜以陰陽，司馬談則主黃老，劉向之學實兼雜陰陽和法術，諸儒皆各有其自己所瞭解之道統正道。揚雄之學，倣《論語》而作《法言》，效《易經》而作《太玄》，雖桓譚以為絕倫，認為其書合聖，必傳於後。但究其實際，其書實鮮創見，而多雜莊老之學。是則揚雄的思想意識及價值判斷，果能代表正道歟？抑只能代表其自己之正道？劉歆頗敬揚雄的為人，對《太玄》卻評價甚低，竟謂「吾恐後人用覆醬瓿也」。當時諸儒亦譏之，「以為雄非聖人而作經，猶春秋吳、楚之君僭號稱王，蓋誅絕之罪也。」〔註9〕半個世紀後，班固撰《漢書》時，《法言》大行而《太玄》不顯，其後儒者亦多不傳習二書，則其道可知矣。

桓譚曾從劉歆、揚雄問學，曾將《史記》和此二書相提並論。此次談話如下：

> 王公子（指王莽的大司空王邑）問：「揚子雲何人邪？」
>
> （桓譚）答曰：「揚子雲才智開通，能入聖道，卓絕於眾，漢興以來，未有此人也！」

〔註9〕參《漢書·揚雄傳·贊曰》，卷八十七下，頁3583～3585。

國師子駿（劉歆）曰：「何以言之？」

答曰：「才通，著書以百數，爲太史公廣大，其餘皆叢殘小論，不能比之！子雲所撰《法言》、《太玄》，經也。玄經數百年，其書必傳！……老子其心玄遠而與道合，若遇上好事，必以《太玄》次五經也！」〔註10〕

劉歆對桓譚之言，未詳有何表示。要之，揚雄既以聖哲自任，睥睨一世，其門生桓譚亦從而標榜之，將賈誼、董仲舒以來諸大儒擱置一旁，而僅將司馬遷與之相提耳。不過，揚雄的道德人格是一回事，其學術又是另一回事，後世傳習之盛，而與五經相匹亞者，實爲《史》《漢》二書，而非《法言》《太玄》。桓譚的學術性格頗近於揚雄，其反圖讖的理性批判主義亦頗學自揚雄，而非學自劉歆（歆信圖讖）。他在光武帝御前「極言讖之非經」，帝怒責以「桓譚非聖無法」，將斬之，幸譚叩頭流血，良久始解。〔註11〕姑勿論反圖讖之正確，要之事涉官方學術意識，違之則被批判爲「非聖」，揚雄若先在光武之時，言之亦不免蒙「非聖」之名，百辭莫辯也，豈有所謂眞理正道可言！

另一與歆、雄介於師友之間，過從甚密者爲班彪。劉知幾論班彪作「後傳」以續《史記》，其中提及他一個動機。此即他批判「雄、歆襃美僞新，誤惑後眾，不當垂之後代也」。〔註12〕顛倒價值、誤惑後眾，這正是揚雄批判司馬遷之意。班彪乃揚雄的子侄輩，班固說他「唯聖人之道然後盡心焉」，〔註13〕表示彪之爲人似有受雄之影響者，皆同以聖道自任者也。班彪之論，顯然站在東漢政府的立場上發言，指責二子襃美篡奪、屈服於僞朝，言其實亦牽涉到政治意識及道德批判的範疇。是則桓譚述其師之學而被判爲「非聖」，揚雄本身的思想著作則被崇拜他的晚輩批判爲「惑眾」，該當禁止其傳播流行。非聖惑眾，不正是揚雄批判諸子及《史記》之言歟？批人者人亦批之，執一排他者人亦執其所一而排之，揚雄始作俑的不良影響可知矣。

歷史常涉及價值判斷，但價值判斷不僅惟有道德判斷而已，人事之對錯，適當與否，亦爲重要的問題。例如司馬遷一再直書秦皇、漢武迷信神仙方士的行爲，其實即就事論事的以事實判斷其對錯及適當與否，並未著重批判其人格道德。班固爲雄、歆作傳，主要仍由就事論事出發，讓事實顯示其

〔註10〕參嚴校《全後漢文》，卷十五，頁 8B。
〔註11〕詳《後漢書》本傳，卷二十八上，頁 955～962。
〔註12〕參《史通通釋・古今正史》，卷十二，頁 338。
〔註13〕見《漢書・敘傳》，卷一○○上，頁 4207。

人，並未對二人褒美王莽作人格上的批判，更不因其人曾褒美僞朝，即對其著作加以絕對的否定，嫉惡至欲禁滅之。〔註 14〕四世紀中期，范弘之與王珣爭議桓溫之事，移書責珣而提及劉氏父子，云：「昔子政（向）以五世純臣，子駿（歆）以下委質王莽，先典既已正其逆順，後人亦已鑒其成敗，每讀其事，未嘗不臨文痛歎，憤懣交懷！以今況古，乃知一揆耳！」〔註 15〕范弘之對桓溫作了道德批判，但就劉歆而言，則仍知先典（指《漢書》）就事論事，以明逆順之旨。史家述其事以顯善惡，後人讀其事而知其人，正是司馬遷和班固意旨之所在，亦爲史家雖不能避免作道德判斷，但歷史批判之正當方法即在此也。

　　要言之，道德批判在史學上已有長遠的歷史，司馬遷開創新史學，亦不迴避此問題，但盡量以就事論事方式爲之，避免不必要的空言方式，此正是他自言不能比之於《春秋》的意旨所在。整個新史學運動期間，謹守此原則而表現特出者，似乎以陳壽的《三國志》居最。自劉向父子及揚雄以後，新史家或輕或重，多帶《春秋》褒貶及隱諱的精神，再加上一世紀以來，政治力量介入，其流益盛矣。劉向是揭櫫這種史學的先導。他運用歷史研究的對象作道德批判，因而在此意識下將史學貶降爲經學的附庸，且在學術分類上明定之，使司馬遷所創新史學的目的、對象、性質和方法爲之混淆，而司馬遷欲以史學作經子諸學的折衷、超越經子諸學而獨立的目的亦幾爲之隱晦。〔註 16〕揚雄則是強化這種趨勢的人。他將道德批判的範疇擴及歷史研究的本身，肯定史學之傳道辟邪的意義、價值和功能，並有意認爲史學的創作目的和主要意識在此。史學從此多了一層爭辯，史家亦從此多了一種敏感，班氏父子順此潮流，又引入政治意識，問題就更煩了；不過，新史學的體裁結構，卻也因之而改創。

〔註14〕班固述劉歆分爲兩部份，其前半生在〈楚元王傳〉，後半生在〈王莽傳〉，但述其前後行事而不作道德批判。至於揚雄，班固似乎有意爲其美新之事脫罪，謂其不用符命稱功德，與當時一般的投機者不同，而是「恬於勢利」，「實好古而樂道」之人（詳同註9）。班氏父子二人觀點相異竟如此。

〔註15〕二人評論桓溫行事，弘之視溫爲「姦雄」，與珣意見不合，故移書責之。參嚴校《全晉文》，范弘之部份，〈與會稽王道子牋〉及〈與王珣書〉，卷一二五，頁 10A～12A。

〔註16〕新史學的意義，請參本文第二章。附帶一提的，就是劉向父子的《列女傳》，在方法上以編纂史料爲主，而缺乏推論考證。其書之完成不建在史料批判上，而以道德批判爲主，是顯然可知的。

二、官方對史學的認識控制

劉知幾曾就道德批判論史學功用云：

> 夫人寓形天地，其生也若蜉蝣之在世，如白駒之過隙，猶且恥當年而功不立，疾沒世而名不聞。上起帝王，下窮匹庶，近則朝廷之士，遠則山林之客，諒其於功也、名也，莫不汲汲焉、孜孜焉。夫如是者何哉？皆以圖不朽之事也。何者而稱不朽乎？蓋書名竹帛而已。

> 向使世無竹帛，時闕史官，雖堯、舜之與桀、紂，伊、周之與莽、卓，夷、惠之與跖、蹻，商、冒之與曾、閔，但一從物化，墳土未乾，則善惡不分，妍媸永滅者矣。苟史官不絕，竹帛長存，則其人已亡，杳成空寂，而其事如在，皎同星漢。用使後之學者，坐披囊篋，而神交萬古。不出戶庭，而窮覽千載；見賢而思齊，見不賢而內自省。

> 若乃《春秋》成而逆子懼，南史至而賊臣書，其記事載言也則如彼，其勸善懲惡也又如此。由斯而言，則史之爲用，其利甚博，乃生人之急務，爲國家之要道。有國有家者，其可缺之哉！〔註17〕

知幾之意，史書能使人生不朽，使前人經驗知識能傳之後學，並能使後學者因之得到教化；而史官（或史家）是促成這些功能的關鍵，甚者爲教化的創造者、執行者或維護者。其利之博如此，故爲國家生人的急務。歷史功利之博，知幾尚未完全論及，但僅就此功利主義的歷史功用論（包括史學和史家）而言，實已足以說明政教力量何以干預史學的基本原因。

不過，司馬遷以前，古人追求人生三不朽，是否皆欲「書名竹帛而已」，此誠不易遽加論定。要之，史家「鄙沒世而文采不表於後」，選擇「立功名於天下」的「扶義俶儻」之士而書，此意識及觀念至司馬遷始作有系統的提出，前已言之。

史家自己可能是倫理教化的創造、執行或維護者，他能使人成名不朽，也能使人名滅蒙惡，撇開史學之眞正目的和對象，而就道德批判的角度看，知幾所謂「蓋史之爲用也，記功司過，彰善癉惡，得失一朝，榮辱千載」，實非過份之辭。〔註18〕司馬遷答壺遂之問，努力伸明孔子作《春秋》這方面的

〔註17〕《史通通釋·史官建置》，卷十一，頁303～304。
〔註18〕同上書〈曲筆〉，卷七，頁199。

意義，其目的蓋在分明經學與史學的差異，而將這方面的功用和性質，撥歸於經學。然而，新史學不免亦帶此色彩，而且即使全部皆就事論事，亦不免具有此色彩，因爲這是史學特質之所在，雖努力不可避免也，第春秋史學派的史家特重之，使其性質益顯，說教味道益濃罷了。史學既有此特質，統治者即不可能不嚴加注意，並進而控制之了。

中國傳統政治是倫理政治，與道德教化結合，淵源長遠。孔孟之時，五倫之中君臣、父子猶明別爲兩綱，故孟子有輕君、誅一夫之說。其後此兩綱合而爲一，君父、臣子的觀念形成，則君可不君，臣不可不臣，蓋因父可不父，而子不能不子也。明乎此，則漢景帝評論轅固與黃生之湯武受命辯論，謂「言學者無言湯武受命，不爲愚」，其意識可知。〔註19〕君臣關係嚴上下之分，賈誼又引入法家思想，提倡「君尊臣卑民如地說」，則統治權威的理論已定型。魏文帝曹丕云：「主與民有三求：求其爲己勞，求其爲己死，求其爲己生。」〔註20〕這是君主坦率之言，一切以爲己出發。君主的地位如此崇高不可侵犯，臣子必須爲他而存在，則前面提及的若干現象即可由此尋得解釋。

君主的尊嚴不可冒犯，史家對君主作批判，誠爲不可忍之事。即使史家據實而書，若涉及其行之不當、錯誤或道德上罪惡諸事，實皆足以影響其聲望，其至危及其統治權威。有識乎此，故漢武帝怒削兩本紀，孔僖、崔駰幾因論史蒙禍。武帝之怒削與梁郁之能告入，足以反應統治者具有此方面的意識，進而對史家與史學給予嚴重的關切，乃至可能產生畏懼感。漢明帝向班固批評司馬遷非誼士和《史記》乃微文刺譏、貶損當世之作，認爲不及司馬相如之忠賢。明帝之意，雖知後者誇言無行，但臨死所遺文賦猶力頌漢休，此即遠較前者爲可取。因而他充分表示了君主並不理會臣子人格及著作是否正當而有價值，而只問其人是否效忠於己，贊美於己。特別值得注意的是，司馬遷並非不忠於漢武帝，是則明帝之所謂忠，乃指魏文帝「三求」之忠——或者可說是愚忠阿諛而已。由是，傅玄批評班固之《漢書》「飾主闕」等，劉毅之建議早撰注記載頌鄧太后的德政，實爲此種意識下應有的反應。

新史學前期的西漢時代，統治者已有識乎此，但表現並不強烈。補續《史記》之好事者，實即具有補續國史的意義，而君主猶未力加干預。諸好

〔註19〕關於傳統政治及君臣關係，請參拙著〈試論國史上的統治問題及其發展〉一文，分刊於文化大學《華學月刊》第一二七、一二八期。

〔註20〕參嚴校《全三國文》，卷八，頁 4A。

事者之中，劉向的弟子馮商，以待詔身份奉詔續《太史公》書，這是司馬遷以來，政府首次參與修史的先聲，但其意識及意圖則未詳。此下補續《史記》諸人，多有奉詔為之者，而以班彪、楊終最堪留意。楊終習《春秋》，明帝時入蘭臺，章帝初建議召開白虎觀整齊經傳之大會，後受詔刪《太史公書》為十餘萬言。〔註21〕楊終是道德意識頗重之儒者，他將五十二萬餘言的《史記》刪為十餘萬言，約達五分之四，可謂大刪特刪了。明帝時代正是官方意識及欲控制史學表現得最強烈之時，假如推測不錯，則楊終奉詔的工作，其目的之一當是針對《史記》微文刺譏及貶損當世也，是則其後的王允就蔡邕事件嚴苛地批判司馬遷，應是代表光武、明、章以後的官方意識——包括君主和當權大臣的恐懼史家批判或直書之意識矣。

　　新史學運動諸子使統治者對史學關切的另一問題，即為上下名份，班彪父子在這方面發生了關鍵性的影響。原夫新史學結構之中，〈本紀〉並不專用以述帝王，前已言之。班彪續《史記》，一面本著揚雄對司馬遷的批判，至謂「其（指遷）論學術則崇黃老而薄五經，序貨殖則輕仁義而羞貧窮，道游俠則賤守節而貴俗功，此其大敝傷道，所以遇極刑之咎也」；一面則批評「司馬遷序帝王則曰〈本紀〉，公侯傳國則曰〈世家〉，卿士特起則曰〈列傳〉。又進項羽、陳涉而黜淮南、衡山，細意委曲，條例不經」，因而其著遂「不為〈世家〉，唯〈紀〉、〈傳〉而已」。〔註22〕這兩方面——人格思想及著作結構——的批判，對其子班固影響甚大。就後一批判而言，班彪對《史記》之〈本紀〉、〈世家〉、〈列傳〉三種體例所下的定義，實是他自己的定義，與司馬遷在〈太史公自序〉末所言並不合。班彪作如是之言，若非不明司馬遷立此三體例之旨，則當為誤解其旨，或有意強解己意於司馬遷之上，甚者竟或為了迎合統治者的意識。

　　前面提及漢初以來即有君尊臣卑、嚴上下之分的意識觀念，大儒如賈誼亦公然倡之。降至西元前一世紀後期。其間雖也有儒者提倡「天下非一人之天下」及禪讓諸說，但影響力極大的劉向則不然。他主張「大臣操權柄、持國政，未有不為害者」及「事勢不兩大」的天無二日、民無二主之思想，〔註23〕此正是賈誼以降的觀念。在此思想意識之下，班彪之言，遂可得視為：班彪

〔註21〕參《後漢書·楊終列傳》，卷四十八，頁 1597～1599。
〔註22〕詳參《後漢書·班彪列傳》，卷四十上，頁 1325～1326。
〔註23〕詳參其〈極諫用外戚封事〉，《漢書·楚元王傳》，卷三十六，頁 1958～1962。

認為君主始得有資格列序「本紀」，公侯卿士皆為臣子，只能列序為「列傳」。他又將「本紀」改為「紀」，「列傳」改為「傳」，此外不為「世家」、「書」、「表」。是則「紀」者雖不稱本，實即天經地義的為綱紀之本；「傳」者不稱列，實即意謂列述綱紀之本而為之末。取「紀」、「傳」之別者，所以嚴主從上下之分耳。「紀」只能專「序帝王」，符合君臣名分之旨，符合時君的意識，班彪或迎合之也。〔註24〕則其指責「雄、歆褒美偽新，誤惑後眾，不當垂之於後代」，可想而知矣。

班固自述其撰《漢書》云：「漢紹堯運，以建帝業。至於六世，史臣乃追述功德，私作本紀，編於百王之末，廁於秦、項之列。……」這段話有幾種含意：第一，他意欲以歷史研究究明漢德，維持漢政府的正統意識。第二，他強調司馬遷追述功德的一面，而隱去刺譏貶損的一面，似乎有意認為史書只是褒揚君主功德者，與劉毅之見相同，皆為史學發展至明、章之時的特色也。第三，他指責《史記》將漢朝排列於「本紀」的位置不當，有意為本朝爭名分地位。第一與第三兩種觀念的揉合，遂成為他開創斷代史新體裁的基因；第一種前已論之，第三種實承其父的思想而來者也。

班固並不盡全從其父的意見，其《漢書》不徒「紀」、「傳」而已，實以「紀」、「表」、「志」、「傳」四種結構而成，上承司馬遷的體例。至於他參與修東漢開國史，格於實際上有些人實非「王臣」，遂又別立「載記」一體，表示並非「率土之濱，莫非王臣」也。識見轉居其父之上。然而大體上，《漢書》為「紀」為「傳」，主要仍本乎其父的意見，亦頗揉合了司馬遷的意旨。「紀」以專序帝王，除〈高后紀〉本於《史記》之例以外，餘皆如是。他為惠帝立「紀」（史記無），符合尊天子的意識。貶項羽、王莽為「傳」，則又符合嚴上下、正名份，東漢政府的意旨。此外諸公侯卿士，皆一律為傳，以示臣子之位。班氏父子根據這種意識改革史學體例，對後來的東觀修史及三國時官、私修史影響甚大，以後的正史大抵宗之，新史學以「紀傳體」為名，

〔註24〕班彪此著作發議論時，每用「司徒掾」的官銜或竟稱「臣」，顯示其著極可能有意獻給君主閱讀，或者奉詔而撰。又：班彪對王氏政權的評析，立場觀點頗同於劉向，認為成帝違犯了漢朝立國原則──「主有專己之威，臣無百年之柄」──假權外戚，造成兩大之局而國移。但王氏政權既「危自上起，傷不及下」，且又「不根於民」，故終不能保。其言可詳《漢書‧敘傳》所載與隗囂之辯論（卷一〇〇上，頁4207），足見班彪的主威臣弱、主尊臣卑觀念甚濃，並對漢朝此立國的統治原則及意識知之甚稔。

由此而定。

統治者認識史學與其統治聲望和權威有密切關係，善加利用則可因之取得統治利益，造成鞏固其政權而有利的意識形態，所以國史修撰權的收歸王室，實爲遲早發生之事。而且，由史學淵源看，中國史學原本出於王官，初非私家之學；批判的刑、賞二柄，原本亦操於王者，本爲王者統治之利權。本文第二章所引孟子之言，說：「孔子懼，作《春秋》。《春秋》，天子之事也，是故孔子曰：『知我者其惟《春秋》乎！？罪我者其惟《春秋》乎！？』」司馬遷徵引董生之言，謂孔子作《春秋》，「貶天子、退諸侯、討大夫，以達王事而已矣」。其言皆可由此理解。

司馬談遺命其子論載明主、賢君、忠臣、死義之士，司馬遷後來答壺遂第二問，戒愼而隱約的說：「余嘗掌其官，廢明聖盛德不載，滅功臣、世家、賢大夫之業不述，墮先人所言，罪莫大焉！」實爲他瞭解修史究爲何事的自辯辭。不論口頭如何自辯，他因修史而自然的擁有了批判權，且是出於他自己「一家之言」的批判，這是不辯而可知的。每個儒者的價值觀念不盡相同，此即桓譚所謂「前聖後聖未必相襲，夫聖賢所陳皆同取道德仁義以爲奇論異文，而俱善可觀者」之意。揚雄、班彪、班固等執一而排他，不但無謂，抑且會造成統治者嚴重關注及干預的後果，徒使史學受到控制和扭曲而已。漢明帝之批判司馬遷，王允之責殺蔡邕，實即承受此思潮之反應。

光武帝怒責「桓譚非聖無法」，其實譚之反圖讖，是符合學術的研究及人類的理性者，只是統治者爲了其統治權威的鞏固，已不理會這個問題了。東漢經、史名家多言圖讖緯學，其盛至稱爲「內學」，此則與迎合官方意識應有關聯。班彪爲東漢政府解釋王命，爲之建立政權的理論根據，從而又站在東漢政權立場批評雄、歆。就史學的獨立自主角度論，他若是曲意與政教勢力的結合，似已代表了史學的淪降及史家的墮落，無論其思想意識是否出於眞知灼見，而所造成的效果應可作如是觀。史家委屈了獨立自立的批判權，由一家之言以批判天子公卿，遂成理想上的事情了。史書粉飾統治者——包括君主及當權公卿——的風氣，遂由班氏父子開出，至劉知幾乃有痛切的檢討。

統治者事實上並未滿足於史家如此的自動委屈。根據其統治意識的有利思考，他們勢必走上收回批判權，建立以利其統治爲原則的價值標準，乃至最後收回國史修撰權等途徑。班彪爲光武朝（西元25～57年）的三公掾，當

時三公多見罪退。光武敬重司徒馮勤，「欲令以善自終，乃因讌見從容戒之曰」：

> 人民放逐受誅，雖復追加賞賜賻祭，不足以償不訾之身。忠臣孝子，
> 覽照前世，以爲鏡誡。能盡忠於國，事君無二，則爵賞光乎當世，
> 功名列於不朽。可不勉哉！〔註25〕

光武及明帝皆是任法刻薄，常侵辱宰相大臣的君主。大臣雖非不忠，但若行事稍涉諷譏，亦常可能受詰辱殺身之禍。〔註26〕光武是善於利用飾終入史的方法，以要求及鼓勵臣子效忠一己的人，前面亦曾提他賜《史記》部份以激勵竇融之事，可見他甚爲瞭解史學並利用之。分析這段言論，可知他有如下意見和認識：第一，指示人臣忠於君國，始得在現世受爵賞，而後能成名於後世，並勉勵人臣如此去做。第二，史書記述了忠孝之事，有整齊教化的功能，故鼓勵人臣以史爲鑒。

根據第一點，劉知幾所謂的人生追求不朽，蓋爲了「書名竹帛」之說——也就是飾終入史、留取丹心照汗青的意識，遂爲統治者刻意加以利用，光武似是帝制以來，第一位公開以言行鼓吹的君主。其後魏文帝曹丕撰《典論》，〈自序〉中即自述其學養才德，聲言「以付後之良史」云云，〔註27〕實爲正式承認史學此功能也能向上涵蓋君主者。臣子對此普遍接受，往往用以自我或互相砥礪。其例頗可舉之者，如蘇武〈報李陵書〉云：「向使君服節死難，書功竹帛，傳名千代，茅土之封，永在不朽，不亦休哉！」〔註28〕二世紀中期，李固以太尉錄尚書事與梁冀共同執政，一再反對梁冀廢弒由己，遂爲冀所忌而誅之。固臨死，移書責另兩位大臣胡廣（蔡邕老師，文化史家）及趙戒曲從，聲言：「漢家衰微，從此始矣！公等受主厚祿，顛而不扶，傾覆大事，後之良史，豈有所私！？固身已矣，於義得矣，夫復何言！」〔註29〕李固所謂

〔註25〕參《後漢書》，卷二十六〈馮勤列傳〉。該傳末〈贊曰〉，范曄即批評光武及明帝侵辱宰相，刻薄寡恩。

〔註26〕如桓譚等反圖讖者遭詰責幾死，大司徒韓歆言「亡國之君皆有才」，光武以爲影射激發，將他免官猶未釋懷，竟至歆父子自殺而止（參《後漢書・侯霸列傳》，卷二十六，頁902）。歆好直言無隱，有重名，故眾多惜之，光武遂爲之賜賻成禮以葬之。類此事情在光武及明帝世，並不鮮見。

〔註27〕參嚴校《全三國文》，卷八，頁7B～9A。

〔註28〕蘇武、李陵的通信，或謂僞造，正可代表此意識觀念。詳嚴校《全漢文》，卷二十八蘇、李部份。

〔註29〕參《後漢書・李固列傳》，卷六十三，頁2087。

義者，乃報「受主厚祿」而光武所謂「事君無二」之事也。新史學運動末期
名史家司馬彪所撰《戰略》一書，載袁、曹爭戰，傳幹說馬騰拒袁助曹，認
為袁背命，曹奉天子而順道，至謂如此則「將軍（指騰）功名，竹帛不能盡
載也！唯將軍審所擇」。馬騰受此激勵，遂助曹破袁。〔註30〕文武俶儻之士所
為如此，其情可知矣。

由第一點推展至第二點，君主即意識到必須控制史家與史學。光武是提
倡修地方人物志的第一位君主，《五代史志·經籍二·史·雜傳序》云：

> 古之史官，必廣其所記，非獨人君之舉。……是以窮居側陋之士，
> 言行必達，皆有史傳。……司馬遷、班固撰而成之，股肱輔助之臣，
> 扶義俶儻之士，皆有記錄。而操行高潔，不涉於世者，《史記》獨傳
> 夷、齊，《漢書》但述楊王孫之儔，其餘皆略而不說。又漢時阮倉作
> 《列仙圖》，劉向……始作《列仙》、《列士》、《列女》之傳，皆因其
> 志尚，率爾而作，不在正史。後漢光武始詔南陽撰作風俗，故沛、
> 三輔有耆舊、節士之序，魯、廬江有名德、先賢之讚，郡國之書，
> 由是而作。〔註31〕

按劉知幾《史通·二體篇》評編年體的缺點，認為其體不能記述許多不預國
事的賢能人事，即「賢如柳惠，仁若顏回，終不得彰其名氏，顯其言行」，是
其所短。紀傳體則能補此缺憾云云。〔註32〕是則《五代史志》之論古史，恐
為想當然耳。真正的情況應是，司馬遷開創新史學，在體裁上提供了表彰人
物的便利；在觀念上啟示了民間賢能俶儻之士雖無權勢，亦可能與歷史發展
有關，史家值得注意。這是地方人物志發展的淵源。光武帝承此而又旁取劉
向單行紀傳體的創革，遂用以發揚政教意識，由官方正式提倡這種史學。這
種史學經官方的有意推動，自後遂蔚為潮流，由此開出人物志、傳奇小說、
方志、偏霸國史等史學系統，誠中國史學的重要進展也。光武帝及其東漢政
府，在此系統的發展史上，地位應是不容抹殺的。

官方的干預和控制，另一重點在國史——後世正史之範疇。新史學運動
前期，國史修撰比較自由，尚未專以官方，尤其中央為主，政府似乎也無
固定機關及官員專修國史。司馬遷以中書令完成《史記》，劉向父子、揚雄、

〔註30〕參《三國志·鍾繇傳》注，卷十三，頁 393～394。
〔註31〕參《隋書》，卷三十三，頁 981～982。
〔註32〕詳《史通通釋》，卷二，頁 27～28。

馮商、班彪等皆非史官。西元前一世紀後期，成帝詔令待詔馮商續《太史公》，似乎出於補續國史太初以後事，及愛好此種新學術的動機居多，但已成爲官方插手新體裁國史修撰的先河。以後諸好事者或奉詔續《太史公》，似亦可作此等量齊觀。光武帝介入史學，尚無充足證據證明他已收回國史修撰權及建立了官修制度。西元一世紀後半期的明章之治時代，是正史發展的關鍵所在。

　　明、章二帝秉承光武的思想意識，一方面運用史學功能以利統治，一方面直接管制以利運用。後者可由幾方面作觀察：第一，他們建立固定的修史系統——東觀著作系統，並詔命他官帶職參修。至於不列入此系統者，則必須得到官方的認可，始克能私家修史。官方如此控制國史及修史者，班固實爲關鍵性的例子。班彪續《太史公》，極可能是在得到光武帝同意認可之下進行的。卒後，班固認爲其著未詳，「乃潛精研思，欲就其業」。《後漢書》卷四十上〈班彪列傳〉記其遭遇云：

> 既而，有人上書顯宗（明帝），告固私改作國史者。有詔下郡，收固繫京兆獄，盡取其家書。

> 先是，扶風人蘇朗僞言圖讖事，下獄死。固弟超恐固爲郡所覈考，不能自明，乃馳詣闕上書。得召見，具言固所著述意。而郡亦上其書。顯宗甚奇之，召詣校書部，除蘭臺令史，與前睢陽令陳宗、長陵令尹敏、司隸從事孟異共成〈世祖本紀〉。遷爲郎，典校秘書。固又撰功臣、平林、新市、公孫述事，作列傳、載記二十八篇，奏之。帝乃復使終成前所著書。……固自永平中始受詔，潛精積思二十餘年，至（章帝）建初中乃成。

其遭遇反映了幾個問題：即國史不許私改私作；官方有一定的意識，不容私議；及由君主詔集臣子修史，有一定的制度；與乎《漢書》是得到君主同意授權而撰等。由此可知當代史修撰，明帝時已形成制度，直接置於官方控制之下，此爲東觀修史制度之始。二世紀後期，由此而發展成秘書（或中書）著作局的制度，更臻完密矣。國史修撰權官方化，而且是中央制度化，這是後來不入東觀，即名史家如張衡、蔡邕等亦不敢私修的原因。

　　第二，當時冒犯官方意識形態乃是致死的嚴重事情，此誠爲漢廷收回國史修撰權的主因。注記修撰權原本即在官方，不必言。但是，西漢部份猶未有全史出現，固可經由官方而控制之，班固之獲授權撰《漢書》是也；至於

已完成者如《史記》，則官方只得加以修改。是則楊終奉章帝詔命而大刪《史記》，其事或可知也。

第三，光武、明、章之世正是古今文經第二次大爭辯的時代，提倡《左傳》者多仍本劉歆之舊意見——求道眞的原則——作爲辯護主力，並頗涉入德運的觀念，希望透過爲漢政權尋得理論根據而得立。賈誼九世孫賈逵，透過家學而發揮劉歆之學，在章帝初期承詔發出《左氏傳》大義長於《公》、《穀》二傳者，遂使《左傳》得以建立。其論據主要有二：一爲力言《左傳》獨有明文證明劉氏爲堯後，優於五經，前已言之。一爲力言《左氏》著明「君臣之義，父子之紀」，故《左氏》義深於君父，《公羊》多任於權變；又謂「《左氏》崇君父，卑臣子，強幹弱枝，勸善戒惡，至明至切，至直至順」云云。此皆深合當時統治者的政教意識故也。范曄在傳末〈論曰〉：「桓譚以不善讖流亡，鄭興（當時與賈逵同爲《左氏》宗師，並稱鄭、賈之學的大師，亦反圖讖論）以遜辭僅免，賈逵能附會文致，最差貴顯。世主以此論學，悲矣哉！」〔註33〕范曄批評世主之失，實未直斥其何以有此失者。賈逵之附會統治者，猶如班固之「飾主闕」而已，非如此不能使其學術得以成立。《左傳》之立，無異表示政治力量已伸展至先秦的史學範圍，代表了漢廷全面控制史學以爲己用的意圖。前面曾論《史記》與《左傳》有關係，是則《史記》之被官方所刪，良有以也。

鄙意無意對統治者的利用及控制史學，作任何的道德批判，在此只是希望究明中國史學發展的重要問題罷了。史學經過東漢官方的干預，起碼發生了如下的變化：第一，政治意識強烈的伸入史學，遂產生官修國史的制度，而且以後竟至發展成宰相監修，切實控制。第二，官修國史後來又成爲中國史學分類上「正史」形成的原因。第三，政治意識加上道德教化及德運學說，又產生了新史學後期的正統論，成爲後世紛爭的根源。第四，政教力量的結合，是導致史學成爲經學附庸的原因，幾乎影響史學的成立及獨立自主，以後歷經長期的發展始得還其眞面目。第五，政教力量的結合，使史學淪爲政教經世的工具，幾乎長期喪失了它原本獨立於政教之外，原有的獨立批判特質——即使政教亦在其批判之內的特質。但是，經由東漢政府的倡導，人物志、方志、偏霸國史等雜史、雜傳史學系統，卻因而蓬勃發展，蔚

〔註33〕賈逵父賈徽是劉歆的弟子，傳左氏學。逵既傳家學而成賈氏學，亦兼通今文經。詳《後漢書》本傳，卷三十六，頁 1234～1241。

成正史以外的大宗，並影響及於文學上的傳奇小說的創生。第六，政教對史學的認識和干預，是造成史家憂患困擾的主因。詳容後述，於此不能一一贅論。

三、漢晉政教意識下的史學發展

　　班固完成《漢書》是史學上一件大事，其價值和成就是不必懷疑的。需注意的是，班固撰此書的動機意見，及其進行工作，皆得到了漢廷的同意及支持；書成之後，又得到漢廷的推廣。因而以後形成注解者二十餘家，至於「專門受業，遂與五經相亞」的盛況，〔註34〕備受重視的程度超過《史記》。由此角度而論，與其說《漢書》是私撰的，則毋寧說是官認私撰來得更恰當。前引傅玄的批判云：「吾觀班固《漢書》，論國體，則飾主闕而抑忠臣；敘世教，則貴取容而賤直節；述時務，則僅辭章而略事實，非良史也。」愛好辭章乃班固之興趣所在，他不僅只是個大史家而已，同時也是辭賦大家，所以不足以之詆非班固。然而班彪、班固父子的思想意識，原本即接近官方的標準，而且又生在那種時代，不免蒙受影響，因此其價值取向實與主觀意志及客觀環境有關，未必完全承順阿諛官方者也。新史學後半期的史家之中，有不少人是由於主觀的認知，自信其思想意識是正確的，頗挾其衛道（政治和道德）的精神來批判或修撰史著，亦即順著劉向父子、揚雄、班彪父子的史學潮流而發展者。班固以後，張衡（西元 78～139 年，漢章帝建初三年～順帝永和四年）是第一個顯例。他多才多藝，集經學、文學、天文、算學、陰陽、科技、玄學於一身，但反圖讖，曾兩任太史令，卻未能被詔參與東觀修史。《後漢書》本傳云：

> 永初中（安帝，西元 107～113 年，衡時首任太史令），謁者僕射劉珍、校書郎劉騊駼等著作東觀，撰集《漢記》。因定漢家禮儀，上言請衡參論其事。會並卒，而衡常歎息，欲終成之。

> 及爲侍中，上疏請得專事東觀，收撿遺文，畢力補綴。又條上司馬遷、班固所敘與典籍不合者十餘事。又以爲王莽本傳但應載篡事而已，至於編年月，紀災祥，宜爲〈元后本紀〉。又更始居位，人無異望，光武初爲其將，然後即眞，宜以更始之號建於光武之初。書數

〔註34〕詳拙文〈漢書撰者質疑與疑釋〉（上），頁 41 下～44 上。

上，竟不聽。〔註35〕

東觀史臣建議徵召張衡修史，衡亦有志爲之，其學有專才無庸置疑。值得留意的是：他從史料批判的角度批評了《史記》和《漢書》（內容不詳）。而且，又從政教意識批判了《漢書》及正在修撰中之《漢記》。就理而論，班彪既主嚴紀、傳之別，以維持君臣名分，則班固用本紀的方式撰述王莽，而表面上則貶稱之爲傳，顯然是名實不符的。《漢書》既爲〈高后紀〉，則新莽時事繫於〈元后本紀〉，以下接〈更始本紀〉、〈光武本紀〉，於理並無不當，而且亦可貶損王莽建立政權的意義，彰明漢室一直未亡的官方意見。張衡之言，牽涉到君臣名份、正統觀念、當時的漢未嘗亡論及史學結構與實證原則諸問題。注引其上表要求參與修史，聲言志欲「俾有漢休烈，此久長於天地，並光明於日月，炤示萬嗣，永永不朽」云云，亦符合漢廷修史的心理。是則張衡自信其思想意識之正確是可知的，只是君主並不採認罷了。或許當時認爲《漢書》、《漢記》此部份，皆爲先帝所認可支持下完成，不便更改吧？

張衡得不到政府的及時支時，史稱其著作多不詳典，爲時人所追恨。充分在史著中發揮綜合的政教意識，而得官方支持者，應以潁川源出於荀卿的家族最特出。荀氏傳至荀淑，以高行爲世所重，被私謚爲「玄晏先生」，有子八人，時稱「八龍」。其中一子即與王允謀誅董卓，官拜獻帝司空之荀爽。爽通《春秋》、《論語》，亦頗通五行災異，曾撰集《漢語》一書，目的在討論漢事之成敗可爲鑒戒者。以他的家族聲望、家教、家學而論，荀氏子弟顯然是東漢政教意識下的標準人物。以如此功勳地位而著此書，其批判當亦符合官方之標準。他的兩個著名姪子——荀悅和荀彧——更是晚漢史壇及政壇的風雲人物。荀悅（西元 148～209 年，桓帝建和二年～獻帝建安十四年）與荀爽皆是年十二即能說《春秋》的天才，前者後來又與另一名人孔融，常侍講於禁中，與獻帝旦夕談論。史謂荀悅向獻帝暢論古代左、右二史及其職掌精神，要求備置史官（董卓以後制度敗亂），歲末則舉之於尚書，「以助賞罰，以弘法教」。這是獻帝詔命他撰述《漢紀》的原因之一。當然，他的政教批判思想及意識，應是被認爲足以代表官方的。

《漢紀》本著五種原則而寫，此即：達道義、章法式、通古今、著功勳、表賢能，所謂「五志」是也。其書究心於明主賢臣得失之軌；彰明漢室繼堯承周，從火而得天統，並排共工及嬴秦於統序之外，抑王莽以附於平帝。全

〔註35〕參《後漢書》，卷五十九，頁 1940。

書體例效法《春秋》，編年稱紀，斷限亦為二百四十二年，既倣《左傳》之「君子曰」而為「荀悅曰」，又取《漢書》而作「贊曰」，議論甚多。他的著作是官認私撰的性質，且過份依本經典的形式與精神，充滿官方的政治意識，然而古史復興及正統論出現的關鍵即在此。〔註36〕他的正統觀念實際下接譙周的巴蜀學派，而影響於陳壽《三國志》者，由此而引出後來習鑿齒的論說。以他的意識言論，當時不為曹操所忌害，應與其家族聲望及荀彧與曹操的關係有關。出於汝南應氏的另一著名史學家族子弟——應劭，也是政教意識頗強的學者，即因畏懼曹操而投奔於袁紹。〔註37〕當然，荀悅死在曹操野心昭著之前也是原因之一；建安末年，荀彧及孔融皆先後因政治意識與曹不合而被殺也。

　　政府想透過政、教力量的結合，利用史學，以造成有利於他們統治的意識型態；並積極的整齊世教，以圖建立一個有秩序、安定而安全的儒教文治社會。知識分子一面受其影響，一面亦有此自覺而作推動，遂塑成了史稱「風俗淳美」的時代特色。這種發展在歷史上有其正面的意義，但也埋伏了潛在的負面危機。危機的因素是多方面的，但由政、教結合而演變成對立，實為其主因之一。

　　自從一世紀班彪、班固父子撰史以突出漢朝為主，又為漢朝從史學上奠定中興火德之說，參與修撰政府主持的東漢史，不論在政治與學術、政府與史家的關係上看，皆為相處融洽的時期。這種關係，延續至二世紀中期的張衡時代，遂產生了變化。變化的淵源就當時來說，可回溯至揚雄、班彪、光武及明帝等人的基本心態。

　　就學術意識言，揚雄、班彪不免雜有儒、道、陰陽的色彩，原就應有所自覺，而不宜執一排他，儼然以聖道自任的。學術同歸殊途、一致百慮，道只能透過學術論辯而始能昌明，沒有可能只有某人始能代表道，而應只有證道多少的問題。司馬遷特載其父「論六家要旨」，其意當在此。揚雄、班彪頗挾衛道之心，不明司馬氏父子之意，且反加之以批判，只能彰顯他們狹隘的

〔註36〕荀氏家族學術可詳《後漢書‧荀淑列傳》，卷六十二，頁2049。《漢紀》問題可直閱其書。

〔註37〕汝南應奉是史家，曾撰《漢事》一書，前已言之。子應劭則是文化史、社會史、史注學名家，曾自比於董仲舒之《春秋》決獄而撰《漢儀》，於建安初獻上，不久即畏曹而奔袁。詳《後漢書‧應奉列傳》，卷四十八，頁1606～1615。

「道在於我」之意識心態。劉歆嚴厲批評儒者黨同伐異、妬忌眞道，不啻是對時代風氣的批判。經學之風如此，揚、班等人引之入史學，遂有可能造成史書只是某種意識形態的著作，而使司馬遷欲建史學爲折衷經傳百家各種學術及意識的理想，遭到了斲傷。學術實際上是指導政治的，學術既如此，則政治意識可知矣。光武不問學術眞偽，指反圖讖爲非聖；明帝不究《史記》當否，責司馬遷爲非義。此皆只爲維持其統治之效能，而妬道眞、伐異己者也。

　　班固批評司馬遷云：「其是非頗繆於聖人。論大道則先黃老而後六經，序遊俠則退處士而進姦雄，述貨殖則崇勢利而羞賤貧，此其所蔽也。」〔註38〕據筆者淺見，班固的意識形態實不像他父親及前輩那般嚴厲狹隘，胸懷識見似亦較開闊。但觀其此言，顯示他融取了揚雄及其父對司馬遷的批判觀點。他一方面順揚雄之旨以撻伐遷之繆聖非經，一方面即順其父之旨以批判遷之術學。揚雄謂遷「謬於經」，應指狂妄錯誤於經義而言；「不與聖人同是非」者，應指遷之價值觀念而言。然而班固之言則不盡如此，所謂「是非頗繆於聖人」者，實含價值標準違反聖道而有詐之意思。〔註39〕比較班彪、班固父子之言，其意更明。蓋班彪只責司馬遷「輕仁義」，而班固則直接責他「崇勢利」；班彪只責以「賤守節」，班固則竟說他「退處士」；班彪只責以「貴俗功」，而固則嚴言之爲「進姦雄」也。或許班固自忖序事之長才、實錄之完美不及司馬遷，思欲由此方面壓低之，以爭一日之長短耶？要之，班固嚴厲之批判司馬遷，實合揚雄與其父之批評觀點，而又過之者。這當是引起後人不滿，致在史學上造成史、漢優劣論的原因。

　　張衡是早期批評《史》、《漢》二書的人，尤指責班固《漢書》不當者。前引晉世傅玄之言，即已直指《漢書》的價值系統不對，且由此聲言，固「非良史也」。傅玄撰《傅子》一書，目的在「論經國九流及三史（《史》、《漢》

〔註38〕詳《漢書・司馬遷傳・贊曰》，卷六十二，頁2737～2738。
〔註39〕班固也是文字學家，故用字不同，應予注意。繆與謬，原則上是通用的。但繆義含有僞詐之意，班固甚爲瞭解。如《漢書》，卷五十七上〈司馬相如傳〉云：「……文君新寡，好音，故相如繆與令相重，而以琴心挑之。」令，指臨邛令王吉──相如素善之友也。相如宦游不遂而貧困，往見王吉，吉舍相如於都亭，「繆爲恭敬，日往廟相如」。顏注曰：「繆，詐也。」相如知王吉詐爲恭敬，故其後稱病卻見使者──王吉派來問侯者，後因欲挑文君，故又詐與王吉相重，借王吉而通卓氏而已。班固於此兩用「繆」字，皆僞詐之意，明帝批評司馬遷不義，而謂相如「淫行無節」，當指相如之繆而言。

及《漢記》)故事，評斷得失，各爲區別」，此爲劉知幾建立史學批評的先河。傅玄在〈自敘〉中曾比較《史》、《漢》而論。他說：

> 班固《漢書》因父得成，遂沒不言（班）彪，殊異（司）馬遷。

此爲依據心術──即章學誠的史德論──而論的最早批評者。〔註40〕張輔約與傅玄同時代，也曾論云：

> 世人論司馬遷、班固之才優劣，多以固爲勝。余以爲失。

> 遷之著述，辭約而事舉，敘三千年事，唯五十萬言。固敘二百年事，乃八十萬言，煩省不敵，固之不如遷，一也。

> 良史述事，善足以獎勵，惡足以鑒戒，人道之常；中流小事，亦無取焉。而班皆書之。不如，二也。

> 毀敗靐錯，傷忠臣之道，不如，三也。

> 遷既造創，固又因循，難易益不同矣。又遷爲蘇秦、張儀、范睢、蔡澤作傳，逞詞流離，亦足以明其大才也。故述辯士則辭藻華靡，敘實錄則隱核名檢，此眞所以爲良史也。〔註41〕

由文字多寡以定學術著作之優劣，乃是數量說的不根之談。但是張輔由價值系統、道德觀念、體裁創作、選擇標準、文字表達力的史才論，乃至實證風格等角度作比較，以揚馬抑班，則又需加注意矣。要之，《史》、《漢》優劣論，早從王充的甲班乙馬開始，並在班固死後不久，即由張衡等人逐漸提出，至張輔時，不過只是不滿世人之言，而從較廣泛的史學角度申述己見耳。這是新史學運動後期，由價值批判引發出來的結果。《史》、《漢》優劣論至上並非結束的階段，相反的，正是方興未艾的階段；且由價值批判拓展至史學批評，以下啓劉知幾、章學誠等人的學術領域。

值得進一步注意的是，張衡之論是代表史家欲伸張其一家之見的趨勢，傅、張之議則是代表了史家意識政統之外別有道統，而執教以議政的傾向。這兩種潮流在第二世紀匯合，遂形成巨大的力量。知識分子包括史家在內，常執其所知的政、教意識與理想，由月旦人物發展至抨擊掌權的政治人物，乃於張衡死後不久，爆發著名的「黨錮之禍」。從另一立場看，這是政、教衝

〔註40〕章氏之論，見《文史通義》，卷三〈史德篇〉，臺北：廣文書局，民國56年11月初版。傅言見嚴校《全晉文》，卷四十七，頁1A：卷五十，頁14B。

〔註41〕詳嚴校《全晉文》，張輔〈名士優劣論〉，卷一〇五，頁9B。

突的結果。就統治者的立場，魏文帝曹丕的意見實爲最佳的代表，他在《典論》中說：

> 桓、靈之際（西元146～189年），閹寺專命于上，布衣橫議于下，干
> 祿者殫貨以奉貴，要名者傾身以事勢。位成乎私門，名定乎橫巷。由
> 是戶異議，人殊論，論無常檢，事無定價，長愛惡，興朋黨。〔註42〕

換句話說，統治者認爲這是君權遭竊弄之下，政治社會的一種動亂；這動亂是由貴勢及其屈服附從者，與不肯屈從的知識分子對抗而造成。後者又在各執己見、黨同伐異的「橫議」中，表現了價值標準的紊亂及排他精神。承受這種潮流影響之最深者，在史學上莫過於正史──官修的國史。前引傅玄的〈自敘〉中，曾評論了一個問題。他說：

> 觀孟堅（班固）《漢書》，實命代奇作。及與陳宗、尹敏、杜撫、馬嚴
> 撰中興紀傳，其文曾不足觀，豈拘於時乎？不然，何不類之甚也！？
> 是後，劉珍、朱穆、盧植、楊彪之徒，又繼而成之，豈亦各拘于時，
> 而不得盡乎？何其益陋也！？〔註43〕

東觀史臣不乏一代名儒者，但自班固、尹敏等奉詔修撰以來，即已有「拘于時」的情況。自後發生橫議大衝突，其情「益陋」。例如張衡時代，正值宦官孫程等十九人兵變擁立順帝之時。十九人因此封侯，貴盛勢灼。其時東觀史臣正是朱穆、曹壽、延篤等人，范曄在《後漢書》指責他們說：「東觀自此已下十九人，與（孫）程同功者，皆敘其所承本系。蓋當時史官懼程等威權，故曲爲文飾。」〔註44〕

從東觀修史制度創置伊始，數十年間，史臣「拘于時」而爲修撰的情況如此。自此下降至桓、靈黨錮，董卓、曹操先後挾天子的時代，凡七、八十年之間，雖有馬日磾、蔡邕、楊彪、盧植等參加東觀，國史亦有何可爲乎？當時有人如李法，數抗表謂「宦官太盛，椒房太重，史官記事，無實錄之才，虛相褒述，必爲後笑」，因而被貶。故《史通‧忤時》云：「唯後漢東觀，大

〔註42〕參嚴校《全三國文》，卷八，頁3B。

〔註43〕劉知幾在《史通‧覈才篇》，由史才之難伸論至於文士無銓綜之識及微婉之言，最後即引傅玄此段語。顯示劉氏引此而論「拘時之患」，主要不是指時文──文藻淫麗的風氣而言，而是指時忌──政治忌諱、世俗觀念而言。文見卷九，頁251。

〔註44〕參該書〈宦官列傳‧孫程傳〉，卷七十八，頁 2514～2518。該次兵變在西元125年發生。

集群儒，著述無主，條章靡立，由是伯度（李法）譏其不實，公理（仲長統）以爲可笑，張（衡）、蔡（邕）二子糾之於當代，傅（玄）、范兩家，嗤之於後葉。」〔註45〕

三世紀初期，謝承是第一個私自重修《後漢書》的人。其書的特色在博蒐忠義、隱逸、名卿、通賢的芳言懿矩，儘管後來范曄對之大加刪削，但不能掩去其不滿《東觀漢記》「拘于時」的意識。〔註46〕在如此意識之下，謝承特記蔡邕之死，只是因聞董卓被兵變所殺而嗟嘆，即爲王允以黨同伐異的心胸所殺。《三國志》卷六〈董卓傳〉，裴松之引此書云：

> 蔡邕在王允坐，聞卓死，有歎惜之音。允責邕曰：「卓，國之大賊，殺主殘臣，天地所不祐，人神所同疾。君爲王臣，世受漢恩，國主危難，曾不倒戈；卓受天誅，而更嗟痛乎！？」便使收付廷尉。

> 邕謝允曰：「雖以不忠，猶識大義，古今安危，耳所厭聞，口所常玩，豈當背國而向卓也！？狂瞽之詞，謬出患入，願黥首爲刑，以繼漢史！」

> 公卿惜邕才，咸共諫允。允曰：「昔武帝不殺司馬遷，使作謗書，流於後世。方今國祚中衰，戎馬在郊，不可令佞臣執筆，在幼主左右；後令吾徒，並受謗議！」遂殺邕。

蔡邕被董卓脅從而任官，又以才學爲卓所敬重而成爲其重要顧問。他與卓的關係是貌合神離，明屈身而暗助漢者，究竟如何歎惜董卓，可惜謝、范二史均未載。范曄雖刪謝書，但〈蔡邕列傳〉述其死則全據於此。然而，裴松之則據此，而批評謝承「誣罔不通」。他說：

> 蔡邕雖爲卓所親任，情必不黨，寧不知卓之姦凶，爲天下所毒。聞其死亡，理無嘆息。縱復令然，不應反言于王允之坐。斯殆謝承之妄記也！

> 史遷紀傳，博有奇功於世，而云王允謂孝武帝應早殺遷，此非識者之言。……

> 王允之忠正，可謂內省不疚者矣，既無懼于謗。且欲殺邕，當論邕

〔註45〕李法爲桓帝侍中，參常璩《華陽國志・漢中士女》，卷十下，頁4A。

〔註46〕余據宏業書局版《後漢書》附錄，載鄭鶴聲〈各家後漢書綜述〉一文，詳其〈謝承後漢書〉條，頁11～14。

應死與不，豈可慮其謗己，而枉戮善人哉！此皆誣罔不通之甚者。
〔註47〕

裴松之論史之弊，往往在輕於判人誣罔，想當然耳而又拿不出實據，或雖有之亦常不能平心論證。蔡邕事件的發生，雖未詳載他歎息何言，然當日邕如何在允座，如何聞訊嘆惜，未可輕易推翻也。王允責史遷言，正足以代表允之無識，且是當時掌握權力者對史官的基本心態。此已不但涉及王允個人的問題，亦已涉及前述的時代潮流問題了；王允此時此言，當非特異的個案而不可理解者。允雖忠正，竊意衡情度理，實仍有疚，因爲他官居司徒，國之三公大臣，而竟屈身事卓，與之同列。特重三公政治責任，至常因此賜死坐誅的漢代，且又在東漢特倡氣節忠義的風氣之下，王允雖能誅卓，罪咎仍不可辭也。何況允既知董卓大賊，天地不容，不即時抗賊明節，反而陰謀地委身取容董卓，以圖日後的「倒戈」，這種行爲今人看來或合理者，當時觀念未必如此。是則允之欲殺史臣以免蒙謗，心理上當可體會。況且，前面論及執一排他的精神，則蔡邕之嘆息大賊，王允固可視之爲「佞臣」也。邕被殺時，馬日磾已爲太尉，往救之，力言蔡邕史學水準，且聲言他「忠孝素著」、「所坐無名」，爲允峻拒，〔註48〕是則情況可知矣。

前論司馬遷認爲孔子作《春秋》，具有史家的憂患意識──恐怕思想學術不能完成而傳後，又懼怕論述眞切而遭時忌以招禍。前一意識乃成就感下的成名意識，後者則爲安全感下的恐懼意識。司馬遷特別敍述此事，實即襯托其〈自序〉及〈報任少卿書〉所自述他自己的此二意識也。自一世紀東漢建立以來，時忌意識日盛，則史家之「拘于時」者亦日甚。西元 192 年的蔡邕事件，對魏晉以降史家，具有莫大的震憾力。誠如司馬遷之言，「死有重於泰山，或輕於鴻毛」者，蔡邕因史見殺，其已撰就的歷史著作則官方不加採錄，以致戰亂湮沒，亦可云悲矣！在政治壓力之下，史家偷生未必就能完成其理想，何況身死見殺耶。是則魏晉史家的憂患意識中，後一種的恐懼意識浸浸然超過前一種的成名意識，成爲史家矚目之焦點。史家的安全感如此，則官修之史而具實錄的美稱者，漢末以降遂成鳳毛麟角，難能可貴之事矣。

蔡邕的同事──漢末名臣楊彪，在建安（西元 196～220 年）一朝，曹操

─────────────

〔註47〕參《三國志・董卓傳》注，卷六，頁 180。
〔註48〕參《後漢書・蔡邕列傳》，卷六十下，頁 2006。

權勢籠罩之下，雖頗綴集注記，但其謹慎的情況可想而知。前面提及王沈、
荀勗、阮籍等共撰《魏書》，時人認爲其書「多爲時諱，未若陳壽之實錄也」。
孫吳方面，名史家韋昭、薛瑩均曾下獄；前者蒙禍，更與修史及官方意識有
密切關係。華覈救韋昭之疏中，即直稱昭爲吳之史遷，請勿「拘繫史官」，並
力言《漢記》之優劣，惟昭復出始克使吳史光輝直追《漢書》云云。〔註 49〕
吳主孫皓不聽，而誅韋昭，遂成蔡邕之後第二件著名的史禍（事在西元 273
年）。八十年間發生兩次著名史家被殺之禍，一爲權臣而號稱忠正者所殺，一
爲暴君所殺，在如此氣氛之下，史官尚有何爲？後世論官修制度之優者，著
眼點在人力、物力的完備充足，但以此完備充足而換取非實錄的正史，優劣
誠宜再思量也。

　　史官不實隱諱、委屈取容，誠爲危害史學求眞存實、客觀中正之原則者。
漢末大儒鄭玄（西元 127～200 年），聞蔡邕以此爲王允所殺，遂歎謂：「漢世
之事，誰與正之！」〔註 50〕同時代另一大儒許慎，撰《說文解字》，釋「史」
字之義即云：「史，記事者也。从又持中。中，正也。……」史官之職，以能
究明事件眞相而正確地加以記述爲根本原則，許、鄭等經學家既已有見於此，
史學家知之當不待言。華覈批評《漢記》之劣，謝承此前已不滿之而加重撰。
前面所述新史學運動末期大家，華嶠「以《漢記》煩穢，慨然有改作之意」；
司馬彪亦力言東漢「時無良史，記述煩雜，譙周雖已刪除，然猶未盡」，亦決
意重撰。〔註 51〕至於夏侯湛重修《魏書》，陳壽重撰《魏》、《吳》二志，則又
幾乎是即時重撰了。兩晉以降，史家以當時的政治力量已逐漸消退，故敢以
私家獨力而重撰漢魏諸國史也。政治力量干預史學，對史家與史著影響惡劣，
一至於斯。

　　前文提到東漢學者日益明瞭政統之外，則有一道統而可批判政統、整齊
世道者的存在，這也是新史學運動末期的史家所日益重視者。這種理念在兩
種範疇的史學上日漸發展，屬於積極發展的一面。

〔註 49〕韋昭曾撰〈博奕論〉，具有極強烈的「君子恥當年而功不立，疾沒世而名不稱」
　　　　的成名意識。後以反圖讖及拒絕爲吳主皓的父親孫和作〈本紀〉等事，得罪
　　　　於吳主皓。昭以此「漸見責怒」而「益憂懼」，後遂因事下獄被誅。詳參《三
　　　　國志·韋曜（昭）傳》，卷六十五，頁 1460～1464。
〔註 50〕參同註 48。
〔註 51〕引文見《晉書·華表（嶠附）列傳》，卷四十四，頁 130A；及〈司馬彪列傳〉，
　　　　卷八十二，頁 221D。

在正史方面，三世紀時代乃三國紛亂之世，史家在重修前代史或本朝當代史時，多嚴守班彪以紀傳別君臣的家法，有些史家積極的對歷史人物加以其自己的道德批判，以圖重振世道。例如韋昭為史官，以吳主皓之父未曾登帝位，故拒絕為之立「本紀」，而堅持為他作「傳」，以至後來招禍。晉初修國史，發生晉史上限的辯論，陸機上〈晉書斷限議〉提出意見說：「三祖（司馬懿、師及昭三父子）實終為臣，故書為臣之事不可不如「傳」，此實錄之謂也；而名同帝王，故自帝王之籍不可以不稱「紀」，則追王之義」。〔註52〕晉三祖在魏名臣實主，原晉朝創建之跡，則當列之為「本紀」。《漢書》述王莽，以「傳」為名而「紀」為實，行「貶天子」的批判。陳壽述曹操，本追王之義而列之為「紀」，但將其行事則繫於漢的正朔，實含明則正名份（《史記》某些「本紀」如項羽，用列傳體式，故「紀」可以「傳」的形式為之。但班彪嚴「紀」、「傳」之分，以別君臣，形式亦隨之不同，陳壽採司馬遷「原始」的意見，兼取班彪正名份的觀念也），暗則寓褒貶（非正朔天子，竊其主之正朔而僭為「本紀」）之意旨。陳壽對「紀」、「傳」之別，觀念極為清楚，紀魏主而傳蜀吳，三書原本分行，則此「一王」之義尤明顯可見。這是巴蜀學派解釋當代政治發展的觀念，也正是引起正統論糾紛的主因。陳壽在《三國志》發揮了這種觀念及解釋，《魏書》部份又故意不為晉三祖立傳以避忌，這正是造成晉上限爭議及陸機意見的提出之原因。《三國志》比較平和中肯，道德批判的意識表現上並不強烈，然而陳壽實際上是本著讓事實自己說明真相的實證原則來撰述的，因而壽卒後，范頵等上表朝廷，稱其書「辭多勸誡，明乎得失，有益風化」云云，故朝廷亦為此派人就家寫上其書。

重撰前代正史方面，華嶠和司馬彪似皆不滿漢代官史，不本於漢代官方立場而撰述者。譙周是一個具有主觀見解和獨立思想的大儒，雖任官於蜀漢而未以蜀、魏爭峙為然。他刪除東漢史，司馬彪猶未表滿意，前引司馬彪批評東漢無良史，《漢記》煩雜的同時，亦對譙周的工作加以批評，並且在同一文中，即聲言說：「先王立史官以書時事，載善惡以為沮勸，撮世教之要也。是以《春秋》不修，則仲尼理之；〈關雎〉既亂，則師摯修之。前哲好煩哉？蓋不得已故也！」他據此義以批評東觀史臣及譙周，顯示了他的《續漢書》宗旨所在——執道德教化以批判政局，整齊及重振世道。其後唐太宗讀其書，作詩詠之云：「前史彌妙詞，後昆沈雅思。書言揚盛跡，補闕興鴻志。川

〔註52〕嚴校《全晉文》，見卷九十七，頁 9B。

谷猶舊途，郡國開新意。」〔註53〕所謂「雅思」、「新意」，當指彪之透過史著「揚盛跡」及「興鴻志」而言，此即其宗旨所在者也。謝承之作，實亦頗有此志。至於華嶠既「以《漢記》煩穢」而立志改作，宗旨亦可知。蓋「煩」者，當指史官的取材選擇、體例方法，及文字表達而言；「穢」者，當指其價值系統之惡也。其《漢後書》取〈堯典〉之義而改「志」為「典」；提昇「皇后傳」而為「皇后紀」，為范曄《後漢書》所本，則其於政教意識亦甚強調也。

　　正史以外，史家意圖以道德教化批評世事，除了荀悅以此無意中種下了編年史學的復興及正統論的出現外，其重大發展當在地方史、人物志撰述的範疇。這方面發展自二世紀東漢中葉，即有日漸興盛的趨勢，先賢、耆舊諸傳著作日豐，成為不預國史修撰而有興趣於史學者的一條出路。早期最足以代表這種發展的，厥為大儒馬融的姪女婿趙岐。趙岐為京兆人，約與蔡邕、荀悅同時代，但高壽至西元 201 年（建安六年）以九十餘歲卒。他少年時代即以明經有才藝知名，為人廉直疾惡，是黨錮人物之一，反對政治上的權勢人物，連馬融也因是外戚豪家，故遂鄙之而不相見，甚至批評他「雖有名當世，而不持士節，三輔高士未曾以衣裾撤其門也」，是則人格思想可知。所著《孟子章句》、《三輔決錄》等皆傳於時。〔註54〕趙岐是孟學名家之一，則必有受孟子影響者，《三輔決錄》屬於雜傳，即極具孟子所倡《春秋》褒貶的精神，與荀悅的《漢記》一時瑜亮。《決錄》一書，乃其根據日常對三輔人物的耳聞目睹心識所得而撰，論判東漢以來已亡沒者的行事，自謂「玉石朱紫，由此定矣，故謂之決錄矣」。〔註55〕此為劉向、揚雄、班彪父子的一脈流衍，與〈古今人表〉雖斷限不同，但有異曲同工之妙。〔註56〕

〔註53〕詳同註46，鄭文〈司馬彪續漢書〉條，頁 17。
〔註54〕詳《後漢書》本傳，卷六十四，頁 2121～2125。
〔註55〕《三輔決錄》七卷，由摯虞作注，《五代史志》列為雜傳類之首。其序見同上註所引本傳之注，頁 2124～2125。
〔註56〕《漢書‧古今人表》判決古人，後人多疑非班固之作，如《史通通釋》，卷十二〈古今正史〉即有是疑。有些人認為班固據父遺作而未刪潤完畢者。竊意世傳《漢書》之八表及〈天文志〉為班固所未完成，由妹班昭及馬續踊成者（拙文〈漢書撰者質疑與試釋〉即為此而作）；即使如此，未聞〈古今人表〉亦未完成也。班彪雖以聖道自任，未聞有此一作，其主力蓋在讀《太史公》書，撰太初以來當代人物行事而已。倒是另一以聖道自任的揚雄，為了破諸子及太史公的繆經小辯而撰《法言》一書，其中的第十一篇即為品藻古今人物之作（詳《漢書》本傳，卷八十七下，頁 3582），班固或取倣於此。要之，

　　在漢末儒學面臨衰退之際，荀、趙的史著，實有力挽狂瀾之意。正史方
面的繼起響應者略如前述矣，而人物、方志之作亦如雨後春筍。這些作者，
大都是私家修撰，身份是皇帝者有之，如魏明帝的《海內先賢傳》；或爲王侯
公卿，如吳左丞相陸凱的《吳先賢傳》；或爲逸士高人，如皇甫謐的《高士傳》、
《逸士傳》、《列女傳》等；身份雖不一而足，大體皆意圖探究及表彰政治社
會的穩定力量。這條日益興盛的史學大流之下，值得注意者，厥爲社會的價
值標準，隨著儒家政治的解讀與反動，對山林隱逸之士的評價轉高於淑世的
官宦，此固與自然主義的盛熾有關，但亦與上述的企圖意識有關。吳才士陸
喜嘗著〈較論格品篇〉云：

　　或問予：「薛瑩最是國士之第一者乎？」

　　答曰：「以理推之，在乎四、五之間。」

　　問者愕然，請問。答曰：「夫孫皓無道，肆其暴虐。若龍蛇其身，沉
　　默其體，潛而勿用，趣不可測，此第一人也。避尊居卑，祿代耕養，
　　去靜守約，況退澹然，此第二人也。侃然體國思治，心不辭貴，以
　　方見憚，執政不懼，此第三人也。斟酌時宜，在亂猶顯，意不忘忠，
　　時獻微益，此第四人也。溫恭修愼，不爲諂首，無所云補，從容保
　　寵，此第五人也。過此已往，不足復數。故第二已上，多淪沒而遠
　　悔吝；第三已下，有聲位而近咎累；是以深識君子，晦其明而履柔
　　順也。」

　　問者曰：「始聞高論，終年啓寤矣。」〔註57〕

陸喜所論第一流之士爲隱逸，第二流爲沖虛，名史家薛瑩只能列爲四、五流
之間，價值標準可知矣，在當時，隱逸沖虛之士，實被視爲社會文化元氣的最
後保持者，此管寧之所以高於華歆也。研究這些人物，無異含有探求在亂世
中如何維持社會教化，以及未來復興之道的意義，這是高士、逸民諸類史著日
豐的原因。劉劭〈人物志序〉聲言「敢依聖訓（孔子），志序人物。」〔註58〕
皇甫謐〈高士傳序〉聲稱「孔子稱舉逸民，天下之民歸心焉」，並暢發隱逸之

　　班固亦承劉向、揚雄以來品藻人物風格的影響，有此〈古今人表〉未必出奇，
　　東漢的黨錮時代，品藻之風尤熾，故有《決錄》之作。

〔註57〕陸喜爲大文豪陸機的從父兄，吳地高門，仕吳至吏部尚書，入晉爲散騎常侍。
　　　　引文見《晉書·陸機列傳》，卷五十四，頁153C。《資治通鑑》將此繫於薛瑩
　　　　卒年——晉武帝太康三年（西元282年），參卷八十一，頁2582。

〔註58〕詳嚴校《全三國文》，卷三十二，頁5B～6A。

幽德云：「高讓之士，王政所先，屬濁激貪之務也！史、班之載，多所闕略。梁鴻頌逸民，蘇順科高士，或錄屈節，雜而不純。……謹探古今八代之士，身不屈于王公，名不耗于終始，自堯至魏凡九十餘人。雖執節若夷、齊，去就若兩龔，皆不錄也。」〔註59〕這類史著的眞意——積極的正面發揚和消極的反面明幽，於此可知矣。

若將參修國史的人視爲正史家，撰述方志人物者視爲雜史家兩大類，則此兩類實有溝通之處，且往往以雜影響正，蓋雜史乃是修撰正史的基礎也。試以兩例作說明：

第一，司馬彪〈序傳〉自謂其祖父防，雅好《漢書》名臣列傳，對家族禮教嚴整。〔註60〕至他本人則精研《莊子》而作注，又撰《九州春秋》一書，然後以此基礎重撰《續漢書》。這是其家特重史學經世致用功能，而他兼向莊學和儒學，由人物志進而修正史的發展軌跡。司馬彪實爲由雜史進展至正史，向莊而又強調道德教化的史家。

第二，譙周乃經史大家，亦兼治地方史，如撰《蜀本紀》、《三巴記》、《益州志》等。陳壽從其學，亦先從地方史入手，曾撰《古國志》、《益都（或作部）耆舊傳》、《華陽傳》等。修《三國志》之《蜀書》部份時，顯得力於《益都耆舊傳》。〔註61〕陳壽批評蜀漢「國不置史，注記無官，是以行事多遺，災異靡書」，〔註62〕是則修《蜀書》顯然較《魏》、《吳》二書爲難，倘無先前諸地方史的研撰基礎，不易奏功也。即使有此基礎，若無另一蜀儒楊戲的〈季漢輔臣贊〉，亦不易奏功。楊戲此文所頌述的蜀漢人物，遂成爲《蜀書》選擇人物的指導，其頌述亦多爲陳壽所引用。〔註63〕《魏》、《吳》二書姑不贅，

〔註59〕詳嚴校《全晉文》，卷七十一，頁11B～12A。

〔註60〕司馬防有子八人，長爲朗，次即司馬懿（晉宣帝），彪爲睦之長子。參《三國志‧司馬朗傳》注（卷十五，頁466）及《晉書》，卷八十二〈司馬彪傳〉。

〔註61〕如《益傳》特重與其師學淵源有關的名儒董扶，盛稱他是「益部少雙」的「儒宗」，於是撰《劉二牧傳》時，即特述董扶望氣之效及勸劉焉入蜀之功。《蜀書》第一卷即二牧傳，以示蜀漢的開創，而開創的關鍵竟在董扶，若先前無《益傳》之研撰，此事不易究明也。又如吳太傅諸葛恪代魏之役，乃孫吳政局轉變的關鍵，《蜀書》撰〈張嶷傳〉時，即特重嶷對此事的看法，並詳錄其〈與諸葛瞻書〉。關於張嶷，《益傳》先前即已有了觀察研究，爲陳壽所推崇（參卷四十三，頁1053～1055並注）。此類例子尚多，不贅。

〔註62〕見《三國志‧蜀書‧後主傳‧評曰》，卷三十三，頁902。

〔註63〕楊戲頌述劉備、諸葛亮以下五十餘人，其人多被採入《蜀書》而立傳，詳《三國志》本傳，卷四十五，頁1077～1090。

單就《蜀書》而言，陳壽亦由地方人物志及人物批評而進展至修正史者也。陳壽最謹守班彪的成法，修正史不爲「表」、「志」、「世家」，只存「紀」與「傳」二體而已，而且也不稱爲「本紀」及「列傳」。但若將三書分行的角度視之，三書無異俱含偏霸的國史之意味，實爲地方史的正史化，下開常璩《華陽國志》，乃至後世的通志之先河。

由此言之，雜史的撰述本身即爲史學發展的新潮流，又爲正史取材之主源。這類史著常以發揚政教意識爲主，乃至其反動者由高士逸民的研究，流入神仙靈異的範疇，它們的價值觀念及偏愛嗜好，亦於是大力影響正史的修撰。兩晉以降至唐初，諸正史往往廣立高隱、孝義諸類傳，且內容頗或涉及怪異不經之事者，其因當在此。是則政教意識，對史學上的各種影響，可云鉅矣。值得注意的是，史學原本即須根據某種價值系統作判斷，不須政治力量的介入而然。漢代受陰陽五行學說的影響，史學亦必碰觸此一問題，亦不必政治力量介入而然。第政治力量介入此二範疇，強化了這些思想學術的影響，其結果並未使新史學變成純粹的說教或反映天意之學術，則實證原則的能爲新史家所掌握，實爲新史學不被衝激變形的主因。史學是眞實的學術。惟其眞實，斯然後可進而講究其經世致用，抱此宏志鴻圖的史家，或許以此之故，不得不盡力維護此實證求眞的根本原則，而使史學得以成立爲一門眞學術也。

四、三國的正統問題與天意解釋

漢季魏晉之世，言者多謂自西元二世紀初漢安帝以降，漢統已屢絕，至二世紀中末期的桓、靈時代，衰亡之徵已著，諸葛亮〈出師表〉亦聲言與劉備論漢傾頹，「未嘗不歎息痛恨於桓、靈也」。葛、劉之意，「親小人，遠賢臣，此後漢所以傾頹也」。然而論史者嘗謂從光武、明、章脩文德，興教化以來，「自三代既亡，風化之美，未有若東漢之盛者也」。〔註64〕是則東漢之亡，人品風化，誠宜再加檢討，否則風化既美而亡，顯爲不易理解的問題。

本章上節舉魏文帝曹丕之《典論》，彰示了當時權勢使人腐敗、價值標準紊亂及朋黨排他風氣的現象。曹丕爲當時統治者，其反省批判當能深入得

〔註64〕司馬光檢討曹操欲爲周文王而不及身稱帝，發此議論，詳《資治通鑑》建安二十四年十二月〈臣光曰〉，卷六十八，頁2173～2174。

真，而且此亦為魏晉之世形名學和清談、玄學風氣所由起的因素，是則司馬光所謂風化之美，殆未窺其全相也。揆漢季之世，趨炎附勢之士大夫，上不能匡頹漢，反而順勢推之於既倒，終成運移祚易、朋黨割裂之局，從而自全其生，自保其貴，風氣迄魏晉以降未衰，斯則何美之有？此其中平民起事而稱帝王者，姦雄挾天子凌辱群士者，乃至所謂興義討伐姦雄而欲帝制自為者、避地割據以應王氣者，所在比比皆是，這些人且包括了名士、宗室、世族，或被時人視為賢者。野心家及小人何其多！難道是風俗教化之效耶？曹操〈述志令〉云：「設使國家無有孤，不知幾人稱帝，幾人稱王！？」〔註 65〕旨哉斯言！

　　魏文帝於黃初五年（西元 224 年）十二月頒詔，立法禁左道，嚴屬批判「叔世衰亂，崇信巫史」的風氣。〔註 66〕這正是割據分裂、稱王稱帝的思想信仰上之亂源，是光武、明、章提倡圖讖、災異及緯學的結果。平民稱帝王者史多失載，偶見存者而已，然而黃巾起事，袁紹、術家族欲帝制自為，孫氏應東南王氣，劉焉應西南天子之氣，魏文帝及其群臣利用巫史之言而受禪，乃至劉先主及其群臣亦用此以稱尊，此則史書斑斑可考。蓋神道設教而妄邀天命者，不能不運用之也，一紙禁令豈能遽禁之？

　　黃巾初起，聲稱「黃天當立」。曹操與之會戰，黃巾乃移書云：「漢行已盡，黃家當立。天之大運，非君才力所能存也。」是則黃巾集團已採用劉氏父子的五行相生說，欲以土代火，代漢為正統矣。〔註 67〕曹操〈述志令〉自稱「性不信天命之事」，晚年也曾拒絕群臣及孫權稱引天命以勸進，聲言「若天命在吾，吾為周文王矣」。然而儘管曹操不信，但經黃巾動亂之傳播，黃家當立，未來的正統在土德此一觀念，已深植人心，為諸稱帝稱王者所共同承認及採用。曹操此次會戰的結果，是將大敗而降的三十餘萬黃巾收編為其武力主體──青州兵，這些人對曹操集團全體的影響，可想而知。是故當孫權上書稱臣，稱說天命，為曹操所拒之時，陳群、桓階奏曰：

〔註 65〕參《三國志·武帝紀》建安十五年注引《魏武故事》，時操為丞相已三年矣。卷一，頁 32～34。
〔註 66〕參《三國志·文帝紀》，卷二，頁 84。
〔註 67〕時在獻帝初平三年（西元 192 年），會戰地點在兗州。詳《三國志·武帝紀》並注，卷一，頁 9～10。《宋書·符瑞志上》直謂黃巾此言，乃「魏氏依劉向，自云土德之符也」。見卷二十七，頁 847。又按：太平道以陰陽五行為家，見《後漢書·襄楷列傳》，卷三十下，頁 1084。

漢自安帝已來，政去公室，國統數絕，至於今者，唯有名號，尺土
一民，皆非漢有，期運久已盡，曆數久已終，非適今日也。是以桓、
靈之間，諸明圖緯者皆言：「漢行氣盡，黃家當興。」

殿下應期，十分天下而有其九，以服事漢，群生注望，遲遍怨歎，
是故孫權在遠稱臣。此天人之應，異氣齊聲。臣愚以爲虞、夏不以
謙辭，殷、周不吝誅放，畏天知命，無所與讓也！〔註68〕

不信天命的曹操固然堅拒之，但此儒生及黃巾長期敷衍而成的觀念，正是一
年後重新發難，導致曹丕受禪而自命正統的指導原則。

《三國志·文帝紀》延康元年（即建安二十五年，黃初元年，西元 220
年）十月，曹丕受禪，改元「黃初」，以示「承土行」應黃家，並議改正朔、
服色、制度等以應天運。裴注引《獻帝傳》，詳載禪代眾事，讀者自可參考之。
〔註69〕筆者於此僅略述其關鍵之言論：

第一，首先發難者爲左中郎將李伏，引圖讖和災異，以證「魏公子桓（子
桓爲曹丕之字），神之所命，當合符讖，以應天人之位」。引發桓階、陳群、
陳矯、劉廙、辛毗、劉曄、王毖、董遇等人據之以附和，而前二者正是去年
勸曹操稱帝者。

第二，太史丞許芝，廣引圖讖、緯學、災異、天文、星曆、歷史等勸
進，這是禪讓過程中之重要言論。其中提及的「代漢者當塗高」之讖，自光
武與公孫述爭正統以來，一直未被否定者，而許芝、李雲等解釋爲魏之象；
另外，引《春秋大傳》謂「雖有繼體守文之君，不害聖人受命而王」，此則爲
眭孟稱引其師董仲舒之說，以示「漢家堯後，有傳國之運」的論調。這些雖
是巫史之言，但一者附於經學流傳已久，一者則爲光武帝所未否認，極爲有
力。故桓階、陳群、辛毗、劉曄、傅巽、衛臻、蘇林、董巴，及司馬懿、鄭
渾、羊秘、鮑勛、武周等人，先後上書附合許芝而鼓吹之；導致獻帝亦不得
不出面，下冊詔禪天下與魏，且聲明漢失序已久，和「漢承堯運，有傳聖之
義」也。

第三，博士蘇林、董巴見曹丕固辭，上表稱引天文分野及歷代受命之應，

〔註68〕詳同上紀建安二十四年冬十月注引《魏略》，頁 52～53。
〔註69〕《獻帝傳》而不稱〈本紀〉，《五代史志·經籍志》未收入，清·侯康所撰〈補
三國藝文志〉（收入宏業書局版之《三國志》爲附錄）亦稱撰者不明。該傳收
錄禪代文獻甚詳，殆不可能僞作，應爲有心人所輯述也。

這是第三篇重要文獻。其中指出「魏得歲與周文王受命相應」及受命月分「同符始祖受命之驗」。所謂始祖，據云：「魏之氏族，出自顓頊，與舜同祖，見于春秋世家。舜以土德承堯之火，今魏亦以土德承漢之火，於行運會于堯、舜授受之次。」這是新三五相包說之遙繼說及五行相生說的綜合運用，目的不僅在明天命所歸，抑且欲以明正統斯在，完全符合學理原則。此表引發獻帝再度下冊詔禪讓，而曹丕再次固辭不敢「應天統」。

　　第四，蘇林、董巴正式將天統置於遙繼說及五行相生說之下，作為檢定原則，故侍中劉廙等再度上奏，聲言「陛下體有虞之上聖，承土德之行運」，「且群生不可一日無主，神器不可以斯須無統」，以死請接受禪讓。原曹姓本出於周，經此諸臣諛和，竟謂出於舜，此誠政治手段耳。然而所謂「統」者，乃指操持政教發源動力的主宰而言，魏之臣僚對此甚明，於此可證。曹丕答令，謂「公卿未至乏主」，且「天下重器，王者正統，以聖德當之猶有懼心，吾何人哉」!? 表示曹丕亦明統之為義，而知正統之與聖德的關係。此表奏和答令，遂又引出獻帝第三次冊讓；而這次即直接聲言「四海不可以一日曠主，萬機不可以斯須無統」矣。不過，獻帝特別指出「四海不可以一日曠主」，實有表示統必須一天下之意。此時孫權雖稱臣。然劉備在蜀，魏縱「十分天下而有其九」，猶不得謂一統。是以華歆、賈詡、王朗及九卿等重臣上言，迴避了此問題，而綜合了前述的李伏，許芝、劉廙等之言，強調云：「考以德勢，則盛衰在乎強弱；論以終始，則廢興在乎期運。」又謂：「所謂論德無與為比，考功無推讓矣！」此雖是飾以期運道德之辭，實則迴避了一統之義，而橫蠻地主張強力說矣。拙文前曾指出司馬遷以降，漢儒已有部份接受霸力得列於統運的觀念。華歆等公卿名臣之言，似有意借用於此。然而曹丕答令竟坦率云：「以德則孤不足，以時則戎虜未滅。……若孤者，胡足以辱四海？至乎天瑞人事，皆先王（指操）聖德遺慶，孤何有焉？是以未敢聞命！」人言曹丕慕通達，所言不差。他自認德不足及未一統，就是當時與他爭正統的人所持之口實，也是後來習鑿齒主張晉承漢統的主要論據。至此，華歆等只得再頌其德，竟謂「三王無以及，五帝無以加」；獻帝亦只得再強調堯、舜禪讓，隱然承認遙繼及漢有傳國之運（獻帝在第一冊詔已指出漢承堯運，有傳聖之義，而欲奉二女以嬪于魏。即取法堯妻二女與舜的故事也），四度下冊禪退。桓階等亦上奏聲言漢已四命，不宜固辭，曹丕遂接受禪讓。

　　魏文帝受禪後三、四日，封漢獻帝為山陽公；山陽公尋即依諾奉二女以

嬪於魏。事關重大，世不可能不知。〔註70〕然陳壽於〈先主傳〉云：「或傳聞漢帝見害，先主乃發喪制服，追諡曰孝愍皇帝。」設使獻帝果見害，此舉誠當。設使未見害，是則若非劉備諜報消息失靈，則是其君臣之行爲舉措孟浪也。此猶非甚者，其甚者乃是：建安二十二年（西元217年），曹操以丞相、魏王而設天子旌旗，出入稱警蹕，王冕十有二旒，乘金根車，駕六馬，設五時副車，儀制儼然天子矣，然於二十四年秋，劉備乘取漢中之地、關羽北伐之威，竟允其臣下奏請，上還左將軍、宜誠亭侯之印綬，自爲大司馬、漢中王。其君臣雖前後上表漢獻帝，自謂「權宜之制」、「應權通變」，藉此以「撲討凶逆，以寧社稷」。實則討曹與名位之高下固無必然的關係，其王者自爲的行爲，殆與劉備奏章指控曹操所謂「侵擅國權」、「包藏禍心」者，似有同工異曲之妙，較之諸葛亮辭九錫和王爵，優劣自見。〔註71〕

　　既諡「孝愍」之後，劉備仍奉「建安」年號，是則表示不論天子被廢或死，其集團決奉中央正朔而不變也。然而「是後在所並言眾瑞，日月相屬」者，其意義甚可思疑，或早已有帝制自爲之心耶？於是劉豹、向舉、張裔、黃權、殷純、趙莋、楊洪、何宗、杜瓊、張爽、尹默、譙周等上言勸進，尋即許靖、諸葛亮等王朝大臣亦勸進，遂於「建安」二十六年四月，劉備告天

〔註70〕 據陳壽《三國志‧文帝紀》，曹丕於十月庚午受禪，十一月癸酉封山陽公，前後四日；而未記嬪二女事。據裴注所引《獻帝傳》，則是十月二十九日辛未受禪，少癸酉一日。《資治通鑑》同此。《考異》定此時日，主證爲《獻帝紀（傳？）》及〈文帝受禪碑〉。嬪二女事則繫於十一月癸酉封山陽公時（詳《資治通鑑》黃初元年該月日條並注，卷六十九，頁2182）。按：曹操弒伏后，以三女嬪獻帝，且中女即曹皇后，則曹丕顯爲獻帝妻舅。獻帝以二女嬪魏，於倫理恐有問題，但其禪讓第一冊詔已聲言效法堯嬪二女於舜，是則政治附會的目的極濃，於爲曹丕宣傳體舜繼堯的大事，不可能暗中爲之。

〔註71〕 群臣一百二十人〈上劉備漢中王表〉及〈拜受漢中王表〉，俱見於〈先主傳〉，《三國志》，卷三十二，頁884～887。又：尚書令李嚴（後改名平）與諸葛亮並受遺詔輔後主，亮出軍，則常委託嚴居守署府事，委任實重。裴注於《三國志》，卷四十〈李嚴傳〉中，據《諸葛亮集》所載〈李嚴與亮書〉，謂嚴曾勸亮宜受九錫，進爵稱王，亮答書曰：「……吾本東方下士，誤用於先帝，位極人臣，祿賜百億，今討賊未效，知己未答，而方寵齊、晉，坐自貴大，非其義也。若滅魏斬叡，帝還故居，與諸子並升，雖十命可受，況於九邪！」是則諸葛亮之忠於志節、開誠布公，優於先主遠矣。卷三十五〈諸葛亮傳〉記先主「若嗣子可輔，輔之；如其不才，君可自取」之遺囑，而亮答以「臣敢竭股肱之力，效忠貞之節繼之以死！」是則亮欲自我尊大，豈止九錫王爵而已。君位亦可取之而不疑也。亮不此之爲者，其誠實可泣鬼神而動天地。

稱帝，事距自爲漢中王約三年半，獻帝被廢僅五個月而已，稱王稱帝何其速也。思唐朝爲朱溫所廢，奉唐正朔而與溫相跱者大有人在，而克用父子以「晉王」力戰，終滅朱梁而始復唐稱帝，此二行爲不可同日而語也。〈諸葛亮傳〉云：「群下勸先主稱號，先主未許，亮說曰：『……今曹氏篡漢，天下無主。大王劉氏苗族，紹世而起，今即帝位，乃其宜也。士大夫隨大王久勤苦者，亦欲望尺寸之功如純等言耳！』先主於是即帝位。」諸葛亮誠洞悉士大夫的風氣與心理。這種風氣心理，正是前面鄙論季漢士風可疑之證。

　　然而讀〈諸葛亮傳〉此段文字，揆諸〈先主傳〉所載之〈拜受漢中王表〉及〈即位告天策文〉，似是劉備之急於稱王稱帝，出於群下所逼而身不由己者。〔註72〕其實不盡然，費詩反對劉備急躁稱帝的言論及結果，堪值留意。《三國志》卷四十一〈費詩傳〉載曰：

> 詩上疏曰：「殿下以曹操父子偪主篡位，故乃羈旅萬里，糾合士眾，將以討賊。今大敵未克而先自立，恐人心疑惑！昔高祖與楚約：先破秦者爲王。乃屠咸陽，獲子嬰，猶懷推讓，況今殿下未出門庭，便欲自立邪！？愚臣誠不爲殿下取也。」
> 由是忤指，左遷部永昌從事。

是則劉備帝制自爲出於己意，反對之異端固不能相容也。群下或出於求取小朝廷之富貴功名，或已揣知備意而迎合之，故勸進耳。諸葛亮之言，雖推諉於士大夫，以其聰明親近，當亦知劉備眞意，但迴避不指出罷了。陳壽於〈詩傳〉末評曰：「以先主之廣濟，諸葛亮之準繩，詩吐直言，猶用陵遲，況庸后乎哉！」陳壽於此致意深歎，豈可忽之。

　　陳壽述蜀漢建國之事，猶有可注意者。他先爲《蜀書》首撰〈劉二牧傳〉，雖是本史家原始察終，探其統治之旨，但於此傳之中，他特記云：「侍中廣漢董扶私謂（劉）焉曰：『京師將亂，益州分野有天子氣。』焉聞扶言，意更在益州。」遂求得領益州牧。劉焉本爲宗室之名士，積學被舉而累至太常，睹政治衰缺，王室多故，乃建議選清名重臣以爲牧伯，鎮安方夏。州任之重自此始，而漢季州牧割據亦以此制度爲基礎。劉焉既得益州，遂僭造輿

〔註72〕　前表劉備聲言「群寮見逼，迫臣（備自稱）以義」，遂不得已「驚怖」地「輒順眾議，拜受印璽」云云。後策則謂「群臣將士以爲社稷墮廢，備宜脩之，……詢于庶民，外及蠻夷君長，僉曰『天命不可以不答，祖業不可以久替，四海不可以無主』。率土式望，在備一人」云云。

服、圖竊神器以應天子氣之意甚明，故爲荊州牧劉表所告，所謂名士宗臣，不過如此而已。陳壽述蜀漢而先記此事，范曄《後漢書·劉焉列傳》卻不記之，則壽書號稱實錄，於此即較范曄爲優。陳壽特書此事，似有用心，用以表示蜀統之開，是由於此一名士宗臣及與其有學術淵源的董扶（此問題詳後），預言益土有天子氣及欲承此氣而來耳。後來焉死，子劉璋代立，師友蜀土之望氣專家周群。劉備取代劉璋而領益州，亦署群爲「儒林校尉」，與另一占候專家張裕俱爲備所相信。〔註 73〕是則劉備得蜀之後、稱王之前，其志果何在耶？討曹之初志是否已略有變化耶？常璩《華陽國志》云：「何宗……通經緯、天官、推步、圖讖，知劉備應漢九世之運，讚立先主，爲大鴻臚。方授公輔，會卒。」〔註 74〕勸進時何宗只是「從事祭酒」，劉備即位後竟酬以公卿，則周群、何宗諸人望氣推占，對於「不甚樂讀書」而有大志的劉備，恐有大影響。〔註 75〕觀何宗、杜瓊、譙周等巴蜀學派人物之勸進文，歷數圖讖以證「九世會備」；且特引周群之言西南數有黃氣之景雲祥風，以證「必有天子出其方」；又據天文星曆以證「當有聖主起於此州，以致中興」云云；繪形繪聲，言之若眞。〔註 76〕是知劉備在稱王稱帝之前，當已步劉焉之後塵矣。

由此以觀，費詩因反對致貶，陳壽之深歎致意，筆者對劉備及其群下就此事之分析，全皆因劉備受圖緯方術的影響，早有稱尊之心而發生者甚明，第其討曹之志尚未改變而已。然而劉備乘新得漢中、兼據荊、益之新形勢而稱王；卻因荊州地盤之被孫權所奪，聲威受挫，而遽即稱帝以穩定國內眾心。

〔註 73〕陳壽於〈周群傳〉詳載群、裕與先主的關係，詳《三國志》，卷四十二，頁 1020
　　　　～1021。
〔註 74〕參《華陽國志》，卷十上，頁 8B。
〔註 75〕〈先主傳〉紀先主出身孤貧，而其爲人卻又「不甚樂讀書，喜狗馬、音樂、
　　　　美之服」，有漢高祖之風，而爲三國開國君主之最無學術者。傳末注引《諸葛
　　　　亮集》載〈與後主遺詔〉，教其「可讀《漢書》、《禮記》，閒暇歷觀諸子及《六
　　　　韜》、《商君書》，益人意智」云云，是則不樂讀書者教子樂讀書，蓋死前之反
　　　　省痛悔耶？
〔註 76〕《三國志·先主傳》載此文，論氣時特舉周群，原文作「臣父群未亡時，言
　　　　西南數有黃氣」，是則群子周臣亦同署此表也。按同註 73 群傳，群父舒、群
　　　　子巨，乃望氣世家家學相傳者。據《華陽國志》，卷六〈劉先主志〉所節錄之
　　　　此文，則作「周群父未亡時」。不論周舒或周群，皆擅長望氣，但先主署群儒
　　　　林校尉而信重之，則陳壽所錄「臣父群未亡時」殆原文，常璩則誤之也。周
　　　　群言西南有黃氣，以先主與他的關係，不可能絕口不向先主言及，是則本人
　　　　謂劉備可能受此數子的影響，而有稱王稱帝之事，非純猜測而不可信也。

後者或許雖早有此志，而在形勢不利下，故提早作成此不完全得已的政策性決定。但甫即位後，並不汲汲於勤獻帝之難，其傾全國之力以戰者非其所斥之「窮凶極逆」的「篡盜」曹魏，卻是報復侵其地盤士眾的孫吳，是則其所謂討賊復漢之公義，似不及其私心之大矣。劉先主之於復漢大業乏諒德，應不宜因其他理由而給以過份的同情或掩飾。

魏文帝與劉先主稱帝相似之處爲：同樣的以快速方式爲之，皆顯得急躁。同樣的先由中下級臣僚首先發起勸進，且由這些人之中的通曉天文圖讖、占候緯學的儒者或方士製造好天命的輿論基礎，然後二帝則一再推辭，終至其大臣們發動勸進，始作被逼勉強即位之狀。相異之處爲：文帝坦承自己德不足、功未就；先主雖亦自謙「備惟否德，懼忝帝位」，但〈告天策文〉中頗作義不容辭欲脩既墮社稷的解釋。文帝援引遙繼說、漢有傳國之運說、五行相生說，以作取得正統的論據；先主則引中興說、歷史地緣說、器物說、血緣說作論據以爭正統。〔註 77〕二帝在〈告天策文〉中，最後皆表示其即位出於臣民以及蠻夷的歸心推戴，內容略異而行文方式相似。文帝諉稱他們「僉曰天命不可以辭拒，神器不可以久曠，群臣不可以無主，萬幾不可以無統」；先主則諉稱他們「僉曰天命不可以不答，祖業不可以久替，四海不可以無主」。〔註 78〕

孫吳早在孫堅時，即有獲得漢傳國玉璽之傳聞。漢朝爲了表示其正統，以傳國璽和斬蛇劍爲神器，由侍中操負保存。〔註 79〕傳說此璽於西元 189 年董卓亂京師時失去，後孫堅入洛，得之於井中，袁術時欲稱帝，索之以作正統的證據云。〔註 80〕吳史官追記此事，似欲援引器物說以向蜀漢爭正統。

〔註 77〕先主之所謂歷史地緣說，是指「漢」本高祖定天下之國號，他襲先帝軌跡亦興於漢中。所謂器物說是指天子玉璽之事。所謂血緣說是指系出景帝及中山靖山之胄的事。俱見於許靖、諸葛亮等之勸進表。

〔註 78〕先主〈告天策文〉爲劉巴所撰。巴原爲荊州名士，曹操吞荊州，辟之爲掾。先是劉巴不就劉表之辟，又不從群士隨劉備南奔，反投曹操。後因形勢改變不能赴曹，始至蜀投劉備。他頗受曹營陳群等敬重，關係似曾甚佳，是則此文行文方式頗與文帝相同者，宜注意也。詳《三國志・劉巴傳》，卷三十九，頁 980～981。

〔註 79〕詳應劭《漢官儀》，此書已佚，今據嚴校《全後漢文》所輯，見卷三十四，頁 12B～13B。《漢書》、司馬彪《續漢書・官志》均不載此。

〔註 80〕《三國志》，卷六十四〈孫破虜、討逆傳〉不取此傳聞，裴注注堅入洛時，即引《吳書》、《山陽公載記》、《志林》記其事，但也不信此說。松之案語且以爲「吳史欲以爲國華，而不知損堅之令德」。筆者以爲吳史作此記載，似具

〔註81〕他們也記載了一些祥瑞如黃龍、鳳凰見等，這是孫權後來據五行相生說自以土德繼漢，建元「黃武」，後來稱帝，遂改元「黃龍」之依據，以向魏爭黃德之正。

孫權據云是「博覽書傳歷史，藉採奇異，不效諸生尋章摘句」的活讀書者，雖不及三祖陳王，卻也勝於劉備。〔註82〕魏、蜀表面是死敵，互爭正統，實皆顧忌於權。相反的，權在諸葛亮專政前，對蜀、魏也甚顧忌。黃武二年（西元 223 年，魏黃初四年，蜀章武三年）劉備死前，權群臣勸即尊號。權不許，表示不能存救漢家，亦何心而競。事實上這是口是心非之辭，他內心所顧忌的就是北、西形勢未定，恐懼魏、蜀俱至，「二處受敵，於孤爲劇，故自抑按」，接受魏的吳王之封。〔註83〕這時他同時分與魏、蜀往還，雖以魏爲帝，但卻自建正朔，正推行聯蜀抗魏的大戰略構想。

長江流域兩政權建立軍事同盟共同對魏，基礎建在國家安全的構想之上，著眼點是利大於義，且由孫吳策動。早在西元 221 年（魏黃初二年，蜀章武元年），孫權派趙咨赴魏謝封爵，咨還，建議孫權云：「觀北方終不能守盟。今日之計，朝廷承漢四百之際，應東南之運，宜改年號，正服色，以應天順民。」爲權所納矣。〔註84〕只是此時蜀漢傾國來伐，未便施行。翌年季春，陸遜大破蜀軍；季秋魏以權不遣任子而大舉南下，權遂建元「黃武」，臨江拒守，表示不再奉魏正朔。由於「二處受敵」，遂遣使詣白帝數通於劉先主。〔註85〕迄此爲止，孫權接受魏之吳王封號，但自建年號，一方面未否認魏爲

有欲證大吳天命所歸之意。卷六〈袁術傳〉，陳壽亦不書索璽之事，顯見陳壽實錄，松之雖好奇而所論亦允，應爲吳史官之欲自我標榜也。范曄《後漢書》，卷七十五〈袁術傳〉據《山陽公載記》而抄錄其文，殆不爲當；李賢注引《吳書》證此言，而不謂出自《山陽公載記》，亦誤。《山陽公載記》，晉樂資所撰。

〔註81〕劉先主〈告天策文〉自稱先前有襄陽人向關羽獻玉璽，璽潛漢水爲發靈光，顯示天授他以天子之位，非人力所致云云。吳史官在國史上追記孫堅獲璽之說，似有意破蜀漢此說也。

〔註82〕詳《三國志·吳主傳》注引《吳書》，卷四十七，頁 1123～1124。

〔註83〕參同上傳注引《江表傳》，卷四十七，頁 1130。

〔註84〕詳同註82。

〔註85〕此事陳壽於〈先主傳〉及〈吳主傳〉交代不明。《資治通鑑》亦然，僅在是歲十一月謂吳遣鄭泉聘漢，漢遣宗瑋報之，吳、漢復通云（參卷六十九，頁 2209）。〈先主傳〉則謂冬十月，權聞先生不回成都而住白帝，甚懼，遣使請和。先主許之，遣宗瑋報命。於〈吳主傳〉則云十二月權遣鄭泉聘劉備於白帝，始復通也。《三國志》在時間上二傳有差異，故《通鑑》竟繫於十一月；又只記

帝，另一方面則未承認蜀爲帝，而且執著劉先主之痛腳質責之。〈吳主傳〉注引《江表傳》曰：

> 權云：「近得玄德（備字）書，已深引咎，求復舊好。前所以名西爲
> 『蜀』者，以漢帝尚存故耳！今漢已廢，自可名爲『漢中王』也。」

此即迄未承認劉備之國號及眞命天子之位，故稱呼劉備顯得尷尬也。注又引《吳書》曰：

> （鄭泉）使蜀，劉備問曰：「吳王何以不答吾書，得無以吾正名不宜
> 乎？」
>
> 泉曰：「曹操父子陵轢漢室，終奪其位。殿下既爲宗室，有維城之責，
> 不荷戈執艾，爲海內率先，而於是自名，未合天下之議，是以寡君
> 未復書耳。」
>
> 備甚慚恧。

前面提及先主稱帝實乏諒德，此則鄭泉之言，正是費詩當年反對的論調也。鄭泉逕稱先主爲「殿下」而非「陛下」，此即執行孫吳只承認他爲「漢中王」的事實，否認他的帝位；而且指明其急於稱帝，只是「自名」，「未合天下之議」。先主質問鄭泉「得無以吾正名不宜乎」，正充分表示了其潛意識的不安。先主之自謂「正名」者，別人或其部份臣子，只視作他「自名」而已。先主死前，固不可能得到魏朝之承認，亦未獲得孫權之承認；後者只承認其政權與吳一般，只是「王」級的政治實體。由此觀之，即使《三國志》不以「本紀」俾蜀、吳，不得謂私心之意。

蜀、吳互相承認國號、帝位，與蜀之名外交家鄧芝和陳震有關。先主死後，諸葛亮深怕孫權變卦，久之乃遣鄧芝出使吳國。鄧芝以吳、蜀聯盟之利以說孫權，始令權絕魏而連和於蜀，時在西元 223 年（魏黃初四年、蜀建興元年、吳黃武二年）年底。吳遣張溫報聘，溫承認蜀爲皇帝而推崇其君臣，孫權猶「陰銜溫稱美蜀政」，「思有以中傷之」，因他案廢之。〔註86〕蓋先主新死，新政權動態未明，爲權所忌，而諸葛亮亦忌之，二國溝通未誠，故互相猜忌。西元 226 年魏文帝曹丕死，孫權欲乘危征之，不克而還，此後才算與

鄭泉、宗瑋交聘，故〈通鑑〉亦作此言。但據〈鄧芝傳〉：「先是，吳王孫權請和，先主累遣宋（宗？）瑋、費禕等與相報答。」（卷四十五，頁 1071）顯示入冬以來，吳、蜀已有先期往來，鄭、宗交聘應爲十二月事，乃正式之往來也。

〔註86〕詳《三國志·張溫傳》，卷五十七，頁 1329～1334。

魏關係完全斷絕，乃於西元 229 年正式稱帝。這段期間，鄧芝曾再度出使報張溫之聘。〈鄧芝傳〉記云：

> 權謂芝曰：「若天下太平，二主分治，不亦樂乎！」
>
> 芝對曰：「夫天無二日，土無二王。如并魏之後，大王未深識天命者也！君各茂其德，臣各盡其忠，將提枹鼓，則戰爭方始耳！」
>
> 權大笑曰：「君之誠款，乃當爾邪！」〔註87〕

筆者謂蜀、吳同盟利大於義即在此，蜀、吳關係只不過互相利用、統一戰線以抗魏而已，魏亡之日，正應是蜀、吳交戰以爭一統之時也。孫權自與先主修好三年以來，亦正顧忌於此。黃龍元年即位，可說已想通此意，遂於兩個月後，正式與蜀之慶賀特使陳震訂定《中分聯防盟約》，互以「漢」、「吳」稱呼。〔註88〕蜀漢特遣陳震慶賀訂盟，實主動承認吳之國號和帝位，以換取「同討魏賊」。亦即換取雙方一致否認魏之正統，而雙方則暫時不執著「土無二王」的一統觀念以互相承認，待日後賊滅再爭也。蜀、吳實皆瞭解當前形勢，未來發展，及統之須一的真義也。統之須一然後始可能論其正與不正，魏文帝亦始終知之，其自謂「以德則孤不足，以時則戎虜未滅」實含此意，賈詡是曹丕父子成就霸業的重要參謀之一，陳壽評之為魏之陳平。西元 223 年，文帝欲首次親征孫權之叛，問計於他。他時為太尉，本傳記云：

> 帝問詡曰：「吾欲伐不從命，以一天下，吳、蜀何先？」
>
> 對曰：「攻取者先兵權，建本者尚德化。陛下應期受禪，撫臨率土，若緩之以文德俟其變，則平之不難矣！吳、蜀雖蔓爾小國，……皆難卒謀也。……臣竊群臣無（劉）備、（孫）權對，雖以天威臨之，未見萬全之勢也。……當今宜先文後武。」〔註89〕

是則文帝一統之心甚決，不納此言而致敗。是後不得已偃旗息鼓，與蜀、吳對峙以俟機會，實行賈詡之策而已。形勢未能一統，魏知不能攻取，而蜀、吳則主要為互守，是則正統之爭者，只能就繼統——孰能真正繼漢——而爭，談不上一統的問題了。後人遂誤以為三國之爭，只為爭繼統之正；而正統之爭，亦主要在爭繼統。不知三國皆自知統之須一，而始得以論其正也。鄧芝駁孫權的「二主分治論」認為「天無二日，土無二王」，將來天命歸於一，權

〔註87〕芝兩次出使之對答，詳《三國志》，卷四十五，頁 1071～1072。

〔註88〕盟約外規定以函谷關為界中分天下，盟辭見〈吳主傳〉黃龍元年六月條，《三國志》，卷四十七，頁 1134～1135。

〔註89〕詳《三國志・賈詡傳》，卷十，頁 326～332。

亦接受此觀念。蜀臣之中，具此觀念尙有人在，如雍闓者當時即更認爲天下
有三統，所謂「天無二日，土無二王，今天下鼎立，正朔有三，是以遠人惶
惑不知所歸」是也。〔註90〕吳之名臣諸葛恪欲北伐，群臣反對，乃著論曰：「夫
天無二日，土無二王，王者不務兼併天下，而欲垂祚後世，古今未之有也！」
〔註91〕是則三國君臣皆有呑併對方而建一統之志甚明，且在三國初期，竟有
人爲天下出現三正統而惶惑，以至於作爲叛亂的藉口。

　　一統不易完成，但各國不能不爭其統之正，雖吳、蜀同盟與國亦然。此
則誠令三國君臣焦慮者也。劉先主自覺乏諒德，固然急於解決吳之不承認態
度。然而吳主權亦自覺乏諒德，其父兄原爲關東起兵勤漢的正派領袖之一，
因而儘管孫權早已接受趙咨「應東南之運」的建議，但兩年後群臣勸即尊號
時，猶口是心非的拒辭，而以「漢家堙替，不能存救，亦何心而競乎」爲詞。
其後雖假祥端、望氣及五行相生說以即位，但〈告天策文〉中僅提出漢「祚
運盡」、「皇帝虛位，郊祀無主」、「權生於東南，遭值期運」三個理由，〔註92〕
不敢廣造圖讖緯書以自粉飾。換句話說，至他稱帝之時，他實不承認魏、（蜀）
漢二朝，而堅認在漢祚已終、天下無主，而自己應天子氣以即位者。他毀壞
了父兄的聲譽，也推翻了自我的形象，掩耳以盜鈴。是以即位時固然不敢大
加粉飾，即使稱帝後三年，也對「郊祀無主」之事有意識上之顧忌。《江表傳》
記云：

　　　群臣以權未郊祀，奏議曰：「頃者嘉瑞屢臻，遠國慕義，天意人事，
　　　前後備集，宜脩郊祀，以承天意。」

　　　權曰：「郊祀當於土中，今非其所，於何施爲？」

　　　重奏曰：「普天之下，莫非王土——王者以天下爲家。昔周文、武郊
　　　於酆、鎬，非必土中。」

　　　權曰：「武王伐紂，即阼於鎬京，而郊其所也。文王未爲天子，立郊
　　　於酆，見何經典？」

　　　復書曰：「伏見《漢書·郊祀志》匡衡奏……。」

　　　權曰：「文王性謙謙，處諸侯之位，明未郊也。經傳無明文，匡衡俗

〔註90〕雍闓與高定、朱褒等，聞先主薨，分別據地反叛，遂使諸葛亮南征。此言乃闓
　　　　〈答李嚴書〉之辭，見於《三國志·呂凱傳》，卷四十三，頁1046～1047。

〔註91〕事詳《三國志·恪傳》，卷六十四，頁1435～1437。

〔註92〕全文見〈吳主傳〉黃龍元年四月裴注所引《吳錄》，卷四十七，頁1135～
　　　　1136。

儒意說，非典籍正義，不可用也。」〔註93〕

姑勿論群臣如何奏及匡衡如何說，要之群臣認爲即位三年而未郊祀，對其主權之正實有影響。孫權之拒絕補行此具有正統意義的大典，其意識有二，即：基於正統論的中原地緣說而自覺其不主中原之政；基於武王革命誅一夫說而自覺未伐魏賊以一統。至於論文王爲諸侯不敢郊祀，更似自覺其竊取天子之名而爲諸侯之實，故不敢郊祀以示天下主宰，此其潛意識也。是則先主、吳主之乏諒德，而內自卑慚，是非常明顯的。晉之名史家孫盛，嚴責二主二三其節，咸假奉漢之名而不能秉固臣節，而深加歎息，甚至竟論二國：「君子是以知其不能克昌厥後，卒見吞於大國也。」〔註94〕

孫權不安的第一個意識，是基於正統論的區域說而產生，此調不彈已久，但天下分裂則勢必重彈，而且極爲有力。孫權因區域說之中原地緣說而自卑至此，劉先主則似稍爲好些。因爲先主也基於兩個有力的說法而建立政權，即血統說及區域說之歷史地緣說（漢高祖以漢地經略天下，而先主亦得漢中爲王）。但前者內繼系統不明，裴松之早已引以爲恨，〔註95〕後者則實不及中原地緣說之有力。其後鄧艾接受後主投降，即以此爲理由，說：「王綱失道，群英并起，龍戰虎爭，終歸眞主，此蓋天命去就之天道也！自古聖帝，爰逮漢、魏，受命而王者，莫不在乎中土。……」而比蜀爲隗囂、公孫述。〔註96〕於此觀之，蜀、吳二國不論口頭宣傳如何，潛意識實因慚德而自卑，頗有自己非正統之意也，其最重要的關鍵在其自名自立，且又不居於中土故也。

蜀、吳有內慚，魏亦不例外。前述曹丕通達之言，實即其內慚腑肺之語，群臣們勸進究竟在做甚麼，他與獻帝之禪讓關係究是甚麼？學術通達如曹丕，焉有不明之理？孫盛《魏氏春秋》謂曹丕升壇禮畢，顧謂群臣說：「舜、禹之事，吾知之矣！」〔註97〕魏文帝實知此時正在進行何事也。非僅此而已，勸進者之一，儒學世家、而其後奪權肇晉的司馬懿，斯時應亦自知所爲何事。

〔註93〕 詳〈吳主傳〉嘉禾元年冬十月注，《三國志》，卷四十七，頁1136～1137。
〔註94〕 孫盛之言詳參同上傳黃初二年注，頁1123。
〔註95〕 松之之恨當可代表魏晉時代某些人的意見，可詳〈先主傳〉章武元年四月注，《三國志》，卷三十二，頁890。又《宋書·禮志三》亦特惜先主世次不明，同於松之的看法，參卷十六，頁47C。
〔註96〕 全文詳〈後主傳〉注引《蜀記》，《三國志》，卷三十三，頁901。
〔註97〕 《三國志·文帝紀》改元黃初條裴注，卷二，頁75。

趙孟之所貴而趙孟能賤之，司馬氏既知禪讓究是何事，故雖能推魏天命，亦能去魏天命；此與蜀漢名儒譙周之徒，能立言推戴先主，亦能造言毀敗蜀漢（詳後），其道一耳。魏廷君臣為了取代漢室，實際上是不擇手段為之的，自西元 210 年（建安十五年）曹操頒〈求賢令〉，諸盜嫂、受金的所謂大行不顧細務之士，魏廷多有之，他們只求達到目的而不手段。蘇林、董巴這些博士們，明知曹氏出於周，而竟造稱曹氏以顓頊為始祖，與舜同祖云云，文帝亦通達地採用之。踐祚時下詔改正朔——依新三五相包說即須改三統之寅為丑，以十二月為歲首。但侍中辛毗持議反對，主張仍用夏統建寅，文帝又從之。〔註 98〕是則魏之建統，依遙繼說及三統說，均未處置妥當，而文帝亦不斤斤計較之。文帝重視內繼之正，而於外繼則偏重了新三五相包說的五行相生說方面，似與當時僅針對蜀漢爭正統有關。及至丕死，子叡即位，吳王權舉兵北伐，此才意識到魏亦須與吳相爭。229 年孫權稱帝，亦引五行相生說自謂屬土德，是則魏土與吳土乃成針鋒相對，孰為土德之正者，問題始嚴重。當時如前述之雍闓，代表了部分人士承認「正朔有三」的事實，但魏、吳二主互相間則甚焦慮此事。吳王表現於不敢郊祀，魏明帝則問黃權以天文，乃重議改正朔與遙繼說。《蜀記》曰：

> 魏明帝問（黃）權：「天下鼎立，當以何地為正？」
>
> 權對曰：「當以天文為正。往者熒惑守心而文皇帝崩，吳、蜀二主平安，此其徵也。」〔註 99〕

值得注意的是：第一，黃權與劉先主和諸葛亮相知甚深，助先主開國有功，不得已降魏，文帝知其眷戀蜀漢極深而仍優待之。是則其言表示蜀臣降魏，雖戀故主，但亦不得不帝魏而偽蜀，這是政治環境使然。黃權是敵友均交譽的豪傑，而表現如此，另一為晉人乃至後世稱為孝之代表的李密，亦不例外。他由仕蜀而降魏仕晉，所撰著名的〈陳情表〉中即極稱「臣少仕偽朝」。他們與陳壽俱為蜀人之著名者，若以批評陳壽帝魏不當的眼光視此二人，則二人亦一樣的不忠。後世所謂讀〈陳情表〉而不泣者不孝，相對而言，讀而泣者實則不忠也。筆者於此不欲旁論忠孝之事，只欲指出三國初期以至晉之

〔註 98〕毗以魏「遵舜、禹之統，應天順民」，不必效法湯、武改正朔。文帝善而從之。詳《三國志》本傳，卷二十五，頁 696。

〔註 99〕關於黃權，陳壽最後仍列之於《蜀書》，用意深焉。其為人及《蜀記》，均見《三國志》本傳，卷四十三，頁 1043～1045。《宋書‧天文志一》亦載此問答，詳卷二十三，頁 74A。

一統，三國爭正統的意識形態甚嚴重，雖智士英豪，其入主出奴之說，蓋有不得已也。

第二，魏明帝內心殆有「正朔有三」的意識，故發而爲言，且詢問的對象爲蜀漢投降過來的名士，似有借敵對之著名者的言論，以確立自己的形象，而否定敵對者之心理，此屬心理自衛機轉的問題，近代心理學可以找到解釋。當然，這也是明帝內心潛意識的應有反應。

前面論內繼，筆者指出魏文帝、明帝父子，一再頒制禁防正統糾紛，顯示二人極重視此事。明帝師傅名儒高堂隆，爲正統問題一再建議明帝，聲言「吳、蜀二賊，……僭號稱帝，欲與中國爭衡」，因而以三統論爲據，要求切實依德運作改革；又極言魏爲舜後，推舜配天。改正朔、繼舜後二事，乃文帝假借以受禪，受禪後卻未認眞施行者。此時高堂隆一再提出，顯然因孫權亦以土德爲說之後，正統之爭特感逼切嚴重也。〔註100〕蔣濟反對魏出於舜之說，但明帝格於文帝受禪時的說法，遂不得不將錯就錯，承認魏遙繼於舜，以與孫吳爭土德之正。〔註101〕至於就三統說而改正朔，亦欲以補救文帝以來所忽略者，以完成新三五相包說的全部理論耳。〔註102〕明帝雖作此心戰、政戰宣傳之爭，但意識上仍不完全自居於正，蓋與劉先主、吳大帝一樣，內有慚德故也。何以何知？就封禪問題而知之也。

蔣濟建議封禪告成功於天，認爲「自古革命受符，未有不蹈梁父、登泰山，刊無竟之名，紀天人之際者也」，從而謂自古有七十二君曾封禪，以大魏之功德嘉瑞，亦應爲之。明帝答詔云：「聞濟之言，使吾汗出流足！自開闢以來，封禪者七十餘君爾，故太史公曰：『雖有受命之君，而功有不洽，是以中間曠遠者千有餘年，……吾何德之脩，敢庶茲乎！？……吾不敢欺天也！……」囑公卿以下省之，勿復議答。明帝乃建安文壇三祖之一，學識足以知封禪的

〔註100〕高堂隆乃高堂生之後，陰陽方術之學亦濃，事詳《三國志》本傳，卷二十五，頁708～718。

〔註101〕蔣濟據〈曹騰碑〉、《魏武家傳》、曹植〈武帝誄〉等，力主魏出於周，事詳《三國志》本傳注引〈臣松之案〉，卷十四，頁455～456。

〔註102〕明帝瞭解當時異代必須改正朔、易服色之意義，於西元237年下詔改革，並於詔中明此旨，與批評反對者的不當。《三國志》，卷三〈明帝紀〉並注，和《宋書》，卷十四〈禮志〉，對此事及詔制均有詳載，言煩，故不贅引。要之明帝自言在東宮時，即已留意改革派與反革派之言論，申言自己從劉氏學說而主改革，應表示早已接受了高堂隆的影響。又西元239年，齊王芳繼位，又以夏數得天正，將明帝之建丑改回文帝的建寅，《宋書·禮志》及《三國志·三少帝紀·齊王芳紀》皆有記載，此蓋爲了避開明帝之死忌耳。

意義，其流汗自慚，可謂內心之流露。然而，篡盜之事其父爲之，罪不及己身，明帝非不知之，但其繼承篡盜而來之政權，斯以內慚者一也；天下未一而功有不洽，此其內慚者二也，故不敢欺天以告成功。不過，封禪大典具有正式表示奉天承運的正統意義，蜀、吳皆不敢或未行此禮，是以魏欲與二國爭正統，行之固極具政戰作用。史謂「帝雖拒濟議，而實使高堂隆草封禪之儀。以天下未一，不欲便行大禮。會隆卒，故不行」。〔註103〕顯示明帝有意爲之以爭正統，而終以天下未合於一統自慚，遲至高堂隆之死而竟仍不敢行此大典。

　　三國正統糾紛如此，其統治者潛意識及意識之內慚表現如彼，愈自慚自卑者愈需他人之肯定，則其要求臣下持入主出奴之見，可想而知。黃權、譙周、陳壽、李密之徒，在蜀即以蜀爲正，入魏則以魏爲帝，仕晉則以晉爲主，蓋身不由己，逼於政治意識而不得不如此。吳之名士如陸機、陸喜等，又豈能脫身於此潮流形勢之外？是則陳壽之帝魏，李密之僞蜀，於此可知矣。

〔註103〕事詳《宋書‧禮志三》，卷十六，頁 46B。《晉書‧禮志下》亦載此事，見卷二十一，頁 65D。

第七章　魏晉史家理念的發揮：
史學經世性的表現

一、巴蜀學派的天意史觀與蜀漢興亡的關係

　　天意史觀淵源長遠，從鄒衍陰陽五行學說的創奠，董仲舒三統說提出，乃至劉氏父子新三五相包說的完成，使解釋歷史政治的發展變得更規律化，也成爲檢定正統問題的大原則。只是，天律的運動是可推知的，天意的探究則邈茫難察，西元前一世紀至西元後三世紀初，學者們逐努力於此，由災異、圖讖、緯學，擴展至於風角、遁甲、望氣、孤虛諸陰陽推步之術，加上王莽、光武諸君鼓勵提倡，遂使士之赴趨時宜者，皆馳聘穿鑿而爭談之，自是習爲「內學」。范曄《後漢書》卷八十二上〈方術列傳序〉，論之甚得其要。這原是究天──究天意所在及究天人之際──學術的發展潮流，神秘主義色彩始終甚濃；而其每下愈況者，殆得視爲此種學術的淪降也。

　　這種天意史觀的分枝學術既已漸成時代學術的主流，蔚成大宗，由原本的附會於經術，轉有掩蓋經術之勢，故此時的儒生與方士，實不易界定而明，雖碩學鴻儒亦不能免。統治者利用這種學術以證明其眞命，儒生們也樂於利用之以邀取功名，或遂行其「以天制君」的意思。如是者，這種學術只是政治的工具，難以獨立自主作發展。君主必須要求它置於政治勢力控制之下，而爲其服務。政治力量強大時，儒生們將它造成適當的理論，衰弱時，儒生則各自解說，使危亂之世如火上加油。兩漢之興亡，這種學術均曾發揮過作用。部份經師鴻儒，實際上瞭解這是一種甚麼的學術，只是既染時代風氣，

而又有意利用之而已。如譙周之用此以勸進於先主，亦據之以明天命，勸降於後主；司馬氏以此勸進於曹魏，亦據此以篡之，亦此之例。此即趙孟之所貴而趙孟能賤之，蓋君主儒士，多自知此事究為何事，此學術究為何性質也。五、六世紀間的文史大師沈約，密交權臣蕭衍，屢以天命讖緯勸其篡齊，竟至謂若待新君（齊和帝）穩定後，「君臣分定，無復異心，……豈復有人方更同公作賊」！及其死前（西元 518 年），大概潛意識的不安，「因病夢齊和帝以劍斷其舌。召巫視之，巫言如夢。乃呼道士奏赤章於天，稱禪代之事不由己出」。梁武帝知之，「大怒，使讓責者數焉。約懼，遂卒」。有司請諡曰「文」，梁武帝曰：「懷情不盡曰『隱』，故改為『隱』云。」〔註1〕受禪稱帝如此者實「作賊」，臣下勸之助之猶如「同公作賊」，天意大可上下其手以作利己解釋，此蓋作賊之學術也，君臣俱深知之。難怪南北朝以降，時君既握政權，遂轉而屢禁這類學術矣。

這種學術如此，操此種學術的所謂學風士行如彼，是以部份理智之士，一方面持形名之論以檢討此時代的風行，一方面則失望於經儒之術而產生反動。論者析漢代的崩壞，多歸於政治黑暗和儒學反動。然而漢世士人大量參與政府，若其學術士風真美，何以竟會造成黑暗與反動？政治與學術由士人參與振興之，亦由士人疏離而反動之，思司馬遷批評漢初公卿多苟安保祿、鄉愿無所作為；思班固所述人物，及其《漢書》被指責為飾主闕、貴取容、抑忠臣、賤直節；又思范曄批判樊英、楊厚等為政府奉若神明的名士，其人其學實是刻情修容，依道藝以就聲價，純盜虛名而無益於用而已（詳後），則漢廷所需要及培養的士人，及其官方標準學術，究是何者，可想而知矣。

二世紀中期，中原士行學風已有漸變之勢，由清議而至清談，由標榜而至放達，由經術而至玄學，漸成魏晉風氣。際此轉變之間，由於政局的分裂，長江流域所受影響較少，吳、蜀二地多仍東漢之風，第學者矚目於晉世南北對立，論吳地多於論蜀學而已。〔註2〕其實，就經學而言，蜀人保守東漢規模；

〔註1〕 詳《梁書・沈約列傳》，卷十三，頁 24B～C、25C。

〔註2〕 魏晉以降南北學風之差異和發展，論者頗多，詳唐長孺〈讀抱朴子推論南北學風的異向〉（收入其《魏晉南北朝史論叢》，頁 351～381）；錢賓四師〈略論魏晉南北朝學術文化與當時門第之關係〉（收入其《中國學術思想史論叢（三）》，臺北：東大圖書有限公司，民國 66 年 7 月初版，頁 134～199）；何啟民先生〈永嘉前後吳姓與僑姓關係之轉變〉（收入其《中古門第論集》，臺北：學生書局，民國 71 年 2 月再版，頁 39～78）。

就史學言，則秉持班氏家法，而雜入東漢政府提倡方志之風，故地方意識濃而地方史修撰前後不輟也。筆者所稱「巴蜀學派」，即指此種學風而言，其中以廣漢楊門一派似爲主流，陳壽師承譙門學派，亦源出於此。茲據《後漢書》、《益部耆舊傳》、《三國志》、《華陽國志》、《晉書》之可考者，略列其傳承系統，然後分述之：

陳壽謂「益部多貴今文，而不崇章句」。所謂「今文」者，即前述東漢普遍之學術儒風也。益部古文之學，是荊部古學的旁枝，漢、魏晚近之際，始由尹默、李仁移植入蜀，尚未蔚成大流。〔註3〕益部今文，尤以楊厚、任安、譙周一系最盛。

楊厚廣漢人，其學頗來自家學。祖父楊春卿爲公孫述將，善當時流行之圖讖學。光武平蜀（西元 36 年，建武十二年），春卿自殺，死前遺命其子統，修習先祖所傳秘記。統感父言，遂辭家，從犍爲周循學習先法，又就同郡鄭伯山受河洛書及天文推步之術，故以善推陰陽消伏見著，朝廷災異多訪問之。觀楊氏家學，來源神秘，要之實爲根於益部的西南神秘之學，是以五經授受之間亦不明確。楊統殆東漢初期的大術士，所著僅見〈家法章句〉和〈內讖〉二卷，未聞以五經名世，楊厚爲統仲子，「少學統業，精力思述」，道業侔於父。乃父亦運用其見重於朝廷的關係，刻意製造機會讓厚出頭，降至二世紀初，厚即以曉圖讖，善推災異知名矣；每有災異，厚輒條上消救之法於朝廷。西元 127 年（順帝永建二年），應特徵至京，因陳「漢三百五十年之阨」，請改憲消災等，此外則蓋無所建樹。其後離京歸家，「修黃老，教授門生，上名錄者三千餘人」。卒後，鄉人諡爲「文父」，門人爲立廟，郡吏春秋饗射常祠之。〔註4〕是則楊氏學大體根於西南土學風俗，以新奇而名震中原者也。第楊

〔註3〕二子皆劉後主師友，《三國志》，卷四十二皆有傳，但李仁則附見於其子李譔之傳內。常璩《華陽國志》述古學大抵據此，尹默見卷十下，頁 11A，李仁父子見同卷，頁 11A～B。

〔註4〕楊氏父子學行，詳《後漢書・楊厚列傳》（卷三十上，頁 1047～1050）及《華陽國志・楊序（厚）》條（卷十中，頁 1B～2A）。按：《三國志》注所引《益部耆舊傳》及《後漢書》，均作楊厚，字仲桓。《華陽國志》則字同而名爲「序」，今從陳壽及范曄。又《華陽國志・楊班》條，謂班亦字仲桓，成都人（見卷十上，頁 7A），其人顯與楊厚不同。楊厚在安帝時，因父之助而爲朝廷解圖讖，與鄧太后意不合，免歸，時年約三、四十歲，遂復習業於犍爲。廣漢、犍爲，皆益州屬郡，則父子之學術有地方性淵源可知。永建二年乃是再度入京，至梁冀當政始告歸，在京居留應達十四、五年之久；約在西元 153 年（桓帝時代）卒，年八十二（《華陽國志》作八十三）。

氏父子先後入京論學術，則需假借經術爲之，此爲當時以經學爲外學、以圖
緯爲內學的風習，《益部耆舊傳》謂楊統「代修儒術，以《夏侯尚書》相傳」，
〔註5〕《夏侯尚書》乃今文學，其推陰陽圖讖與天意史觀的關係，第三章末節
已論之矣。楊氏外表《尚書》，內裡方術，至楊厚則又兼治黃老，似可論定。
故其學派不守古文章句之風，由此亦可想知，難怪厚之三大弟子董扶、任安
和周舒，皆以從楊厚遊學，能窮究其圖讖之術而大享盛名。其中任安因少遊
太學兼通數經，列入《後漢書・儒術列傳》，時人稱之曰：「欲知仲桓（厚字）
問任安。」即其最得眞傳，亦以此學最名也。董扶列屬於〈方術列傳〉，周舒
則《三國志》甚重視其望氣占候之學，周氏亦以此成爲益部望氣世家。〔註6〕
巴蜀學派楊・任系統的學術特質，於此可知。

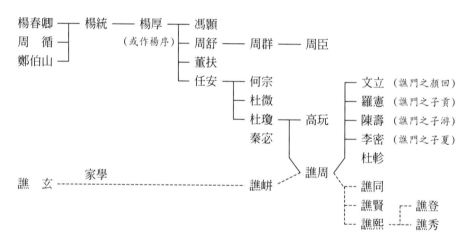

按：與陳壽交往密切的何攀、王化、壽良、李驤、杜烈（杜軫弟）等師承未詳，疑
　　亦與此系統有關。

　　楊門師承與中原內學關係似淺，殆屬西南的巴蜀地區學術，而入京呼吸
了一些中原學風者。楊厚挾其巴蜀之學入京，竟然與南陽樊英並駕齊驅，
傾動朝野，而令北方擅長此學術的學者儒宗，如北海郎宗、郎顯父子，平原
襄楷，漢中李郃、李固父子等，爲之失色。此數學者的特色，在抱持此學
積極參政，以之挾天制君，澄清政治。他們懷抱經世精神，勇於對政府大多

〔註5〕　參同上註《後漢書・厚傳》之註，頁1048。
〔註6〕　周舒「名亞董扶、任安」，是巴西人，董、任則皆廣漢人，皆少學術於楊厚也。
　　　　詳《後漢書・任安列傳》（卷七十九上，頁2551）、〈董扶列傳〉（卷八十二下，
　　　　頁2734）、《三國志・秦宓傳》註引《益部耆舊傳》（卷三十八，頁972）及同
　　　　書〈周群傳〉（卷四十二，頁1020）。

數鄉愿保祿之士進行批評，甚至不惜批評天子及梁冀等外戚、宦官，因而有招致逼害，乃至殺身者，如李固之反對梁冀及批評胡廣等人，是其著例也。〔註7〕

　　楊門學者的作風不是如此的，他們的學術根本在西南，其來中原似只是作政治清客，獲得中原重視的更大名氣後，他們亦將回歸益部以作紮根教育的工作。他們在中央不從事積極的實際政治活動，不得罪掌權者，但也不至於附和諂媚他們，在全國的矚目下，他們偶挾內學談論政治的枝節問題，然無重大建樹。李固早先曾批評揚厚、樊英、黃瓊、賀純等四大儒，說「厚等在職，雖無奇草，然夕惕孳孳，志在憂國」。〔註8〕尋其意思，楊厚等雖頗論政治上的枝節問題，卻已比政府士人領袖胡廣等大部份官吏好得多了；胡廣被謠諺譏笑云：「萬事不理問伯始（廣字），天下中庸有胡公。」然而此苟安尸位、庸碌無能的表現，終究與欺世盜名同歸於不美，故李固等尋又嚴厲批評揚、樊之風。范曄據李固意見論〈樊英列傳〉，進而論這種士行學風云：

> 漢世之所謂名士者，其風流可知矣！雖施張趣舍，時有未純，於刻情修容，依倚道藝，以就其聲價，非所能通物方、弘時務也。及徵樊英、楊厚，朝廷若待神明。至，竟無他異！……李固、朱穆等以為處士純盜虛名，無益於用，故其所以然也。然而後進希之以成名，世主禮之以得眾，原其無用亦所以為用，則其有用或歸於無用矣！……〔註9〕

談論東漢學術、士風及政治者，誠宜深思於這段評論，始足以直究桓、靈之禍及東漢之所以傾頹也。巴蜀楊門學派直至譙周，大體始終保持了政治清客的特色，亦始終重視西南基礎多於參與中國。黨錮之禍波及楊門學人者似甚少，他們大多似對現實政治抱有戒慎之心。楊厚弟子馮顥，避忌梁冀而辭官隱居，治《易》而修黃老。周舒屢辭徵辟，有徵君之稱；其子周群雖提供了先主承氣即真的輿論基礎，但先後與劉璋、劉備遊處，均界於師友之間而已。任安由京歸家講學，門人甚眾，地位直追乃師，亦屢辭辟署；其弟子及再傳

〔註7〕 良顗推薦李固，以為學行「當世莫及」，「王之佐臣，天之生固，必為聖漢」云（詳《後漢書・顗傳》，卷三十下，頁 1070）。固亦以此自任，與梁冀共同執政而反對之，故見害。固死前移書責胡廣等，對以胡廣為首的鄉愿保祿、庸碌無能的政府官僚，加以痛斥，認為他們如此風氣，則「漢家衰微，從此始矣。」於此亦可見漢代士風，不如司馬光所稱美之甚也。胡廣之事，見《後漢書》，卷四十四本傳。

〔註8〕 詳《後漢書・李固列傳》，卷六十三，頁 2080～2081。

〔註9〕 詳《後漢書》，卷八十二上，頁 2725。

弟子著名者如杜微、何宗、杜瓊、譙周等，從劉璋以至劉後主，亦多界於師友，與實際政治保持距離者也。〔註10〕

巴蜀楊門學派地方色彩似甚濃，前表所列人物似大多具有鄉土意識，他們樂於從事地方教育而疏離中央；亂世之際則急於尋求英豪入主巴蜀，使鄉土保安而免於兵燹；甚至爲了人民免受因北伐復興大業所帶來的痛苦和負擔，他們提出了反戰論。這種觀念與意識，可分由政治及史學兩面表現出來。

政治方面，他們以其方術內學，作了某些具有上述意義的預言和表現，對蜀漢及以後的成漢之獨立割據，具有啓示性的作用。楊厚在二世紀前期，作了「漢三百五十年之阨」的預言，似是針對順、沖、質三帝政局而言，不久即產生桓、靈之局和黨錮之禍。姑不論其準確性，要之是楊厚入京，親身體會中原政局，已預感必有動亂，故其堅辭朝廷挽留及梁冀致意，還鄉教授，可能即出於此禍患感及避禍心理。董扶挾其師學遊京師，大將軍何進極爲推崇他，在朝稱爲儒宗。斯時黃巾已起，大亂之象已呈，扶說宗室名臣劉焉，謂西南分野有天子氣。焉遂建議愼選州牧重臣分鎮天下，自求牧益州，與董扶相與入蜀。〔註11〕師徒此舉對歷史發展有重大影響：第一，他們啓示了蜀人，中國將亂而不宜捲入。第二，避免捲入亂局的方式是擁護一良牧以主地方之政；能主持益政於亂世者則爲其預期之承氣眞主。此二點隱然有渴望大亂時求取地方偏安及獨立的潛意識。第三，扶之預言造成漢末州牧制度形成的基因，亦爲漢末割據更亂及益部獨立割據的張本。

楊厚及第一代弟子預言如此，劉焉與劉璋亦因此僭擬乘輿，有承氣即眞的意圖及行爲。但周舒之子群——楊厚之第二代傳人——雖爲劉璋的師友從事，卻預言西方諸割據者將陸續失土，表示劉二牧皆非眞命天子應承氣者也。〔註12〕是以陳壽於〈劉二牧傳·評曰〉，即批評二牧虛要神明、妄冀天命，

〔註10〕 董、任、周三人詳參同註6。二杜及譙周參《三國志》，卷四十二各本傳。何宗參《華陽國志》，卷十上，頁8B；馮顯參同書卷十中，頁2B～3A。《華陽國志》亦記杜微（卷十下，頁11A）、杜瓊（卷十上，頁9B）、董扶與任安（卷十中，頁4A），可與《後漢書》、《三國志》互參。

〔註11〕 詳《三國志·劉二牧傳》，卷三十一，頁865。范曄則載於〈董扶列傳〉，詳同註6。

〔註12〕 司馬彪在《續漢書·天文志》，特記周群的兩次預言，一謂劉表將失荊州，一即爲此事。《三國志》，卷四十二〈周群傳〉不載，可參〈續志〉卷十二，頁3261。

謂「其見奪取，非不幸也」。〔註13〕至於應西南天子氣的眞主，周群預測其必出，應在劉先主，據益州以致中興漢室。何宗、杜瓊、譙周等即引用之，皇皇然書於勸進文內，且聲言爲周群未亡前所言。兩個世紀後，范曄仍受此影響，至在〈董扶列傳〉內聲言云：「後劉備稱天子於蜀，皆如扶言。」其實董扶預測益州有天子氣，周群繼之預言眞命不在劉二牧而在劉先主，此事實甚重要。周群在益部的學術聲望似高於何宗，但何宗「通經緯、天官、推步、圖讖，知劉備應九世之運，讚立先主」，具有首議原動之功，故劉先主欲授以公輔。「九世之運」的預言不始於宗，常璩謂源自楊統。據云統曾師事華里先生炎高，高戒之曰：「漢九世主，出圖書，與卿適應之！」〔註14〕其言若眞，則九世之運宜非光武之應。〔註15〕勿論此說由何人所造，要之周群預言劉璋必失土於先主在先，何宗據傳聞之楊統此說，或可能由宗所製造而託始於統者，鼓吹劉備應九世之運在後，又與諸儒在勸進文中數引圖緯及周群望氣之說以作證明，先主即眞的輿論基礎遂成。是則楊厚的第二代弟子實爲造成割據邊隅，以建立被他們承認的政權之思想指導者。他們或許爲了功名，或許出於保護鄉土人民，因而製造此有利的意識形態，以使蜀人擁戴劉備建立獨立王朝；另一方面，相對的劉備亦借此以便締造其帝業，這是蜀漢開建成功的背景，以及三國鼎峙不能相統一的原因之一，也是陳壽承認蜀漢曾有正朔的原因。

巴西譙氏乃地方大姓，兩漢之際，譙玄以能說《易》及《春秋》，也曾屢陳災異而頗知名。王莽攝政時，玄棄官隱遁歸家。公孫述據蜀，以死相脅以徵之，玄父子獻家財千萬以贖死，故聽不出，遂隱居獨訓諸子勤習經書；其子瑛，亦以說《易》稱著，頗教授於人。是則譙氏在地方上，財勢與學術自有一定的份量也。〔註16〕降至譙周之父岍，治《尚書》而兼通諸經及圖緯，

〔註13〕 詳《三國志》，卷三十一，頁870。

〔註14〕 《後漢書》未載此事，亦未說及楊統的另一師爲華里先生炎高也。按：炎高無傳，其人不詳，《後漢書・周磐列傳》載磐師東里先生，即其人耶？（參卷三十九，頁1310～1312）常璩所載，不知何據（見《華陽國志》，卷十中，頁1B），或出於傳聞，如後來巴蜀故老傳聞譙周之預言者耶？

〔註15〕 光武在西元36年平蜀後，統始回巴蜀求學，華里先生不知何時爲其師。按此時天下已大定，故戒言似不宜解釋爲指光武中興。楊統於二世紀初安帝時卒，或何宗等人僞託此說以示權威性耶？

〔註16〕 《後漢書》列譙玄於卷八十一〈獨行列傳〉之首，其學行可知。同卷又記載玄弟慶在光武時詣闕自陳其兄義拒王莽、公孫述事，光武義之，償還其錢，

周之家學可知。譙周既長，耽古篤學，研精六經，陳壽謂之「頗曉天文而不以留意，諸子文章非心所存不悉徧視也」，傳末又評曰：「譙周詞理淵通，爲世碩儒，有董（仲舒）、揚（雄）之規。」〔註17〕是則譙周承其經術內學的家風，頗有董仲舒、揚雄、班彪的道統儒——以聖道自任——之特色。

譙周於家學之外，尚與楊門有遊學之誼。其反戰論及古史辯則師承廣漢人、有「仲父」和「蜀之仲尼」之稱的秦宓，〔註18〕其天文圖讖之學則問學於任安弟子杜瓊。是則譙周實爲漢儒的典型，家學既是含有災異圖讖的本質，而又吸收了楊厚、任安之所長，內、外兼修，聖道自任者也，故亦能繼董扶、任安之後，成爲巴蜀主流派第三代大師。陳壽與周同郡，少學於周，專「治《尚書》、三傳，銳精《史》、《漢》」，是則壽爲譙門專攻史部科目的弟子，似不喜方術內學者，難怪訝疑於其師這方面的道術，而寥寥記述之而已。〔註19〕事實上，譙周在內學方面甚有成就，其所推占預言，不但影響蜀漢興

並詔本郡祠以中牢，則其財勢地位可知。《華陽國志》譙周部份已佚，《三國志·周傳》則未敘述譙周與譙玄的家族關係。按：《華陽國志》，卷一〈巴志〉之〈巴西郡〉部份，指出譙氏乃南充國縣大姓（見頁 10 上）。考《後漢書·玄傳》，謂玄爲巴西郡閬中縣人，《三國志·周傳》則謂周巴西郡西充國縣人。查司馬彪《續漢書》志二十三〈郡國志〉，西元 90 年分閬中縣爲充國縣，註又據譙周本人所撰《巴記》謂 193 年充國復分爲南充國（參頁 3507、3508）。《宋書·州郡志》述析置略同，時間則頗異（參卷三十八，頁 121C）。《華陽國志》述巴西郡僅列南充國，蓋漏也。大概東漢初巴西郡閬中縣分析爲閬中、充國二縣，漢末充國復分析爲西、南二縣之地，實則二充國縣皆舊閬中縣境，故譙玄稱閬中人，譙周稱西充國人也。二子爲同一縣地同一家族，可能性極高，第世系不明而已。

〔註17〕詳《三國志·譙周傳》，卷四十二，頁 1027、1042。

〔註18〕秦宓人格高尚，鄉土意識亦濃，州郡辟命皆不往，自比於巢、許、四皓，郡守稱之爲「仲父」。他曾推薦任安於劉焉，贊美董、任於諸葛亮，表示與同郡的楊門學派甚有淵源，惜不詳其關係。他曾引天時不利以反對先主征吳，下獄幽閉；所論古史問題對譙周甚有啓發。周少時數往諮訪，詳記其言於〈春秋然否論〉。陳壽對此皆有記述，詳《三國志·宓傳》，卷三十八，頁 971～976。至於《華陽國志》，則謂吳名外交家張溫極推崇之，至謂「蜀之有宓，猶魯有仲尼也」；並聲言「宓甚有通理，弟子譙周具傳其業」云，詳卷十中，頁 7B。

〔註19〕陳壽於《三國志》，卷四十二周本傳不錄其這方面的著作，且僅記載了他預言司馬昭死及自己死兩事之準確，對後者竟謂「疑周以術知之，假此而言也」云。同卷〈杜瓊傳〉中，特記譙周問學天文皆顯示陳壽不明其師這方面的功力成就也。陳壽不喜方術而予以低評價，詳《三國志》，卷六十三〈評曰〉，頁 1426。

亡，抑且影響於晉世益部大亂與成漢崛起。關於後者，其預言是造成蜀人於兩晉之際疏離中原政治以造反，並進而復建漢朝以向晉廷爭獨立爭正統者。〔註20〕至於前者，爲本段關鍵所在，茲略贅之。

　　楊厚三大弟子——董扶、任安、周舒——大約皆卒於三世紀初期的建安時代。董扶知天下將大亂而說劉焉入蜀以承天子氣，周舒稍後則似瞭解曹操在北方勢力之成長與強大，遂預言天命在魏。《三國志》卷四十二〈周群傳〉云：

> 時人有問（於舒）：「《春秋讖》曰：『代漢者當塗高。』此何謂也？」
>
> 舒曰：「當塗高者，魏也。」
>
> 鄉黨學者私傳其語。

大約魏闕乃當塗之宮闕，而魏魏然者乃高大之貌，曹魏集團以此自我解釋，周舒鑒於現勢及拆字結果，亦以此言之。但周舒爲「名亞董扶、任安」的大術士（大儒），其言在益部甚有份量，是則此所謂天命在魏說，遂在益部鄉黨爲學者所傳，極具影響力矣。任安弟子杜瓊，即爲受其影響而授之於譙周者。同書卷〈杜瓊傳〉云：

> （瓊）少受學於任安，精究安術。……雖學業入深，初不視天文有所論說。後進通儒譙周常問其意，瓊答曰：「欲明此術甚難，……不如不知。……」
>
> 周因問曰：「昔周徵君（舒）以爲『當塗高者，魏也』，其義何也？」
>
> 瓊答曰：「魏，闕名也；當塗而高，聖人取類而言耳。」
>
> 又問周曰：「寧復有所怪邪？」
>
> 周曰：「未達也。」
>
> 瓊又曰：「古者名官職不言曹，始自漢以來，名官盡言曹，吏言屬曹，卒言侍曹，此殆天意也。」

此爲周舒、杜瓊之利用讖緯解釋天意，於巴蜀學者間流傳，影響及於蜀之投降滅亡者，故譙周提出投降論，群臣無以折之也。瓊以八十餘歲高齡，卒於

〔註20〕晉世巴蜀之亂，據常寬（常璩先人）之言，謂頗與譙周預言沒後三十年當有異人入蜀，而蜀大亂之事有關。常璩修《華陽國志》，即注意並引用此說（參卷八，頁13A）。璩又引長老相傳譙周之另一預言，謂廣漢李特、李雄之興起。結果李氏興起據蜀，復建成漢，以威脅晉之正統地位（參卷九，頁8B）。這兩次預言推占，顯示對益部士人和豪傑的反抗中原、獨立建國意識，有極大之影響力也，故常璩特爲之記述。

西元 250 年（蜀延熙十三年，魏齊王芳嘉平二年，吳大帝赤烏十三年）。八年之後（景耀元年），譙周撰〈仇國論〉，比魏爲「肇建之國」，蜀爲「因餘之國」，論當前形勢如六國並據，蜀只可爲周文王而難能爲漢高祖——即只能割據一隅而不能統一天下；從而反對北伐論，喻之爲「極武黷征」，必導至民疲瓦解。常璩云：「人莫察焉。」〔註21〕事實上，譙周此論，以反北伐反國策的反戰論爲主，其潛在意識，則是承認曹魏承天意而肇建，蜀不過只是漢緒之因餘，命定不能北伐統一也；且基於此意，大有保境安民以免蜀人受苦，如董扶之鄉土意識。論之既深，故時人或莫察耳。陳壽《三國志》之反戰及批評北伐的觀念，即本於此。

　　蜀亡前一年（西元 262 年，蜀景耀五年）及其以前，譙周據杜瓊之學，本天命在魏說，即嘗觸類解釋，提出蜀歸命於魏說。前引〈瓊傳〉復記云：

> （瓊）內學無傳業者，周緣瓊言，乃觸類而長之，曰：「……先主諱備，其訓具也；後主諱禪，其訓授也。如言劉已具矣，當授與人也。……」

> 後宦人黃皓弄權於內，景耀五年，宮中大樹無故自折。周深憂之，無所與言，乃書柱曰：「眾而大，期之會；具而授，若何復？」言曹者，眾也；魏者，大也。眾而大，天下其當會也；具而授，如何復有立者乎？

是則由天命在魏說，進展至蜀漢歸命於魏說，誠爲譙周促使蜀未及大決戰而亡的思想觀念所在也。蜀亡前夕，譙周力主投降，所持之物競天擇、大能吞小——所謂「數之自然」論，實爲此二說的眞正基礎所在。杜瓊、譙周昔日勸進時，鑿鑿然言天意若眞者如彼；其後又從思想指導瓦解蜀漢鬥志，期期然言天意宿命者若此；反覆上下，漢代學風士行之造成世道興亡，由此可知。孫盛、孫綽給予譙周以厲評，思之亦宜也。陳壽不諱其師有此亡國學術及觀念，誠爲實錄。但謂「劉氏無虞，一邦蒙賴，周之謀也」，則是混淆爲國之大義，只重鄉土苟安之言而已，是亦巴蜀學派之特色所在，不需大異之。至於在河南人〈郤正傳〉特記云：「後主從譙周之計，遣使請降於鄧艾。其書（投

〔註21〕當時大將軍姜維貫徹先主、諸葛亮的北伐國策與國家戰略，但宦官黃皓與尚書令陳祇預政於內，屢爲掣肘，兵屢興而無功，百姓因之疲弊，故周撰此文。此文詳《三國志·周傳》，卷四十二，頁 1029～1030。時人莫察的反應，見《華陽國志·劉後主志》景耀元年條，卷七，頁 9B。

降書），正所造也。」頗有分咎於異鄉人，以圖減輕師門罪責之意。〔註22〕陳壽的正統觀念及《三國志》構思，與其師此思想觀念有密切關係，故不得不贅之。

　　從政治方面論巴蜀學派的特色及影響既如前，筆者於此無異同時兼對此學派的思想學術——尤其東漢所謂經術或今文學——亦作了一番批判與分析。若純就學術而論，巴蜀學派此主流派，實以方術內學爲主，經學爲輔。若執經學而言，則楊氏以今文《夏侯尙書》論學，董扶善《歐陽尙書》——即與夏侯同源分枝之學，馮顯修黃老以承其師晚年之學，僅任安治《孟氏易》而又兼通數經，故於巴蜀最爲大師，浸然有超越其師之勢。第二代弟子雖各業有專精，但無一能「研精六經」，繼起爲大師如第三代之譙周者。

　　譙周求學慾強，師承多元，治經而兼文史，門戶廣大，所謂譙門回、貢、游、夏諸傑出的第四代弟子，揆諸史傳，無人能盡得其全部學術，據《五代史志・經籍志》、司馬彪續漢諸志、姚振宗〈三國藝文志〉、侯康〈補三國藝文志〉，知譙周學術淵博，著作廣泛，不僅止於陳壽所記的《法訓》、《古史考》、《五經論》而已。就當時包括方術的所謂經學言，其著即有《喪服圖》、《論語注》、《五教志》、《五經然否論》（似即陳壽所記之《五經論》）、《讖記》（姚振宗名此爲書，疑譙周未嘗將讖撰以爲專書也）等，其中《五經然否論》似爲經學批評之作，師承秦宓的疑古惑經之懷疑精神者也，由此遂啓譙周的《古史考》，進而觸發司馬彪的古史辯，疑古實證之風由之而扇，降及劉知幾撰《史通》，乃蔚成經史實證、疑古批評之學。至於天文、災異之研究，司馬彪《續漢書》相關之志常採用之，故亦可列入史部。

　　就史學言，譙周實爲楊門學人大拓學術境域，首倡此學的大師，在當時史學界極有地位，欲論其史學，需先知其著作及其意義。他研究東漢方面的天文志、災異志、禮儀志、祭志等當代文化史著作，約與吳之謝承同時並驅，帶起以後東漢史之修撰風氣。二十五卷《古史考》乃上古史批評之作，帶動以後之古史研究。《異物志》下開兩晉以降張華《博物志》等搜奇獵異之風，爲文化史研究的別出。《蜀本紀》、《三巴記》、《益州志》等，則是地方史的修撰，其後陳術、陳壽各修《益部耆舊傳》，王化修《蜀書》，陳壽據

〔註22〕按：譙周之言天命，若在諸葛亮生前，恐會受到重罰，但亮死後費禕（卷四十四，頁1062）、黃皓（見同卷〈姜維傳〉，頁1065～1066）等實際主政者頗信此術，是以周言得以暢，而對政局當亦有所影響也。二孫的屬評及分咎之辭，分見《三國志》，卷四十二〈周傳〉（頁1031）及〈郤正傳〉（頁1041）。

術、化諸作構思爲三國分行的《三國志》，蜀漢部份仍以《蜀書》爲名；自此以降，巴蜀學人修其益部之史者陸續不絕，乃至終於出現常璩之《華陽國志》。綜此而論，姑不論其史學水準如何，他在當時史學界的地位，確可肯定也。

次論其各學風格者，則需先知其人。陳壽稱其師於「諸子文章，非心所存，不悉徧視也」；其中則「體貌素朴，性推誠不飾」，故頌之謂「有董、揚之規」。道統之儒的性格心態，甚爲明顯，與董仲舒、揚雄、班彪同一類型也。這些人皆有以聖道自任，擬聖模倣的風習，是以揚雄倣《論語》而撰《法言》，譙周則模《法言》以撰《法訓》八卷，雄擬孔聖作史而撰《蜀王本紀》，周亦模之以撰《蜀本紀》。班彪批評司馬遷不據「正經」以述古史，譙周亦遵奉其說，專據正經以駁論《史記》，撰《古史考》。據此則可推其史風特色有三：第一，其史學因襲模倣者多，而原創性少。《蜀本紀》倣自揚雄，《古史考》因於班彪和秦宓，東漢諸志則承襲胡廣、蔡邕之規。第二，過份重視，乃至流於迷信正經——權威文獻——的證詞，此則不免對歷史之求眞實證有所妨害，略如十九世紀歐洲史學之弊也。〔註 23〕難怪班固不滿父作，司馬彪不滿譙周之東漢研究及《古史考》，皆本實證以重撰或以針鋒相對的方式反對他們。第三，道德批判的春秋精神濃厚。〔註 24〕此史學上之道德批判主義以政教意識爲基礎，譙周實遠承揚雄及班氏史學，而近接荀悅之餘緒者也。

〔註23〕十九世紀西洋史學爲反對說教性歷史，因而重視事實，由於重視事實，因而重視乃至崇拜文獻，關於此問題，卡爾論之頗詳，參 *What is History*, I. "The Historian and His Facts", pp. 1~24。柯令吾對權威證據的意義有所解釋，稱此類收集不同權威的證詞編成之史爲「剪刀漿糊」（Scissors and paste）史，詳 *The Idea of Hsitory*, pp. 249~261。譙周崇拜正經略同此弊，但周之出發點不是爲了反說教性歷史，卻相反的頗欲以遂行其說教衛道之目的，此則二者殊塗同歸者也。

〔註24〕譙周史學著作今已不存，劉知幾爲批評模倣因襲的史學，特立〈模擬篇〉，起首即舉譙周的《古史考》爲例。他批評譙周模倣《春秋》之筆，寫出「貌同而心異」之文——此即《古史考》述秦丞相李斯被殺，書云：「秦殺其大夫李斯」。帝制下的丞相，與封建時代諸侯的大夫，意義甚不同，故知幾指責譙周此「思欲擯抑馬記（司馬遷《史記》），師倣孔經」之弊。詳《史通通釋》，卷八，頁219。按：知幾似乎未深識譙周的思想人格及史學特色也，譙周蓋或師法班氏史學的擯秦意識，本《春秋》精神貶天子，討大夫而已，故貶秦爲古之諸侯，比其丞相爲大夫，於此可見譙周的道德批判主義。但其書不存，筆者亦未敢過論。

二、陳壽的理念與《三國志》

　　譙周之史學風格，當時史學大家司馬彪及陳壽，均不完全取法，前者批評而反對之，後者則似因有師生之誼，未便大加批評，轉以治史成果以示與師說不同而已。要之，自譙周以後，巴蜀史家治史範圍集中於益部，正反映了他們學風的地方色彩，而陳壽則是最突出的一人。陳壽的成長背景及學術淵源如此，從譙周習史，以其卓越的史學天份，成就遂超越其師。然而陳壽「銳精《史》、《漢》」，則譙門史學已不能限制於他，而能直探史遷、班固的史學；加上遭遇三家歸晉的新局，故其史學構思不僅與譙周不同，抑且亦有異於遷、固也。筆者不欲於此贅論《三國志》各種史學問題，僅就本節主題，略述其正統觀念下之有關構思而已。

　　關於此問題，歷來學者對陳壽多加以責難，大要不外集中於《三國志》之帝魏、抑蜀、迴護此三者，趙翼綜諸前說，遂舉證歷歷以論之。〔註25〕論者大多認爲此三點間具有某種關係：此即帝魏所以抑蜀，既帝魏抑蜀，是以迴護於魏之篡跡也。是則帝魏實爲問題發生之核心焦點。筆者不欲空言虛說以論其事，茲欲就下列數點以作析論：

　　第一、陳壽《三國志》原是三書分行的，三書既分行，顯然有表示當時正朔有三之意。這是一個政治事實，也是歷史事實，當時承認此事實者大有人在，陳壽是一個實錄主義的大史家，故亦瞭解此問題。下列筆法可觀察到陳壽此觀念的表示：（一）他以魏爲帝，但卻稱蜀、吳爲「主」。主也者，君主、主上也，皇帝的別稱，有錯開之意而無貶抑之意。如卷二〈文帝紀・評曰〉稱魏文帝之才藝胸襟，謂「古之賢主，何遠之有哉」！稱帝爲主，於此可見其意，蓋格於帝魏，故以天子之正名用於魏，以別稱用於蜀吳而已。（二）《魏書・后妃傳》各述諸皇后，而《蜀書・二主妃子傳》亦逕稱「某主某皇后」云云。皇后之夫爲皇帝，皇帝之妻爲皇后，既正稱蜀漢諸皇后，即表示陳壽無貶抑之意，並由此表示蜀皇后之夫雖稱爲先主、後主，蓋亦意謂皇帝也，表示正朔並非唯一於魏。（三）《蜀》、《吳》二書諸主傳中，直記其主「即皇帝位」或「即尊號」；立「皇太子」或太子「襲位」亦逕記之，從未運用僭、僞諸字。僭即僞位等筆法，兩晉以降史臣入主出奴，常持之以爲本

<hr />

〔註25〕批評陳壽此三點者，饒著《中國史學上之正統論》附錄文章頗多，不贅。趙翼所論證，參其《二十二史箚記》，卷六〈後漢書、三國志書法不同處〉、〈三國志書法〉、〈三國志多迴護〉諸條。

朝爭正統，是否認其他政權之常用甚至必用字眼，煌煌然明書於國史者，陳壽捨此不爲。陳壽好友李密，〈陳情書〉中聲稱「臣少仕僞朝」蜀漢者，壽亦不效法之。是則陳壽不視吳、蜀爲僭僞之意，可以知矣。（四）三書各書其君臣政府，一再直稱其君臣如何如何，述機關官稱，也不加「僞署」、「私署」諸字，如稱蜀丞相、吳丞相等，用以表示三國皆各爲主權獨立之國，其政府組織亦爲政治獨立的實體，互不臣妾也。蜀漢〈投降表〉，後主降稱其官爲「私署」某官，此爲陳壽以後史官常用於僭僞之國的字眼者，陳壽不法其故主之意，也不遵當時史官之規，其旨不喻而明。

　　上述四者皆是表達正統觀念的關鍵之處，陳壽之構思筆法，已足以表示他承認正朔有三的歷史及政治事實。並且，他是先有此認知，然後始有此筆法構思，進而將三國各分裂敘述，使其君臣各自魚貫雁行，互不臣妾隸屬，以符鼎立之事實也。《三國志》卷四十七〈吳王（權）傳·評曰〉稱權能「自擅江表，成鼎峙之業」，是則陳壽全書的分行結構實乃符合歷史事實的傑創，雖在帝魏前提之下，而上述構思筆法實不失爲佳構。

　　第二、陳壽「精研《史》、《漢》」，故能直探馬、班新史學之旨。馬、班皆是欲以究天人之際而通古今終始之變者，故陳壽於三國發展，亦謹遵「原始察終」之旨。魏國王跡之興始基於曹操，曹丕只是坐享其成耳，是則不述操跡，即無以知丕何能甫嗣爵位即能成篡，原其始遂不得不先究曹操之興，既帝丕則必須追紀操之事，此情況與漢高和光武靠本身努力而王，不必追溯者不同，陳壽遂本史遷特立〈秦本紀〉之旨，創下原始追王之例。及至魏末，晉三祖宗實已移權，故〈三少帝紀·陳留王奐紀〉末云：「天祿永終，歷數在晉。」用示曹魏一德之始終也。

　　同理蜀漢之興，始於劉二牧與西南天子氣的天人關係。二牧與二主雖家系不同，但其興起之跡實相連。陳壽不列二牧於《魏書》，次於董卓、袁紹、劉表之列，而追冠於二主之前者，其意可知。〈後主傳〉一再稱呼劉禪爲「後主」，及其降於魏也，即稱之爲「公」（後主封安樂縣公），用示天命在魏，以符巴蜀學人天人之際的解釋，及政治的客觀形勢也。蜀漢盛衰之間，終始之際，陳壽在《蜀書》實已窮究之矣。《吳書》先述破虜、討逆，末述孫皓之降，時已入於晉，其理正同。雖吳亡已宜列入晉史，但「察終」即不得不如此也。同時，三書於各主未即尊建元之前，例用漢獻帝正朔，一者以示各人乘漢季之衰以起，再者以示其人原皆漢臣而自我尊大者也。蓋「本紀」未必須編年

不可，非「本紀」而掌握政教之統者雖立「傳」亦得編年，〈項羽本紀〉及〈王莽傳〉早已創立此例，陳壽揉馬、班而別出心裁，深意在此。其構思三國分行、人物歸屬及位置，苦心如彼；至於創立追王之義，不將二牧、二孫歸於《魏書》或棄於《後漢書》，實亦本新史學之旨而新構也。

第三、根據這兩點，則知陳壽撰《三國志》，是採取同時承認三正朔，各究其終始興衰，各就其政治立場以述其事實之原則的。既各是其所是，各非其所非，故實為跳出三個政權之意識形態漩渦，各還其本來面目的最佳方式，如是者，則談不上迴護的筆法問題。陳壽站在魏之立場，書曹操被策領冀州牧、拜丞相、晉魏公、加九錫，書漢獻帝禪於魏文帝，實為恰當的陳述。猶之如在《蜀》、《吳》二書，一再引述二國聲討曹魏凶奸篡盜之辭也。是皆各就其政治立場從實而書。於是類似「蜀寇魏」既筆之於《魏書》；「魏侵吳」亦見之於《吳書》；各就其國態度，互書征伐侵討之辭，然後乃符實錄史學之旨，豈能據此謂壽黨某抑某耶？

論者或將陳壽書法與范曄作比較，謂陳壽書曹操策拜公相，不及范曄之直書曹操「自領」、「自為」，遂認范曄得「史家正法」，鄙陳壽開創以後迴護的模式。〔註 26〕若書曹操之自領自為，實有含影射司馬三祖之意，范曄生於異代可為之，陳壽豈能如此？姑不論其政治顧忌，單就筆法而論，陳壽蓋亦符合史學之實錄。因為就行為形式言，曹操確是承受漢廷之策命而始為公相；若就行為動機言，曹操則有逼成天子之策命的嫌疑。陳壽書其結果，范曄推論心跡，二子互異。筆者之意，曹操任公相加九錫，最初出於董昭等人的邀媚勸進，而操亦頗有此意，是則若簡書曹操自領自為，殆未盡得史實之真相。讀卷十〈荀彧傳〉、卷十四〈董昭傳〉等，則曹操以「挾天子以令諸侯」作其事業的指導原則，甚至至死不欲帝制自為，只顧作周文王者可知，而在此指導原則下，群臣勸進以邀功名，曹操有意以自尊大的實情，亦記述明晰。猶如前引〈諸葛亮傳〉載亮為先主論群臣勸進，以為彼等「隨大王久勤苦者，亦欲望尺寸之功」耳，先主亦頗有自尊之意，故遂即帝位。吳大帝例亦如是也。魏、蜀、吳三主之自我尊大，遽即尊號等事，陳壽皆不書明自為自領，是則各是其是以各從其實之旨可審矣。不明陳壽的系統構思，烏得以此責其迴護？

再者，劉知幾云：「夫紀、傳之興，肇於《史》、《漢》。蓋紀者，編年也；

〔註 26〕參上註所提趙翼之〈後漢書、三國志書法不同處〉條，頁 71～72。

傳者，列事也。編年者，歷帝王之歲月，猶《春秋》之經；列事者，錄人臣之行狀，猶《春秋》之傳。《春秋》則傳以解經，《史》、《漢》則傳以釋紀。尋茲例草創，始自子長。……」〔註27〕「紀」固含編年，但是否焦點僅在編年而已？余前已論之。要之，知幾論新史學體裁之「紀」、「傳」關係，甚是。陳壽亦能直探史遷此構思。他於本紀簡述事件發生的形式，於列傳則細述其原由本末，深得新史學以「傳」釋「紀」之旨。《三國志》三書各有綱紀、列事以究其終始，不竟讀則不明全相。不瞭解此結構原理者，始會有魏紀若不明書曹操自為則不知其自為之弊，此即但睹根幹而不見枝葉之弊也，謂之知全樹，可乎？陳壽，實錄主義之新史學大師也，他述曹操接受策命符合事實，於列傳記其本末再作補充，斯真得新史學紀傳體的正法者。范曄本《春秋》褒貶精神以述曹操自為，雖未完全失實，但卻也未稱全是，心有主觀之意，轉不及陳壽之讓人物事實各自說話的筆法令人信服。陳壽號稱良史，其書號稱實錄，豈徒然哉！道德批判並非不可，但大前提則必須顧全事實，故筆者不以為陳壽應明書曹操自為於本紀不可。如此為者只是逞一時之快，為求獲得某種滿足而已；《蜀》、《吳》二書批評曹氏篡漢凶奸，荀、董諸傳明載曹氏僭逆心跡，難道滿足感未夠，以為事實真相未明耶？論陳壽迴護者，不明新史學及壽之觀念構思，且心有所偏，其情可知。至於兩晉以降，史家為現行政權迴護，是否完全符合陳壽的創意，自當別論。後人不識前人心，其例不少，若據後以概前，實差之毫釐，謬以千里。

第四、陳壽的史意史學雖如上述所析三點，但他終歸帝魏紀曹，而主吳、蜀以傳之，究竟作何解釋？劉知幾前引言續對司馬遷有所批評，大體本班彪之旨，批評他紀、傳之體為例不經，由此評及范曄與陳壽。他說：「夫紀、傳之不同，猶詩、賦之有別，而後來有作，亦多所未詳。案范曄《（後）漢書》記后妃六宮，其實傳也，而謂之紀；陳壽《國志》載孫、劉二帝，其實紀也，而呼之曰傳。考數家之作，其未達紀、傳之情乎？苟上智猶且若斯，則中庸故可知矣。」按華嶠、范曄作皇后本紀，自有一觀念作指導，前已言之。陳壽師徒，深受班氏家法影響，亦曾述及，是則陳壽豈不瞭解班氏改革紀、傳體的倡議？知幾疑此上智之史家未達紀、傳之情，實疑其所不應疑，不疑其所應疑者也——即陳壽上智，又謹守一史只作紀、傳二體的班彪芻議，何以明知孫、劉為天子，竟不為天子作本紀耶？此中當別有心識，最應懷疑深究

〔註27〕參《史通通釋・列傳》，卷二，頁46。

者，然而知幾卻不追疑也。清代館臣撰《四庫全書總目提要》，對此有所疑，且作解釋云：

> 《三國志》……以魏爲正統，至習鑿齒作《漢晉春秋》始立異議。
> 自朱子以來，無不是鑿齒而非壽。然以理而論，壽之謬萬萬無辭；
> 以勢而論，則鑿齒帝漢順而易，壽欲帝漢逆而難。蓋鑿齒時晉已南
> 渡，其事有類乎蜀，爲偏安者爭正統，此孚於當代之論者也。壽則
> 身爲晉武之臣，而晉武承魏之統，僞魏是僞晉矣，其能行於當代
> 哉？……此皆當論其世，未可以一格繩也。
>
> 惟其誤沿《史記·周、秦本紀》之例，不託始於魏文，而託始於曹
> 操，實不及《魏書》敘記之得體，是則誠可已不已耳。〔註28〕

此言世多以爲篤論。然若就《魏書》託始而言，前述余之第二點已頗論述，館臣蓋未篤也。論陳壽何以帝魏，鑿齒何以僞魏，蓋就時代形勢入手作解釋，似謂二子全爲時代所支配而無其一家之主見，則所篤尚未全也，鑿齒容後論，單就陳壽此問題而言，館臣之釋，猶未令筆者滿意，茲就壽之客觀形勢及主觀構思兩方面，略作補充解釋。

　　從客觀形勢言，西元 263 年，陳壽三十一歲而蜀亡，自此身爲魏臣。西元 265 年，司馬昭死，其子炎篡魏建晉，是則三年之間二國滅，而壽轉爲晉臣也。至西元 280 年晉滅吳，天下一統，而壽已四十八歲，壽以六十五歲死於西元 297 年（惠帝元康七年），由吳亡至壽卒，先後十八年，應爲陳壽可以看到三國史書，爲撰述《三國志》的關鍵階段。陳壽身爲魏臣雖前後僅三年，但也曾有過君臣之名實，其帝魏而僞蜀，不論在意識的認同上或政治的現實上，皆理所當然也。另外，陳壽臣仕三朝，於蜀、晉各稱臣民三十年，依以死年定籍慣例，壽終爲晉人，焉得以故主之思而忽今王？晉既自稱金行以繼魏之土德，大統傳承在現實政治意識上如此，則不論站在魏或晉之立場，皆須帝魏晉矣。雖當時無政治壓力猶須如此，何況有之。據此，李密、陳壽諸人皆爲「少仕僞朝」，終歸於晉的人；理論上帝晉則必須帝魏，帝魏則必須僞蜀，不論其身由己或不由己，皆必須認同此政治觀念，而服從此當時之習慣也。清館臣謂陳壽逼於勢或是事實，但並非完全如此，蓋根據此時代習慣，壽亦未必須有帝蜀吳之心。帝蜀在政治意識上逆而難，在認同之習慣上事實亦逆而難也。蜀、魏、晉三朝皆曾臣事者，何必厚此薄彼？陳壽於

〔註28〕此文列於《三國志》爲附錄，見頁 1473。

〈譙周、郤正傳〉末評曰：「二子處晉事少，在蜀事多，故著于篇。」意謂二人依慣例應列入晉史者，以事多事少衡量，故破例著之於《蜀書》，聲明其破例的原因不在表彰純臣，事實上二人亦非純臣。由此可證陳壽心中有此慣例，亦拘於此習慣，今既破例，遂不得不鄭重申明之，以免譏嘲誤會。由此而論，陳壽帝魏，未必完全格于政治壓力之所謂勢者也，時代習慣應亦爲另一因素。

館臣云：「以理而論，壽之謬萬萬無辭。」此之所謂「理」，究是何理也，而竟能如此嚴重歸咎於壽？若謂壽於蜀曾有君臣名份，則壽於魏及晉不亦然乎？若謂應有故主之思，則壽於魏不也如是乎？館臣不明此理，其「理」殆甚不通，彼等所謂「未可以一格繩」者，正可用之於此。筆者以爲，自西元249年司馬懿兵變誅曹爽，大權遂歸司馬氏。司馬師廢齊王芳於前，司馬昭弑高貴鄉公髦於後，是則魏天子曹髦討昭之時，所謂「司馬昭之心，路人所知也」，習鑿齒雖主「晉承漢統」論，亦不得不特記此事。賈充教唆帳士逆戰天子，謂「司馬家事若敗，汝等豈復有種乎？何不出擊」！〔註29〕此之「司馬昭之心」及「司馬家事」究爲何？陳壽豈不之知？壽作魏〈三少帝紀〉，事文皆多隱諱，且直稱三少帝爲「齊王芳」、「高貴鄉公髦」、「常道鄉公奐」也者，是晉貶魏三天子而壽遵之也。陳壽既格於此政治意識，又復依慣例自覺身爲晉臣，外因內緣交合，故頗有站在晉朝地位論三國之意，於此可證。西元260年司馬昭弑立天子，西元263年遣將滅蜀，此皆司馬家事，名義上蜀亡於魏，實際上則亡於晉，此名實之間，壽應知之。蜀亡晉受禪之際，吳左丞相陸凱上〈諫徙都武昌疏〉云：「近者漢之衰末，三家鼎立；曹失綱紀，晉有其政。……劉氏與奪乖錯，……是以爲晉伐，君臣見虜，此目前之明驗也。」〔註30〕是則三家鼎立及晉亡蜀漢的觀念，實非陳壽一人所獨有。這兩種觀念的探認，實爲形成上述第一和第二點，陳壽構思三國志的基礎，亦即：陳壽瞭解蜀亡於晉而非亡於魏，故判定三國相爭峙而互相兼併，是鼎立狀態，自可各就其是非而書之，脫出三者糾纏關係的漩渦；由此產生的構思、筆法，未至大礙於晉之立場也。

陳壽研判三國是非，既頗有晉本位的立場，則晉官方宣佈之金行承魏土

〔註29〕陳壽不記此事，詳〈三少帝紀·高貴鄉公髦紀〉甘露五年註引《漢晉春秋》及《魏末傳》。《三國志》，卷四，頁144～145。

〔註30〕凱爲陸遜族子。西元265年9月，孫皓徙都武昌，凱上此疏惕諫之，是年12月司馬炎始篡魏。疏見《三國志》本傳，卷六，頁1400～1403。

說，自不能不顧忌遷就，此爲紀魏而傳吳蜀原因之一。漢季半世紀之間天下
有三正朔，這是當時政治現實的認知問題；奉何者以爲眞正，則爲政治的承
認和天意史觀的研判問題。陳壽在政治態度上是因晉而帝魏的，但他實際
上是認同當時正朔有三。然而按照新三五相包說，三統也好，五行也好，不
論統或行皆只能有一，而且以一爲大，以一相傳承。又按班彪倡議新史體應
只有「紀」、「傳」二體，「紀」以載帝王，「傳」以述臣民。在此天意史觀及
史學改革論雙重指導之下，三國之史則只能爲其中之一作「紀」。陳壽並無超
越打破此指導觀念之意，因而遂格於政治之勢，擇魏以作本「紀」，置蜀吳爲
列「傳」，此其原因之二。巴蜀學派原有天命在魏之觀念，譙周據此倡蜀歸命
於魏說，因而又另撰〈仇國論〉以明自然之數，視魏晉爲「肇建之國」，視
蜀漢爲「因餘之國」。肇建當爲天命所在，因餘實指天意殘存，陳壽帝魏之同
時，遂取法班固《漢書》成例——以列「傳」之名行本「紀」之實，以述
王莽閏餘政權。是則陳壽此紀魏傳蜀吳，實分承師門學術及班氏家法融合而
來，此其原因之三也。魏晉以主中國而自命正統，吳主因不在中土而不敢郊
天，是則正統論之中原地緣說，不論意識或潛意識上，皆爲極有力的說法。
譙周也有此觀念，謂「王者居中國，何也？順天之和，而同四方之統也」。
〔註31〕是則陳壽亦不能不受此師門主張、世俗流行意見所影響，此其原因之
四也。

　　政治形勢，時代習慣，流行意見，師門學說，天意史觀，班氏史學，在
在皆影響陳壽的構思筆法者。陳壽站在晉廷立場，雖以天命歸於魏而傳於晉，
但不抹殺天命歸魏之前，獻帝禪退之後，天下曾有三正朔的事實。故值得注
意的是，陳壽雖紀魏而傳吳蜀，但卻未因帝魏而「僞」吳蜀。他的意識和筆
法，皆未以後二者爲僭僞，足以表示在各種影響下，他仍自有創意；需據此
而綜通諸種影響，始得以產生一家之史。劉知幾所疑，清館臣所論，筆者所
以未滿意者，其情可知矣。

　　此情既明，於是可得進一步檢討陳壽的構思。依班彪的意見，新史學體
例唯有「紀」、「傳」二者結構而成，《史記》「公侯傳國則曰世家」的部份需
加取消。按司馬遷劃分新史體，「本紀」、「世家」、「列傳」此「人的結構」，
實有特殊意義。他將政教原動力的大統列爲「本紀」，以此記大統之所以一及
所以傳承，所謂「王跡所興，原始察終，見盛觀衰」是也。三十「世家」乃

〔註31〕此語見嚴校《全晉文‧譙周》項，卷七十，頁5A。

記述政治社會具有特別力量，以「輔拂股肱」，使大統運行得以落實，「以奉主上」的人物家族，他們的意義如同「二十八宿環北辰，三十輻共一轂」。「列傳」人事則是此結構下，分衍發生的人事，猶如巨廈之先有地基、支柱，然後牆垣裝飾分布其間耳。此結構原則，〈太史公自序〉言之甚審。史遷蓋基於三代封建及漢初政治社會的結構設計而成，俾能準確反映此情實。班彪顯然有尊君觀念，而且也根據他的研究斷限和範圍——太初已降的人事——作研判，遂提出此倡議。事實上，武帝以後，諸侯王、諸侯之制度，已名存實亡，其倡議頗能反映此情實也。但班固撰西漢全史，遵家法而改《史記》，則周秦漢初的政治社會特色，反映力遂不及《史記》。王莽之列為西漢一傳，不但充分表示了尊君觀念，抑且造成了後世數中國朝代時，往往因之而忽視了新朝的情況，此則班氏新史學結構論的觀念，實造成了對此反映不足，進而形成此影響者。陳壽本班氏家法，以魏為「紀」，蜀吳作「傳」，實亦同具此病。不過他對此亦自有創意：不本《漢書》將一政權降為列「傳」以附屬於另一正統政權之例，列〈王莽傳〉於《漢書》；亦不據東觀將敵對政權特立「載記」，以一篇竟其全跡以附屬於正統政權之例。而持三國君臣，魚雁分行的構思。此即足以補救此弊。後世論史者，由於多本東漢政府的政教意識，視莽為篡盜，大逆不義，故極少批評《漢書》此方面的構思；然而卻因吳、蜀與新行事不同，故同情之餘，遂大力抨擊陳壽之紀魏傳吳蜀，兼且苛責其抑蜀，此則為陳壽含冤莫辯者也。筆者以為此事宜從抑吳、抑蜀，乃至是否黨蜀此問題上觀察，始能得明，否則空言河漢，徒生黨同伐異之爭。

第五、《三國志》構思的大原則為三國各從其是非、各就其實錄，盡量跳出三國政治漩渦，以較中立的身分但頗偏向於晉的立場而書者。這種原則對某些主觀性較強烈的人而言，實有前後失據、左右皆非的感覺，此即：站在魏之立場而言，陳壽是明尊魏而暗抑之、明抑蜀吳而暗尊之；站在蜀吳而言，則是有意抑蜀吳而帝魏、非大義而是不正。就大體而論，陳壽應否承受這類指責，據前所析論，讀者自可深思。然而，任何偉大的學者，皆不能跳出其時代環境的影響，所以陳壽儘管努力秉持其大原則，但卻也不免有某些一家的批判。這似乎受到其師《春秋》的影響，在不抹殺事實之下為之者。

世人多偏重指責陳壽帝魏抑蜀，但甚少追究其是否真的推崇魏之事業，或是否黨蜀抑吳之嫌，於此先就魏而論之。

　　陳壽在《魏書》，盡量避開記述晉三祖之行事，當然是有意義的；蓋晉三祖行事有類於魏二祖也。因此，即使記述魏二祖的行事，陳壽也極為謹慎，不隨便加以道德批判。他的原則是本著實證主義，讓事實自己說話，以反映其實情。陳壽在荀彧、董昭諸傳，對曹魏事業的本質——挾天子以令諸侯的虛偽表面，及自我尊僭的內裡實質——不但明確指出，抑且作了因果分析。當他記述董昭等倡言曹操「宜進爵國公，九錫備物，以彰殊勳」，或因反對而導致操之「心不能平」，其後「以憂薨」；並以「明年（建安十八年，西元 213年），太祖遂為魏公矣」作結尾語，則壽意可知矣。〔註32〕按曹操早在西元 208年，即罷三公而復丞相制以專權。丞相權重任專，武帝以降已漸加改革，光武懲王莽之禍，更全力改為三公制，使之坐而論道以奪其權任。丞相之被視為非人臣之任，其制應否恢復，當時已引起爭辯。〔註33〕曹操排眾議而為之，其志可知。是年殺孔融而敗於赤壁，顯示曹氏內外交張之局勢，實為潛在的問題，故於西元 211 年以曹丕為丞相副，西元 212 年僭禮贊拜不名，則此年荀彧之反對，乃是有所見也。荀彧死後明年，曹操遂為魏公，加九錫，封十郡，建宗廟社稷，納三女於獻帝而使之置於內外監視之下。這種發展趨勢及意義，陳壽固甚瞭解。他在《蜀書》記劉先主於失荊州後而稱王；不顧獻帝問題而親征吳，且將反對者秦宓逮下監獄囚禁；不久又左遷費詩而稱帝；此與曹操頗有相同之處。故〈先主傳·評曰〉：「先主……折而不撓，終不為下者，抑揆彼之量必不容己，非唯競利，且以避害云爾。」不為人下及避害（內外張局），此為三國領導人終自建樹的基本因素，第先主在諸葛亮等不反對之下為之，而曹操則有荀彧、孔融等之顧忌，需先除去此具有大影響力之數人，始克順利為之耳。

　　陳壽特別刻意的用此筆法作〈荀彧傳〉結尾，無異表示懷疑彧死前兩年（建安十五年，西元 210 年）曹操所頒的〈述志令〉，自謂其初志及避害心理

〔註32〕　《魏氏春秋》謂操逼彧飲藥自殺，《獻帝春秋》亦言彧自殺，陳壽未錄，蓋謹慎也，參見〈彧傳〉並註，《三國志》，卷十，頁 317～319。至於陳壽以評論直接指出曹操挾天子以令諸侯者，見於〈魯肅傳〉，《三國志》，卷五十四，頁 1281。

〔註33〕　丞相非人臣之任，遠例則王莽，近例則董卓，故魏晉之世，此觀念甚普遍。建安為此制而爭辯，仲長統《昌言》之〈法誡篇〉論之頗精。仲長統為荀彧所提拔，任曹操幕僚，力主恢復此制者，《後漢書》本傳特徵引其文，參卷四十九，頁 1657～1659。

的可信性也。〔註34〕封公、十郡、九錫、納女，建宗廟社稷，與其自述之志
不合，避害不肯交出權力亦不必如此爲之，這些舉動皆爲王莽所曾爲者，則
陳壽獨立思考而作如此判斷，實爲卓越之識。因此，他在〈武帝紀〉不載其
〈述志令〉，不錄其「吾爲周文王矣」之言，可以推知陳壽必然懷疑曹操的誠
意，而可能認爲他最初只欲作郡守，稍後望封侯作征西將軍，再下欲以丞相
效法齊桓、晉文，至此希望爲周文王，若其不死，下一步將可知也。觀其行
而察其言則可以知言，曹操行不顧言，言不由衷，豈能宣揚其志，並以之論
定其事業？同理，〈文帝紀〉於禪授之際，僅錄獻帝〈禪讓冊文〉，而於曹丕
受禪理論和行事，一概削去，隱然含有僅表明漢亡、判定魏詐之意。然魏二
祖心術行事類同晉三祖，陳壽逼於「勢」，只能於《魏書》作此刪削及不書之
功。至於分在《蜀》、《吳》二書，則大載劉備、孫權即位告天之文，直錄曹
氏凶奸篡盜之罪，實有借此事實或他人之口以攻曹魏之意。是則此筆則筆、
削則削的春秋筆法，陳壽可謂善之者也。陳壽直接表達對魏、蜀對立的批判
者，以卷三十五〈諸葛亮傳〉特載之〈上諸葛亮集表〉最清晰。他說：

> 臣前在著作郎，……使臣定故蜀丞相諸葛亮故事。亮毗佐危國，負
> 阻不賓，然猶存錄其言，恥善有遺，誠是大晉光明至德，澤被無疆，
> 自古以來，未之有倫也！……

> 當此之時（先主殂後），亮之素志，進欲龍驤虎視，苞括四海，退欲
> 跨陵邊疆，震蕩宇內，又自以爲無身之日，則未有能蹈涉中原、抗
> 衡上國者，是以用兵不戢。……而時之名將，無城父、韓信，故使
> 功業陵遲，大義不及邪？蓋天命有歸，不可以智力爭也。……

此表於西元274年奏上晉武帝，時吳猶未亡。它表達了：（一）站在晉朝立場
的意識。（二）以中原爲上國正統的觀念。但也表明蜀漢雖爲危國，卻有不賓
匹敵的地位，非僭僞者可比。（三）命定論——亮之北伐失敗因素雖爲時無良
將、「或值人傑（指司馬懿），加眾寡不侔」，蓋亦與天命有歸不可力爭有關。
此承班彪〈王命論〉而發揮者，但卻頗有天命在晉之意。（四）亮之北伐事業
雖是「抗衡上國」，但卻是「大義」之事實。陳壽詳錄〈出師表〉於該傳，表

〔註34〕此令蓋謂最初只想作郡守，好作政教以建立名譽；稍後欲爲國家討賊立功，
　　　　望封侯作征西將軍。其後身爲丞相，頗有齊桓、晉文之志。但樹敵過多，不
　　　　敢交出兵權，下野自處，且謂一旦離開權力則身敗國危云云。詳〈武帝紀〉
　　　　建安十五年註引《魏武故事》，卷一，頁32～34。

示亮事之「大義」者，即指〈出師表〉中所謂「攘除姦凶，興復漢室，還于舊都」的「討賊興復之效」也。是則陳壽評論魏、蜀對立，孰義孰不義，雖行文謹慎，而觀念並不隱晦。

論者若執作傳稱主的表面，即認定陳壽尊魏抑蜀，據此顯爲差之毫釐的議論；即使天命在魏，亦不能遽謂陳壽以魏之行事爲義也。蓋天命乃政治意識的表示，而義不義則是價值判斷的問題，未必有天命者即是大義，此即司馬遷所謂「無其德而用事者」之意。陳壽評曹操爲「非常之人，超世之傑」，於此稱司馬懿爲「人傑」，卻不立傳紀述其「傑」事，顯有顧忌之心。《晉書》卷一〈宣帝（懿）紀〉云：「明帝時，王導侍坐。帝問前世所以得天下。導乃陳帝（指宣帝司馬懿）創業之始，用文帝（昭）末高貴鄉公事。明帝以面覆床曰：『若如公言，晉祚復安得長遠!?』跡其猜忍，蓋有符於狼顧也。」斯則魏晉始跡之「傑」，魏晉時即已公道自在人心，雖子孫亦以爲不義矣。由此，則陳壽之是否帝魏即義魏，進而貶抑吳蜀，可以知矣；沈約能知「作賊」者，陳壽上智，焉會不知？

第六、陳壽既以蜀漢爲「不賓」的敵國，北伐爲「大義」之事業，則對蜀漢是否有黨親或貶抑之意？綜合本節前所論述，陳壽對蜀實際談不上嚴重的貶或黨諸問題，只是承認鼎立匹敵的事實及對北伐事業予以高評價而已。

關於批評陳壽黨蜀，最明顯的是六世紀之文史大師李德林，此人文才人格，與沈約頗有相同之處，最爲北朝前輩名史家魏收所賞識推重。北齊時，魏收主修《齊書》，與陽休之論《齊書》起元事不決，勅集百司會議。時德林告病在家，收將議論綜合，修書請德林提供意見。德林就建元問題提出己意，認爲《春秋》稱元不稱一，是「欲使人君體元以居正，蓋史之婉辭，非一與元別也」。由此春秋大義推論，遂舉例說：

> 漢獻帝死，劉備自尊崇。陳壽，蜀人，以魏爲漢賊，寧肯蜀主未立，已云魏武受命乎？士衡（陸機字）自尊本國（吳），誠如高議，欲使三方鼎峙，同爲霸名。習氏《漢晉春秋》，意在是也。至司馬炎兼并，許其帝號。……〔註35〕

陸機爲吳國大姓，陸遜之孫、陸凱族子，凱有承認鼎足三分及晉亡蜀漢之意，

〔註35〕德林乃李百藥之父，勅撰齊史未成而卒。他歷仕北齊、北周及隋，皆預機密及政權興亡之事，引文詳《隋書》本傳，卷四十二，頁 1195～1197。按：引文出自答魏收第二書，饒著《中國史學上之正統論》作答陽休書，實誤，見該書頁 299。

是則陸機之意乃家學的積思。德林不滿其〈晉元論〉（容後詳），但在此書信
中指出陳、陸二子各有尊故國之心。陸機的〈晉元論〉、〈辯亡論〉等，有黨
吳之心非常明顯，而陳壽則未必相同。李德林認爲陳壽黨蜀，論點有三，即
陳壽是蜀人自然有黨蜀之心、魏不能體元居正是漢賊、蜀漢政治意識以魏爲
賊三者而已，其論似有想當然耳之嫌。雖然如此，劉知幾卻頗誤會其旨，對
之大加批評而及於陳壽。他說：

> 古之述者豈徒然哉！或以取舍難明，或以是非相亂。……夫前哲所
> 作，後來是觀，苟夫其指歸，則難以傳授；而或有妄生穿鑿，輕究
> 本源，是乖作者之深旨，誤生人之後學。其爲謬也，不亦甚乎！……

> 德林著論，稱陳壽蜀人，其撰《國志》，黨蜀而抑魏。……案：曹公
> 之創王業也，賊殺母后，幽逼主上，罪百田常，禍千王莽。文帝臨
> 戎不武，爲國好奢，忍害賢良，疏忌骨肉。而壽評皆依違其事，無
> 所措言。劉主地居漢宗，仗順而起，夷險不撓，終始無瑕。……而
> 壽抑其所長，攻其所短。是則以魏其正朔之國，典午（指晉）攸
> 承；蜀乃僭僞之君，中朝所嫉。故曲稱曹美，而虛說劉非，安有背
> 曹而向劉、疏魏而親蜀也？夫無其文而有其說，不亦憑虛、亡是者
> 耶？〔註36〕

換句話說，劉知幾是指責李德林缺乏證據而妄生穿鑿，從辯駁其說進而舉證
以正陳壽之罪，表示辨正陳壽之深旨，斥責德林的誤學也。平情而論，德林
之說雖有想當然之嫌，但其見亦非全失。魏二祖爲知幾所舉諸行事，陳壽實
以謹慎從實書之，故雖避而不評，人皆知其行事；但他評二祖只說其美而不
言其惡，則是事實，此中政治顧忌顯然甚重。陳壽也直書先主地居漢宗，但
對其始終無瑕之說則顯有異議，前引秦宓、費詩諸傳及〈先主傳・評曰〉已
證之。陳壽當然瞭解先主之起是仗順的，否則也不會聲稱諸葛亮執行其國策
爲「大義」，公然上之於中朝矣。陳壽於先主是稱長攻短而未致抑長攻短，長
短分別評論正是就事論事的態度，先主於晉無特別政治顧忌，故頗得暢所欲
言。知幾批評壽「虛說劉非」，殆亦有穿鑿輕究，乖失作者深旨之嫌也。〔註37〕

〔註36〕 詳《史通通釋・探賾》，卷七，頁 209～211。

〔註37〕 饒宗頤就此批評知幾，說他「未細讀《蜀志》」及「迂見」（見同註35），筆者
　　　　以爲前者差可，後者過論矣，蓋知幾實因論證未細，其所謂「輕究」之失而
　　　　遽加論定而已，未至於迂也。

就北伐復興之國策而言，陳壽受師說影響，《三國志》頗反對北伐戰爭，但這是就戰爭導致民困的後果而論，與其師本天命在魏的觀念不盡同。故就其政治之目的及其所示的道德意義，陳壽稱之為「大義」，實為公平之論。是則壽於蜀漢國策評價正而極高，他亦公然稱之於晉廷而未見責罪，是即代表了前面分析的當時公道，自在人心也。於此而言，壽確有貶魏揚蜀之意，此意與其抑貶孫吳一事合看則更能清楚（詳後）。然而必須留意的是：貶魏揚蜀只是道德判斷，與抑魏尊蜀的政治態度無關。他由李德林所謂的「人君體元居正」之觀念著眼的，因而先主稱尊，他並不完全認為居正，而頗有貶議，至於他是否蜀人，這裡殆非陳壽的關鍵所在。

　　另外，關於《三國志》是否有抑蜀之意？知幾論之未中肯綮。依照前面第一點所論，稱蜀帝為主，實無視之為「僭偽之君」的意思，蓋以天下理論上不可同時並有三天子，因而將魏予以「皇帝」正名，另予吳蜀以「主」此天子別稱也；由此而推衍，又取法班氏家法，遂紀魏而傳吳蜀。筆者疑惑的是，《史記》的〈世家〉，東觀的〈載記〉，俱在新史學上具有區別一般列傳的功能，陳壽何以不取則於此？極可能的解釋是：司馬遷賦予〈世家〉有「輔拂股肱」「以奉主上」的意義，此與吳蜀對魏的關係不合；〈載記〉則東觀史臣似賦予了僭偽政權（如公孫述、隗囂）的色彩，殆亦大違於陳壽認識天下有三正朔，而此三正朔皆互不能吞滅對方，終至一統於晉的事實。是則陳壽乾脆取法〈王莽傳〉之例，實出於不得已，而卻頗合其師徒視蜀為「因餘之國」的觀念。因餘之國亦得是正朔之國，陳壽以〈傳〉為之，殆與貶其君位為國主、降其國格為僭偽無關；反而正因他不採用〈世家〉或〈載記〉之名，更能傳達其表示二國不臣不僭於魏國的觀念。

　　君位和國格誠為表示尊抑蜀漢的肯綮所在，陳壽在《三國志》的整體構思中作了如上述的設計，至於另一肯綮之處則是國號的稱謂，陳壽稱「漢」為「蜀」，其書為《蜀書》，抑亦有所解釋耶？鄙意壽書雖稱漢為蜀，但於引錄有關文獻之時，仍常保存「漢」的正名，如蜀、吳盟約遝以漢、吳為辭者是也。壽稱先主「即皇帝位」，稱後主「襲位」，稱二主諸妻為「皇后」，其事皆依各從其實的原則書之，獨稱於君則避皇帝之正名，呼其國則避有漢的正號，似因二者與政治承認主義有關，不得不有所避忌也。吳人張儼撰《默記》，雖有黨吳之言，但其〈述佐篇〉檢討形勢，論諸葛亮、司馬懿的敵對及優劣，坦認「今蜀、魏為敵戰之國，勢不俱王」；另又錄載陳壽所收《諸葛亮

集》中所無的〈後出師表〉，此表表示亮必戰之志及濃烈的「漢、賊不兩立，王業不偏安」意識。是則吳人亦有人瞭解三國之爭，主要爲漢、魏之爭，且二國相爭的意識形態亦嚴重也。〔註38〕漢、魏長期互呼對方爲「賊」，前者認後者爲篡盜政權，後者認前者爲地方割據，敏銳的相對使陳壽必須於兩者之間作一選擇。就政治立場而論，陳壽撰史時已爲晉臣，勢不可僞魏；能容從其實以書，已是很大的超越。既須帝魏，即須爲蜀的君位和國號另作構思。他以主稱呼蜀君，乃是別出心裁保持蜀之國格的設計，然於國號方面則另有更大困擾。

原乎晉以金行承魏土，而魏土以運至承於漢火，是則理論上漢固早已亡於西元 220 年獻帝禪讓之際。相對的，魏不可能承認尚有另一漢的存在，而晉亦不可能承認漢在魏世猶未亡也。漢既已亡，復何漢之有？陳壽即使認爲蜀漢乃漢之因餘，但於此逼於政治之勢，豈敢以漢稱蜀？正名其史爲漢書？陳壽乃益部地方史的專家，本其師門原有的地方意識，復因魏、吳之稱漢爲蜀，故改漢爲蜀，乃是順勢委屈之事，情非得已者。此事充分表示了魏晉以降意識形態的嚴重，而史家尤其是史官，所承受政治壓力之大。國史的撰述有利於統治者的正統之爭，則統治者愈重視修國史；愈重視修國史，則愈逼切於收回修撰權，而建立官修制度；如此則史家和史官承受的壓力愈大而愈委屈；他們愈委屈於政治勢力，則統治者愈能滿意而充份控制。是爲國史修撰的惡性循環。（東）漢、魏、吳之史臣皆受到此控制和壓力，動輒得咎。於此，陳壽以純粹私修，亦於有意無意之間有此恐懼感，實爲國史修撰發展史上的里程碑，尤甚於班固之官准私撰也。陳壽就國號此點而言，實際不爲抑蜀而如此，但表面則不能不如此抑蜀，以史識史學若彼者猶如是，則阿諛取容、入主出奴者固無論矣，劉知幾「苟上智猶且若斯，則中庸故可知矣」的感嘆，應由此途徑作體驗也。

第七、關於陳壽貶抑吳國之事，向爲論者所鮮注意。陳壽評孫權能「自擅江表，成鼎峙之業」，爲之立〈吳主傳〉，顯示他承認天下三正朔的政治事實。但是，值得注意的是：本著原始察終原則，他理應爲孫權父兄立傳於權之前；本著《魏書》追王魏武之意，則此傳理應稱爲類似「吳二主」等名稱。蓋孫堅、孫策父子，實奠江表鼎峙之基，而前者被追尊爲「武烈皇帝」，後者

〔註38〕此處兩引《默記》，見〈諸葛亮傳〉註，卷三十五，頁 923～924、935～936。〈後出師表〉不悉何故陳壽未收入，而獨見於《默記》。

爲「長沙桓王」也。陳壽對孫權僅尊其奠基之兄長爲王，曾有特別記載及批評；並指出乘天下大亂，保江東以觀變是吳立國的國策，由孫策創定而特囑孫權及張昭等遵行者。〔註39〕是則陳壽原吳始終，知其乘亂割據、投機取巧的立國心態。〈吳主傳〉直記「權外託事魏，而誠心不款」，實即明指其事。陳壽有貶抑孫吳之心，此當爲因素之一，故堅、策二傳但稱其漢官曰「破虜、討逆」，對吳錄所載孫策自我宣佈的九點立場大文，屏而不載。〔註40〕

　　陳壽貶抑孫吳，由下列筆法可見：（一）《吳書》不本吳之立場，僅書堅、策二人爲「破虜、討逆」之傳；全書正稱其君爲「主」者只有孫權的〈吳主傳〉，至於〈三嗣主傳〉則直書三主爲孫亮、孫休、孫皓，更無爵號冠其名諱之前。此與本晉立場，爲魏三少帝立傳而直稱三帝爲齊王、高貴鄉公及常道鄉公，其意正同而貶抑又過之。（二）孫堅、孫策皆爲漢將軍封侯者，在吳則爲帝王，而壽稱其死曰「卒」，稱吳諸主曰「薨」，特稱降晉的末主孫皓曰「死」。此與稱劉先主之死曰「殂」，降魏的後主曰「薨」，意義顯然不同。（三）蜀二主之妻皆書「皇后」，其死曰「薨」，與魏之皇后曰「崩」已頗有不同。吳諸主之妻，陳壽稱「夫人」，且除孫堅和孫權加稱「孫破虜」、「吳主權」某夫人外，三主之妻皆直書某人某夫人，如「孫休朱夫人」等，其死則或稱「薨」，或稱「卒」，顯然有意貶抑。蓋《春秋》之例，諸侯在國曰君，其妻曰君夫人，是則陳壽用此筆法以貶抑孫吳的名份國格，用意甚明。

　　陳壽貶抑孫吳，除了上述因素之外，尚與蜀廷及其師友的外在影響有關。當魏、蜀先後稱帝不久，吳地即有甘露降、黃龍見諸符瑞，這種技巧有違孫

〔註39〕孫策在建安五年被刺，死前陳壽特記其語張昭等遺囑云：「中國方亂，夫以吳越之眾，三江之固，足以觀成敗。公等善相吾弟！」又囑權云：「舉江東之眾，決機於兩陳之間，與天下爭衡，卿不如我。舉賢任能，各盡其心，以保江東，我不如卿。」（〈策本傳〉，卷四十六，頁1109）是則孫策有與天下爭衡之材力或意志，知其弟權不及己，故僅囑招人才以保江東一隅，亦囑張昭等相其弟遵此遺囑，以觀成敗而已。是則孫吳國策，原無必須統一天下之意，此策由孫策奠立，而權及群臣奉行者。策死時二十六歲，權繼時十八歲，故陳壽於〈吳主傳〉開宗即明言：「孫權字仲謀，兄策既定諸郡，時權年十五，以爲陽羨長。」（卷四十七，頁1115）是則陳壽之意可知矣。又〈策本傳・評曰〉：「且割據江東，策之基兆也，而權尊崇未至，子止侯爵，於義儉矣！」（頁1112）於〈吳主傳・評曰〉則云權「性多嫌忌，果於殺戮」，責其家室不正以致覆國（頁1149），是則壽貶權之意亦可知也。

〔註40〕此文詳〈孫破虜、討逆傳〉註，卷四十六，頁1105～1106。按孫堅之破虜將軍是由袁術表行之。術僭號，孫策以書責而絕之，曹操遂表之爲討逆將軍，封吳侯。

策自我宣佈的第九點立場——「世人多惑於圖緯而牽非類，比合文字以悅所事，苟以阿上惑眾，終有後悔者。自往迄今，未嘗無之，不可不深擇而熟思」。雙方當然皆知孫權的意圖究竟爲何，但確也不便拆穿，蓋其自己亦如此爲之也。及至孫權主動求與蜀復通，其旨出於瞭解「北方終不能守盟」，恐「二處受敵，於孤爲劇」的構想，前已論之。蜀廷知其欲「僭逆」，而與之復通者實亦恐二處受敵，且影響北伐討賊爲第一優先的基本國策也，此爲諸葛亮糾正先主先征吳而後征魏的政策之原因。習鑿齒《漢晉春秋》詳記云：

> 是歲（蜀後主建興七年，魏明帝太和三年，西元 229 年，亮北伐取魏二郡地），孫權稱尊號，其群臣以並尊二帝（指蜀與吳）來告，議者咸以爲交之無益，而名體弗順，宜顯明正義，絕其盟好。

> 亮曰：「權有僭逆之心久矣，國家所以略其釁情者，求掎角之援也。今若加顯絕，讎我必深，便當移兵東伐（疑作戍），與之角力；須并其土，乃議中原。彼賢才尚多，將相緝穆，未可一朝定也。頓兵相持，坐而須老，使北賊得計，非算之上者。昔孝文卑辭匈奴，先帝優與吳盟，皆應權通變，弘思遠益，非匹夫之爲忿者也！

> 今議者咸以權利在鼎足，不能併力，且志望已滿，無上岸之情，推此，皆似是而非也。何者？其智力不侔，故限江自保。權之不能越江，猶魏賊之不能渡漢，非力有餘而力不取也。若大軍致討，彼高當分裂其地以爲後規，下當略民廣境示武於內，非端坐者也。若就其不動而睦於我，我之北伐，無東顧之憂，河南之眾不得盡西，此之爲利，亦已深矣。權僭之罪，未宜明也！」

> 乃遣衛尉陳震慶權正號。〔註41〕

諸葛亮所定之基本國策及整個大戰略構想，可說出於委曲求全者。但孫吳僭逆之罪和名體弗順之義，固爲蜀廷上下所共認知，雖口不言而心實忿者也。是以早在先主死後不久，亮慮孫權政策有變，特遣鄧芝赴吳說以臣魏之不當，堅其吳、蜀聯盟「進可並兼天下，退可鼎足而立」之心。當此之時，權尚有意滅魏後「二主分治」，而芝竟告以「土無二王」滅魏後「則戰爭方始耳」，此事前已論之。然揆鄧芝之言，初亦似不出於亮之授意，乃是蜀人深感吳之僭逆、名體弗順，故鄧芝將此潛在意識及蜀漢國家最後的目標擅自聲言而已。孫權聽後大讚芝「誠款乃爾」，表示權亦深知蜀人此心理意識。

〔註41〕 詳《三國志・諸葛亮傳》是年註，卷三十五，頁 924～925。

　　就理論上來看，吳既承認蜀為「漢」，與之訂盟，則無異承認漢未嘗亡也。漢未亡而他們卻自我尊大，反過來與故主平等互認，在漢人來看，吳僭逆之罪大矣，忿怒之心盛矣。再者，吳既承認漢之未亡，則其宣稱以土德承漢火將無所依託，他們遂只能與曹魏爭正統——爭土德之真正代表權，觀念上實不可能與漢爭天序；而且，魏是宣佈漢已禪亡而後即真，與吳之依違失據亦不可同日而語也。於此而論，不論外交口頭上如何稱謂，蜀、魏君臣在理論及觀念上，實皆視孫吳為僭越之諸侯。故鄧芝二度聘吳之時，陳壽的師祖秦宓，與吳使張溫作口辯之爭，聲言天有姓，姓劉氏，因「天子姓劉，故以此知之」。是則復通未洽，盟約未訂，蜀人視吳為僭逆諸侯，已是普遍之情。〔註42〕

　　陳壽將盟約記於《吳書》，顯然是有意的安排。此約為吳人所撰，聲討曹氏之凶逆，明載滅魏乃漢、吳共同之任，互相「救危恤患，分災共慶」，「若有害漢則吳伐之，若有害吳則漢伐之；各守分土，無相侵犯」，違約則「明神上帝是討是督，山川百神是糾是殛，俾墜其師，無克祚國」。而且聲明諸葛丞相為表誠信，恐口說無憑，特「再歃加書」云云。隱然含有吳人惟恐日後蜀漢敗盟，以征僭討逆方式來戰之慮也。〔註43〕然而蜀亡之際，吳主孫休亦曾一度動員軍隊，卻躊躇延宕，「議兵所向」而無實際有效之行動。及至陸抗奏報蜀亡，竟命抗等率師圍攻蜀巴東守將羅憲，欲乘危吞併。〔註44〕當此之際，吳史臣華覈詣宮門發表云：「閒聞賊眾蟻聚向西境（指蜀），西境艱險，謂當無虞。定聞陸抗表至，成都不守，臣主播越，社稷傾覆。昔衛為翟所滅而桓公存之，今道里長遠，不可救振，失委附之土，棄貢獻之國，臣以草芥，竊懷不寧！陛下聖仁，恩澤遠撫，卒聞如此，必垂哀悼。臣不勝忡悵之情，謹

〔註42〕西元 223 年（蜀後主建興元年，吳王權黃武二年），鄧芝始聘吳，吳遣張溫報聘，溫與宓作此口辯之爭，問宓「天有姓乎」等問題，詳〈宓傳〉，卷三十八，頁 976。稍後芝二度聘吳，即聲言「土無二王」，滅魏「則戰爭方始」，斯皆顯示蜀人忿吳之情，已主動的溢於言表。

〔註43〕盟約載於〈吳主傳〉，乃吳建武中郎將胡綜所作，見綜本傳，卷六十二，頁 1414。

〔註44〕吳軍情參〈三嗣主傳‧孫休傳〉永安六及七年條，卷四十八，頁 1161～1162。陸抗為陸遜子，時為西陵都督，蜀亡後，吳主加鎮軍大將軍，領益州牧，詳〈陸遜傳〉，卷五十八，頁 1354～1360。按：諸葛亮卒時，吳廷已有增兵西線，欲事分割吞併之心，故知乘危侵略乃孫吳蓄志也，詳參〈宗預傳〉，《三國志》，卷四十五，頁 1075～1076。

拜表以聞！」〔註45〕是則蜀危不救、蜀亡不存，此為違約之事，吳有識之士已感不安；至於反而乘危吞併，則更是不仁不義矣。故羅憲死守，拒吳經年以至魏師來救，始降於魏，其誓言云：「本朝傾覆，吳為脣齒，不恤我難，而邀其利，吾寧當為降虜乎！」〔註46〕憲為譙門之子貢，與陳壽師兄弟，其言其事，當有所影響於壽對吳的印象者。

　　吳人在理論上不可能與蜀漢爭正統，然而吳廷上下雖口頭上承認漢之存在及為與國，私下之意識卻又貶抑鄙視於蜀漢，此類言論頗不少，華覈之表足為代表。至於吳亡之後，陸機撰〈辨亡論〉，猶對故國的割據投機國策大加粉飾，仍貶抑蜀漢為其藩國，否定蜀亡則吳寒的形勢，識見不及乃父。〔註47〕蜀、吳二國表面互相承認，內裡則互相貶抑鄙視，蓋始終呈外友內敵之態也。故譙周極力反對後主及群僚奔吳之說，其中重大理由之一，即是「自古已來，無寄他國為天子者也。今若入吳，固當臣服」。蓋與其臣於感情上及理智上的小吳，毋寧臣於大魏，所謂「等為小稱臣，孰與為大；再辱之恥，何與一辱」是也。〔註48〕這種寧降敵賊而不奔友好的真正緣由，實可體諒。蜀廷君臣認識如此，壽之師友觀念如彼，則陳壽書吳皇后為夫人等，實有貶抑吳的君位國格之心，其事甚明，其原因亦可知也。

　　筆者竊思論陳壽之正統觀念見於史學者，盡此七點即言之已贅，然而不如此則不足證《三國志》的構思體系，而所謂帝魏、抑蜀及迴護之說亦不足以辯。大體而言，陳壽是以新史學的結構及實錄方法為主基的，內裡也頗有《春秋》的褒貶精神，但非刻意將之突出。他承受了漢代的思想學術，也受師門學說之影響及逼於政治環境之勢，卻能從中作主觀的創意。《三國志》的主要架構，是以承認三國分割漢室，鼎峙正朔，而最後天命歸於魏晉作出發點的。他帝魏而未否定吳、蜀，故設計三書分行以符史實。他不在魏本紀正名其篡盜，但卻於列傳及吳、蜀二書明載之，顯然並無迴護之意，而在政治壓力下反見其存實求真之誠。至於蜀的事業國格，筆法上容有不得已，其實

〔註45〕 詳〈霍傳〉，《三國志》，卷六十五，頁1464。
〔註46〕 詳《晉書‧憲傳》，卷五十七，頁160A。羅憲曾薦壽等任官於晉廷，《襄陽記》述其戰事較詳，參《三國志‧霍峻傳》註，卷四十一，頁1008～1009。
〔註47〕 陸抗見蜀亡則思脣亡齒寒，而憂於構思新的國家戰略（詳同註44抗附傳）。陸機之論實淺識，充分表示了自大無知之心，其見實能代表部份吳人之見。〈辨亡論〉詳〈三嗣主傳〉末註（卷四十八，頁1179～1182）及《晉書》本傳（卷五十四，頁151B～D）。
〔註48〕 語見〈周傳〉，卷四十二，頁1030。

際則無貶抑之心；反倒是對孫吳之貶抑則甚明顯而強烈，大有提出一家批判之意，但也未至否認其曾爲正朔之事實。實錄、良史之稱，壽確非浪而得之，六朝名史重修東漢兩晉正史者多矣，而無重撰三國者，夏侯氏至於焚其自著，裴氏博閱群書，亦竟能爲之作注而未便重修，豈偶然哉。

三、世變與東晉初期的批判史學

　　習鑿齒爲四世紀東晉中期人，其史學表現亦在四世紀中期始顯著。他出身襄陽鄉豪之家，原非高門世族中人，但卻深染清流名士風氣，頗以談名稱著一時，連苻堅也知其名。其實，習鑿齒的文史玄儒，水準亦頗佳，史謂其「博學洽聞，以文筆著稱」，桓溫即因此而延攬他入幕的。〔註49〕桓溫先後幕僚，人才皆極名士一時之選，《晉書》列傳可考知，即有王珣、謝安、謝玄、王坦之、郗超、范汪（范寧父）、孫盛、袁瓌及其子方平（名史家袁山松祖及父，袁宏的從祖和從父）、袁宏、常璩、伏滔、羅含、顧愷之等。他們大都玄儒雙修，而當時最知名的幾位史家——孫盛、習鑿齒、袁宏、常璩，皆在羅致之列。值得留意的是，上述四名史家皆先隨桓溫，後則疏遠而反對之，與除郗超、伏滔之外的其他名僚，態度相同。他們身居世變，故常鍼砭時代風教；他們也厭惡桓溫覬覦非望，故常從行政程序或文字言論制衡反對之。這兩種趨勢的結合，遂造成了這時期的史學特色；其中又以孫盛、鑿齒、袁宏表現最突出，或許與他們曾置身桓溫幕府，備受其禮敬倚重者有關。

　　欲論鑿齒發揮於史學的正統觀念，則必須先知其世。《晉書》本傳謂「是時（桓）溫覬覦非望，鑿齒在郡著《漢晉春秋》以裁正之」，這是他藉史經世的緣起；及至臨終所著〈晉承漢統論〉，乃是融聚此書之精義作系統發揮和補充者也。然而，桓溫之事在魏晉至唐朝，並非個案孤立無相關之例，晉人在此以前，已對這類權臣專政、覬覦非望的事件加以檢討，鑿齒之藉史裁正桓溫，實承此潮流而興起者。從另一角度看，裁正桓溫不必一定從史學入手，以政論清議爲之，造成輿論形勢固亦可也，而孫盛、鑿齒和袁宏皆爲談論高手，他們不此之圖，則顯示儘管儒學衰退，然史學的功能價值仍受到正面的

〔註49〕《晉書》本傳謂其「宗族富盛，世爲鄉豪」（卷八十二，頁223A），按〈山濤列傳〉載濤子山簡督荊時，即常遊嬉於習氏家族的園池，置酒輒醉（卷四十三，頁 126C），顯示山簡應與諸習氏有交往，習鑿齒亦與孫盛等交往密切，故染高門士族清談之風，擅名一時。

肯定也。東晉南朝，玄、史、文、儒四學有逐漸趨向兼修並融之勢，但大體上時人常視經儒之學爲落伍，學校系統尋建尋廢，名實俱亡，轉不及北朝的發展；於此經儒之學衰退之時，新興的玄學祖尚虛無，文學則走向純情寫意，兩者皆籠罩於個人主義和自然主義風氣之下，多無留意於團體社會而寄意於經世的大情懷。是則經世致用的責任，終將大部分轉移至史學。這種轉移發展，筆者將在下章討論官修國史時再論之，這裡只是說明習鑿齒借史發揮的學術潮流背景，並指出其在此潮流中頗有承先啓後的地位而已。

　　再者，裁正桓溫只是一種政治動機，是基於世亂，欲正其不正以止於正的需求而產生者。習鑿齒由於上述學術的發展趨勢，而選擇了史學作爲其經世學術，遂使原本就政教意味甚濃的史學，又被賦予了新功能——作爲統治者爭正統的最有力工具；或者說，這是一種舊功能的新推展吧？然而《漢晉春秋》既基於某種政治目的及意識形態而作，則其書是否符合史書的原則要件？符合的程度如何？此書今已佚，散見於史注及類書者，尚可得以略窺之。即就全文保存的〈晉承漢統論〉言，此論雖具有歷史地位，但大體上不能算是史學理論的探究發明，而是政教道理的發揮也。其論據多本於前人，而另以一己之見作予奪，主觀色彩甚厚。然以君子言行一致的角度看，鑿齒爲苻堅所獲，接受其禮遇，終與其所提倡的道理不完全相符，人格自難與不屈於苻秦的周虓等人相比。〔註50〕故本傳末〈史臣曰〉評論他與徐廣（字野民，《晉紀》撰者）云：「習氏，徐公，俱云筆削，彰善癉惡，以爲懲勸。夫蹈忠履正，貞士之心；背義圖榮，君子不取。而彥威（鑿齒字）跡淪寇壤，逡巡於僞國；野民運遭革命（指劉裕篡晉），流連於舊朝。行不違言，廣得之矣！」由此以觀，鑿齒〈晉承漢統論〉中自以爲眾人皆醉我獨醒的所謂尊君和推義，不能算是生命實踐所得的道理，卻或可視之爲政教教條之提出而已。春秋史學派的史學，多有批判主義及教條主義的色彩，揆諸〈晉承漢統論〉，嚴格而言，鑿齒雖倡引道德教條，但其政治意識則極入主出奴之見，其遷就現實政治而對歷史事實曲加解釋，對南北朝以降此類史家實有啓導推波之功。即以裁正桓溫一事看，孫盛《晉陽秋》直論桓溫枋頭之敗，招致桓溫「關君門戶」的警告威脅，而鑿齒則迴避當代史部分，第以史借古寓今，極

〔註50〕周虓乃周訪玄孫，苻秦南下，虓死守城，以母被秦所獲而不得已降，然屢拒僞官，常斥氏賊，甚至密通東晉以泄苻氏政情，及輾轉南奔。苻秦另俘二晉守，亦不屈。事詳《晉書·周訪列傳》及〈史臣曰〉的評論，卷五十八，頁163C、D。

盡影射史學的為用。斯則孫盛有「良史」之稱，習氏僅得「研思」之名，史臣所論固公允也。

　　自新史學運動末期，史家躬逢漢、魏大亂之世。思歷史之所以推移，政教之所以變動，自不能不向學術世風中探究。他們之著名者如荀悅、譙周、華嶠、陳壽、司馬彪等，大抵皆順此方向研思發論，援引較淑世的儒家觀點，提出政教的批判。他們的著作，其高下蓋以是否據實錄主義作衡量的基準。也就是說，他們研究歷史，所提出的解釋或批判，應是建於實證研究及能成一家之言的基礎之上的，離此愈遠則水準愈下，反之則評價愈高，這是新史學運動末期已充分瞭解的史學觀念。後漢研究和兩晉研究之所以參與者多，蓋著作者皆對他人的作品有所不滿故也；其所以不滿，蓋以不滿足於上述所言者最為主因，至於不滿於前作的範圍和斷限不完備，則另為一主因。《晉書》卷八十二無異是兩晉「史家列傳」，史臣綜評諸人著作，於此一個半世紀之間僅獨推崇陳壽，對其他名史則多所批評，其論據則不出筆者所言。

　　三世紀後期，儒者（包括史家）檢討世道，即已對學術世風痛切批判，例如史學及史學批評家傅玄（撰《魏書》及《傅子》），於晉初上疏痛論時弊，聲言「近者魏武好法術而天下貴刑名，魏文慕通達而天下賤守節，其後綱維不攝，而虛無放誕之論盈于朝野，使天下無復清議，而亡秦之病復發于今」。〔註51〕竊思其意，原在檢討魏亡與學術世風的關係，且指出學術世風之弊在於政治的驅動，政治之所以驅動則根於君主之人格行事也。虛無的玄學在三世紀中期，由王弼、何晏等名士所帶起。他們在西元 249 年——齊王芳正始十年——司馬懿兵變專權，殺戮清流名士以後，遂轉變為竹林之風。由玄學清談的正始之音演變為放達蕩越的竹林之風，乃是名士對當時政治的黑暗，從洞悉而趨向於消極反對的表現。值得注意的是，竹林七賢之一的阮籍，原為司馬氏所親信，參與修撰《魏書》者之一。他的違禮放蕩、不參與政事，正是因與當權者關係密切，且參與修史則更能瞭解政治問題有關。史稱「籍本有濟世志。屬魏晉之際，天下多故，名士少有全者，籍由是不與世事，遂酣飲為常」。〔註52〕他運用新史學的形式，創撰〈大人先生傳〉，遂開紀傳體

〔註51〕玄時以散騎常侍掌諫職，著作言論詳《晉書》本傳，卷四十七，頁 135C～
　　　　136B。

〔註52〕阮籍死於魏常道鄉公景元四年（西元 210～263 年），陳留名士阮瑀之子。自
　　　　他以後，其家族多以任達非禮及清談玄學見稱，其侄咸更亦為竹林七賢之一。
　　　　諸阮事詳《晉書・阮籍列傳》，卷四十九，頁 140A～141B。

假設人物行事以說理的先河。至於他與王沈、荀顗等共撰之《魏書》，被人認爲辭多隱諱，不及陳壽之實錄，是則恐有既不能實錄其事於官史，遂借其形式以虛設事理之意，爲實錄史學反動下的創新也。這種創新與另一種創新——借紀傳形式述神志怪，遂成此下新史學的兩大變異旁流，既影響於史學，亦有大造於文學者。

傅玄、阮籍皆魏史——當代史——專家，前者代表深悉時風而積極思矯正，後者則代表深悉時弊的根源而欲逃避及更趨反動也。就歷史發展的大趨看，王弼、何晏、荀粲、夏侯玄等人格較高的名士，倡導正始之音於前，而身死司馬氏之手；相反的，擁護司馬氏推行黑暗政治的人，如裴秀、王沈、羊祜、賈允、荀勖、衛瓘、石苞、何曾、荀顗等，揆諸晉史，雖人格鄙壞，但亦頗多是名士清流中人。後者才力能勝任粉飾司馬氏，也能自我文飾其姦。他們愈以儒學禮教文飾其姦，則只能愈引起頭腦清醒、具正義感的名士們之絕望厭惡；他們愈將政治弄得黑暗，則愈需壓制這些名士，愈壓制之則名士們愈逃避放蕩以示反抗，其情可由《晉書》卷三十三〈何曾列傳〉述曾爲人及其對阮籍的態度，略得窺悉。如此終至墮入兼有清談玄學及放達蕩越的所謂元康之風中，以至於西晉亡國。東晉末葉戴逵綜論此變，撰〈放達爲非道論〉和〈竹林七賢論〉，指出竹林之風雖高而禮教尚峻，至元康（晉惠帝年號，西元 291～299 年）而蕩盡；竹林是「有疾而爲顰者」，而元康乃「無德而折巾者也」，誠一擊中綮。〔註53〕正始之音、竹林之風、元康之風，實爲一脈相承，每下愈況的現象，是疾病的症狀而非病理所繫。傅玄有探討病理之意，但將病因歸結於魏武、文二帝之餘，卻有意無意的迴避了司馬式集團此一最密切的原因。如傅玄般瞭解其時代弊病者尚大有人在，但玄之迴避，則是象徵了史學家和政論家們的顧忌和妥協。西晉當代政風、學風、社會風氣既不能或不便正面提出檢討，則儘管指責鼓動風氣的名士領袖，亦何補於事？

五胡大亂，兩京蒙塵前後，風流領袖的王（衍）樂（廣），自身亦有反省痛恨之心。樂廣不同意任放風氣，謂「名教內自有樂地，何必乃爾」；王衍爲石勒所殺，死前痛悔「向若不祖尚浮虛，戮力以匡天下，猶可不至今日」。

〔註53〕戴逵是四世紀末的清談家、文學家及藝術家，列入《晉書‧隱逸列傳》（卷九十四，頁 254B～C）。〈放達爲非道論〉收入本傳，〈竹林七賢論〉收入嚴校《全晉文》（卷一三七，頁 8B）。

〔註54〕然而東晉肇建，元康名士及其風氣亦隨之南渡，儘管儒學家如范甯，著論以爲浮虛之源始於王弼、何晏，二人之罪深於桀紂；史學家虞預著論謂阮籍裸袒，比之伊川被髮，所以胡虜遍於中國；名士之一而又是權臣的桓溫，於北伐途中感嘆神州陸沉，百年丘墟，王衍諸人不得不任其責。〔註55〕這三人的批判若作比較，實可略視作自東晉肇建至中葉時期時代批評的縮影。虞預生於東南，吳地多未染此風，於兵馬倥傯、政府草建之際，就史學角度論世風，推元康亡國之風承自竹林，故對阮籍痛加批評，桓溫本身即爲清流名士之一，又有政治雄心，故只能檢討當代之弊，而未進究篡奪政治之所以致弊。范甯爲桓溫所表，實有政治壓力的敏感，比王、何爲桀、紂已是極論，且其立足點爲儒學，由此以痛斥王、何振興玄學以反動於儒也，兼有學術批判之旨，故能究源正始學風之變。在此時代生長的史家，多少也承受了此時代批判思潮的影響。

　　筆者強調的是：學術世風的丕變，就魏晉政權興亡而言是病因，但其本身卻是一種病症；造成此病之因，則是漢末以來政治的不合理，且由不合理演變至篡奪政治的黑暗。魏、晉皆文飾其篡奪政權，而晉較魏尤爲卑鄙，導至無以提出正大的道理以重建政教。此卑鄙黑暗每下愈況，則是司馬氏王室自相篡奪，即東晉元帝亦是樂享二京蒙塵、王室灰燼，而擁兵據地逡巡不救，待中原掃地然後即尊偏安者。在此風氣波熾之下，東晉方有王敦、蘇峻、庾氏、桓氏的專權或反叛。五胡亂華，人們亦受此黑暗政治的影響，但已不受晉朝勢力的禁制。匈奴劉聰死（西元 318 年），漢內亂弒主，劉曜乘亂自立，封平亂功臣羯人石勒爲趙公、九錫、十郡，尋又進封趙王，服天子輿服，詔「如曹公輔漢故事」。石勒喜令儒者讀史，靜聽而時加評論者，嘗論云：「大

〔註54〕元康之風集正始、竹林的大成，其表現是清談玄學、放蕩越禮、爲官不理事、苟安尸祿等，王衍與樂廣皆位居公輔，最爲時人所宗。王衍是琅邪王氏子弟，從兄即竹林七賢之一的王戎（亦位至公輔），王澄、王敦、王導皆其從弟，一門深染此風，爲世領袖。樂廣成名是由於正始名士夏侯玄的賞識，其批評任放風氣者只是他尚持名教意識，未至放蕩越禮而已。其人行事人格，俱見於《晉書》，卷四十三。

〔註55〕此三人最早痛論於此者爲虞預，在東晉初期提出，但只見元康之風源自竹林而已。桓溫則僅見晉世風氣，范甯則能遠探正始。是則三子識見於此可知。詳《晉書‧虞預列傳》（卷八十二，頁 222C）、〈桓溫列傳〉（卷九十八，頁 266B）及〈范汪列傳〉（卷七十五，頁 205C～A）。桓溫父桓彝，與元康名士多相友，南渡後仍與他們散髮裸袒，閉室酣飲（參《晉書》，卷四十九謝鯤、胡母輔之、羊曼、光逸等傳）。

丈夫行事當磊磊落落，如日月皎然，終不能如曹孟德、司馬仲達（懿）父子，欺他孤兒寡婦，狐媚以取天下也！」故與劉曜交惡時自謂「趙王、趙帝孤自取」云云。其後石虎亦以「如魏輔漢故事」，終成篡奪。〔註56〕魏晉篡奪已成為「故事」——不成文慣例，五胡及晉權臣多群相引用，只是時機未成熟前則多以「如伊霍故事」、「如諸葛亮故事」、「如王導故事」等為名罷了。五胡自始亂即引此作慣例，則晉人雖不言而卻不能謂其不知也。如石勒等輩，對漢魏以降政治的不光明有此覺識，是則以後苻秦、元魏之能切時弊，重建儒學（實則振興儒學始於劉、石二胡）政治，開啟隋唐新機者，良有以也。晉人不能正面檢討時風的政治根源，實為不能扭轉世運原因之一。但是既已批判時代，欲匡之於正，則大趨上不能不觸及篡奪政治。名史家袁宏為桓溫幕僚，當時在旁答其前述感嘆之言說：「運有興廢，豈必諸人之過！」此與戴逵所謂「有疾而顰者」，皆是對竹林、元康諸子出於歷史的想像與同情也，也是隱約地直指諸子背後的意義也。此意義直與桓溫的野心有關，是以桓溫作色警告四座，幾欲殺宏者以此也。〔註57〕

　　晉世對篡奪政治如此敏感，學者論之則不得不以隱約出之，這是新史學鼻祖司馬遷所論詩書隱約之旨。但是，檢討此問題既不能作空言，就只有走向落實的歷史研究。依司馬遷新史學的原則，歷史研究必須自網羅史料作實證推論，所謂「罔羅天下放失舊聞，王跡所興，原始察終，見盛觀衰，論考之行事」是也。是則除非魏晉不修史，或官方強制修史者，否則其王跡所興的終始盛衰，必將因實證推論而大明。故此時代若論檢討、講經世，捨史學則無有大作為，這是史學大興，有志之士相率綴集的原因。然而，史家並非能暢所欲言，更遑論史官矣，是則歷史研究雖可對政教世道作總檢討，卻仍使史家自覺有所限制顧忌也，這也是魏晉以降至隋唐史德問題特多的原因。

　　陳壽《三國志》號稱實錄，於此並非最令筆者留意的事。筆者於此最重視者，端是該書載述魏、晉之際的高層政治亦涵蓋於實錄名義內，較三世紀中期，在司馬昭專權下，阮籍等人所共修的《魏書》評價遠來得高，也較同

〔註56〕詳參《晉書・石勒載記》上下兩篇，引文見卷一○四，頁283B、285B、286A。
〔註57〕事詳同註55〈溫傳〉。按：袁宏個性強正亮直，一時文宗，桓溫頗憚其文筆名氣，故敬憚之餘不敢對之高壓。宏專治後漢三國史，也有《竹林名士傳》三卷行世，故謂興廢未必與竹林、元康名士有關，實是治史之心得。其人列入《晉書・文苑列傳》，卷九十二，頁247D～248C。

時的夏侯湛著作爲優。湛早陳壽六年卒，當時《三國志》尚未正式發表，其家族與曹氏政權有密切關係，所私撰《魏書》當別有懷抱，而竟僅讀陳壽的著作，遂自毀其書。此二事與陳壽修史而深得張華之喜，欲以《晉書》相託付的事情合觀，則壽書必有深獲於當時留心歷史與政治者之心。陳壽對三國的評價及正統觀念的表達，已如前述。於此必須重視的是，他深究三國王跡終始興衰，對晉武帝及其三祖的竄起篡奪，雖粗述其脈絡，但既不爲之立傳細述，無異故意讓其空白也。陳壽在譙周之門治《尚書》及《春秋三傳》，有譙門子游之美稱。《春秋三傳》是漢儒經學中之顯學，也是爭執最多之學。漢儒講究春秋微言大義，對《春秋》「不書」處特別重視，視爲微言大義所寄。陳壽不書晉祖之事，實有援引《春秋》成例之意，雖有避忌意識，但卻也對司馬氏的篡奪賦予了深意。是則《三國志》空白之憾，正是陳壽精微之處，故上述修史及談史者未以爲非，反大讚陳壽之實錄也。〔註58〕

　　陳壽故意讓晉三祖事跡在《三國志》中空白，雖入晉朝著作修史，也未聞他對晉史有何設計構思，顯有讓這段史事由後人根究之意，此爲晉元論之所由起。

　　晉元論乃晉臣討論官修晉史上限的爭論。《魏書》參修者之一的荀勗，系出潁川荀氏家族，爲史學世家，曾祖荀爽撰《漢語》，從祖荀悅撰《漢紀》，皆爲當時批判史學的傑作，而下振魏晉此史風者。荀氏家族在魏晉政壇及史壇極有勢力，勗本人以司馬昭心腹修《魏書》，子弟則爲晉元論的主要參與者，其孫荀綽則爲早期晉史的撰著者，所撰《晉後書》傳於世。〔註59〕晉元論始於武帝世，荀勗時任中書監掌機權，力主上限始於魏齊王芳正始（240～249）年間。然司馬懿實於 249 年（正始十年，嘉平元年）兵變專權，故著作郎王瓚欲引嘉平以下朝臣盡入晉史，引致爭辯，遷延不決。290 年晉惠帝即位以後，賈后及賈謐得勢專權。賈謐權過人主，以秘書監掌國史，上議以泰始爲上限，即以 265 年武帝受禪爲斷，再引起大議。司空張華與王衍、樂廣、嵇紹（康

〔註58〕張華藏書特多，未見有史部著作，但以善談《史》、《漢》擅名一時，可見對史學亦非外行，王戎因父王渾而交阮籍，參與竹林之遊，其父即盛稱張華善說《史》、《漢》，詳《晉書·王戎列傳》，卷四十三，頁 126D。

〔註59〕荀爽、荀悅叔姪，本書前已論之，參頁 166～167。荀氏家族本身以學術及政界的實力，即能於魏晉顯宦，況荀彧長嫡與曹氏、司馬氏有婚姻關係；荀勗外祖爲鍾繇，從舅爲鍾會；而另一魏世已爲公輔的荀顗，則是荀彧之第六子，陳群的內弟耶？荀、鍾、陳、曹、司馬諸家的結合，實爲荀氏操縱政壇及史壇的本錢也。顗及勗，俱在《晉書》，卷三十九有傳。

子）、謝衡，皆從謚議。荀畯（勖孫）、荀藩（勖子）、華混（華嶠侄）則力主先前荀勖之議。荀熙、刁協則從王瓚之意。賈謐勢大而又頗知歷史，重執奏張華、王戎的意見，晉元論始定。〔註60〕

值得注意的是，晉元論以晉史上限為焦點，但其背後卻涵有王跡所興的政教事實及名分問題。支持賈謐的人，大多是擅長文學和玄學的清流名士，而非政客。他們斷限於晉武受禪，表面似奉《漢書》起元高祖、《漢記》起元光武的成例，實則應與他們沒有修史經驗，而又欲迴避切實晉三祖的事跡之意識有關。當時已有文才多史才少的趨勢，日後操筆的責任或將落在他們身上，故恐有先將此忌諱作處理之意。陳壽於此未見表示意見，但《三國志》對魏末人物已多有論述，只是將三祖空白而已。晉三祖始終為魏臣，其不臣之跡既未列於《魏書》，則必須列於晉史。本「原始察終，見盛觀衰」的新史學原則，此事斷不能於魏、晉二史俱不論載也。賈謐二十四友之一的陸機，頗有見於此，上〈晉書斷限議〉提議「三祖實終為（魏）臣，故事為臣之事不可不如傳，此實錄之謂也；而名同帝王，故自帝王之籍不可以不稱紀，則追王之義」。〔註61〕追王之義創自陳壽，實錄之筆亦其所擅長，故張華欲以晉史相付之意在此耶？然而陳壽未有修撰晉史的記載，斯則如何載述魏晉篡僭之跡，調和實錄與追王二旨，遂成晉史修撰的重大問題；亦為檢討世風而追究根源之所必歸也。習氏之論，解釋晉三祖為被逼而非純臣，以作貶魏崇晉的基礎，實承此理路而為說者也。

西晉（265～316）人修晉史，自荀勖、張華已有此意，但官修方面似以起居注為重心，蓋建國尚短，尋又陷入權臣（外戚及宗室）、五胡之亂，未遑修撰。如陸機《晉紀》、荀綽《晉後書》、華嶠之子暢的《魏晉紀傳》、傅暢《晉諸公敘讚》及《公卿故事》、束皙《晉書帝紀》及《晉書十志》、《三魏人士傳》

〔註60〕 爭議詳《晉書》，卷四十〈賈充列傳〉。謐為充外孫。充無子，前妻之女為最親重的齊王攸妃，後妻女為惠帝賈后，少女嫁與韓壽。謐為壽子，過繼外祖嗣爵，故得權任。當時奔競之徒盡禮事之，或為文稱美之，得列名為其友者乃是一時名士，僅二十四人，石崇、潘岳、陸機、陸雲、摯虞、左思、劉琨皆二十四友之一。左思為謐講《漢書》（《晉書·思傳》，卷九十二，頁246B），潘岳代筆議斷限（〈岳傳〉，卷五十五，頁155B），陸機為之鼓吹斁衍而上〈晉書斷限議〉（參本書頁249～250），是則賈謐並非無識少年。加上張、王、樂、嵇等贊助，自能執奏成功。

〔註61〕 參同上註。機曾撰《晉紀》四卷，是編年體，見《五代史志·經籍志·史·古史》，《隋書》志卷二十八，頁958。

等，未聞對開國有特別記載及評論。〔註62〕官修國史，自東晉（317～420）始陸續爲之。321年（太興四年）晉元帝拜王導侍中・司空・假節・錄尚書事・領中書監。導以中興草創，未置史官，始啓立制度，典籍頗具。其〈請建立國史疏〉云：

> 夫帝王之跡，莫不必書：著爲令典，垂之無窮。宣皇帝（司馬懿）廓定四海，武皇帝受禪於魏，至德大勳，等蹤上聖！而紀傳不存於王府，德音未被乎管弦。陛下聖明，當中興之盛，宜建立國史，撰集帝紀。上敷祖宗之烈，下紀佐命之勳，務以實錄，爲後代之準。厭率土之望，悅人神之心，斯誠雍熙之至美，王者之弘基也！
>
> 宜備史官，敕佐著作郎干寶等，漸就撰集。〔註63〕

王導表面之意識是本於司馬遷恐懼史文廢絕，和表彰功賢的歷史意識，但其內裡恐非如此簡單。第一，北方胡族統治下已有修晉史之事，如傅暢兩書即是陷身石勒時所撰；而石勒又於西元319年創設「史學祭酒」諸官，命撰其《上黨國記》、《大將軍起居注》等，且令佐著作郎修錄時事。〔註64〕他們修當代史，對東晉刺激當甚大，蓋晉朝所視爲君臣的功勳美賢事跡，他們另將自有立場批判論述也。第二，五胡最早致亂的是巴氏及匈奴，304年二族分別建國號爲「成」及「漢」，皆嚴重威脅晉朝的正統性，蓋三國鼎立的歷史重演也。尤其匈奴政權既以復漢自居，繼承兩漢及蜀漢，稍後劉聰陷洛陽而獲傳國六璽，顯有依血緣說、漢中衰復興說及器物說宣布其正統性，並一筆勾銷魏與晉之意義。〔註65〕318年，劉曜因內亂即位，獲傳國璽，遷都長安，改國號曰「趙」，宣布「以水承晉金行」。此爲視晉已亡之舉，不但不理會當時偏據江東的東晉，抑且依五行相生說彰示晉亡趙興的天意矣。劉曜遷都與避其

〔註62〕 史部著作似以東晉時較多，蓋暫獲苟安而國祚較長也，故《五代史志》所列者以此時代爲多。陸、荀已有前註，華暢附父嶠傳（卷四十四，頁130A～B），傅暢附從祖玄傳（卷四十七，頁137B），束晳見本傳（卷五十一，頁147D、148A），皆西晉作品，爲《五代史志》所闕遺者。

〔註63〕 王導領上述官職，《資治通鑑》繫於太興四年，故東晉史官重建於此年以後。其事及疏，詳《晉書・王導列傳》（卷六十五，頁180D）及〈干寶列傳〉（卷八十二，頁222D）。

〔註64〕 詳參《晉書・石勒載記下》，卷一○五，頁283D、285C。

〔註65〕 劉淵復漢事，詳拙文〈從漢匈關係的變化略論劉淵屬各集團的起事——兼論其一國兩制的構想〉，臺北：東吳大學《東吳文史學報》第八號，民國79年3月。

權臣石勒有關。勒於 319 年建後趙，設官修史，目的似在分向前趙、東晉爭正統，故於329年滅前趙而獲六璽，遂於翌年亦宣布「承金德爲水德」，即皇帝位。〔註 66〕是則重建史官之時，正是與二趙李成爭正統之時也，後趙和東晉重建史官修史，內裡意識當與此有關。

此兩點乃是外在刺激，而另有內在刺激者。西晉興亡，固爲東晉君臣草創喘息之餘，所欲根究檢討以作殷鑒者。當此之時，琅邪王氏勢大權重，322年王敦舉兵向京師，誅殺大臣，元帝竟至遣使告訴王敦：「公若不忘本朝，於此息兵，則天下尚可共安也！如其不然，朕當歸於琅邪（元帝本琅邪王），以避賢路！」〔註 67〕稍後，王敦爲丞相，封爵儀注頗效法曹操及晉三祖的故事矣。東晉南朝是君權低落的權臣政治時代，〔註 68〕東晉一開始即如此，此內在的壓力實有檢討疏通的必要，故國史的修撰乃是可想而知的事。前文提到王導爲晉明帝（元帝子）陳述晉朝創業之跡，明帝爲之以面覆床，謂「若如公言，晉祚復安得長遠」？是則王導議建史官，其旨可知也。蓋修史「務以實錄，爲後世之準」，應是兼指功過是非而言，使不虛美、不隱惡，始得稱之爲實錄，收澄清世道之效。

干寶是東晉第一個實際修國史的史官，並一直爲王導所提拔支持。但他所完成的《晉紀》實爲編年體著作，斷限自宣帝至愍帝，凡西晉五十三年之

〔註 66〕 巴氏亦於 338 年將「成」改號「漢」。事詳《晉書》劉元海（淵）、劉聰、劉曜、石勒、李雄、李壽諸載記，卷頁不贅引。

〔註 67〕 王敦與桓溫俱列入《晉書》，卷九十八〈叛逆列傳〉。元帝乞罷兵、避賢路語，見〈元帝紀〉永昌元年四月條，頁 17D。

〔註 68〕 東晉南朝是強人的時代，此強人即是擁有軍權的權臣，他們的社會成份包括王室近戚（宗室及外戚）、士族、小姓、酋豪或寒素，毛漢光先生〈五朝軍權轉移及其對政局之影響〉一文（《清華學報》新八卷，第一、二期合刊，頁 248～282，民國 59 年 8 月）曾從權力（軍權）制衡及社會流動的角度加以分析，認爲制衡力量的破壞才會產生不臣逼主的事件，如王敦、桓溫等。驟意制衡力量固爲誘因，但這類人物早已蓄有此志，應爲其主觀因素，而此兩種因素亦可能互爲影響者。曹操型的人物，其人格心理需從曹操的〈述志令〉去體察，人物的主觀創作意志往往是突破及改變客觀形勢的關鍵，若眞具梟雄性格者，必會以主動創造去破壞均勢。而且這個時代君權低落，與即使在均勢時大臣們的專權跋扈亦應有大關係，如東晉時最以公忠體國、努力王室著名的外戚庾氏爲例，其權威之大連王導等亦爲之下，庾懌跋扈竟至欲毒殺王允之，天子因之而嘆云：「大舅（庾亮）已亂天下，小舅（懌）復欲爾邪！？」（亮、懌爲明穆皇后兄弟，事見《晉書・庾亮列傳》，卷七十三，頁 199C）是則專權跋扈實爲時代風氣，第曹操型的人物爲之更甚，俟其突破現狀則更不可羈勒而已。

史也。《晉書》本傳稱「其書簡略，直而能婉，咸謂良史」。但卷末〈史臣曰〉評論陳壽以後東晉兩大良史——干寶和孫盛——云：「令升（寶字）、安國（盛字），有良史之才，而所著之事，惜非正典。悠悠晉室，斯文將墮！」〔註69〕筆者按：今《晉書》中引述干寶著述處頗不少，但其《晉紀》已佚，故其如何處理追王、實錄之原則，實際已不可考。今《晉書》為唐初官修，於卷五〈孝愍帝紀・史臣曰〉即大引其〈晉紀總論〉；《文選》及《藝文類聚》亦引其〈晉紀論晉武帝革命〉。〔註70〕二文合觀，雖能率直地批評晉室失政及風氣敗壞，但對宣帝至武帝之奪篡，不敢如王導般正辭提出批判，仍本天意史觀的成說粉飾之耳。雖然如此，但頗有隱約之筆。如〈論晉武革命〉云：「帝王之興，必俟天命。苟有代謝，非人事也。……各因其運而天下隨時，隨時之義大矣哉！古者敬其事則命以始，今帝王受命而用其終，豈人事乎？豈天意乎？」這裡隱然指出古今受命方式不同，晉的方式不是因努力積德而取得天命，卻是因他人之衰危運終而取得者，這是因運隨時而興，與歷來的天人推移說不同。此論一再致歎，實含明褒暗貶之意。至於〈總論〉，則本此意詳加批判，最後為元帝爭真命。其論略云：

> 昔高祖宣皇帝以雄才碩量，應時而仕，……大象始構。世宗承基，太祖繼業，……天符人事，於是信矣！始當非常之禮，終受備物之錫。至于世祖，遂享皇極。……二帝（指懷、愍）失尊，何哉？樹立失權，託付非才，四維不張，而苟且之政多也！夫作法於治，其弊猶亂；作法於亂，誰能救之？……
>
> 今晉之興也，功烈于百王，事捷於三代。宣、景遭多難之時，誅庶孽以便事，不及修公劉、太王之仁也。受遺輔政，屢遇廢置，故齊王不明，不獲思庸于亳，高貴沖人，不得復子明辟也。二祖逼禪代之期，不暇待三分、八百之會也，是其創基立本，異于先代者也。加以朝寡純德之人，鄉乏不二之老，風俗淫僻，恥尚失所。學者以老莊為宗而黜六經，談者以虛蕩為辨而賤名檢，行者以放濁為通而狹節信，仕者以苟得為貴而鄙居正，當官者以望空為高而笑勤

〔註69〕干寶曾以家貧求外補山陰令，不能安心於著作，幸王導大力拔擢，始成《晉紀》。該書本傳作二十卷，《五代史志》作二十三卷。本傳及史臣批評，見《晉書》，卷八十二，頁222D、223D。
〔註70〕前文見該卷，頁16A～C；後文參嚴校《全晉文》，卷一二七，頁10下。

恪。……國之將亡，本必先顛，其此之謂乎？……

民風國勢如此，雖以中庸之主治之，辛有必見之於祭祀，季札必得
之於聲樂，范燮必爲之請死，賈誼必爲之痛哭，又況我惠帝以放蕩
之德臨之哉！懷帝承亂得位，羈於強臣；愍帝奔播之後，徒厠其虛
名。天下之政既去，非命世之雄才不能取之矣！淳耀之烈（指晉之
金德）未渝，故大命重集于中宗皇帝（元帝）。

爲東晉爭天統固爲王導、干寶修國史動機之一，檢討時風對西晉興亡的影響
以作鑒戒，乃是動機之二。但干寶綜論西晉一代，於此絕未稱美「佐命之勳」，
卻對朝野的寡德虛蕩大力抨擊，由此而溯其本在名教崩弛、樹立失權。從而
直指此既顛之本，是由其根先腐所以造成，即開國以篡奪黑暗也——急於篡
奪而未能廣基深根，乘人多難沖幼而懷王莽不得復子明辟之心，逼於禪代而
大加誅殺以至天下未歸心也。此文開始雖頌美三祖、武帝，終能隱約而顯的
作此分析，實稱得上「直而能婉」。必須留意的是，在王導支持之下，干寶之
論亦只能隱約發揮，此爲其極致矣；是則於實錄晉室之時，隱諱應更甚者，
當可無疑。唐初修晉史者惜其簡略及非正典，將墮晉室之文，恐亦指此而
言。〔註71〕

　　干寶因貧而求補山陰令，雖仍繼續撰晉史，但著作之官則另由郭璞、王
隱接替。稍後郭璞爲王敦所殺，虞預因虞亮等薦引，轉遷入著作。郭璞無獨
自之晉史傳世，王、虞則各有《晉書》。王書評價甚劣，虞書或謂剽自王稿而
成，故唐初史臣批評：「叔寧（預字）寡聞，穿鑿王氏，雖勒成一家，未足多
尚。」〔註72〕史臣既謂虞書「勒成一家」，當有所指。觀其於 319 年（太興二
年）應讜言直諫上書，文中提出東晉「雖云中興，其實受命」說及強烈的夷
夏觀念，加上他向來好儒疾玄、痛論阮籍，是則所修《晉書》的宗旨構想，
隱然可知。亦即一面效法東漢故智爲東晉爭正統，一面析論學風世變與蠻夷
寇竊的關係，蓋本之於現實政治及經學、民族諸觀念而出發，與王導、干寶
的上述二動機呼應也。東晉第二代史家的孫盛、習鑿齒和袁宏等，即承此趨

〔註71〕干寶有「鬼之董狐」之稱，撰《搜神記》一書，是則史臣嗟惜，恐亦兼指其
　　　　書多有荒誕不經的記述也。事實上唐修《晉書》，內容也常多神異怪誕之事，
　　　　蓋爲此時代的史風也。
〔註72〕王隱後亦得庾亮資助始克成書，據《五代史志》所載，共有九十三卷，爲當
　　　　代全史也。虞預書本有四十四卷，亦當時全晉之史。至於有關學術批評，請
　　　　詳《晉書》，卷八二王、虞之傳，及卷末〈史臣曰〉。

向而發揮。

　　學風士行對世變國亡的影響，原來多屬於政論清議的檢討，但經史家透過完整而落實的當代史研究，此時已漸成爲實證的理論，爲大家所共識。〔註73〕史家在責任感的驅使下，遂再轉而追究導致這種衰變的背後因素——權臣篡奪的黑暗政治；而這個因素亦即「王跡所興」的問題，爲正統問題的關鍵所在。這時期，東晉出現了若干研治國史的名家，如撰《後漢書》及《晉書》的謝沉，《後漢書》的袁山松，《後漢紀》的張璠和袁宏，《漢晉春秋》的習鑿齒，《魏氏春秋》及《晉陽秋》的孫盛等。據零星史料的顯示，他們對王跡之興大多注意，或並加以評論。但是他們擁有一共同的政治背景，即承受身爲晉臣及桓氏家族勢盛的雙重壓力，逼使他們論述之時具有危機感，前述桓溫警告孫盛、作色於袁宏，即可知之。本著史家的良知及經世扶衰的精神，他們大多透過以史論史——論漢魏三國，或以冒險直述當代的方式，進行研治，其中表現較佳者應爲孫盛及袁宏，較劣者似爲習氏矣。其次，他們也共同處於一個學術背景之下，此即陰陽五行學說在解釋歷史及政治的範疇內，逐漸衰退之潮流，而此種學說儘管可能在其他領域並未衰退。關於此問題，筆者宜有所略述。

　　原夫劉向父子以降，相信陰陽五行學說之風甚熾，天意史觀普遍流行。但隨著部分理性主義者如桓譚等人的批評，加上妄論者多而測中者少，這種學術起碼已引起部分學者的懷疑。東漢末，野心家往往引用之以作僭逆叛亂的藉口，是則上自帝王將相，下至一般人民，逐漸瞭解此學術乃是虛妄致亂的學術，起碼在政治上是篡僞者的門面裝飾品，勝利者可援之以作其政權理論基礎的解釋。孫盛《魏氏春秋》特記臣下勸曹操應天順民，操謂「若天命在吾，吾爲周文王矣」；又記曹丕升壇受禪禮畢，顧謂群臣「堯、舜之事，吾知之矣」！習鑿齒《漢晉春秋》特記魏帝曹髦「見威權日去，不勝其忿」，決意討司馬昭，謂群臣曰：「司馬昭之心，路人所知也！吾不能坐受廢辱，今日當與卿等自出討之！」遂見弒。〔註74〕此種記述，一者表示孫、習已直探篡

　　〔註73〕　檢討這些問題，除正文所引文獻外，自晉至桓溫時代，尚有孫綽（附〈孫楚列傳〉，卷五十六，頁 159B）、庾峻（本傳，卷五十，頁 143B～D）、應詹（本傳，卷七十，頁 192B）、卞壺（本傳，卷七十，頁 193D）、王導（見〈陳頵列傳〉，卷七十一，頁 196A）、孔嚴（附〈孔愉列傳〉，卷七十八，頁 213B）、范宣（本傳，卷九十一，頁 244C）等批判言論，收入《晉書》。
　　〔註74〕　此三段記載分見《三國志》裴注，依次在〈武帝紀〉建安二十四年冬十月（卷

奪政治的本質，再者則表示魏晉篡奪之時，大家都心知肚明所爲何事。曹氏爲了粉飾其僞，竟將宗姓所出改托於舜，以符合劉氏學說之新天人之際週期，但終因內慚而未汲汲改制易服及郊天。司馬氏則因司馬遷的〈太史公自序〉早已明述宗姓所出及流衍，未便更改，只得承認司馬氏系出顓頊高陽氏。但顓頊依劉氏學說實得水德，司馬氏政權若用遙繼說便亦應爲水德。然而，東漢自謂火德，魏受禪推序爲土德（故必須托始遙繼於舜），晉受魏禪，推序應爲金德。晉君臣遷就此現實，遂強謂重黎氏爲夏官，以沖淡遙繼顓頊水德之意，因而晉室不如漢、魏般強調遙繼。〔註75〕晉武帝太康年間，群臣議封禪、改制諸事，張華等曲稱金德始自重黎，但重黎爲顓頊之子，其裔在夏世序天地而已，實不能承夏之金德，而使晉因之遙繼爲金德。這種曲解與曹氏故智相同，因而內慚之下，亦如曹氏般，表面通達地引先聖不以易祚改制爲說，徵孔子論「蓋期於從政濟治，不繫於行運也」之言，以晉雖承金德，亦應如唐虞故事，用前代正朔服色。孫盛即據此大加非議，謂之違道。〔註76〕是則魏晉之際，隨著儒學衰退，陰陽五行及劉氏學說對解釋歷史和政治影響力已然大削，已有剩下空殼、備用於篡奪政權作粉飾之用的趨勢，與以前王莽、光武般深信履行者，不可同日而語了。〔註77〕相對的，玄學興盛，視儒學爲

一，頁53），〈文帝紀〉延康元年冬十月（卷二，頁75），〈三少帝紀·高貴鄉公髦紀〉甘露五年五月（卷四，頁144）。

〔註75〕司馬氏系出及其所強調者，可比較《史記·太史公自序》及《晉書》，卷一〈宣帝紀〉所述。晉室文獻多不強調遙繼說，鮮提顓頊高陽氏之名，《晉》、《宋》二書諸志可按。大體上，晉室只頌「宣文」或「三后而已」，傅玄所製鼓吹歌辭之第一及第三篇——〈靈之祥〉和〈金靈運〉——最足表達此官方意見，詳《晉書·樂志》，卷二十三，頁70D、71B。

〔註76〕議論及孫盛批評，請詳《宋書·禮志》（卷十四，頁35C；卷十六，頁46B～C），《晉書·禮志》（卷二十一，頁65D～66A）及〈輿服志〉（卷二十五，頁76B）。

〔註77〕曹氏父子當時即被他人批評爲篡盜賊臣，降至梁武帝和沈約更又自我商量作賊與同公作賊，而在習氏的時代，司馬道子在桓溫死後專政，指責「桓溫晚塗欲作賊」（《晉書》本傳，卷六十四，頁179B），此時桓氏勢力未消，引起桓玄不安，導至日後廢帝建楚之舉。是則篡奪者及其附從者既自知作賊，當時也就瞭解他們的奪權並非甚麼奉天承運。桓玄廢晉，何后哭太廟，玄怒罵曰：「天下禪代常理，何預何氏女子事耶！」（見《晉書·后妃列傳下·穆章何皇后》，卷三十二，頁100C）最足表示篡奪者唯權力是尚，而不計較甚麼奉行天運矣。後來劉裕自謂系出漢室，篡晉建宋後卻非宣佈火德復興，而是自稱得水德，一如魏晉故事用前代正朔服色。斯則陰陽五行及劉氏學說，自魏晉以降至此，於解釋歷史政治方面，嚴格說已完全破產矣。

腐陳落伍，劉氏學說披經學之外衣，亦隨之而不被重視。玄風南下，東晉南朝遂承此勢。留在北方的儒學，則仍較重視天意史觀。至於形名論的興起，使對人事產生循名責實的效果，這時史學的實證主義已日明，兩相激盪，人事的研究與評價，已有撥開表面而直入內裡的大趨。

　　此期史家承受這種趨勢，在史學上遂有兩種反映：第一，他們對歷史上的大問題，除了現實政治上的顧忌，已逐漸不再完全依據天意史觀作解釋，而返回人文的、理性的層次作出發；儘管不少史家由於好奇，而仍然記述一些神異的人事。第二，大問題的內裡真相愈明，則史家的激發愈大，他們循正名主義、道德批判以直述其事或發表意見之心亦切，於是經學精神落在史學上發揮，遠較此期的經學為出色，習氏的〈晉承漢統論〉特質，即可置於此兩種背景下作觀察。

四、批判制裁下的東晉史學

　　析論習氏觀念之前，與他同時代的其他史家，他們對歷史大問題的論述不可不知，蓋與習氏有所關係也。

　　習鑿齒與孫盛、孫綽兄弟過從頗密，常相與譏調及談辯名理。孫綽文藻為當時文士之冠，是「談宗」之一，他們不但常談，亦時與其他談宗如劉惔、殷浩等談，桓溫時也參加。但殷浩是朝廷刻意起用以制衡桓溫者，故談士們頗傾向殷浩而疏遠桓溫。〔註78〕對於權力慾旺盛而有野心的政治人物來說，最大的牽制應是來自他處而勢均力敵的權力制衡，然而自353～354年，殷浩因北伐失敗而廢，而桓溫西征平定三輔後，此權力制衡狀態即告消失，謝安等人對桓溫，不過只能作陽奉陰違的牽制罷了。自此以後，制衡的力量主要來自輿論，尤其是史家所作的史論。但必須瞭解的是，桓溫的歷史意識甚重，曾聲言「既不能流芳後世，不足復遺臭萬載邪」！這是國人首次聲明此意識者。這種歷史意識，當然足以表達桓溫的人格心理，心理學上屬於成就慾的成名意識。不過，桓溫此語其實表示他自我設有限制，此即他先有道德自覺——自覺行為的流芳與遺臭（善與惡），而且知道惡不如善，人生須先

〔註78〕孫氏兄弟與習氏的遊處，請參《晉書‧孫楚列傳》（卷五十六，頁159），桓溫參與見〈劉惔列傳〉，劉惔事實上是友善及器重桓溫，但亦刻意牽制桓溫的人（卷七十五，頁206B～C）。至於殷浩亦最為風流談論者所宗，雖少與桓溫相友齊名，但朝廷付以重權，實有以此制彼之意，可詳《晉書》，卷七十七本傳。

行善，萬不得已而爲追求永恆的成名，才考慮到行惡。他這種人格心理曾多次表露，爲時人所悉。如袁宏文筆向爲桓溫器重。宏作〈東征賦〉列舉南渡諸賢，故意遺漏溫父桓彝，溫甚憤怒，而憚宏一時文宗，不敢加害，後因郊遊而質問宏，宏以美辭頌彝，溫始泫然而止。是則桓溫強烈的歷史意識，本質上實以珍惜令名，成就不朽的生命爲主。〔註79〕四世紀中期諸史家注意王跡之興而批判篡奪政治，實皆有制衡桓溫之意，攻其此特點而使之有所顧忌也。

《晉書》卷八十二〈習鑿齒列傳〉云：

> 是時，（桓）溫覬覦非望。鑿齒在郡（滎陽），著《漢晉春秋》以裁正之。起漢光武，終於晉愍帝，於三國之時，蜀以宗室爲正，魏武雖受漢禪晉，尚爲篡逆，至文帝平蜀，乃爲漢亡而晉始興焉。引世祖（武帝）諱炎，興而爲禪受，明天心不可以勢力強也。

余讀該傳，恆苦思此段記載的內涵意義，及其與以後所上〈晉承漢統論〉之間的關係；又思索欲裁桓溫之覬覦，此事究與正蜀逆魏有何關係，何以必須引用讖緯以明天心？明天心的淵源與意義何在？根據上述分析，始略有會通之意。蓋裁正桓溫作賊野心，則必須針對近代篡奪政治之現象作研究及批判，而且必須運用形名論之較論名實方法以發明事實眞相和名、實之間的差異，從而本正名主義、道德批判疏清道理，以達撥亂返正之功能，使歷史意識強烈的桓溫惜名顧慮，不敢及身稱帝。至於引天文圖讖以明天心，乃是習氏等深知桓溫相信此術，〔註80〕取法於班氏父子的〈王命論〉觀念以施於治史者也。〈晉承漢統論〉之提出，實爲補充及發明《漢晉春秋》撰作之旨，並辯解他人對此之惑。

《晉書·桓溫列傳》謂溫之所以名溫，是因溫嶠稱其「眞英物也」，故桓彝即以嶠姓名溫。桓溫青少年時頗獲時譽，劉惔與之友善，稱之爲「孫仲謀（權）、晉宣王之流亞也」，溫則常自比於「宣帝、劉琨之儔」。名父之後，又屢爲時賢所稱，是他珍惜美名而惡他人比之於王敦的原因。好名之餘，也造

〔註79〕〈東征賦〉事件詳參《晉書·袁宏列傳》，卷九十二，頁 247D～248A。又桓溫喜自比於司馬懿和劉琨，人或比之於王敦則不快。劉琨舊妓說他甚似琨，則大悅而整衣冠，妓謂有些地方不似，則解冠帶而昏睡不怡，此皆好名表現，詳本傳，卷九十八，頁 266B。

〔註80〕桓溫相信天文圖讖，可參《晉書》本傳載郭璞之讖（卷九十八，頁 267A），及〈習鑿齒列傳〉載蜀人釋天文事件（卷八十二，頁 223A）。

成了他效法魏武、晉宣之志，但亦如此二人般，終因珍惜美名，未致及身成篡。
〔註 81〕及至四世紀五、六十年代，桓溫平定成漢、進伐三輔、光復洛陽，不
意 369 年有枋頭之敗，遂使政局提早動盪。蓋桓溫發動政變，欲以變動內政
的方式，轉移對外之挫折，以確保名位，穩住局勢也。〈溫傳〉云：

> 溫既負其才力，久懷異志，欲先立功河朔，還受九錫。既而逢敗，
> 名實頓減，於是參軍郗超進廢立之計。溫乃廢帝而立簡文帝（西元
> 371 年）。詔溫「依諸葛亮故事」。……
>
> 是時，溫威勢翕赫，侍中謝安見而遙拜。溫驚曰：「安石（安字）卿，
> 何事乃爾？」安曰：「未有君拜於前，臣揖於後！」……（翌年）帝
> 崩，遺詔家國事一稟於公（溫），「如諸葛亮武侯、王丞相（導）故
> 事」。
>
> 溫初望簡文臨終禪位於己，不爾便為「周公居攝事」。既不副所望，
> 故甚憤怨，與弟沖書曰：「遺詔使吾依武侯、王公故事耳！」

稍後桓溫即諷朝廷加己九錫，九錫文由袁宏撰寫，累相催逼，謝安、王坦之
等因溫疾而故意拖延發表，溫遂不及加九錫而卒。

所有這些事件，與桓溫的歷史意識及歷史知識有密切關係，故遂成為史
家借史發揮的對象，及特重漢晉史研撰的原因。

首先，桓溫被詔「依諸葛亮故事」，後來又不滿意於依此故事。孫盛遂注
意到劉備託孤事件，嚴肅地批評說：

> 夫杖義扶義，體存信順，然後能匡主濟功，終定大業。語曰：「弈者
> 舉棋不定，猶不勝其偶。」況量君之才否而二三其節，可以摧服強
> 鄰、囊括四海者乎？備之命亮，亂孰甚焉！
>
> 世或有謂備欲以固委付之誠，且以一蜀人之志。君子曰：不然。苟
> 所寄忠賢，則不須若斯之誨（指劉備謂亮「若嗣子可輔，輔之；如
> 其不才，君可自取」語）；如非其人，不宜啟篡逆之塗。是以古之顧

〔註 81〕劉惔與桓溫均為晉室駙馬，皆名家子而又善談，他極奇溫才，但「知其有不
臣之跡」，常「恐溫終專制朝廷」，故屢次為帝進言，牽制桓溫。（詳《晉書》
本傳，卷七十五，頁 206B～C）是則比溫於孫權和司馬懿，實為有識之見。
又曹操拒絕勸進，欲為周文王，司馬光在《通鑑》就此詳評，謂漢末群雄皆
假尊漢為辭，故操雖強暴而有大功，「其蓄無君之心久矣，乃至沒身不敢廢漢
而自立，豈其志之不欲哉？猶畏名義而自抑也」。（見建安二十四年條，卷六
十八，頁 2173～2174）曹操、司馬懿和桓溫，皆為名士，司馬光之言似可通
用於此三人。

命，必貽話言；詭僞之辭，非託孤之謂。幸值劉禪闇弱，無猜險之
性；諸葛威略，足以檢衛異端，故使異同之心無由起耳！不然，殆
生疑隙不逞之釁。謂之爲權，不亦惑哉！〔註82〕

自陳壽以來，大家公認劉備託孤爲「君臣之至公，古今之盛軌」者，而孫盛
則以防微杜漸的異常意念，嚴加批評，蓋針對桓溫而言也。孫盛既已表達此
旨，故習鑿齒則不須再言，而在《漢晉春秋》中特載〈後出師表〉，以述明亮
志在北伐，但非欲立大功以作篡奪之資本。另外，時人既比桓溫於孫仲謀和
司馬懿，《漢晉春秋》則特借諸葛亮之口，謂「權有僭逆之心久矣」，只因戰
略關係，故「權僭罪，未易明也」；又特記「死諸葛走生仲達」事，似有意諷
桓溫兵敗畏敵。轉矛頭對內也。〔註83〕

其次，桓溫不滿再次「依諸葛亮故事」，起碼要求提升至能「依周公居攝
故事」，即是欲效法王莽先例。孫盛對此似也借了前面已引的曹操、曹丕父子
的說話，而有所影射；習鑿齒也直寫天子坐受廢辱的「司馬昭之心，路人所
知也」。桓溫此時所寫的，正是廢弒篡逆的事，路人皆知，以其惜名而舉棋未
下最後一著耳。在此舉棋不定之際，孫、習等發明上述史事，應有意義者。
曹操以爲「若天命在吾，吾爲周文王矣」；而此際桓溫則是若天命未至，吾欲
爲周公居攝事耳。孫、習皆欲借史裁正桓溫，蓋以溫本有強烈之歷史意識，
是則二子論諸葛、述二曹及司馬昭，環繞輔政、廢篡諸事而發，恐有影響於
桓溫暫欲爲周公者。

再者，晉官方宣稱漢、魏、晉一系依行運相禪，但此表面的理論之內，
實另有一唯權力是尙的功利思想，且爲此時代的現實思潮。前文論述當漢魏
禪讓時，華歆等將相大臣勸進，即謂「自古及今，有天下者不常在乎一姓；
考以德勢，則盛衰在乎強弱，論以終始，則廢興在乎期運」，意即以盛衰決定
廢興，以強弱決定期運，他們之所謂德勢者，實功利主義權威觀念之謂也。
曹丕初時猶以「以德則孤不足，以時則戎虜未滅」爲辭，終則通達地接受了
禪位。其後晉武帝受禪告天之文，竟公然以此作應受禪的理據，云：

〔註82〕詳《三國志・諸葛亮傳》並注，卷三十五，頁918。按簡文帝崩時，人或解釋
　　　　當時大星變，謂有強臣內亂之符。帝遺詔桓溫，亦採劉備囑孔明之語，賴王
　　　　垣之將之改寫。事詳《宋書・天文志》咸安二年諸條，卷二十五，頁78B。
〔註83〕詳同上傳註引《漢晉春秋》諸條，頁923～927。按：裴註以採集異說爲務，
　　　　除註明〈後出師表〉轉錄《默記》外，其餘所引《漢晉春秋》之記載，皆是
　　　　習氏一己而不同於他書的異說也。習氏如此記述，應有裁正桓溫之意。

　　漢德既衰，太祖武皇帝（曹操）撥亂濟民，扶翼劉氏，又用受禪于漢。粵在魏室，仍世多故，幾於顛墮，實乃有晉匡拯之德，……此則晉之有大造于魏也。〔註84〕

助人是善事，貢獻於團體則為功，但若謂借人名義而助人立功，即可振振有詞而奪取其地位利益，此烏乎可？魏室變不可而為可，晉室效之於後而竟倡之為公理，此則世道人心的邪惡變異可知也。己所為者既為公理，焉能禁人之效法，這時代強權篡奪的惡性循環，伊於胡底？王氏與司馬氏共天下，故王敦幾覆初肇之東晉。據前引資料研判，桓溫之構思亦是欲先立大功，而後逐漸取代者也，第不及而卒，遂由其子桓玄繼起成事矣。劉裕起義復晉滅玄，有大功於司馬氏，十六年以後竟成篡奪。史謂劉裕逼晉恭帝親手書「禪位詔」，帝「即便操筆，謂左右曰：『桓玄之時，天命已改，重為劉公所延，將二十載。今日之事，本所甘心！』」劉裕則於〈告天策文〉中，歷數自己殲「姦凶」，滅「僭偽」，有「大造晉室，撥亂濟民」之功云云。〔註85〕強權可以勝過公理，但強權不可能永久勝過公理，斯則強權勝過公理者並非腹心大害。魏晉以降之大害，蓋在以強權為公理也。西晉初期，名諫段灼上疏論堯舜禪讓，批評魏文帝，兼及晉武帝，指其「亦不異於昔魏文矣」，可見時人論魏晉之非者甚早，第於史著言之，干寶〈總論〉蓋最早有感於此，已隱然直指此事而痛加誅責也。〔註86〕

　　此理既明，則知當時史家有撥亂裁正之心者，絕不會僅止於上述的史實發明及評論。孫盛對魏晉兩朝事蹟，因欲迴避官方立場，喜以讓史實自己說話的實錄原則為說明之本；對漢末其他群雄，則常加評論。《魏氏春秋》除記述了上述曹氏父子談話外，又特載陳琳〈為袁紹討曹操檄〉全文，借其文以申君臣義理及僭逆之惡，指責古今「無道之臣，於操為甚」，是「豺狼野心，

〔註84〕告天文見《晉書・武帝紀》泰始元年冬十二月（卷三，頁9B），《宋書・禮志》亦收入（見卷十六，頁44C～44D）。

〔註85〕桓溫在371年廢帝，372～373年欲為周公加九錫，不及而卒。桓玄繼起，於403～404年廢晉建楚，為劉裕所滅。裕於420年廢晉建宋，歷史進入南北朝。此段發展只是半個世紀之間事，晉帝脫此掌握而復入彼轂而已，斯則強權可以為公理之弊也。恭帝事見《宋書・武帝本紀中》晉元熙二年四月條（卷二，頁8B），宋武帝告天文見同紀下永初元年六月丁卯條（卷三，頁8C～D）及同上註〈禮志〉（頁45A）。

〔註86〕參《晉書・段灼列傳》，卷四十八，頁138A～B。

潛苞禍謀」之「梟雄」。〔註87〕但袁紹本身亦是潛苞禍謀之人，其討曹也非爲了甚麼公理，故孫盛亦批評曹操哭臨紹墓爲失，其理據云：「昔者先王之爲誅賞也，將以懲惡勸善，永彰鑒戒。紹因世艱危，遂懷逆謀，上議神器，下干國紀。荐社汙宅，古之制也；而乃盡哀于逆臣之家，加恩于饕餮之室，爲政之道，於斯躓矣！……」〔註88〕是則孫盛本春秋精神誅亂臣賊子，由此而及於貶天子。尋有關史料，這方面的記述及評論甚多，容後有暇則專文述之，至於他貶曹最明顯者，厥爲論曹不法先王，而指其「魏之代漢，非積德之由，風澤既微，六合未一」。〔註89〕論德論功皆未充足，此正爲習鑿齒〈晉承漢統論〉貶魏的兩個理論基點。

　　曹氏父子苞藏禍心而行篡逆，孫盛讓事實自行說明而已，其直接評論者僅止於批評其功德俱微，並未否定「魏之代漢」也。是則追究僭篡政治本源，雖已推及於此，猶未厭眾心也。兼且，他爲了裁正僭逆，遂亦痛論於孫權和劉備，曰：

> 昔伯夷、叔齊不屈有周，魯仲連不爲秦民，夫匹夫之志猶義不辱，
> 況列國之君，三分天下，而可二三其節，或臣或否乎？余觀吳、蜀，
> 咸稱奉漢，莫能固秉臣節，君子是以和其不能克昌厥後，卒見吞於
> 大國也。向使（孫）權從群臣之議，終身稱漢將，豈不義悲六合，
> 仁感百世哉！〔註90〕

蓋孫盛有一重要觀念，即「士不事其所非，不非其所事」，趨舍出處不能懷二心，而二三其節；人臣不能如此，人君不能如此也。〔註91〕孫、劉皆非曹魏假漢名而至篡盜者，然而他們也假漢之名，終至乘亂帝制自爲，不能堅持以漢臣之名討逆。是以孫盛又批評吳、蜀聯盟云：

> 夫帝王之保，唯道與義。道、義既建，雖小可大，殷、周是也。苟
> 任詐力，雖強必敗，秦、項是也。況乎居偏鄙之城，恃山水之固，

〔註87〕陳琳全文見《三國志・袁紹傳》註，卷六，頁197～199。
〔註88〕曹操定鄴，因私交而臨哭紹墓，慰恤其家人，孫盛就此申議。見同上傳並註，頁25～26。
〔註89〕此處因批評魏之封建政策而推論魏晉興亡，實即批評曹操父子違離儒家而尚法家，刻薄黑暗至骨肉亦不能相容也，詳《三國志・陳思王植傳》註，卷十九，頁576～577。
〔註90〕此因吳王接受魏文帝策命而論者，本書曾引此言加以分析，參頁190。
〔註91〕此觀念見於評論蘇則依違於漢魏的表現，詳《三國志・蘇則傳》，卷十六，頁493。

而欲連橫萬里，永相資賴哉？

昔九國建合從之計，而秦人卒并六合；（隗）囂、（公孫）述營輔車
之謀，而光武終兼隴蜀。夫以九國之強，隴漢之大，莫能相救，坐
觀屠覆。何者？道德之基不固，而強弱之心難一故也。而云：「吳不
可無蜀，蜀不可無吳」，豈不謟哉！〔註92〕

明顯的，孫盛此分析批評，是由道德政治出發的，據人文理性的觀點作考論，
撥開了劉氏學說、災異讖緯的外衣，直接鞭辟入裡。他說明了三國的開國皆
不合道義，而有詐力的傾向，大有否認任何一國為正之意。時人比桓溫為孫
權和司馬懿，他自己亦自比於司馬懿，不滿足於諸葛亮，是則孫盛之研究，
實有正本清源地裁正篡逆的時代意識，借史以致用經世也。

同時的史家也頗具此意識。在習鑿齒來說，正魏之不正而斥之於運序之
外，乃是進一步的貶天子、誅篡逆，然而三國若皆不正，則晉統何所承？故
不得不別出心裁矣。習氏以蜀為正，乃是因孫綽的帝都無常說震撼之餘，
而不採中原說，另採巴蜀學派的血緣和天意史觀發展以成。〔註93〕至於袁宏
及袁山松兄弟，更將名義義理溯究於三國以前。袁山松《後漢書·獻帝紀
論》云：

獻帝……天性慈愛，弱而神惠，輔之以德，真守文令主也！曹氏始
於勤王，終至滔天，遂力制群雄，負鼎而趨。然因其利器，假而不
反，迴山倒海，遂移天日。昔田常假湯武而殺君，操因堯舜而竊國，
所乘不同，其盜賊之身一也！

善乎，莊生之言——竊鉤者誅，竊國者侯。侯之門，仁義在焉。信
矣！〔註94〕

東漢不應亡而亡，蓋因曹氏假道德仁義而盜竊也。孫盛強調「正本定名」，〔註95〕

〔註92〕詳《三國志·宗預傳》並註，卷四十五，頁 1076～1077。

〔註93〕孫綽的帝都無常所說，本為針對桓溫要求還都洛陽一事而發，認為立國繼續
以地利人和為主，不一定須建都中原。值得注意的，孫綽、孫盛兄弟學術名
氣甚大，且皆起家即為佐著作郎，借史論政應為輕易之事。綽父孫楚亦為名
學者，為石苞致書吳主皓勸降，即以中原說為據。是則孫綽反其先人之意者，
蓋為政治現實而牽制桓溫也；其說當時甚具影響力，使北還不成，而桓溫不
悅。請詳《晉書》，卷五十六〈孫楚列傳〉全傳。

〔註94〕見嚴校《全晉文》，卷五十六，頁 6B～7A。

〔註95〕孫盛提出「正本定名」，詳《三國志·孫破虜、討逆傳》註，卷四十六，頁
1113。

習氏聲言裁溫貶魏，但皆不若山松之正名直誅，若必以痛責曹氏始得謂良史者，觀此數子之論，則何待范曄之起也。

山松之論有所淵源，蓋源自其從兄袁宏也。宏於《後漢紀》屢發評論，在建安十七年冬十月條，嚴評荀彧之死與其阻止曹操加九錫的關係，除責備荀彧之外，尚以「假人之器，乘人之權，既而以爲己有，不以仁義之心終」析論曹魏之資漢平亂，引爲君子所恥。〔註96〕桓溫欲加九錫，錫文乃袁宏所撰，宏終與謝安、王坦之將之延擱，是則於此論荀彧阻加曹操九錫而死，蓋有深意焉。袁宏在該書最末一論爲論曹丕受禪後，問陳群有何感想；群答以曾事漢朝，「雖欣聖化，義形于色」。他逐論說：

> 夫君位，萬物之重，王道之至公。所重在德，則弘濟於仁義，至公無私，故變通極於代謝。是以古之聖人，知治亂盛衰有時而然也，故大建名教以統眾生，本諸天人而深其關鍵。以德相傳，則禪讓之道也；暴極則變，變則革代之義也。廢興取與，各有其會：因時觀民，理盡而動，然後可以經綸丕業，弘貫千載。……由茲而言，君理既盡，雖庸夫得自絕於桀紂；暴虐未極，縱文王不得擬議於南面，其理然也。

> 漢自桓、靈，君道陵遲。朝綱雖替，虐不及民，……人君威尊，未有大去王室，……其上者悲而思之，人懷匡復之志，故助漢者協從，背劉者眾乖。此蓋民未忘義，異乎秦漢之勢。魏之討亂，實因斯資，旌旗所指，則以伐罪爲名；爵賞所加，則以輔順爲首。然則劉氏之德未泯，忠義之徒未盡，何言其亡也？

> 漢苟未亡，則魏不可取。今以不可取之實，而冒揖讓名；因輔弼之功，而當代德之號。欲比德堯舜，豈不誣哉！〔註97〕

觀袁宏此論，在闡明王跡所興的禪、革二理，歸根名教，推崇民本，並指論曹魏所爲外於此二理，又能以名教粉飾其功利，蓋爲禪革之變態，而名教之邪用也。山松之論，實據於此。諸史家意見如此，平日談論，恐即互相影響，已爲習氏斥魏於序外舖好了道路。

〔註96〕詳《後漢紀》，卷三十，頁361。此段〈袁宏曰〉對《通鑑・臣光曰》論荀彧之死有影響（見《通鑑》同年月條，卷六十六，頁2115〜2117）。袁紀，臺灣商務印書館，民國64年10月臺二版。

〔註97〕全評詳上紀同卷，頁367，建安二十五年冬十月條。

　　袁氏乃學術世家，自袁準撰《袁子正論》十九卷，其家族以後頗以關心政治社會，持正議以論世見稱。宏與山松，文史俱佳，玄儒兼修，持理之正似又過於孫氏兄弟與習氏。孫盛以異樣眼光論劉備託孤，而袁準、袁宏則持君臣名教大力推崇，識見實逾孫盛。〔註98〕袁宏因文才過盛而掩其史才，實則其史學才識，當時鮮見，常恐其意不為人知而用力撰史，亦與習氏相同。〔註99〕茲再就其《後漢紀》論述之兩點，申述與本主題有關者。

　　首先，袁宏明知曹魏篡逆不正，但書曹操為公、為相、為王，乃至曹丕篡位，皆不明書其自為及篡逆，筆法與陳壽略同。反而書劉備之事，則曰「自領荊州」於建安十四年；漢亡，則書「明年，劉備自立為天子」於全書之末。是則據評論則篡逆為曹，據筆法則僭逆為備，此究何意？筆者思其旨，謂可得而解釋者如下：第一，陳壽所採者乃三國分行、互不稱臣的立場，誠如袁宏〈三國名臣頌〉所言：「余以暇日，常覽《國志》。……」斯則陳壽的立場不當不知。然而袁紀所採者乃以漢室為正朔中央的立場，曹氏父子得獻帝的正式策讓，實為事實，故筆法即壽。反之劉備則未得此，故書備「自領」、「自立」也。這是實錄筆法，筆者前已論之，非必明書曹氏「自為」，始能明其篡逆。此事進有可論者，即曰後范曄《後漢書・孝獻帝紀》，書曹氏「自為」之外，亦書「劉備自稱漢中王」、「孫權亦自王於吳」等，蓋變袁宏筆法而成之也。第二，范曄書曹氏「自為」而有貶義，則其書孫、劉之「自為」亦當有此義，此亦取法於袁宏。蓋建安二十五年曹丕受禪之歲，亦即東漢告終的時間。東漢既終而曹魏繼興，則《後漢紀》全書亦應完畢，不必再書。然而袁宏在曹丕受禪後，連記陳群之「義形于色」，及楊彪之辭魏官曰「若復為魏氏之臣，於義既無所為，於國亦不為榮也」兩事，接著即以「明年，劉備自立為天子」為結尾。如此結束，無異說明漢亡所不應亡，而人心猶思漢；以及承認蜀漢繼東漢而起。這是有意貶魏而排之於序運之外，而讓劉備復續漢統也，亦即與習氏的〈晉承漢統論〉大旨相呼應。於此兩事，可見袁宏史筆之

〔註98〕　袁氏出陳郡，宏乃準之族孫輩。袁準的《袁子正論》已矣，嚴校《全晉文》
　　　　　自卷五十四～五十五頗輯之，其論析諸菒，見卷五十五，頁14B～15B。袁宏
　　　　　撰〈三國名臣頌〉，推君臣名教之義，用頗大篇幅頌讚孔明，其頌可參《晉書》
　　　　　本傳，卷九十二，頁248A～C。
〔註99〕　《後漢紀》有袁宏自序，讀者自可詳參。又錢賓四師曾撰〈袁宏政論與史學〉
　　　　　一文，發明宏之學識思想（收入杜維運等編之《中國史學史論文選集一》，頁
　　　　　288～303）。但該文析論，未將宏學與其時代合論，如本文所述者。

高明。

其次，袁宏若以蜀漢繼東漢，以正曹魏之篡逆，卻何以又用含有貶義的「自領」、「自立」筆法述劉備？筆者以爲，這正是史家就事論事，不虛美，不隱惡的正法；蓋劉備繼漢統是一回事，而劉備不得天子任命以自爲者又是另一回事也。此理當從袁宏論光武帝事著手觀察。據內繼系統，光武顯非紹續西漢的正統，然西漢末國統三絕，光武遂得以高祖九世孫中興繼統。自光武以來，東漢王室皆以光武繼西漢第八世的元帝，袁宏對此有理論性的佳評，云：

> 光武之繫元帝，可謂正矣！
>
> 夫君臣父子，名教之本也。然則名教之作，何爲者也？蓋準天地之性，求之自然之理，擬議以制其名，因循以弘其教，辯物成器，以通天下之務者也。是以高下莫尚於天地，故貴賤擬斯以辯物；尊卑莫大於父子，故君臣象茲以成器。天地，無窮之道；父子，不易之體。夫以無窮之天地，不易之父子，故尊卑永固而不逾，名教大定而不亂，置之六合，充塞宇宙，自今及古，其名不去者也。未有違夫天地之性，而可以序定人倫；失乎自然之理，而可以彰明治體者也。
>
> 末學庸淺，不達名教之本；牽於事用，以惑自然之性。見君臣同於父子，謂兄弟可以相傳爲體，謂友于齊於昭穆，違天地之本，滅自然之性，豈不哀哉！夫天地靈長，不能無否泰之變；父子自然，不能無夭絕之異。故父子相承，正順之至也；兄弟相及，變異之極也；變則求之於正，異則本之於順；故雖經百世而高卑之位常崇，涉變通而昭穆之序不亂。由斯而觀，則君臣父子之道，焉可忘哉！
>
> 〔註100〕

袁宏此論，在思想史上甚有價值，他從融合玄儒的角度，辨明自然與名教、性理與事用的關係，主張名教治體乃是順性理自然而生，而後者則得前者始能彰明，由此而論向倫理政治，對傳統家長式統治的倫理意識，具有甚大的震撼力。茲不贅其議論在中國學術思想和政治思想史上的價值和地位，即就「光武繼元帝爲正」此一命題上看，袁宏持論亦甚合理，蓋父子相承乃自然

〔註100〕見《後漢紀・孝獻皇帝紀》初平三年二月，時立宗廟於洛陽，袁宏評論其書，卷二十六，頁315～317。

之理，至正至順，昭穆祖考由此而生，只有在夭絕狀況之下，兄弟相及始得發生。然而理雖變異，仍當求本於正順，始能符合自然。光武撥開成、哀、平三帝，而直繼父輩之元帝，允合繼禰之義，亦即符合自然之理，而又符合因此理而制定之名教也。光武上繼元帝爲正，則劉備雖處變異之極，但仍可求本於正順，得以蜀繼漢爲正矣。《後漢紀》全書末句，其背後之道理意義當在此。

全書第一次出現的「袁宏曰」，是針對光武建武元年四月公孫述稱帝及脅逼名士李業而發，不啻表明了全書的要旨所在。他以李業因盛名而死，遂暢論名的本質、意義及其爲用，認爲「夫名者，心志之標牓也。……因實立名，未有殊其本者也。太上遵理以修實，理著而名流；其次存名以爲己，故立名而物慰；最下託名以勝物，故名盛而害深。」〔註101〕這是由形名論檢論名實、名理者也。此旨明，則第二次「袁宏曰」評論晚公孫述兩月稱帝的光武，理據始明。值得注意的是，當時更始外逼於赤眉，內劫於叛亂，已由長安亡命至新豐，而光武卻在河北以蕭王即天子位。袁宏詳記群臣初以武功和文德爲宜正號位的藉口，力謂光武功大，三分天下有其二和帶甲百萬，這是功利主義的唯實力論。及至群臣出，耿純即進言，謂天下士大夫追隨光武，其計固望攀龍附鳳而已；今光武若逆眾而不正號，士大夫望絕計窮，有去歸之思，無從大王也。光武感其言，又夢乘赤龍上天云云，而「赤伏符」亦適時出現，遂即位於部。這段史實，若讀者記憶猶新，則與前述劉備即尊事件，有非常類似之處者。〔註102〕是則袁宏論光武即位，無異亦即論昭烈即位也。他說：

> 夫天生蒸民，而樹之君，所以司牧群黎，而爲謀主。故權其所重而明之，則帝王之略也；因其所弘而申之，則風化之本也。夫以天下之大，群生之眾，舉一賢而加于民上，豈以資其私寵，養其厚大？將開物成務，正其性命，經綸會通，濟其所欲。故立君之道，有仁有義。夫崇長推仁，自然之理也；好治惡亂，萬物之心也。推仁，則道足者宜君；惡亂，則兼濟者必王。……此蓋本乎天理，君以德建者也。夫愛敬忠信，出乎情性者也，故因其愛敬，則親疏尊卑之義彰焉；因其忠信，而存本懷舊之節著焉。有尊有親，則名器崇矣，

〔註101〕同上書〈光武皇帝紀〉卷三，頁24～25。
〔註102〕詳本書頁259～262。

有本有舊，則風教固矣。是以……服膺名教，而仁心不二，此又因
於物性，君以義立者也。然則立君之道，唯德與義，……陳之千載，
不易之道。

昔周秦之末，……六合無主，將求一時之際，以成撥亂之功，必推
百姓所與，以執萬乘之柄。雖名如義帝，強若西楚，焉得擬議斯事
乎？由是觀之，則高祖之有天下，以德而建矣。逮……國統三絕，
王莽乘權，……然繼體之政，未爲失民；劉氏德澤，實繫物心。
故……一假（漢）名號，百姓爲之雲集，而況劉氏之冑乎？于斯時
也，君以義立。然則更始之起，乘義而動，號令稟乎一人，……成
爲君矣。

世祖（光武）經略，受節而出，奉辭征伐，臣道足矣。然則三王作
亂（指更始部下兵變），勤王之師不至；長安猶存，建武之號已立。
雖南面而有天下，以爲道未盡也！〔註103〕

袁宏論事，先展開其論據以作前提，待理明而判斷始下，這是史家所鮮見者。
樹君於民，非以私其所資，乃是順萬物好治惡亂之心及崇長推仁之理而爲者。
據此，則「道足者」及「兼濟者」必王，蓋君以德立也。相對於周秦及西楚
義帝的名實關係，袁宏認爲漢高祖以德而立。而漢德未衰，爲民所感念，不
當易君而王莽易之者，乃是失道。更始訓民而起，是以義立而非以德興，蓋
順人民敬愛而尊漢、忠信而懷舊的心理而起也。更始依此名實興起爲君，光
武在其麾下，假此義理而坐大，最後叛逆自君，是臣道足於前而不足於後；
及其君難不救，君在自僭，即使能南面，但終爲「道未盡」之舉。道何以未
盡？蓋違反崇長推仁的君以德建，及存本懷舊的君以義立之原則也。光武君
臣因功利私慾而遽建政權，致使「道未盡」；「道未盡」者，亦即開統未正之
謂也。據此以況劉備：劉備實因義而起，以劉氏之冑而繼統，其理本如光武。
然而曹丕廢逆，勤王之師不至；獻帝尚存，備君臣亦因私慾而遽即自君，循
名責實，道未盡者一如光武，袁宏以評論貶光武於前，復以敘述貶昭烈於後，
而此二君俱爲後世所稱，卻爲袁宏其所未正也。

筆者特別指出一點，上述史家皆對篡逆作批判，而有匡正世道之志。大
體上，因論篡逆則必然指及王跡所興，根據散見史料，孫盛和鑿齒皆全力爲
東晉爭正統，不惜妄引他們所不全信的災異圖讖以作證據，致有荒誕曲解的

〔註103〕同註101，頁25～27。

傾向。〔註104〕袁宏《後漢紀》的斷限不及於晉，但其批判光武和昭烈，無異即影射與二帝相類似的東晉元帝。〔註105〕且其從弟山松痛論曹魏，亦有影射晉三祖之意，與干寶的婉轉，孫盛的迴避，鑿齒的強辭文飾，誠各異其趣。若不互相比較，袁氏之旨實不易明，故《後漢紀》自序不但特揭明「史傳之興，所以通古今而篤名教也」之旨，猶恨人讀史「止於事義，疏外之意，歿而不傳」，是以再致其「悵怏躊躇，操筆悢然」之意。

上述所有問題既明，則鑿齒的《漢晉春秋》及其後的〈晉承漢統論〉，其宗旨、目的、性質和作用，大略可想而知之。茲將其理論架構展開，並略加評析：

鑿齒自謂其宗旨在「尊君」。「欲尊其君而……推之於堯、舜之道」。他認為時人的批判或影射，皆因「不知」尊君則須推之於堯、舜之道的道理，因而其目的是要透過論史以發明斯義，另一目的則是據此以裁正桓溫，〔註106〕而所欲論的對象，則是三國之間和魏晉之際，性質實屬政論居多。

對他具有啟示作用的來源有二：第一，是劉氏學說和班氏史學。他們解釋漢興的功德，和斥秦、項二偽於運序之外，乃是習氏推晉繼漢的主要理論根據。第二，是巴蜀學派及譙周釋讖。巴蜀學人有天命在魏說的解釋，譙周推衍之，以劉備、劉禪二主的名諱拆字，預言蜀漢政權已具「備」，但後來「禪」授予他人。此在前面已有論述。後來賈充以成都出土璧玉，遂引譙周

─────────────────

〔註104〕習氏曲引譙周釋讖之言詳下文。至於孫盛，刻意為東晉爭天意，曲解秦時望氣讖言及災異符瑞的主觀荒誕，以《晉書‧元帝紀》末所徵引之言為最（見卷六，頁18A）。東晉重建史官，自干寶、郭璞首先開道，廣究天文圖讖等為東晉解釋，以後史家，殆以孫盛和習氏最注意於此，《晉》、《宋》二書引此四子之說最多，就以《宋書‧天文》、〈符瑞〉、〈五行〉三志看，引用最多者為干寶說，郭、孫、習則其次也。但干、郭是擅長此術的大師，孫、習則不然。後二子相信此類學術的程度似不如前二子，他們卻大加徵引附會者，蓋出於政治動機，為晉明天心而抑僭逆也，鑿齒對此學術未見正面評價，孫盛則曾暢論，謂之病妄，君子無所取諸云云（詳《三國志》，卷六十三末註所引，頁1426～1427）。

〔註105〕西晉兩京危阢之際，屢詔元帝勤王，元帝卻坐視不救，乘亂南渡坐擁江東，以宗室名義自居，情況可與光武、昭烈比較。且元帝第一個年號完全和光武一樣，稱為「建武」；又學光武採中興受命、血緣說，作自君依據。若本〈晉承漢統論〉說法，自君之道不正，則臣義盡未義，也就難怪王敦、桓溫的覬覦非望了。袁宏論光武，故應有影射元帝的「疏外之意」也。

〔註106〕劉知幾謂鑿齒無裁抑意，只是欲定正偽而已（《史通‧探賾》，卷七，頁212），恐未是。

此釋，解釋爲此人即司馬炎；理由是後主最後的年號爲「炎興」，此爲《漢晉春秋》所強調，所謂「明天心不可以勢力強也」者，亦即晉統承漢的天意根據所在。〔註107〕然而劉、班及譙周等的說法，原即具有附會、曲解的主觀色彩；而且具有政治意義，劉、班尚有教化意義及入主出奴意識，是則習氏以此爲其架構的經絡，特色亦可知矣，作用亦可明矣。

〈晉承漢統論〉主要不在爲蜀爭正。以蜀爲正的發揮應在《漢晉春秋》。大略可知的是，「蜀人杖正」理論上是因爲已判定了「吳、魏犯順」，在此前提下，遂引「宗室」和「天心」作爲其所以正的證據。天心說是違反晉官方理論的，只是賈充有此一說，遂被習氏毅然採用。宗室說則未詳其系統論據，前文引清代四庫館臣之言，似有爲東晉向五胡爭正統之意，故由此以先爲蜀爭正統。很可能習氏解釋宗室說未詳或理未正，所以才有袁宏的補充發揮，解釋光武繼禰之正順，及因義且以正冑興起的系統理據。〔註108〕事實上，鑿齒有視劉備爲「霸王」之意，論其興起以權，而有「負信違情，德義俱愆」之過，故「雖功由是（奪劉璋土）隆，宜大傷其敗」；因此進論三家不能相一，是由於「力均而智侔，道不足以相傾也」。〔註109〕

明顯的是，孫盛對三國興起皆作批判，有否認任何一國爲正的意思，而習氏似也有此意。只是習氏因欲尊晉抑桓，因而形成其政教意味甚濃且又特殊的正統觀念，由此而順著編年史復興的潮流，創作了史學史上最早的編年通史，用以發揮其旨。《漢晉春秋》既爲編年通史，則政權終始之際的正朔統紀問題遂特被重視。他既主張蜀爲正，則獻帝廢後的紀年，當以蜀漢年號繼

〔註107〕 賈充解釋後翌年，司馬炎即篡魏，時人皆謂「炎興」應驗了。此事出於《襄陽記》。習氏爲襄陽人，曾撰《襄陽耆舊記》五卷（見《五代史志‧經籍二‧史‧雜傳類》，《隋書》志二八，頁975），未考與此書有何關係，要之習氏必熟知此事。此輾轉解釋徵引的關係，讀《三國志‧杜瓊傳》（卷四十二，頁1022）、《襄陽記》（《三國志‧向朗傳》註引，卷四十一，頁1011）及鑿齒本傳述撰《漢晉春秋》一段文字，即可知之，不必推論。

〔註108〕 前引習氏批評費詩反對劉備汲汲自君，認劉備所爲爲是。理據在：第一，當此時應行權，速篡統以係眾心，蓋爲社稷故也。第二，宗廟絕祀，應以宗室嗣祖配天，使其不絕。由此亦同意「更始尚存而光武舉號」。由於這仍是「權」的表現，理仍非至正，袁宏發言恐即爲此。

〔註109〕 〈晉承漢統論〉只指出「三家不能相一」及「蜀人杖正而弱」的現象，未釋其因。鑿齒批評蜀之君道不足及德義俱愆，請詳《三國志‧龐統傳》（卷三十七，頁956）和〈陸抗傳〉（卷五十八，頁1357～1358）註所引〈習鑿齒曰〉，大概爲裴氏引自《漢晉春秋》的評論。

之，至司馬昭滅蜀而止。基於此需求之下，遂又不得不爲蜀爭正統矣。他以劉備行權自君、宗室嗣祖作解釋，似亦自知未能滿意，故不得不援天心以明眞命。然而事實上，這種構思與〈晉承漢統論〉的說法頗有矛盾。因爲在該論中，他援引劉、班解釋周末無主數十年而爲戰國，最後由漢高超秦、項二僞而遠嗣周統的，故謂「自漢末鼎沸五六十年，……三家不能相一，萬姓曠而無主」，至晉始有定天下之大功而一天下。執此論統必須以一的傳統觀念，遂認爲「推魏繼漢，以晉承魏」爲可惜之舉，主張「以晉承漢，功實顯然，正名當事，情體亦厭」。據此，則「以晉承漢」應指超三國而遠承東漢也。但是該論同時亦用《漢晉春秋》的構思，認爲「漢終有晉」——即以蜀爲正統繼東漢，而亡於有晉。「以晉承漢」說是表示三國時天下無主，「漢終有晉」說是表示天下有主，正統在蜀。二說矛盾，難以自圓，豈習氏自謂之「詭事」耶？「奇論」耶？抑尊晉貶逆心切的無意之失耶？

正蜀是由於前提已以魏、吳犯順而逆。吳之逆，前面已引孫盛和習氏之說。習氏主要在正魏之篡逆不正。魏因篡逆而不正，其理據何在？習氏未見正面提出。鄙意原因可能有二：第一，判魏因篡逆故不正，已違反前引晉武帝〈告天策文〉的官方言論，解釋愈多則愈將違反。第二，武帝宣稱曹魏「扶翼劉氏，又用受禪於漢」的，晉亦以類此情況而「有大造于魏」。如此解釋魏之逆跡愈明，而晉之逆跡亦愈明。故詳釋魏之逆理，毋寧只判其逆而不釋其理。事實上，鑿齒最大顧忌即在此，是以〈晉承漢統論〉開章即假設二問——「魏武帝功蓋中夏，文帝受禪於漢，而吾子爲漢終有晉，豈實理乎？且魏之見廢，晉道亦病。晉之臣子，寧可以同此言哉」？——以展開其全部理論。

根據前面所言，以蜀爲正之理雖頗牽強而亦非全非，但「漢終有晉」說實爲不通而矛盾之言，確非完全根據史實作推理的實證之道。雖然如此，習氏確已提出解釋。然而若不欲過分違反官方意見，或爲了爲親者隱、賢者諱，則實不應判定魏篡逆不正，因爲自知魏篡逆不正，則晉同理亦然也。今逆魏而不解釋其理，只爲投鼠忌器，則習氏態度未誠、立場未中，隱然自知理屈不當也。故第一個問題，無論如何說，當難以服人之心。袁氏兄弟就魏大發議論，恐受此影響。其次，魏武帝和晉宣帝之事，連胡人也取以爲笑柄，其欺弱狐媚世已知之，干寶亦已「直而能婉」的提出評論。習氏以魏廢漢爲篡逆，以晉廢魏爲合義，讀史者雖未觀其理據，已知其弊病。蓋其理若然，則

晉明帝何以悲泣自責耶？

　　習氏何以解釋魏之見廢而晉道未病？其主要理據爲：「夫魏自君之道不正，則三祖臣魏之義未盡。義未盡，故假塗以運高略；道不正，故君臣之節有殊。然則弘道不以輔魏，而無逆取之嫌；高拱不勞汗馬，而有靜亂之功者，勳足以王四海，義可以登天位。」關鍵仍在第一句。既然若干問題的答案關鍵，皆在「魏自君之道不正」，而又對之不展開解釋者，則上述推論習氏之心理者可知也。

　　據其解釋，「魏自君之道不正」矣，「故君臣之節有殊」，亦即出現君不君、臣不臣的關係。問題在君既不君，則臣可不臣嗎？且先君不君並不一定就是後君亦不君，若因先君不君則臣可不臣，難道後君無不君之事發生，亦可臣不臣嗎？既臣事無罪之後君，則不應盡義輔佐，匡正前失，而反而可乘其「微弱」以取代之嗎？

　　自君之道不正形成君臣之節有殊矣，則三祖臣魏之義遂可得未盡嗎？如何未盡？習氏解釋，謂漢末失御，三國戰亂無主，曹操非眞主，但司馬懿「勢逼當年，力制魏氏」，稍不從愼，即「有不容之難」，故不得已「降心全己，憤慨於下；非道服北面，有純臣之節，畢命曹氏，忘濟世之功者也」，何況「宣皇祖考，立功於漢，世篤爾勞，思報亦深」，更憤慨於曹操之「志在傾主」也。及至操死，「大難獲免」，於是興起，攘外敵，掃內忌，大恢「命世之志」，鞏固「非常之業」，以遺子弟。景、文二帝以「靈武寇世」繼之，建格天侔古的功勳，至武帝遂混一宇宙，「定千載之盛功」。這種功業皆司馬氏所爲，不是曹魏所爲；而且司馬氏也不是爲輔魏爲之，而是爲己爲之。據此，則宣帝有不得不臣於曹操之理，可以同情；此時其臣魏之義未盡，亦勉強可體諒。然而宣帝侔操死之心久矣，故待其一失，即漸經營其所謂志業，此即「義未盡，故假塗以運高略」也。問題在：第一，後君無失，三祖的志業乃是爲自己打算，而非爲國家輔魏打算，此則臣道足嗎？第二，既意識自己絕非魏之純臣，不會爲之畢命，祖考前受漢恩，自己憤操傾主，則司馬懿之所謂「濟世」者，應是匡復漢室、誅討逆臣也。如今不但助魏滅（蜀）漢，抑且是資魏以取魏。如此之「臣魏之義未盡」，臣漢之志亦無，若謂「以魏有代王之德，則其道不足」，晉則足耶？若謂晉之成業濟功，無所因籍於魏，事實可信耶？助逆魏而滅正蜀則爲逆道，資魏名而奪其國則逆德，干寶婉言朝有寡德鮮恥，蓋三祖君臣是陰謀建業，逆理成功者也，何得稱「無逆取之嫌」，「勳足以王四海，

義可以登天位」？

筆者以爲，習氏所謂的「我道大通」，若循名責實，則不論名或實，其推論皆不合邏輯，不通之至。他只是爲了裁抑桓溫而貶魏，又恐貶魏則牽連及晉，動搖國本，故強分魏、晉二者不同，強爲晉作粉飾，而假尊晉之名論之而已。若眞親晉尊晉的晉臣，當不會如此強伸此義，蓋這是愈描愈黑、掩耳盜鈴以爲人不知其事實的做法也。他建議晉朝「定空虛之魏以屈於己，執若杖義而以貶魏哉」，肯定不會爲朝廷所採納。干寶說晉三祖「不及修公劉、太王之仁」，「創基立本，異于先代」，應爲晉人之理智正義者所共識，豈是習氏強謂晉德受民所推，「配天而爲帝，方駕於三代」之辭所能奪？上述袁宏大伸暴虐未極，縱文王不能南面，以及君以德建義立的宏義，敷暢「假人之器，乘人之權，既而以爲己有，不以仁義之心終」的宏旨，當爲有所感於習氏而發者也。事實上，習氏該論尾段至與周相比，亦承認「雖我德慙於有周，而彼道異於殷商故也」。不論如何牽殷商以爲藉口，基本上，他顯然自知晉道是有慙德，不能強辯以掩飾的；故謂其內在意識如此，則發諸外表的辨白遂難自圓，乃至流於強辭曲說、愈描愈黑也。

習氏正統論經絡已明，尚有若干枝節遂不必贅辨。讀者試回顧前文開始時討論習氏史學諸問題，大略會有更清晰之瞭解。又筆者無意對習氏作春秋批判，但若以干寶、袁宏所言爲正論實理，則習氏殆有曲論非理之嫌。由於他自己亦矛盾不能自圓，且基本上仍覺識晉實有慙德，故其所言並非出於蓄意之惡。不過，他的動機可以體諒，但其言論效果的惡劣影響則不便同情。蓋因其可能造成的影響如下：第一，就世道上無異會啓示爲惡者可以在爲惡之後，隨意用曲論非理文飾其姦。第二，造成以後的史家陷於入主出奴，以史爲人飾姦而不自覺的可能，並因此而徒增糾紛。第三，史學會因此更利於作爲意識形態之爭的工具，有大害於史學的獨立發展。第四，啓示史家可任意解釋史實，乃至竄改史實以利解釋，嚴重危害史學求眞求實的本質，和實證可信的特性。

習氏史學及其正統論，在史學史上確是具有地位的。他的正統觀念誘使他開創了編年通史的新途，大異於荀、干、孫、袁等人的斷代編年史。其次，他的正統論出發點爲經世致用的精神，而陷於曲論非理，乃是由於晉德本身確有不可辯的問題所以造成者。它的影響，正面是加深了以後史家對國家社會重大問題的關注，誘發其對此提出解釋或批判的意向，使中國史學的淑世

精神特顯，不致落在象牙之塔裡。反面之弊則亦正在此，上述四點可證。過猶不及，皆非至善。不過，習氏史學及其正統論，終歸是中國文化的一部分，是中國史學的一部分，值得檢討和重視。